Henry Ludwig
Das albanische Europa

Forschungen zu Südosteuropa

Sprache – Kultur – Literatur

Herausgegeben von
Gabriella Schubert

Band 11

2015
Harrassowitz Verlag · Wiesbaden

Henry Ludwig

Das albanische Europa

Kontroverse Konzepte
zur europäischen Zugehörigkeit
in der Intellektuellendebatte Kadare-Qosja

2015
Harrassowitz Verlag · Wiesbaden

Zugl. Dissertation an der Friedrich-Schiller-Universität Jena. Eingereicht unter dem Titel „Konzeptionalisierungen albanischer Intellektueller zu Europa – Die Debatte Kadare-Qosja in Albanien".

Gedruckt mit finanzieller Unterstützung der Deutschen Forschungsgemeinschaft.

Bibliografische Information der Deutschen Nationalbibliothek
Die Deutsche Nationalbibliothek verzeichnet diese Publikation in der Deutschen
Nationalbibliografie; detaillierte bibliografische Daten sind im Internet
über http://dnb.dnb.de abrufbar.

Bibliographic information published by the Deutsche Nationalbibliothek
The Deutsche Nationalbibliothek lists this publication in the Deutsche
Nationalbibliografie; detailed bibliographic data are available on the internet
at http://dnb.dnb.de.

Informationen zum Verlagsprogramm finden Sie unter
http://www.harrassowitz-verlag.de
Gedruckt auf alterungsbeständigem Papier.
Druck und Verarbeitung: Hubert & Co., Göttingen
Printed in Germany
ISSN 1861-6194
ISBN 978-3-447-10500-2

Meinen Eltern gewidmet,

die mich stets ausnahmslos in allem unterstützen,

sowie Enis, Sebastian und Christoph

INHALT

Danksagung

> „It was the best of times, it was the worst of times, it was the age of wisdom, it was the age of foolishness, it was the epoch of belief, it was the epoch of incredulity, it was the season of Light, it was the season of Darkness, it was the spring of hope, it was the winter of despair, we had everything before us, we had nothing before us, we were all going direct to Heaven, we were all going direct the other way [...]."[1]

Diese Zeilen von Charles Dickens, losgelöst aus dem Kontext des Romans, dem sie entstammen, erscheinen mir rückblickend als die treffendste Beschreibung der Entstehungsphase meiner Dissertation, die diesem Buch zugrunde liegt. Die mehrjährige Beschäftigung mit einem Thema, die Neugier, das Sich-Vertiefen in den Stoff, das Lesen, das Exzerpieren, das Entwerfen und Verwerfen, das Schreiben und die Textüberarbeitung gehören zu einem Kreislauf, der parallel zum sonstigen Alltag durchlebt wird und damit alle Phasen menschlicher Gefühlslagen berührt. Und so sind es die Menschen in meinem Umfeld, welche zu Begleitern dieses Prozesses wurden. Menschen, die nicht nur in Bezug auf diese Arbeit Ansprechpartner waren, sondern die auch ein offenes Ohr hatten, wenn sich private und berufliche Belange kreuzten.

Meine Eltern gehören hierbei an erster Stelle genannt. Soweit ich zurückdenken kann konnte ich mir stets ihrer Liebe und ihres Vertrauens sicher sein. Sie halfen mir von Anfang an, meine Fähigkeiten zu erkunden und förderten mich, damit ich diese entfalten konnte. Sie standen mir beratend zur Seite und ließen mir die Freiheit, selbständig für meinen Lebensweg zu entscheiden. Zu diesen Entscheidungen gehörten auch der Schwerpunkt meines Studiums und die Promotion. Aus all diesen Gründen gilt ihnen mein größter Dank.

Gefördert und unterstützt wurde ich ebenso von meinen „Doktoreltern", Frau Prof. Dr. Gabriella Schubert und Herrn Prof. Dr. Wolfgang Dahmen. Sie gaben mir nicht nur die Chance, mich beruflich beweisen zu können, sondern ließen mir auch in Forschung und Lehre ausreichend Möglichkeiten der Selbstentfaltung und Weiterentwicklung, wofür ich mich außerordentlich bedanken möchte. Auch mein „Doktorgroßvater" (um in der Metapher zu bleiben), Prof. Dr. Wilfried Fiedler, trug maßgeblich dazu bei, dass ich wissenschaftlich meinen Weg in die Albanologie finden konnte, einen Weg, der meinen Interessen entspricht und der nach wie vor viel Potenzial dafür bietet, Neues zu entdecken. Danken möchte ich ihm zudem für die spannenden Stunden, in denen wir albanischsprachige Texte, die dieser Arbeit zugrunde liegen, auseinandernahmen und über Schwierigkeiten ihrer Übertragung ins Deutsche diskutierten. Dies gilt auch für Dr. Pandeli Pani, der stets Lösungsansätze für

---

1 Dickens (1898): 1.

Fragen jeglicher Art parat hatte und den ich sehr für seine Offenheit und Hilfsbereitschaft schätze. Unterstützt wurde ich weiterhin bei kniffligen Fragen zu albanischen Texten, deren Satzbau erstaunlicherweise auch für Muttersprachler hin und wieder keinen Sinn ergab, von Blerina Latifi und Vjosa Bilalli – sowie deren Familien, die im Hintergrund an so mancher Diskussion über sprachliche Ausdrücke und deren Bedeutung teilnahmen. Dankbar bin ich zudem Prof. Dr. Karl Kaser, der sich bereiterklärte, als Gutachter für meine Arbeit zu fungieren. Dass er aus gutem Grund mit zahlreichen seiner Veröffentlichungen in meiner privaten Bibliothek vertreten ist, konnte er zum damaligen Zeitpunkt nicht wissen.

Hoch einzuschätzen ist die Tatsache, dass ich meine Dissertation im Rahmen des DFG-Graduiertenkollegs 1412 „Kulturelle Orientierungen und gesellschaftliche Ordnungsstrukturen in Südosteuropa" verfassen konnte, wofür ich der Deutschen Forschungsgemeinschaft und den beteiligten Professoren danke. Der Austausch mit ihnen und den Kollegiaten war stets anregend und lieferte eine Vielzahl an Ideen und Hinweisen, die der wissenschaftlichen Arbeit an einem solch intensiven Projekt oft zuträglich waren. Prof. Dr. Joachim v. Puttkamer danke ich für die Unterstützung, die ich während seiner Zeit als Sprecher des Kollegs erfuhr, als ich als Wissenschaftlicher Koordinator begann und damit neben der Dissertation weiteres Neuland betrat. In diesem Zusammenhang geht mein Dank auch an Sandy Opitz, mit der es eine Freude ist, zusammenzuarbeiten.

Danken möchte ich weiterhin Prof. Dr. Thede Kahl, Prof. Dr. Nathalie Clayer, Dr. Robert Elsie und Dr. Conrad Clewing, die mich durch Gespräche, Hinweise und das freundliche Zur-Verfügung-Stellen von Literatur in unterschiedlichen Stadien meiner Dissertation weiter voranbrachten.

Unbedingt sind auch Dr. Aleksandra Salamurović, Dr. Ksenija Petrović, Dr. Gergana Börger und Dr. des. Milica Sabo zu nennen, die ich mit Fragen zu meinen Überlegungen ansprechen konnte, die Textfragmente gegenlasen oder die mich hin und wieder mit Kaffee lockten und so zu jenen Pausen „zwangen", die notwendig sind, um den Kopf wieder frei zu bekommen. In diese Reihe gehört auch Hans-Peter Schmit, der mir im Vorfeld der Veröffentlichung dieses Bandes noch einmal Texte kritisch durchsah und Rückmeldungen gab. Sven Paßmann danke ich, dass ich fern der Dissertation einen Ort der Erholung wusste, an dem ich stets willkommen war.

Eines sei noch unbedingt erwähnt: Technische Probleme! Sie treffen nicht nur die anderen. Kurz vor Abgabe der Dissertation zogen sämtliche Gerätschaften und Programme an einem Strang und fielen nacheinander aus. Am letzten Tag streikte Word. Solche Zeiten übersteht man nur mit guten Freunden und guten Nerven. Insbesondere Björn Thiel danke ich für den technischen Support während der gesamten Dissertationsphase – und Henrike Schmidt, die mir während des technischen Super-Gaus im Endspurt ihre Nerven lieh, als ich meine zu verlieren drohte.

Abschließend sind noch drei Freunde zu nennen, die auf ganz unterschiedliche Weise mit dieser Arbeit verbunden sind. In einer Zeit, in der ich mir selbst noch nicht vorstellen konnte, zu promovieren, sah Enis Bahtiri dieses Potential bereits in mir und sagte mir das auch immer wieder. Damit ermutigte er mich mehr, als er sich vorstellen kann. In der heißen Schreibphase war es Sebastian Renger, der selbst gerade in derselben Situation war und mit dem ich über einen längeren Zeitraum hinweg nahezu täglich telefonierte – wir besprachen einfach alles, was einen Doktoranden so beschäftigt, wenn er sich zu Hause einschließt und zwischen Enthusiasmus und Zweifeln, manchmal dem Wahnsinn nahe, an der Doktorarbeit schreibt. Dr. Christoph Giesel schließlich war es, der mir in der Endphase mit seinem Rat zur Seite stand, als es um die Fertigstellung des „großen Ganzen" ging. Seine Hinweise und Kommentare erweisen sich immer wieder als bereichernde Impulse, für die ich ihm sehr dankbar bin.

Ich bin mir sicher, nicht alle Menschen genannt zu haben, die mir auf dem Weg vom ersten Gedanken bis zum fertigen Text begegnet sind und die auf die eine oder andere Weise zur Verwirklichung dieses Buchs beigetragen haben. Dennoch sei denjenigen versichert, dass auch ihnen mein vollster Dank gilt.

Jena, im Oktober 2015 Henry Ludwig

Abbildungsverzeichnis

Tabellenverzeichnis

Dem Mutigen gehört die Welt.

I Einleitung

1 Prolog: Albanien, Europa und die Macht der Intellektuellen

Macht bedeutet Kommunikation. Kommunikation bedeutet Macht. Macht verfolgt den
Zweck, Zustimmung zu erzeugen. Sie dient dazu, deren Wahrscheinlichkeit zu erhöhen. Sie
tritt nicht nur als bewusst erzeugter und erlebter Zwang auf, sondern wirkt oft auch indirekt
und unbewusst, tritt demnach nicht offen in Erscheinung. Macht existiert nicht allein, sie
wird zugewiesen. Sprache dient als Mittel zur räumlichen Ausdehnung des Machtbereichs:
Wer spricht, hat Macht – wer zuhört, erteilt dem Sprecher Macht:[1]

> „Schon als Kommunikationsmedium sorgt die Macht dafür, daß die Kommunikation
> in einer bestimmten Richtung zügig *fließt*. Der Machtunterworfene wird dazu ge-
> bracht (aber nicht notwendig dazu gezwungen), die Entscheidung, d. h. die Hand-
> lungsselektion des Machthabers anzunehmen. […] Sie steuert oder lenkt die Kom-
> munikation in eine bestimmte Richtung, indem sie die mögliche Diskrepanz zwi-
> schen dem Machthaber und dem Machtunterworfenen hinsichtlich der Handlungsse-
> lektion aufhebt.“[2]

Macht verleiht auf diese Weise ihrem Besitzer die Möglichkeit zur Herrschaft über andere.
Das heißt nicht, dass sich letztere des Machtverhältnisses und der darin innewohnenden
Hierarchie bewusst sein müssen. Im Gegenteil, *geistige* Herrschaft beruht gerade auf der
Unkenntnis des Beherrschten über sein Beherrschtwerden. Sie gründet sich auf die Aneig-
nung und (Um)deutung von Begriffen, Ideologien und Biographien. Wer Deutungsmacht
ausübt, übt geistige Herrschaft aus. Dies bedeutet nichts anderes, als „das Gedanken-, Vor-
stellungs- und Gefühlsgebäude des Menschen in manipulierender Weise zu beeinflussen“.[3]
Macht stiftet somit Sinn,[4] der wiederum Sprache strukturiert, über die der Zugriff auf das
Denken ermöglicht wird:

> „Die Sprache ist selbst ein Verweisungsgefüge, dem ein Wort oder ein Satz seinen
> Sinn verdankt. Auch ein Werkzeug erhält seinen Sinn erst aus einem Wozu, nämlich
> aus dem Zweck- und Funktionszusammenhang. Der Sinn ist also ein Phänomen der
> Beziehung und des Beziehens. Etwas wird erst dann bedeutsam oder sinnvoll, wenn
> es über sich hinaus in ein Beziehungsnetz, in ein Sinnkontinuum oder in einen Sinn-

---

1 Vgl. Han (2005): 9 ff., 37 ff.
2 Ebd.: 15 f.
3 Vgl. Gerdsen (2013): 15 f.
4 Vgl. Han (2005): 39 f.

horizont gestellt wird, der der verstehenden Zuwendung zu einem Gegenstand oder
Ereignis vorausgeht, ohne jedoch *als solcher* in den Blick zu kommen. […] Die
Macht wird sich also einem Sinnhorizont einschreiben oder gar einen Sinnhorizont
bilden müssen, um den Verstehens- und Handlungsprozeß effektiv steuern zu können. Sie gewinnt nur dann an Stabilität, wenn sie im Lichte des Sinns oder des *Sinn-
vollen* erscheint."[5]

Intellektuelle in ihrer Funktion als „Ideologie-, Herrschafts- und Gesellschaftskritiker"[6]
üben Macht aus. Durch Deutung und Interpretation sind sie in der Lage, die öffentliche
Meinung zu lenken. Die öffentliche Meinung wiederum entscheidet über Zustimmung oder
Ablehnung von Ideen und Ideologien. Diejenigen, die hinter diesen Konzepten stehen, sind
von Zustimmung abhängig, da Herrschaft hierdurch erst legitimiert wird. Erhalten Intellektuelle in ihrer Haltung zu bestimmten gesellschaftlichen Phänomenen in breitem Maße
Zustimmung, wird ihre Deutungsmacht zu geistiger Herrschaft, die direkt den Machtbereich der politischen herrschenden Klasse beeinflusst, entweder durch Stärkung oder durch
Schwächung. Intellektuelle sind dabei nicht gezwungenermaßen ideologiefrei. Sie stehen
selbst wie alle anderen Mitglieder der Gesellschaft in einem Beziehungsgefüge, das ihr
Denken und Handeln beeinflusst. Mit anderen Worten: Sie sind nicht außerhalb der Welt,
nicht außerhalb eines Ideen- und Wertesystems. Betrachtet man den Begriff der Ideologie
unter modernen Gesichtspunkten,

> „[…] handelt es sich um ein künstlich geschaffenes System von Ideen zur Welter-
> klärung und Weltdeutung, wobei ›künstlich‹ bedeutet für einen bestimmten Zweck
> erschaffen. […] Das Ideensystem einer Ideologie will in der Regel das gesamte
> Denk-, Wertungs- und Normensystem einer Gesellschaft umfassen. Charakteristisch
> für Ideologien sind weltfremde Dogmatismen und starre, einseitige, interessenver-
> zerrte Weltkonzepte, die alle gesellschaftlichen Probleme auf sehr wenige oder gar
> eine einzige Ursache zurückführen und für deren Lösung den richtigen Weg zu wis-
> sen vorgeben. Von einer Ideologisierung spricht man demgemäß dann, wenn an die
> Stelle einer kritischen Objektivität ein als unhintergehbar behauptetes, den objektiv
> beobachtbaren Tatsachen zuwiderlaufendes Wert- und Wahrheitsmaß gesetzt
> wird."[7]

Intellektuelle haben die Macht, Ideologien zu stützen, zu entlarven oder gar eigene zu er-
schaffen. Wie für die politischen Herrscher stellen auch für die Intellektuellen die Masse-
medien das Hauptverbreitungsmittel ihrer Ideen und Meinungsäußerungen dar. Neben
Legislative, Exekutive und Judikative gelten die Medien inzwischen als „Vierte Gewalt".[8]
Mehr noch:

---

5   Ebd.: 37 f.
6   Sterbling (2001): 79.
7   Gerdsen (2013): 24.
8   Ebd.: 102.

„Die Medien sind in den westlichen Ländern zur größten Macht geworden; mächtiger als die Legislative, die Polizeigewalt und die Rechtsprechung."[9]

Durch gezielte Selektion und Korrumpierung sind sie an der Manipulation von Wahrheit und gesellschaftlich wahrgenommener Wirklichkeit beteiligt. Ob Gewaltandrohung der politischen Herrscher oder marktwirtschaftliche Nachfrage als Ursache zugrunde liegen, ist dabei unerheblich. Wichtig ist die Erkenntnis der Bedingtheit des dargestellten Beziehungsgefüges aus geistiger, massenmedialer und politischer Macht, wenn es um die Frage geistiger Herrschaft geht.

In Albanien herrschten vom Ende des Zweiten Weltkrieges an vor allem physische und psychische Gewalt unter einem Deckmantel einer alsbald sinnentleerten Ideologie, dem *Enverismus*, der als eine ins Extrem mutierte Form des Stalinismus angesehen werden kann. Anfangs speiste sich die Legitimierung des Herrschaftsanspruches von Diktator Enver Hoxha noch aus der Zustimmung von Bevölkerungsteilen zum Kommunismus, wie es vergleichbar auch in anderen Staaten Osteuropas als Grundlage der Etablierung eines neuen Gesellschaftssystems geschah. Schnell aber wandelte sich seine Macht zu einer, die auf Repression, Bestrafung und Abschreckung setzte. Albanien wurde weitestgehend nach außen abgeschottet. Intellektuelle Tätigkeiten wurden verboten und unterbunden, Angehörige der Intelligenz vielfach inhaftiert und ermordet. Auch wer die Ideologie des Diktators stützte konnte nicht sicher sein, ob plötzliche Änderungen in der politischen Ausrichtung des paranoischen Herrschers nicht gleichzeitig die eigene Abstrafung mit sich bringen würden. Nach dem Tode Hoxhas dauerte es noch einige Jahre, bevor die albanische Bevölkerung den kommunistischen Machthabern die Macht entzog. „Wir wollen Albanien, wie Europa ist!", lautete die hoffnungsvolle Parole in jenen Tagen Anfang der 1990er Jahre, in denen das Regime gestürzt wurde. Damit wandelte sich die Macht im Land wieder in eine, die auf Zustimmung beruhte und die denjenigen zur politischen Herrschaft verhalf, die öffentlich die kommunistische Ideologie ablehnten und gleichzeitig Versprechungen abgaben, Albanien schnell „nach Europa" zu bringen. Proeuropäische Rhetorik, die zuvor bei Strafe verboten war, bedeutete nun Machtgewinn und Herrschaftslegitimierung. Dass mittels dieser Rhetorik einer *Ideologie albanischer Europäizität* zur Macht verholfen worden war, zeigte sich allerdings schnell. Ein schwacher Staat, Korruption in großem Ausmaß und Gewalt standen nicht erfüllten Erwartungen und Versprechungen von wirtschaftlicher Prosperität gegenüber. Dazu der Drang, als vollwertiger Teil des Westens akzeptiert zu werden und entsprechend finanzielle und strukturelle Unterstützung von den USA und Europa zu erhalten, mündete erst in gesellschaftlichen Unruhen und schließlich in der Erkenntnis, sich offenbar dem zurückhaltend auftretenden Westen gegenüber beweisen zu müssen. Im Ergebnis setzten nicht nur die wechselnden demokratischen Regierungen alles daran, möglichst alle Forderungen Europas an die albanische Gesetzgebung zu erfüllen und ihr europäisch ausgerichtetes Handeln zu betonen. Auch in den Medien und in intellektuellen Kreisen wurde die Frage der Zugehörigkeit Albaniens zu Europa und die der Europäizität der Alba-

---

9 A. Solschenyzin, in: Schelsky (1975), zitiert in: Gerdsen (2013): 97.

ner immer wieder aufgegriffen und öffentlich diskutiert. Hier zeigten sich gleichermaßen die beständige Überhöhung der eigenen identitären Verortung im Westen wie die Ablehnung alternativer Identitätskonzepte.

Die Umdeutung von Konzepten und die Neuinterpretation von Ideologien, die in diesem Zusammenhang als problematisch angesehen wurden (und werden), erlebten ab 2006 mit dem Erscheinen des Essays „Identiteti evropian i shqiptarëve" [Die europäische Identität der Albaner] des albanischen Schriftstellers Ismail Kadare eine neue Hochkonjunktur. Schon seit den 1990er Jahren hatte der als Nationalschriftsteller geltende Kadare mit dem in Kosovo tätigen Akademiker und Literaturkritiker Rexhep Qosja eine mediale Fehde gepflegt, in der sich beide über verschiedene Thematiken, u.a. gesellschaftliche Zustände und Prozesse auseinandersetzten. Die sich auf Basis des Essays entsponnene Debatte der beiden führte aber nicht nur zu einem medialen Großereignis, sondern auch dazu, dass sich albanische Intellektuelle aus aller Welt in die Diskussion um Zugehörigkeit, Werte und Bestimmung der Albaner einschalteten. Die Vielzahl an Interpretationen von Begriffen, teils gegensätzlichen Konzeptualisierungen, sowie die Art und Weise der biographischen Umdeutungen bewegten sich zwischen Bestandsaufnahme, Polemik, Manipulation und Versuchen ideologischer Neuausrichtungen. Die Schärfe des Tons, in dem die Debatte zum Teil geführt wurde, weist zum einen auf die Brisanz des Themas hin. Zum anderen ist sie ein deutliches Zeichen dafür, worüber am Anfang gesprochen wurde: Es geht um Macht. Wer die Deutungshoheit gewinnt, gewinnt Zustimmung und damit Einfluss durch geistige Herrschaft. *Europa* stellt in diesem Zusammenhang den Sinnhorizont dar, vor dessen Kulisse der Etablierungskampf um konkurrierende Konzepte zur Welterklärung und Weltdeutung mittels Sprache und Rhetorik ausgefochten wird.

2 Aufbau, Fragestellung und Ziele der Arbeit

In den bisherigen Ausführungen wurde zuletzt angedeutet, dass Konzepte eines der wesentlichen Instrumente in gesellschaftlichen Aushandlungsprozessen sind: Sie sind „Baupläne" zum Verständnis und zur Konstruktion von Realität. Sie stellen mögliche Lösungen für aufgeworfene Problemstellungen dar. Wer Konzepte durchschaut und beherrscht, ist in der Lage, Menschen und deren Wahrnehmung zu beherrschen. Diktaturen nutzen Konzepte ebenso wie Demokratien, um ihre Systeme zu sichern; Machthaber setzen sie gegen ihre Bevölkerungen ein, Freiheitskämpfer gegen ihre Unterdrücker, Terroristen gegen ihre erklärten Feinde, Journalisten gegen Missstände, Oppositionsparteien gegen Regierungen, Staaten gegen andere Staaten. Unabhängig von guten oder schlechten Absichten, die dahinterstehen mögen: Es geht letztendlich stets um die erfolgreiche Durchsetzung eigener Interessen gegen andere.

Gezielt funktionalisiert wirken Konzepte also manipulierend und sind somit trügerisch. Diese Eigenschaft ist ihnen dabei keineswegs immanent. Erst der bewusste Gebrauch von Konzepten zum Erreichen einer bestimmten Wirkung macht sie zum Manipulator. Um viele Menschen erreichen und beeinflussen zu können, bedarf es aber einer entsprechenden Plattform. Eine Möglichkeit stellen öffentliche Debatten dar. Durch das Darlegen von Argumenten und Gegenargumenten einer These wird jedem, der ein solches Streitgespräch verfolgt, die Gelegenheit gegeben, sich eine Meinung über die diskutierte Kernfrage zu bilden. Die öffentliche Meinung ist denn auch das (wahre) Ziel, insbesondere von Mediendebatten. Nicht etwa die verbesserte Lösung einer zu erörternden Frage steht in der Regel im Zentrum, sondern die möglichst überzeugende Selbstdarstellung der Debattenteilnehmer und deren erfolgreiche Präsentation ihrer Standpunkte. Gute Redner genießen hierbei durch ihre rhetorischen Fähigkeiten den Vorteil, Zuhörer oder Leser wirksamer von ihren Positionen überzeugen zu können.

Doch auch wenn in demokratischen Gesellschaften die Existenz unterschiedlicher Standpunkte als allgemein anerkannt gelten sollte, ist jene Streitkultur jedoch recht schnell dort am Ende, wo es nicht bei der Sachargumentation bleibt, sondern Polemik ins Spiel kommt. Im albanischen Sprachraum haben Polemiken eine Tradition.[10] Diese Form der Auseinandersetzung ist jedoch heutzutage (anders als noch im 19. Jahrhundert) durch Unsachlichkeit und persönliche Angriffe, schwarze und beleidigende Rhetorik gekennzeichnet. Sie wandelt das Streitgespräch zu einem Kampf um Dominanz, der einen emotional gefärbten und pejorisierenden Charakter trägt und dadurch persönlich verletzend wird. Auf diese Weise lässt die erfolgreiche Herabsetzung eines Gegners auch dessen Aussagen – unabhängig vom Wahrheitsgehalt – unglaubwürdig werden. Neben der expliziten thematischen Auseinandersetzung wird somit auch Reputation als Zeichen von Seriosität und Glaubwürdigkeit implizit zum Zielobjekt konzeptueller Angriffe. Die Trennung von Sachrelevanz und Diffamierung ist hierbei insofern schwierig bis unmöglich, da eigene Äußerungen des Polemikers mit Blick auf die eigene Profilierung als relevant herausgestellt werden. Doch aus eben diesem Grund muss sich die Polemik auch konzeptuell eng an die Themen anlehnen, um im günstigsten Fall nicht als solche entlarvt zu werden. Infolgedessen bietet sich die Chance, auf dem Analyseweg explizite thematische Konzepte um fragestellungsrelevante, implizit vermittelte Konzepte zu bereichern und so ein breitgefächertes Bild des zu extrahierenden Gegenstandsbereichs zu erhalten.

Das Kapitel *Theoretische Grundlagen* bildet den Ausgangspunkt, um die dargestellten Grundpfeiler der vorliegenden Arbeit in ihren wesentlichen Charakteristika zu erläutern. So wird der Begriff der ‚Öffentlichkeit‘ im Zusammenhang mit dem Prozess der öffentlichen Meinungsbildung unter Einbeziehung eines adaptierten Arena-Modells zur vorliegenden Intellektuellendebatte diskutiert. Berücksichtigt werden hierbei die verschiedenen Rollen der beteiligten Akteure (Intellektuelle, Journalisten, Medien und Rezipienten als Sprecher, Vermittler oder Publikum). Daran anknüpfend bedürfen insbesondere der Begriff des Intellektuellen und dessen historische Entwicklung sowie der ihm zugewiesene Auftrag in gesellschaftlich bedeutsamen Debatten einer gesonderten Betrachtung. Da die Debatte Kadare-Qosja Teil eines größeren Diskurses innerhalb Europas ist, sind weiterhin der Europa-Begriff und mit ihm verbundene Fragestellungen und Konzepte näher zu beleuchten. Schließlich ist der Fokus noch auf die Konzeptproduktion und die Konzeptvermittlung zu richten: Auto- und Heteroimages, Bildbegriffe und sprachliche Stilmittel werden daher

---

10 Vgl. Kryeziu (2008): 175 f.

ebenso thematisiert wie der Einfluss von gesellschaftlichem Status und polemischer Rhetorik auf Kommunikationsprozesse. In einem letzten Schritt werden die in diesem Kapitel
behandelten Schwerpunkte in einem neu entwickelten Modell zusammengeführt, das die
Zusammenhänge expliziter und impliziter Einflussfaktoren auf die Vermittlung von Konzepten innerhalb polemischer Debatten aufzeigt und damit die theoretische Basis für die
vorliegende Analyse darstellt.

Das Hauptkapitel, *Konzeptualisierungen albanischer Intellektueller zu Europa* beschäftigt sich im Wesentlichen mit dem Vorgang der Konzeptproduktion und der Konzeptinter-
pretation innerhalb der Debatte Kadare-Qosja. Während der Begriff ‚Konzept' auf Abbilder
der außersprachlichen Wirklichkeit oder der Vorstellungen über reale und abstrakte Sachverhalte referiert, beinhaltet ‚Konzeptualisierung' den zusätzlichen Aspekt des
Konstruktionsvorgangs und wird hier in der weiteren begrifflichen Verwendung im Sinne
eines *individuellen Konzepts* gebraucht, das an dessen Produzenten gebunden ist und daher
nicht zwingendermaßen allgemeingültig ist.

Im ersten Teil des Kapitels erfolgt eine kurze Einführung. Zunächst wird der historische
Kontext der Debatte betrachtet, indem die sich von westlichen Verhältnissen unterscheidenden Bedingungen für den Einfluss und das Wirken albanischer Intellektueller von der
Zwischenkriegszeit bis zur heutigen Zeit erörtert werden. Es folgt die Vorstellung der Namensgeber der Debatte, Ismail Kadare und Rexhep Qosja, sowie ein Blick auf die Rahmen-
bedingungen und Begleiterscheinungen der überwiegend medialen Auseinandersetzung. Im
Anschluss stehen drei Essays im Mittelpunkt: „Identiteti evropian i shqiptarëve" [Die
europäische Identität der Albaner] von Ismail Kadare, sowie „Realiteti i shpërfillur" [Die
vernachlässigte Realität] und „Të vërtetat e vonuara" [Die verspäteten Wahrheiten] von
Rexhep Qosja. Das Augenmerk liegt hier auf den europabezogenen Konzepten. Neben
einer ausführlichen Analyse und Interpretation der Positionen von Kadare und der Gegen-
positionen von Qosja werden auch Vergleiche zwischen beiden angestellt, die die gegenseitige Rezeption der Akteure einschließen. Abgeschlossen wird das Kapitel mit einer Übersicht über die Konzeptionalisierungen weiterer albanischer Intellektueller, die sich in der
Debatte zu Wort gemeldet haben. Die zusammenfassenden Darstellungen der unterschiedlichen Standpunkte werden durch exemplarische Einzelanalysen ergänzt.

Das vierte Kapitel, *Das Konzept als Symptom – Zusammenfassung und abschließende
Bewertungen* greift die wesentlichen Schwerpunkte der Debatte Kadare-Qosja noch einmal
auf und bringt die Ergebnisse der Untersuchung mit der der Arbeit zugrunde liegenden
Fragestellung zusammen: Welche europabezogenen Konzepte lassen sich in der medialen
Öffentlichkeit anhand der Debatte identifizieren und welchen Einfluss hat der Prozess der
jeweiligen Konzeptionalisierung auf deren semantischen Charakter? Wie können die Kon-
zepte eingeordnet werden und welche Tendenzen lassen sich daraus hinsichtlich der in
albanischen intellektuellen Kreisen vertretenen Ansichten und Denkweisen in Bezug auf
Europa ableiten? Wie sind einzelne Faktoren in der Debatte zu bewerten, die im
Zusammenhang mit der Identitätsfrage der europäischen Zugehörigkeit der Albaner stehen?
Zur Beantwortung dieser Fragen werden aktuelle Thesen und Erkenntnisse von Wissenschaftlern der betreffenden Fachgebiete herangezogen.

3 Forschungsansatz, Methode und Vorgehen

Es wurde bereits implizit angesprochen, dass die vorliegende Debatte als Plattform aufgefasst wird, die den Protagonisten in großem Maße für die Präsentation ihrer Positionen und zur Profilierung dient und den Zweck einer Weiterentwicklung der Thematik oft nicht erfüllt. Entsprechend erscheint die Betrachtung des Diskurses als nicht sinnvoll. Vielmehr wird der qualitativen Aussagekraft der jeweiligen Darstellungen eine zentrale Bedeutung zugesprochen. In Anlehnung an Daniel-Henri Pageaux[11] entspricht das Erkenntnisinteresse der Untersuchung dem der *Imagologie*, wie sie in den Kulturwissenschaften aus der komparatistischen Literaturwissenschaft heraus weiterentwickelt wurde. Ziel ist es, aus Texten *Images* zu extrahieren, um nachfolgend die dahinterstehenden Konzepte zu erforschen. ‚Image‘ ist bei Pageaux ein weiter Begriff, der nicht nur auf Literatur, sondern auf Kultur (Mentefakte und Artefakte) als Ganzes bezogen wird. Kultur dient als Referent und wird im Folgenden so verstanden wie sie der Semiotiker Roland Posner in Bezug auf Texte formuliert:

> „Eine Kultur ist eine Gesellschaft mit Institutionen und Ritualen, d.h. eine Menge von *Zeichenbenutzern*, die ihre Mentefakte, d.h. konventionelle *Kodes*, dazu benutzen, eine Zivilisation aus Artefakten mit kodierten Zwecken, d.h. eine Menge von *Texten* zu schaffen.“[12]

Vom Begriffsverständnis Pageauxs ausgehend können somit durch die Untersuchung von Artefakten (Zeichen) Rückschlüsse auf die Mentefakte (mentale Repräsentationen, d.h. Konzepte) gezogen werden. ‚Image‘ entspricht dem Zeichenträger (i.d.R. handelt es sich um Wörter oder Wortgruppen), das ‚Imaginäre‘ der mentalen Repräsentation (i.d.R. durch Paraphrasen wiedergegeben). Laut Pageaux kommt in den ermittelten Konzepten die Grundopposition von *Identität* und *Alterität* zum Ausdruck. Eine Einschränkung gegenüber einer solche Definition muss allerdings vorgenommen werden, da mit dem *imagic turn* innere Bilder (d.h. Konzepte) als

> „[…] nicht-intentionale Zeichen [aufgefasst werden], die für die uns weitgehend unbekannten und begrifflich unzugänglichen Zustände stehen, in denen wir uns und die Welt erleben.“[13]

Über die Analyse von zeichenbasierten Texten lassen sich demnach zwar Rückschlüsse auf mentale Repräsentationen ziehen, es kann aber nicht deren gesamte Dimension erfasst werden.[14] Da aber Texte die Grundlage der Untersuchung bilden, stützt sich die Zusammenstellung des Datensatzes folglich auf diese und auf die Ermittlung von darin enthaltenen *Begriffen*, die als zentrale Ankerpunkte für das Textverständnis anzusehen sind und deren

---

11 Vgl. Pageaux (1983).
12 Posner (1994): 28.
13 Fellmann (1995): 27.
14 Fellmann interpretiert Bilder als das Gefühlsleben strukturierende syntaktisch dichte Systeme.

Verwendungsrahmen für die Konzeptermittlung und die Konzeptanalyse essentiell ist. Die
Unterscheidung von anderen sprachlichen Ausdrücken liegt darin, dass Begriffe eine Bedeutung haben und Aussagen über etwas machen, das wahr oder falsch ist.

> „Semiotisch gesprochen bezeichnet das Wort ‚Begriff' einen Zeichenträger – ein
> Wort oder eine Wortgruppe – mit einer bestimmten Bedeutung, das heißt einer be-
> stimmten Intension und Extension […].“[15]

Auf das hier verwendete Begriffsrepertoire bezogen setzt sich der *Begriff* demnach aus dem
Image (Zeichenträger), dem *Konzept* (Intension) und dem *Referenten* in der außersprachlichen Wirklichkeit (Extension) zusammen. Dabei ist die oben getätigte Feststellung zu beachten, dass Konzepte nicht das Vorhandensein von Zeichenträgern voraussetzen. Dadurch
ergibt sich ein wesentlicher Unterschied zur *Bedeutung*:

> „Von einer Bedeutung sprechen wir dann, wenn einer konzeptuellen Einheit eine
> sprachliche Form zugeordnet ist. Bedeutungen sind in diesem Sinne versprachlichte,
> mit Wortformen belegte Konzepte. Jede Bedeutung ist damit ein Konzept, aber nicht
> jedes Konzept ist auch eine Bedeutung.“[16]

Hieraus geht noch einmal deutlich hervor, dass der *Begriff* im Unterschied zum *Konzept*
den Zeichenträger einschließt. Das wirkt sich auf das Vorgehen bei der Analyse des Unter-
suchungsgegenstandes aus, denn

> „Konzepte sind im LZG [Langzeitgedächtnis] nicht isoliert, sondern durch verschie-
> dene Relationen verknüpft. Komplexe konzeptuelle Wissensstrukturen werden
> Schemata (auch Frames, Rahmen, Skripts, Szenarien etc.) genannt. Schemata sind
> netzartig strukturierte Modelle im LZG, die stereotype Gegenstandsbereiche, Situa-
> tionen und Handlungen mental repräsentieren. […] Ein Schema repräsentiert somit
> miteinander verbundene konzeptuelle Informationsknotenpunkte über Gegenstände
> und Sachverhalte.“[17]

Der Begriff ‚Konzeptualisierung' beinhaltet im Gegensatz zu ‚Konzept' den zusätzlichen
Aspekt der Konzeptproduktion und wird hier in der weiteren begrifflichen Verwendung im
Sinne eines *individuellen Konzepts* gebraucht, das an dessen Produzenten gebunden ist und
daher nicht zwingend allgemeingültig ist. Insgesamt stellt sich die Frage, wie derartige
Informationsstrukturen adäquat dargestellt werden können, ohne sich von Vornherein nur
auf die textbasierende Definition einzelner Begriffe zu beschränken. Folglich besteht die
Notwendigkeit, für die Herausarbeitung von Konzeptmodellen über eine derartige sprachliche Explikation hinauszugehen. Eine wichtige Aufgabe der Arbeit liegt daher auch in der
graphischen Darstellung der in den Texten des Korpus vorhandenen Begriffsnetzwerke, um
die vorhandenen strukturellen Verbindungen zwischen aufeinander bezogenen Konzepten

---

15 Brun/Hirsch Hadorn (2009): 108 f.
16 Schwarz/Chur (2004): 26.
17 Schwarz-Friesel (2007): 38 f.; vgl. hierzu auch Schwarz/Chur (2004): 103.

aufzuzeigen und gegebenenfalls die innere Gliederung fragestellungsrelevanter übergeordneter Meta-Konzepte zu erschließen. Die Visualisierung orientiert sich dabei am Verfahren der Netzwerk-Technik (*Concept Maps*) wie es international über einen längeren Zeitraum zur schematischen Darstellung von Texten entwickelt wurde.[18] Ziel dieser Methode ist das Erreichen eines besseren Verständnisses der Textinformationen, deren Memorierung im Langzeitgedächtnis sowie das Aufdecken der inneren logisch argumentativen Struktur. Ausgehend von zwei grundlegenden Klassen – Begriffen und Relationen – werden zwei Haupttypen an graphischen Elementen eingesetzt. Begriffe erhalten einen Rahmen, dessen Form innerhalb eines Schemas bei gleichartigen Begriffen kohärent sein muss, bei Begriffen ungleicher Kategorien oder von unterschiedlicher Wichtigkeit hingegen divergent. Gleiches gilt für die Hervorhebung durch Hintergrundmuster und Farben. Pfeil- und Linienverbindungen stellen Relationen dar. Durch verschiedenartige Linien (durchgehend, gestrichelt, doppelt, etc.) werden nichtidentische Relationen voneinander abgehoben. Durch einen Doppelstrich unterbrochene Linien weisen auf Gegensätze bezüglich der so in Relation gesetzten Begriffe hin.[19] Notationen explizieren die Art der Relation. Die Anordnung der Elemente innerhalb der Schemata erfolgt nach den Gesetzen der Gestaltpsychologie:

> „Beieinanderliegende Teile werden als Ganzes aufgefasst. […] Geschlossene Teile werden eher als Ganzes aufgefasst als offene. […] Teile mit gleicher Form, Farbe oder Größe werden eher zu einemv Ganzen zusammengefasst als ungleichartige Teile. […] Elemente schließen sich zu einer ‚guten‘ Gestalt zusammen, wenn sie bestimmte Eigenschaften – zum Beispiel Regelmäßigkeiten, Symmetrie, maximale Einfachheit und Knappheit – aufweisen.“[20]

Die Erhebung der Grundlagendaten erfolgt allerdings textbasierend, so dass im ersten Analyseschritt zunächst die Konzepte erfasst werden, denen ein Image zugrunde liegt. Die Basisdatensätze beinhalten somit Schlüsselbegriffe, deren Identifizierung über die qualitative Inhaltsanalyse erfolgt. Zur Klassifizierung der damit verbundenen mentalen Repräsentationen sind zwei Arten von Konzepten zu unterscheiden. Partikular- oder Token-Konzepte beinhalten individuell-episodisches Wissen, das „an raum-zeitliche Erfahrungssequenzen gebunden ist und von den subjektiven Erlebnissen einer Person abhängig ist“[21]. Sie umfassen also Informationen über konkrete Personen, Gegenstände oder Situationen. Im Folgenden werden alle entsprechend gekennzeichneten Äußerungen unter dem Begriff ‚Konzept‘ im Sinne des Token-Konzepts subsumiert. Unter Kategorien- oder Type-Konzepten hingegen werden abstrakte Muster verstanden, denen verschiedene

---

18 Vgl. Stary/Kretschmer (2003): 121 ff.
19 Bei Stary/Kretschmer (2003) wird stattdessen als mögliche Notation der Buchstaben vorgeschlagen. Die Verdeutlichung mittels Doppelstrich wird hier in Erweiterung als graphische Entsprechung eingeführt.
20 Brun/Hirsch Hadorn (2009): 95; vgl. hierzu auch Franck/Stary (2006): 107ff.
21 Schwarz/Chur (2004): 25.

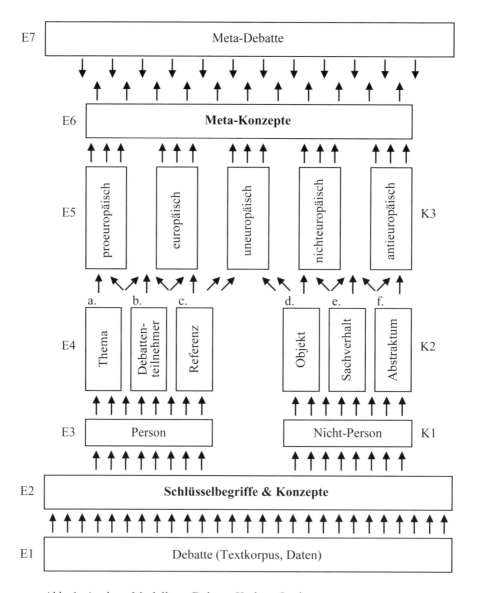

Abb. 1: Analyse-Modell zur Debatte Kadare-Qosja
Quelle: eigene Darstellung

Token-Konzepte aufgrund gleicher Kerninformationen zugeordnet werden können.[22] Type-Konzepte werden daher im Folgenden als ‚Meta-Konzepte' bezeichnet, deren Basisdaten auf alle darunter zusammengefassten (Token-)Konzepte zutreffen.

Den Erkenntnisinteressen entsprechend kann darauf aufbauend ein Kategorienmodell erstellt werden, das eine klare Zuordnung aller Konzepte ermöglicht. Das verwendete Schema umfasst sieben Ebenen (E1-E7) (vgl. Abb. 1). Das Modell zeigt sowohl den Analyseweg als auch die Art der Zusammenstellung und Kategorisierung der erhobenen und verarbeiteten Daten. So werden diese in Form des Textkorpus zur Debatte (E1) bereitgestellt und zunächst einer qualitativen Inhaltsanalyse unterzogen. Erkenntnisrelevante Konzepte (E2), basierend auf den oben aufgeführten Fragestellungen und Zielen der Arbeit, werden über Schlüsselbegriffe identifiziert und gemeinsam mit den sie determinierenden Daten herausgefiltert. Die dadurch bedingte Reduktion der Daten wird im Schema durch die verringerte Anzahl der dargestellten Pfeile (E1 → E3) symbolisiert. Es folgen drei Phasen der Kategorisierung (K1-K3). Im ersten Durchgang (E3-K1) erfolgt die Aufteilung in Personen- und Nicht-Person-Konzepte. Diesem Zwischenschritt schließt sich die zweite Kategorisierungsphase (E4-K2) an:

Die Kategorie *Thema* (a.) umfasst alle Personen, die Diskussionsgegenstand der Debatte geworden sind. Eine Ausnahme bilden hierbei die Debattenteilnehmer selbst, die in einer weiteren Kategorie (b.) erfasst werden. Hinzu kommt eine dritte (c.), der alle Personen zugeordnet werden, die in den Korpus-Texten als argumentative Referenz vorkommen. Mit anderen Worten kann auf diese Weise unabhängig von der thematischen Ebene der Debatte (a.) und den expliziten intertextuellen Referenzen (c.) auch die Beziehungsebene der Textproduzenten (b.) und damit ein wesentlicher Aspekt der Polemik dargestellt und analysiert werden. Darüber hinaus ist es möglich, innerhalb dieser Kategorie der Frage nachzugehen, welche thematischen Bilder und Konzepte aus der sachorientierten Argumentation auf die Beziehungsebene übertragen werden und auf welche Art und Weise dies geschieht.

Die Nicht-Person-Konzepte (E5) dienen gleichermaßen der gegenseitigen Abgrenzung, um bestimmte Analysegruppen zu schaffen. Die Kategorie *Objekt* (d.) umfasst Konzepte zur materiellen Kultur. Die Kategorie *Sachverhalt* (e.) bezieht sich eher auf Konzepte, die die Lage und Beziehung von Subjekten bzw. Objekten zueinander ausdrücken, wie es u.a. bei der Darstellung historischer Ereignisse der Fall ist. Die Kategorie *Abstraktum* (f.) wiederum vereint Konzepte von Nichtgegenständlichem, was beispielsweise auf Begriffe wie ‚Identität' und ‚Religion' zutrifft.

In der dritten Kategorisierungsphase (E5-K3) werden die Gruppen Kategorien zugeordnet, die für die vorliegende Untersuchung den Ausgangspunkt bilden: den Kategorien *proeuropäisch, europäisch, uneuropäisch, nichteuropäisch* und *antieuropäisch*. Die Zuordnung zu den erläuterten Kategorien erfolgt aus der Perspektive des Konzeptproduzenten, so

---

22 Vgl. Volli (2002): 83.

dass im Falle mehrerer unterschiedlicher Vorstellungen über ein und denselben thematischen Gegenstand auch eine Mehrfachzuordnung des Images erfolgen kann.

Im Weiteren kann eine Zusammenfassung einzelner Konzepte zu Meta-Konzepten erfolgen, was durch die Art der in der Debatte vorhandenen Konzeptualisierungen bestimmt wird. Mit allem verbunden ist die Meta-Debatte (E7), die sich sowohl aus der Debatte zur europäischen Identität der Albaner (E1) speist als auch auf diese in Form von Stellungnahmen und der Formulierung weiterer Konzepte zurückwirkt. Sie umfasst das Reflektieren über alle Ebenen dieser Debatte ebenso wie über die Debattenteilnehmer.

Gegenstand der Untersuchung ist also nicht nur die Ermittlung von Konzeptualisierungen hinsichtlich möglicher Identifikationen, sondern auch die alternativer Entwürfe. Für das Vorgehen bedeutet das, auf Basis des Analysemodells mittels qualitativer Inhaltsanalyse induktiv und deduktiv gewonnene Schlüsselwörter und Zitate zu identifizieren, deren Kontext zu ermitteln und durch Reduktion und Extraktion zum Grundkonzept zu gelangen, das im jeweiligen Kontext dem Image zugeschrieben wird.[23] Es wird nachfolgend davon ausgegangen, dass derartige Konzeptualisierungen anhand bestimmter Texte aus dem sprachlichen Kontext ermittelt werden können und dass es zu Konzepten in der Regel immer auch Gegenkonzepte gibt, die es gleichfalls zu ermitteln gilt, sofern die untersuchten Texte zur Debatte eine entsprechende Thematisierung aufweisen (Stichwort Identität/Alterität).

4 Quellensituation und Forschungsüberblick

Pro- und antieuropäische Konzepte hängen in Albanien unweigerlich mit der albanischen Identitätsfrage zusammen. Selbst- und Fremdbildproblematik sind damit ebenso verbunden wie die Aufarbeitung ideologischer Strömungen, die seit der Nationalbewegung des 19. Jahrhunderts das Verhältnis der Albaner zu Europa bestimmten.

Die mit dem Ende des Kommunismus einsetzende Identitätskrise in den Staaten Südosteuropas führte auch in Albanien zu einem Diskussionsprozess, der noch anhält. Die alte Frage der Zugehörigkeit – Orient oder Okzident – bestimmte hierbei bisher überwiegend die Publikationen im albanischsprachigen Raum. Aber auch in der internationalen Forschung zieht sich das Thema durch die Veröffentlichungen. Entsprechend sind vor allem solche Arbeiten zu finden, die den nationalen Selbstfindungsprozess an Europa und die Aussicht auf einen EU-Beitritt knüpfen. Letzteres ist durchgängig in politikwissenschaftlich ausgerichteten Studien anzutreffen, während sich historische Forschungsarbeiten in der Regel auf pro- und antiwestliche Ideologien der Rilindja, der Zwischenkriegszeit und des Kommunismus konzentrieren. Literaturwissenschaftliche Publikationen thematisieren hingegen verstärkt albanische Selbst- und Fremdbilder und vermitteln so teils direkt, teils indirekt das gegenseitige Verhältnis von Albanern und Europäern.

Die derzeit beste Studie zu diesem Themenkomplex hat Peter Schubert (2005) mit dem Band „Albanische Identitätssuche im Spannungsfeld zwischen nationaler Eigenstaatlichkeit

---

23 Vgl. Mayring (2007).

und europäischer Integration" vorgelegt. Schubert geht historischen Wurzeln der albanischen nationalen Identität und Indikatoren für die Identitätsbildung nach, thematisiert die Herausbildung von Normen und Werten für die europäische Integration und bietet Ergänzungsstudien zur Identität der Albaner in Makedonien und Kosovo. Iris Herscht (2006) widmet sich in ihrer Master-Thesis „Albanische Identitäten und ihre europäische Dimension. Auswirkungen auf die EU-Integration Albaniens" der europäischen Integration als Ziel der albanischen Politik, den diesbezüglich vorhandenen Erwartungen in der albanischen Gesellschaft und den Aspekten albanischen Selbstverständnisses in eben diesem Zusammenhang. Der historische Einfluss Europas auf die albanische Gesellschaft wird ebenso einbezogen wie das Verhältnis Albanien – EU. Cecilie Endresen (2013) greift das Thema der Identität aus religionswissenschaftlicher Sicht auf und stellt die bedeutsame Frage: „Is the Albanian's religion really "Albanianism"?: Religion and nation according to Muslim and Christian leaders in Albania". Das vorgeblich ausgezeichnete Verhältnis der Religionen in Albanien zueinander ist ein wesentlicher Faktor in der Außenkommunikation der Albaner gegenüber dem Westen. Endresen hinterfragt das Konzept der multireligiösen Toleranz und auch das grundsätzliche Verhältnis von albanischer Nation und Religion und bietet mit ihren Antworten unter Einbezug zahlreicher Faktoren die Möglichkeit einer Neubewertung.

Als bedeutsam ist die Monographie „Aux origines du nationalisme albanais. La naissance d'une nation majoritairement musulmane en Europe" von Nathalie Clayer (2007a) einzustufen. Die Autorin analysiert darin albanische Identitäts- und Nationsdiskurse von Mitte des 19. bis Anfang des 20. Jahrhunderts und untersucht die Entstehung des ‚Albanismus' (in Abgrenzung zu ‚Nationalismus') im Beziehungsgefüge damaliger Entwicklungen und Netzwerke. Zu nennen ist weiterhin Hysamedin Feraj (2006), der sich in seinem Band „Skicë e mendimit politik shqiptar" [Skizze des albanischen politischen Denkens] mit politischen Strömungen der albanischen Geschichte auseinandersetzt. Resmije Kryeziu (2008) untersucht in ihrer Studie „Nga lindja në perëndim. Aspekte të mendimit kritik shqiptar 1913–1944 [Aus dem Osten in den Westen. Aspekte des kritischen albanischen Denkens 1912–1944] die ideologischen Strömungen und neoalbanischen Ideen albanischer Intellektueller, die auf die westliche Kultur und Europa ausgerichtet waren. Ein wichtiges Kompendium stellt hierzu auch die „Antologji e Mendimit shqiptar 1870–1945 [Antologie des albanischen Denkens 1870–1945]" von Ndriçim Kulla (2003) dar, das eine Sammlung von Texten bedeutender albanischer Intellektueller beinhaltet. Mit der Zeit des Kommunismus beschäftigt sich Bernhard Tönnes (1980) in seiner Publikation „Sonderfall Albanien. Enver Hoxhas eigener Weg und die historischen Ursprünge seiner Ideologie". Georgia Kretsi (2007) hat mit ihrer historisch-ethnologischen Untersuchung „Verfolgung und Gedächtnis in Albanien. Eine Analyse postsozialistischer Erinnerungsstrategien" eine wichtige For-schungsarbeit vorgelegt. In Albanien selbst ist die Aufarbeitung des Kommunismus fast nicht vorhanden ist.

Enis Sulstarova (2006a) ist ebenfalls zu nennen. In „Arratisje nga lindja. Orientalizmi shqiptar nga Naimi te Kadareja" [Flucht aus dem Osten. Der albanische Orientalismus von Naim bis Kadare] baut er auf den Begrifflichkeiten von Edward Said (1979) und Maria

Todorova (1999) von ‚Orientalismus' und ‚Balkanismus' auf, um einen ‚albanischen Orientalismus' herzuleiten, ohne zu vergessen, diesem einen ‚albanischen Okzidentalismus'
entgegenzusetzen. Alba Cela (2010) beschäftigt sich gleichfalls mit Orientalismen im Zusammenhang mit dem Schaffen Kadares in „Orientalism in service of Contemporary
National Identity Building in Albania: The literary work of Ismail Kadare".

Zur Selbst- und Fremdbildproblematik zu und bei den Albanern gibt es bisher im
Grunde kaum Monographien, die sich an imagologische Erkenntnisinteressen annähern. So
wird die literaturwissenschaftliche Arbeit von Lindita Arapi (2005) zu Recht als Pionierar-
beit bezeichnet. In ihrer Publikation „Wie Albanien albanisch wurde. Rekonstruktion eines
Albanienbildes" geht sie der Frage nach, welches Bild von Albanien im deutschsprachigen
Raum über die Mittlerinstanz von Reiseberichten transportiert wurde. Insbesondere das 19.
Jahrhundert und die ersten Jahrzehnte des 20. Jahrhunderts werden dabei beleuchtet – eine
bedeutende Epoche für die Entwicklung und Ausformung der Albanien-Images, wie sie
hauptsächlich durch Westeuropa geprägt wurden. Michael Schmidt-Neke (1996) setzt sich
in seinem Aufsatz „Von Arnauten und Skipetaren. Albanien und die Albaner bei Karl May"
mit dem (überwiegend negativen) Albanerbild auseinander, das durch die Werke des bekannten deutschen Schriftstellers vermittelt wird. Stephanie Schwandner-Sievers (2003)
geht in „Imagologie und ‚Albanismus' – zu den Identifikationen der Albaner" der Verortung des nationalen Selbstbildes in der Imagologie der albanischen Literatur, in deren Wurzeln und in der zeithistorischen Entwicklung nach, behandelt die Wechselwirkungen von
westlichem Albanerbild mit den albanischen Fremd- und Selbstbildern und die damit in
Zusammenhang stehenden Strategien des Umgangs mit Fremden und stellt den Wandel
historischer zu gegenwärtigen kulturellen Vorstellungen vom Umgang mit Fremden in
Albanien dar. Zu nennen ist weiterhin der kulturanthropologisch ausgerichtete Sammelband
„Die weite Welt und das Dorf. Albanische Emigration am Ende des 20. Jahrhunderts",
herausgegeben von Karl Kaser, Robert Pichler und Stephanie Schwandner-Sievers (2002),
der in zahlreichen Artikeln albanische Selbst- und Fremdbilder in dörflicher Umgebung
ebenso thematisiert wie den Wandel albanischer Identitäten. „Albanian Identities. Myth and
History" (Stephanie Schwandner-Sievers/Bernd J. Fischer (Hrsg.) 2002) heißt ein Sammelband, der sich speziell mit der Rolle von Mythen in Geschichte und Gegenwart Albaniens
beschäftigt. Den Diskussionsrahmen für die einzelnen Beiträge stellen Mythen als Elemente
kollektiver Identität dar – sowohl im Selbstverständnis der Albaner als auch in der
Wahrnehmung der Albaner von außen. Mythen der kommunistischen Zeit nehmen dabei
den größten Raum ein.

5 Korpus

Für die qualitative Inhaltsanalyse wurde ein Korpus auf Basis mehrerer Kriterien zusam-
mengestellt, die sich aus dem Untersuchungsgegenstand und dem Erkenntnisinteresse her-
leiten. Obwohl Tageszeitungen die Grundlage für die Materialerhebung bildeten, musste
berücksichtigt werden, dass der Ausgangs- und Bezugspunkt der Untersuchung, Ismail

Kadares Essay „Identiteti evropian i shqiptarëve", in den Printmedien nur in gekürzter Form erschien. Aus diesem Grund wurde der Analyse das Buch mit der vollständigen Fassung zugrunde gelegt. Als Gegenpol fungieren Rexhep Qosjas Reaktionen auf Kadares Text mit den Essays „Realiteti i shpërfillur" und „Të vërtetat e vonuara". Um die Vergleichbarkeit auf Materialbasis vollständig zu gewährleisten, wurden auch hier die Buchausgaben herangezogen. Unterschiede zu den als Artikel erschienenen Versionen liegen überwiegend auf der formalen Ebene und werden in der Analyse thematisiert.

Die Auswahl der weiteren Zeitungsartikel wurde in mehreren Stufen vorgenommen. Ausgehend von der Prämisse, dass die zu untersuchenden Texte bei ihrer Veröffentlichung einer großen Zahl an Rezipienten zugänglich waren (um eine gewisse Wirkungsmacht unterstellen zu können), erfolgte die Erhebung in den drei großen albanischen Tageszeitungen *Shqip*, *Shekulli* und *Korrieri* in allen Ausgaben, deren Erscheinungsdatum zwischen dem 28. März und dem 31. Dezember 2006 lag.[24] Der gewählte Zeitraum resultiert aus der Veröffentlichung von Kadares Essay (stark gekürzt, in Auszügen) am 27. März 2006 in *Shekulli*, sowie als Buch (vollständig) und der quantitativen Verteilung der veröffentlichten Artikel, die sich direkt auf die Debatte beziehen: In den Monaten Mai bis Juli 2006 erreichten die Werte ihre Spitze und flachten nachfolgend bis Ende des Jahres ab. Während bis Mitte 2006 die Debatte im Zentrum der Artikel stand, handelte es sich bei den Veröffentlichungen im November und Dezember zum Großteil um Interviews, in denen die thematische Bezugnahme nur noch einen geringeren Anteil am Inhalt neben anderen und daher für diese Arbeit weniger relevanten Fragestellungen hat.

Neben dem Kriterium des direkten Bezugs auf die Debatte Kadare-Qosja zur europäischen Identität der Albaner wurde als zweites die Bedingung gesetzt, dass es sich um selbst verfasste Texte oder Interviews der Debattenteilnehmer zum Thema handeln musste. Nicht eingeschlossen waren also etwa Berichte von Journalisten, die öffentliche Äußerungen Dritter nicht wörtlich zitieren, sondern ausschließlich in indirekter Rede wiedergeben oder allgemein zur Berichterstattung über den Debattenverlauf und dazu durchgeführte Veranstaltungen gehören. Damit sollte ausgeschlossen werden, dass eine mögliche verfälschte Wiedergabe von Aussagen in die imagologische Analyse einfließt.

Ausgehend von den genannten Kriterien wurde so eine Auswahl von drei Monographien und 113 Zeitungsartikeln (Texte, Essays, Interviews) getroffen, die das Gesamtkorpus bilden. Diese Zahl erfuhr anschließend eine weitere Reduzierung, bedingt durch Zweitveröffentlichungen, aber auch durch die Tatsache, dass einige Texte trotz der Bezugnahme auf die Debatte nur eine geringe Substanz aufwiesen und damit die notwendige Relevanz vermissen ließen.

---

24 Zur näheren Charakterisierung der ausgewählten Printmedien vgl. Kapitel III/1.2.

II Theoretische Grundlagen

1 Mediale Öffentlichkeit und Öffentliche Meinung

Die Definition von ‚Öffentlichkeit' ist im Hinblick auf den mehrdeutigen und interdisziplinären Sprachgebrauch wesentlich. Eine erste Annäherung ist durch eine Gegenüberstellung der Komplementärbegriffe zu ‚öffentlich' möglich: ‚privat' und ‚geheim'. Bewusst und legal öffentlich zugänglich gemachte Institutionen und Informationen, aber auch öffentliche Ereignisse stellen demnach den Gegensatz zum Privaten dar, zu dem es in der Regel nur begrenzten Zugang unter der Voraussetzung der Einwilligung des Inhabers gibt. Noch weitreichender ist die Unterscheidung zum Geheimen, bei dem nur Eingeweihte von dem Vorhandensein oder dem Inhalt einer Sache wissen, die Öffentlichkeit aber nichts erfahren soll.[1] Damit kann ein grundlegendes Merkmal von ‚Öffentlichkeit' festgestellt werden:

> „Während der Zugang – im physischen wie im übertragenen Sinne – zur öffentlichen Sphäre allen offensteht (oder zumindest stehen sollte), ist er zur Privat- und Intimsphäre begrenzt."[2]

Öffentlichkeit ist jedoch nicht nur als Abstraktum im Sinne von Offenkundigkeit, d.h. unter der Prämisse der Zugänglichkeit zu betrachten. Denn eng damit verbunden sind die Rezipienten und Nutzer dessen, was öffentlich ist: „die Leute, das Volk, alle anderen Menschen, das Publikum"[3], oder mit anderen Worten die „Allgemeinheit, Bevölkerung, Gesellschaft; Umwelt"[4]. Wenn von Öffentlichkeit die Rede ist, kann also weder die öffentliche Sphäre ohne ein öffentliches Publikum gedacht werden, noch umgekehrt.

Dass die genannten Grenzen keineswegs starr und oft zu einem gewissen Maß der Diffusion unterworfen sind, kann als zeitlos gegeben angesehen werden. „Klatsch und Tratsch" oder Spionage beispielsweise sind Methoden, die seit jeher Privates und Geheimes aus dem Bereich des Nicht-Öffentlichen hervorzuholen vermochten. Spätestens mit der medialen Entwicklung seit Erfindung des Buchdrucks kann davon ausgegangen werden, dass anfangs durch Zeitungen, Flugblätter und Bücher, später durch Radio, Fernsehen und Internet die Öffentlichkeit in mittlerweile enormem Maße ins Private vordrang und weiter vordringt. Den vorläufig neuesten Schritt stellt nach Laptops und Netbooks die Entwicklung von Tablett-PCs und internetfähigen Mobiltelefonen dar, über die jederzeit und weitgehend ortsunabhängig Informationen aus aller Welt empfangen und dorthin auch versendet wer-

---

1 Vgl. Beck (2007): 99.
2 Ebd.
3 Wahrig (1997): 923.
4 Duden (1997): 525.

den können (da, wo es durch Satelliten und Mobilfunknetze technisch ermöglicht wird). Umgekehrt erreichen private Informationen über diverse Fernsehformate, persönliche Webseiten, Internetforen, Blogs, soziale Netzwerke wie Facebook und Kommunikationsplattformen wie Twitter eine breite Öffentlichkeit bzw. können sich geheime Informationen ins Gegenteil verkehren, wie es der Fall von WikiLeaks[5] und der NSA-Affäre deutlich vor Augen führt. Öffentlichkeit und Privates gehen durch die medial bereitgestellten Möglichkeiten immer mehr ineinander über.

Zudem geht mit dem Einsatz von Medien eine Erhöhung der Reichweite, Teilnehmerzahl und Kommunikationsdichte einher. Gerhards/Neidhardt, die sich speziell mit der Vermittlung zwischen politischem System und Gesellschaft auseinandersetzen, unterscheiden hierbei drei Ebenen von Öffentlichkeit: Encounter-, Themen-/ Versammlungs- und Medienöffentlichkeit.[6]

> „Zentrales Unterscheidungskriterium ist die Differenzierung von Sprecher- und Publikumsrollen, die auf der Encounterebene am schwächsten und auf der Ebene der Medienöffentlichkeit am stärksten ausgeprägt ist. Mit ‚Encounters' werden […] einfache, relativ strukturlose Interaktionssysteme unter physisch Anwesenden bezeichnet. Sie sind in der Regel räumlich, zeitlich und sozial begrenzt, so z.B. Gespräche auf der Straße oder am Arbeitsplatz. Unter Themen- oder Versammlungsöffentlichkeit sind thematisch zentrierte Interaktions- und Handlungssysteme zu verstehen, z.B. in Form von Demonstrationen. Medienöffentlichkeit ist die ‚folgenreichste' […] Ebene von Öffentlichkeit, da massenmedialer Informationstransfer in Mediengesellschaften zum entscheidenden Konstitutionskriterium von Öffentlichkeit geworden ist, öffentliche Kommunikation also erst durch Medien auf Dauer gestellt und institutionalisiert wird."[7]

In dieser Medien-Arena können drei Akteursgruppen auftreten: Sprecher, Vermittler und Publikum (vgl. Abb. 2). Diese Rollen sind keineswegs festgefügt, da Sprecher- und Publikumsrollen wechseln können. Das Arena-Modell von Neidhardt ist hierbei für die vorliegende Analyse interessant, da es sich bei der Sprecherrolle auf gesellschaftliche Akteure bezieht, insbesondere mit Blick auf eine sich steigernde Professionalisierung durch den immer häufigeren Einsatz von PR-Experten als Sprachrohr für Interessengruppen und Institutionen.[8]

---

5   Die Internetplattform WikiLeaks veröffentlichte seit 2007 anonym geheime Dokumente, bei denen die Betreiber nach eigenen Angaben die Zugänglichkeit zu den betreffenden Informationen als Voraussetzung für Transparenz und damit eine bessere Gesellschaft ansahen. Infolge der Veröffentlichung von 251287 geheimen diplomatischen Depeschen der US-Regierung ab November 2010 kam es zu einer internationalen Kontroverse um diese Art der Offenlegung und Verbreitung derartiger Informationen. Vgl. hierzu SPIEGEL SPECIAL (2010); www.wikileaks.org
6   Vgl. Gerhards/Neidhardt (1993): 57.
7   Röttger/Preusse/Schmidt (2011): 80 f.
8   Vgl. Rademacher (2009): 52 f.

Abb. 2: Arena-Modell nach Neidhardt
Quelle: Jarren/Weßler (2002): 32.

„Das Modell geht von einem zunächst leeren Feld ‚Öffentlichkeit' aus, zu dem freier Zugang besteht und in dem Setzungen vorgenommen werden können. Es ist also eine Art ‚entkerntes' Habermas-Modell ohne jeglichen normativen Anspruch. Die Demokratie garantiert eine Institutionalisierung dieser Arena durch ihre verfassungsrechtlich verankerte Meinungs-, Rede-, Versammlungs- und Pressefreiheit […].“[9]

Adaptiert auf die hier untersuchte Intellektuellendebatte, speziell im Bereich der Printmedien, bedeutet das, dass Intellektuelle, Journalisten und auch Leser in der Debatte sowohl die Rolle des Publikums als auch die des Sprechers übernehmen können (vgl. Abb. 3).

In der Rolle des Sprechers treten Intellektuelle als Produzenten und Vertreter bestimmter Konzeptualisierungen in Erscheinung, Journalisten in Ausübung ihres Berufs als Vermittler und Leser mittels Leserbriefen. Da alle drei Gruppen gleichfalls Rezipienten sind, sind sie somit auch Publikum. Die Medien haben wie die Journalisten eine Vermittlerrolle inne und fungieren außerdem als Filter: Während Journalisten Inhalte aufbereiten und dadurch eine Vorauswahl treffen, erfolgt über die Medien auf Basis von in den jeweiligen Medienkonzernen individuell vorgegebenen Kriterien ebenfalls eine Selektion, was der Öffentlichkeit zugänglich gemacht wird und was nicht.

---

9 Rademacher (2009): 52. Aus dem Modell geht allerdings nicht hervor, welchen Platz Sprecher einnehmen, die von gesellschaftlichen Akteuren beauftragt wurden, zuvor abgesprochene Kommunikationsinhalte an die Medien weiterzugeben. Nach Neidhardts Modell sind sie weder Akteur, noch medialer Vermittler. Sie sind zwischen beiden als eigene Mittlergruppe anzusehen. Da das für die vorliegende Untersuchung vernachlässigbar ist, wird diese Problematik an dieser Stelle nicht weiter verfolgt.

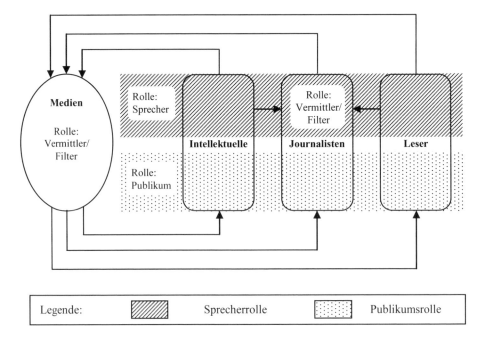

Abb. 3: Arena-Modell zur Intellektuellendebatte
         Quelle: eigene Darstellung

In welcher Art und Weise Inhalte über die Medien öffentlich gemacht und diskutiert werden sowie die Frage, um welche Inhalte es sich handelt, wird durch das hier angewendete
Kommunikationsmodell nicht erfasst. Habermas, der mit den Prinzipien der *Gleichheit der
Teilnehmer*, der *Problematisierbarkeit aller Themen* und der *Unabgeschlossenheit des
Publikums* das normative Wesen der kritischen bürgerlichen Öffentlichkeit konstatiert hatte
und damit keine realen Verhältnisse wiedergibt, liefert ein „demokratietheoretisches Ideal",
das der Orientierung dienen soll. Hinzu kommen die von ihm formulierten Geltungsansprüche kommunikativen Handelns, die gleichfalls als Ideal anzusehen sind: Anspruch auf
Wahrheit, Wahrhaftigkeit und Richtigkeit. Allerdings sieht auch er das Auseinanderbrechen
der kritischen Öffentlichkeit, das sich mit einem Übergewicht an „Produktionsöffentlich-
keiten" paart. So kritisiert Habermas die Entpolitisierung der Berichterstattung bei gleichzeitiger Dominanz der Unterhaltung, die Instrumentalisierung der Medien und die Erhöhung der Zugangsbarrieren zu ihnen vor dem Hintergrund der Kommerzialisierung der
Medien mit deren Abhängigkeit von der Werbeindustrie sowie der Professionalisierung der
Öffentlichkeitsarbeit:[10]

---

10 Vgl. Beck (2007): 101 ff.

„Die verständige Kritik an öffentlich diskutierten Sachverhalten weicht einer stimmungshaften Konformität mit öffentlich präsentierten Personen oder Personifikationen; […] Publizität hieß einst die Entblößung politischer Herrschaft vor dem öffentlichen Räsonnement; publicity summiert die Reaktionen eines unverbindlichen Wohlwollens. Die bürgerliche Öffentlichkeit nimmt im Maße ihrer Gestaltung durch public relations wieder feudale Züge an: die »Angebotsträger« entfalten repräsentativen Aufwand vor folgebereiten Kunden. Publizität ahmt jene Aura eines persönlichen Prestiges und übernatürlicher Autorität nach, die repräsentative Öffentlichkeit einmal verliehen hat."[11]

Habermas beschreibt damit nichts anderes als die Verwandlung der kritischen Auseinandersetzung als Prozess der öffentlichen Meinungsbildung in eine unreflektierte Zustimmung der Massen:

„Der hergestellte Konsensus hat natürlich mit öffentlicher Meinung, mit der endlichen Einstimmigkeit eines langwierigen Prozesses wechselseitiger Aufklärung im Ernst nicht viel gemeinsam; denn das »allgemeine Interesse«, auf dessen Basis allein eine rationale Übereinstimmung öffentlich konkurrierender Meinungen zwanglos sich einspielen konnte, ist genau in dem Maße geschwunden, in dem die publizistischen Selbstdarstellungen privilegierter Privatinteressen es für sich adoptieren."[12]

Öffentlichkeit als intermediäres Kommunikationssystem unterliegt demnach in der Praxis eher marginal den zuvor genannten normativen Prinzipien. Die Geltungsansprüche kommunikativen Handelns scheinen gleichfalls häufig nur ein theoretisches Konstrukt zu sein, das in der Realität von Akteuren verschiedenster Interessengruppen unterwandert oder instrumentalisiert, aber immer seltener bedient wird. Natürlich kann das nicht als absolut angesehen werden. Anhand der durch die Medien verfügbar gemachten Themen und Meinungen ist in demokratischen Gesellschaften deren Selbstbeobachtung als Basis eines sozialen Reflexionsmechanismus nach wie vor möglich, wie es üblicherweise die systemtheoretischen Modelle von Öffentlichkeit (Spiegelmodelle) zu Grunde legen.[13] Dennoch kann die Beeinflussung öffentlicher Meinung zugunsten eines oder mehrerer gesellschaftlicher Akteure oft beobachtet und als ein wesentliches Ziel kommunikativer Strategien definiert werden. Die Massenmedien als öffentlicher Vermittler begünstigen hierbei den Erfolg durch ihre potenzierende Reichweite gegenüber interpersonaler Kommunikation. Während jedoch aus systemtheoretischer Sicht öffentliche Meinung nur ein Spiegel der gesellschaftlich relevanten Themen ist, sieht sie die sozialpsychologische Interpretation als herrschende Meinung, die durch Androhung von Sanktionen ein ihr gemäßes Verhalten und Handeln erzwingt.[14]

---

11 Habermas (1996): 292.
12 Ebd.: 291.
13 Vgl. Beck (2007): 103, 111; Röttger/Preusse/Schmidt (2011): 79; Gerhards (1994): 87 f.
14 Vgl. Beck (2007): 114, 117.

Als Grundlage einer Definition öffentlicher Meinung kann aus der Betrachtung philoso-phischer Debatten von Vertretern verschiedenster Wissenschaftsrichtungen heraus eine grobe Unterteilung in ‚generellen Willen‘ (oder ‚allgemeinen Konsens‘) und ‚Mehrheits-meinung‘ vorgenommen werden. Allerdings ist der generelle Wille schwer festzusetzen. Mehrheitsmeinung wiederum ist teilweise von der Wahrnehmung abhängig, wie es mit der Theorie der Schweigespirale formuliert wird. Demnach bekennen sich Menschen, deren Meinung in Fragen von Moral scheinbar von der Mehrheit geteilt wird, eher öffentlich dazu als solche, die sich einer Minderheitsmeinung zugehörig glauben, da jene als Folge eines öffentlichen Bekenntnisses soziale Isolation befürchten müssen. Einen wesentlichen Ein-flussfaktor stellen dabei die Massenmedien dar, die mit den bereitgestellten Themen eine Mehrheitsmeinung suggerieren, selbst wenn es sich um eine Minderheitsmeinung handeln sollte. Die Spirale des Schweigens verstärkt sich, wodurch sich wahrgenommene Mehr-heiten verschieben können: Die, die sich öffentlich zur suggerierten Mehrheitsmeinung bekennen erscheinen als größer werdende Gruppe, aufgrund dessen, dass diejenigen, die sich zur scheinbaren Minderheit zählen, schweigen, um nicht als moralisch schlecht ge-brandmarkt zu werden.[15]

Die gängige kommunikationswissenschaftliche typologische Einteilung öffentlicher Meinung in Medien-, Eliten und Demoskopiekonzept gewichtet vor allem deren Träger. Während im Medienkonzept dem Mediensystem die Hauptaufgabe bei der Herstellung von Öffentlichkeit zugeschrieben wird (unter der Bedingung, dass die öffentliche der veröffent-lichten Meinung entspricht), sind es im Elitenkonzept die politischen Eliten, die die The-men bereitstellen, im Demoskopiekonzept hingegen die Mehrheit der Bürger, die die ge-sellschaftlich relevanten Fragen bestimmt.[16]

Für vorliegende Untersuchung greift das Elitenkonzept. Die themengeleitete Debatte der albanischen intellektuellen Elite orientiert sich eindeutig an politischen Fragen, auch wenn vordergründig Schlagwörter wie ‚Kultur‘, ‚Religion‘, ‚Geschichte‘, ‚Identität‘, usw. regie-ren. Doch kann gesagt werden, dass es sich dabei um kulturpolitische, religionspolitische, geschichtspolitische, identitätspolitische usw. Auseinandersetzungen handelt. Nicht nur, dass Politik an sich thematisiert wird. Auch die Verknüpfung der diskutierten Problemati-ken mit Fragen des EU-Beitritts, der Bündnispartner, dem eigenen Rollenverständnis inner-halb Europas und der gesellschaftlichen Ausrichtung stützt dies. Insofern soll hier der Be-zeichnung ‚politische Eliten‘ die der ‚politisch motivierten Eliten‘ vorgezogen werden, auch, um gegebenenfalls zwischen Berufspolitikern und anderen politisch agierenden Gruppierungen unterscheiden zu können. Da es sich bei Eliten allerdings nie um homogene Einheiten handelt, sollen im Folgenden Begriff und Habitus des Intellektuellen im Allge-meinen sowie die diesbezüglichen speziellen historischen Bedingungen in Albanien einer kurzen Betrachtung unterzogen werden. Aufbauend auf den bisherigen Ausführungen steht zu Beginn jedoch die Frage nach der Bestimmung des für diese Arbeit relevanten Aktions-feldes der Intellektuellen: der öffentlichen Mediendebatte.

---

15 Vgl. L'Etang (2010): 98 f.
16 Vgl. Röttger/Preusse/Schmidt (2011): 78.

2 Öffentliche Mediendebatten und die Rolle der Intellektuellen in gesellschaftlichen Aushandlungsprozessen

Öffentliche Mediendebatten als Arenen von Kontroversen bedürfen einer genaueren Bestimmung in ihren Bedingtheiten, da nicht nur der Begriff ‚Debatte' äußerst vielschichtig ist, sondern auch die Art der Medien Einfluss auf die Form der Kommunikation hat. Im Allgemeinen wird die Bezeichnung ‚Debatte' auf konfliktbehaftete Auseinandersetzungen angewendet, die sich zum Teil erheblich voneinander unterscheiden können. Deren Gemeinsamkeiten sind oft lediglich

> „[…] die sprachliche Form, das Ziel der Persuasion und die Tatsache, dass eine vorliegende Frage oder ein verbindendes Thema unterschiedliche, sich meist gegenseitig ausschließende, Antworten erhält."[17]

Abweichende Merkmale hingegen können hinsichtlich der Kommunikationsform (interpersonal oder medial, mündlich oder schriftlich), des Mediums (keines; Bücher, Zeitungen, Zeitschriften; Fernsehen, Radio; Internet), der Zeitspanne, innerhalb derer die Debatte geführt wird (Stunden, Wochen, Monate, Jahre), dem Charakter der zentralen Frage und der Gesprächsführung bestehen.[18] Im Gegensatz zur Diskussion folgt die mündliche Debatte formalen Regeln zur Erörterung von Für- und Gegenargumenten zu einer gesetzten Problematik. Die ideale Debatte wird demnach als kultiviertes Streitgespräch definiert, das vier Ziele erfüllt: eine hohe Qualität der Auseinandersetzung, eine Argumentation, die alle Aspekte der Problematik zur Sprache bringt bzw. kommen lässt, das Garantieren der Egalität der vorhandenen Positionen und ihrer Vertreter sowie die enge Anbindung von Entscheidungsvorbereitung und Beschlussfassung.[19] Für Debatten, die in den Printmedien geführt werden, gelten hingegen andere Bedingungen. Eine Entsprechung zur Redezeitbegrenzung im mündlichsprachlichen Bereich gibt es im schriftlichen nicht, stattdessen besteht unter Umständen eine vorgegebene maximale Wort- oder Seitenzahl. Spontanität in der interpersonalen Debatte steht der bei Printmedien gegebenen Möglichkeit zur wiederholten und bedachten Überarbeitung eines Textes gegenüber. Das temporal direkte Aufeinanderfolgen von Rede und Gegenrede wird im schriftlichen Bereich durch die räumliche Trennung der Textverfasser und dem periodischen Erscheinungszeitraum des Mediums begrenzt bzw. verhindert, zumal es nicht jedem offensteht, Texte über die Printmedien zu verbreiten. Insbesondere wirtschaftliche und politische Interessen der Herausgeber spielen hier eine nicht zu unterschätzende Rolle. Dadurch besteht nicht nur die Gefahr, dass lediglich bestimmte Klientelen zu Wort kommen, sondern damit einhergehend auch die der einseitigen Verbreitung von Meinungen und Argumenten zu einer strittigen Thematik. Das kann we-

---

17 Bartsch/Hoppmann/Rex (2005): 18.
18 Vgl. ebd.: 18.
19 Vgl. ebd.: 20 f., 26.

sentlichen Einfluss auf den Verlauf der Auseinandersetzung haben, denn charakteristisch
für mediale Debatten ist im Allgemeinen

> „[…] ein Kampf um relevante Begriffe, in dem es unter rechtmäßigen Gegnern um
> die ‚Besetzung‘ von Schlüsselvokabeln geht. […] Solche ‚Besetzungsdiskurse‘, in
> denen es für gewöhnlich um die Themenführerschaft und die Inszenierung von Ak-
> tivität in einer öffentlichen Arena geht, finden sich primär im politischen Raum, aber
> eben nicht nur da. Streng genommen kommen sie im kleinen oder großen Maßstab
> überall dort vor, wo mit Hilfe der rhetorischen Überzeugungskraft versucht werden
> soll, Themen ‚zu positionieren‘ […]“.[20]

Ein Ungleichgewicht in der öffentlichen (medialen) Präsenz und Äußerungsfreiheit der
Beteiligten muss daher auch zwangsweise zu einem Ungleichgewicht in der öffentlichen
Wahrnehmung und damit unter Umständen zu einer Verschiebung in der Frage der Zustimmung oder Ablehnung durch die Rezipienten führen. Darin unterscheiden sich temporal
eng begegrenzte mündliche regelgeleitete Debatten erheblich von zeitlich unbestimmten
schriftlichen Mediendebatten, die sich aus genannten Gründen oft der Kontrolle der Aus-
gewogenheit debattenimmanenter qualitativer und quantitativer Einflussfaktoren auf die
öffentliche Meinungsbildung entziehen.

Eine formale Einordnung der Debatte zur europäischen Identität der Albaner muss für die
vorliegende Untersuchung unter zwei Gesichtspunkten vorgenommen werden. Der erste
berührt die Frage der Dimensionen der Debatte. So kann nicht von einer reinen Mediendebatte gesprochen werden. Nicht nur, dass sämtliche Printmedien wie Tageszeitungen und
periodisch erscheinende Zeitschriften, Bücher und wissenschaftlichen Literatur von dieser
Thematik durchdrungen sowie Interviews im Fernsehen übertragen und Diskussionen geführt wurden. Es fanden auch eine wissenschaftliche Konferenz zur Problematik und zahlreiche andere Tagungen und runde Tische statt, die die Themen aufgriffen.[21] Hierdurch
kann keine allumfassende Charakterisierung der Debatte erbracht werden, die abgesehen
von der inhaltlichen Ausrichtung auch eine einheitliche Form bestimmen könnte, um damit
allem gerecht zu werden. Vielmehr handelt es sich um eine Mischung aus verschiedenen
Arten der Auseinandersetzung, die trotz formaler Unterschiede als ‚Debatte‘ bezeichnet
werden. Der Begriff ist daher zugleich sein eigener Metabegriff: Einerseits steht er für
Streitgespräche, die durch die oben genannten Bedingungen (vor allem aufgrund von Medium sowie Mündlichkeit und Schriftlichkeit) definiert sind und entsprechend differenziert
werden müssen (wie Fernsehdebatte, Zeitungsdebatte, usw.). Andererseits verbindet er
diese Debattenteile durch die festgelegte Problematik, die allen gemein ist. In diesem Fall
bezeichnet ‚Debatte zur europäischen Identität der Albaner‘ alle geführten Auseinandersetzungen zum Thema, unabhängig von der Kommunikationsform. Hier setzt das zweite
Problem an: Für die wissenschaftliche Analyse der Gesamtdebatte müssen deren formal zu

---

20 Rademacher (2009): 38.
21 Vgl. hierzu u.a. Instituti i Kërkimeve Politike Alcide De Gasperi (2006).

trennende Teilbereiche zunächst unabhängig voneinander untersucht werden, um die Vergleichbarkeit der auszuwertenden Daten zu gewährleisten, die wiederum von den genannten
Bedingungen abhängen, unter denen sie entstanden sind. So wird die Forschungsfrage bezüglich albanischer Intellektuellenkonzepte zu Europa in der vorliegenden Arbeit anhand
bestimmter medialer Druckerzeugnisse bearbeitet, die für den Untersuchungskorpus ausgewählt wurden. Die Definition von ‚Debatte' entspricht hierbei der des durch festgelegte
Kriterien eingegrenzten, gedruckten schriftlichsprachlichen Ausschnitts aus den Gesamt-
aussagen aller zum Thema getätigten mündlichen und schriftlichen Äußerungen unter den
inkludierenden wie exkludierenden wirtschaftlichen, politischen und interessenbezogenen
Bedingungen des albanischen Zeitungs- und Buchmarktes.

Entscheidend ist gleichfalls die gesellschaftliche Rolle, die Akteure einer öffentlichen Debatte innehaben. Die Beschäftigung mit Intellektuellen wirft daher nicht nur die Frage auf,
welchen Status diese in der Öffentlichkeit genießen, sondern auch welchen Einfluss sie auf
gesellschaftliche Prozesse in der Vergangenheit nehmen konnten und heutzutage können.
Somit ist zu klären, wie sich Begriff und (Selbst-)Verständnis des Intellektuellen herausgebildet haben.[22]

   Der Begriff ‚Intellektueller' ist erst für Ende des 19./ Anfang des 20. Jahrhunderts belegt, obwohl er schon vorher existiert haben muss. Anhand von lexikographischen Aufzeichnungen lässt sich dies jedoch nicht klar aufzeigen. Ins allgemeine Sprachbewusstsein
rückte er vermutlich durch die französische Dreyfus-Affäre: Im Jahr 1898 kam vier Jahre
nach der nationalistisch motivierten und auf fingierten „Beweisen" beruhenden Verurtei-
lung des Hauptmanns Alfred Dreyfus die Unrechtmäßigkeit des Urteils ans Licht der
Öffentlichkeit. Daraufhin wurde ein Protest-Manifest veröffentlicht, das später sogenannte
„Manifest der Intellektuellen" (frz. Manifeste des intellectuels), dessen Unterzeichner überwiegend (aber nicht ausschließlich) Akademiker, Künstler und Publizisten waren.[23] Durch
deren im Nationalismus verwurzelten Gegner wurde der Begriff ‚Intellektueller' als
Schimpfwort geprägt. Die Bezeichnung kam aber auch für Personen auf, deren Intellekt
ausgeprägt genug zum richtigen Erfassen der Welt und ihrer Ordnung ist – ein Widerspruch, der als ideologisch polysem charakterisiert werden kann.[24] Die zweite Zuschreibung, die Fähigkeit zur Synthese hinsichtlich der „Ordnung des Ganzen" definiert zugleich
die Gruppe der ‚Intelligenz', die sich dadurch mit der der Intellektuellen überschneiden
kann. Sie schließt aber auch andere Bildungsberufe ein, die ihr aufgrund ihrer kul-
tur(re)produzierenden Tätigkeit und professionellen Sachkompetenz als essentielle Voraussetzung zugeordnet sind.[25]

---

22 Zu den spezifischen Besonderheiten in den historischen Entwicklungen Südosteuropas, insbesondere in
   Albanien, und damit zur Bestimmung der albanischen Intellektuellen und ihrer Wirkmächtigkeit siehe
   Kap. III/1.1.
23 Vgl. Bering (2010): 24 ff.
24 Vgl. ebd.: 35 ff., 52 ff.
25 Vgl. ebd.: 70 ff.; Sterbling (1993): 154 f.

Im Ansatz des marxistischen Philosophen Antonio Gramsci treten letztere als „organische" Intellektuelle in Erscheinung. Demnach seien zwar zunächst alle Menschen Intellektuelle, da jeder intellektuelle Veranlagungen habe, aber nur wenige übten diese Funktion aus. In diesem Sinne bringe jede Klasse ihre eigenen (aktiven) Intellektuellen hervor, was sich sowohl über Ökonomie, Gesellschaft als auch Politik erstrecke. „Traditionelle" Intellektuelle hingegen sieht Gramsci als institutionalisiert an. Er sieht die Möglichkeit, dass sich Intellektuelle anderer Klassen unter bestimmten Bedingungen diesen unterordnen könnten. Auf diese Weise würden sie bestehende Hegemonie durch ihr Prestige, entgegengebrachtes Vertrauen und die Fähigkeit zu „spontaner" Konsensbildung unterstützen sowie zur Disziplinierung entgegengerichteter Gruppen beitragen.[26] Gramsci gesteht den Intellektuellen damit großen Einfluss auf die öffentliche Meinung zu, welche er als „politische[n] Inhalt des öffentlichen politischen Willens" ansieht und welche der Grund für den „Kampf ums Monopol der Organe der öffentlichen Meinung" sei.[27]

Für das Deutsche ist der Begriff ‚Intellektueller' (wahrscheinlich zunächst als Ableitung des Adjektivs ‚intellektuell') vereinzelt für die erste Hälfte des 19. Jahrhunderts nachweisbar. Fester Bestandteil des deutschen Wortschatzes wurde er allerdings auch erst durch die Dreyfus-Affäre und den SPD-Parteitag im Jahr 1903 in Dresden, wo August Bebel den Begriff ‚Intellektueller' noch synonym zu ‚Akademiker' verwendete. Er verstand darunter wissenschaftlich gebildete Menschen mit besonderer sozialer Stellung, die nicht zur Volksmasse gehören. Diese Aufspaltung verfestigte sich später.[28]

Ohne an dieser Stelle die gesamte darauf aufbauende Begriffsgeschichte nachzeichnen zu müssen, lassen sich aus diesen grundlegenden Charakterisierungen heute gültige Definitionen ableiten, wenngleich eine eindeutige Bestimmung des ‚Intellektuellen' aufgrund seines begrifflichen Facettenreichtums nur schwer möglich ist. Danach ist er eine „Person, die wissenschaftlich oder künstlerisch gebildet ist und geistig arbeitet";[29] er besitzt die „Fähigkeit zur Gesamtsicht" und versucht, wenn er Akademiker und Wissenschaftler ist, seine „Kompetenz im jeweiligen beruflichen Feld mit der […] Gesellschaft, ihren Problemen und ihrer Entwicklung als Ganzes zu verbinden".[30] Akademische Bildung ist jedoch keine Voraussetzung für ihn als „Ideologie-, Herrschafts- und Gesellschaftskritiker",[31] seine Fähigkeit gründet sich auf seinen Intellekt, ohne dass er über Fachwissen verfügen muss, womit er sich vom reinen Akademiker unterscheidet. Möglich ist ihm die Rolle als Kritiker und Demaskierer „von Lügen, die unverantwortliche Macht aufrecht erhalten" durch seine Autonomie und die bewusste „Distanz zur politischen und ökonomischen Macht (und zum

---

26 Vgl. Gramsci (1996): 1497 ff., Langemeyer (2009): 75 f., Kreisky (2000): 33 f.
27 Gramsci (1992): 916 f.
28 Vgl. Bering (2010): 64 ff.
29 Duden (2002): 502.
30 Kramer (2000): 72, 73.
31 Sterbling (2001): 79.

akademischen Establishment [...])".[32] Seine Tätigkeit macht den Intellektuellen aber gleichzeitig selbst zum Politiker:

> „Intellektuelle sind Politiker in einem anderen, grundlegenderen Sinn. Sie können als Personen betrachtet werden, die durch ihre Funktion in der gesellschaftlichen Arbeitsteilung zur Organisation, Reproduktion und Verallgemeinerung von sozialer Herrschaft partikularer Gruppen beitragen. [...] Die Sphäre der Tätigkeit von Intellektuellen ist die Zivilgesellschaft, sie ist der Bereich der Hegemonie, also der Bereich, in dem Intellektuelle mit großem Engagement um die Definitionen des Allgemeinwohls und des Normalen kämpfen. [...] [E]s handelt sich gleichsam um Laienpäpste, die die informellen Hierarchien des Wissens- und Lesenswerten, die Maßstäbe der Relevanz, das Savoir-faire bestimmen und den Zugang zu den akademischen Positionen und zum Markt der öffentlichen Meinung kontrollieren."[33]

Von diesem Standpunkt aus entsprechen Intellektuelle nicht mehr dem idealisierten Bild, das oft von ihnen entworfen wird. Gleichsam nähert sich diese Art der Betrachtung aber den tatsächlichen Gegebenheiten an.

> „Selbst wenn [...] Intellektuelle als Vertreter der Vernunft, der Aufklärung und universeller Begriffe und Normen sowie der Kritik und Wahrheit verstanden werden, so handelt es sich bei diesem Selbstverständnis keineswegs nur um geistige Phänomene im Sinne einer Selbstbeschäftigung der Intellektuellen mit den Grundlagen und Formen ihrer geistigen Tätigkeit. Vernunft und Aufklärung sollen [...] dazu beitragen, moralische Kriterien zu entwickeln und Handeln kritisch zu beurteilen. Schriftsteller mischen sich ein, sie kommentieren, räsonieren, diskutieren, kritisieren. Wahrheit soll die Anmaßungen der Macht korrigieren und herrschaftliche Usurpation zurückweisen – und gerade das ist nichts anderes als Politik."[34]

3 Zur Problematik des Europa-Begriffs und europabezogener Konzepte

War Europa schon in früheren Zeiten immer wieder Gegenstand öffentlicher politischer und kultureller Auseinandersetzungen, intensivierte sich dies nach dem Zweiten Weltkrieg, zuletzt mit der Gründung der Europäischen Union und nochmals mit Einführung einer gemeinsamen Währung. Aus gegenwärtigen Debatten über politische, wirtschaftliche und gesellschaftliche Prozesse ist es aufgrund von innereuropäischer Gesetzgebung und Kompetenzverlagerung, EU-Erweiterung und Eurokrise nicht mehr wegzudenken. Der alldurchdringende Begriff erweckt allerdings den Eindruck eines inflationären und häufig unreflektierten Gebrauchs. Entsprechend zahlreich sind die wissenschaftlichen Forschungseinrich-

---

32 Kramer (2000): 73, 74.
33 Demirovic (2000): 88 ff.
34 Ebd.: 90.

tungen, die sich mit europabezogenen Fragen auseinandersetzen und dabei vor der nicht
einfachen Aufgabe stehen, den Begriff ‚Europa‘ für ihren jeweiligen fachspezifischen Bereich einzugrenzen und zu definieren. Auch in der vorliegenden Analyse stellt Europa die
Referenz für jene zu identifizierenden Konzepte dar, die explizit oder implizit mit ihm in
Verbindung stehen. Da die begriffliche Verwendung aber je nach Analysetext variieren
kann, ist es notwendig, verschiedene Dimensionen des Begriffs aufzuzeigen. Anhand derer
eine einzige Definition als deduktiven Maßstab vorzugeben und so die Ergebnisse a priori
einzuschränken, wird jedoch als nicht gewinnbringend erachtet, da erst induktiv gewonnene
Daten den Anspruch auf eine gewisse Repräsentativität erlauben.

Eine erste Eingrenzung des Begriffs ‚Europa‘ kann über Standardwörterbücher vorgenom-
men werden. Hier finden sich die Erklärungen wie „als Erdteil angesehener westlicher Teil
Eurasiens" und „Staatenkomplex, der durch einen Zusammenschluss der europäischen
Staaten entstehen soll", weiterhin „phönikische Königstochter, die von Zeus nach Kreta
entführt wird".[35] Als Synonyme werden die Begriffe ‚Abendland‘, ‚Okzident‘, ‚die Alte
Welt‘, ‚Hesperien‘, sowie Verweise auf die Stichwörter ‚Kontinent‘, ‚abendländisch‘ und
‚Abendland‘ aufgeführt.[36] Über das gleichfalls angegebene Antonym ‚Orient‘ gelangt man
unter anderem zum Stichwort ‚Morgenland‘, unter dem Stichwort ‚Amerika‘ findet sich das
Synonym ‚die Neue Welt‘. Damit lassen sich die Gegensatzpaare ‚Orient‘/‚Okzident‘,
‚Morgenland‘/‚Abendland‘ und ‚die Neue Welt‘/‚die Alte Welt‘ aufstellen.[37] Expliziert
man noch den als Synonym benannten Begriff ‚Hesperien‘ als Bezeichnung eines Ortes der
griechischen Mythologie, der westlich liegt, lassen sich aus den bisherigen Angaben fünf
Differenzierungsbereiche für ‚Europa‘ herauslesen:

1. geographisch als Toponym für den Kontinent Europa, der Teil der eurasischen
   Platte ist,
2. politisch als synonyme Bezeichnung für die ‚Europäische Union‘,
3. soziokulturell als Teil des westlichen Kulturkreises,
4. historisch als Gebiet, das Ausgangspunkt für Migrationsbewegungen nach Amerika war und somit raumgeschichtlich definiert ist, sowie
5. mythologisch als Name einer Figur der griechischen Mythologie, von der die
   Benennung des Kontinents abgeleitet wurde bzw. als Toponym eines mythologi-
   schen Ortes.

Aus dieser Aufstellung wird ersichtlich, wie differenziert die Problematisierung des Europ-
abegriffs vorgenommen werden muss. Eine wesentliche Frage ist hierbei die der Grenzen

---

35 Vgl. Duden Verlag: Duden online, Stichwort: Europa   ‹http://www.duden.de/zitieren/10022300/2.0›
    (letzter Abruf: 14.09.2015); in Duden (2011: 415) findet sich nur die drittgenannte Bedeutungsangabe
    als Erklärung, eine vorgeordnete wird impliziert, aber nicht benannt; in Wahrig (1997) findet sich das
    Stichwort weder im Verzeichnis geographischer Namen, noch im Hauptteil als eigenständiger Eintrag.
36 Vgl. Duden (1997): 231.
37 Vgl. Duden (1997): 12, 39, 495, 530.

Europas und damit die der Bestimmung des ‚europäischen Raumes' als Faktor der Inklusion und Exklusion. Begriffe wie ‚Nationalstaaten', ‚Kulturen' und ‚Identitäten' stehen hierbei in engem Zusammenhang zum zu definierenden Gegenstandsbereich. So sind Abstammungsgemeinschaft und politische Wertegemeinschaft zwei idealtypische Modelle, Gründungsmythen, mit denen sich europäische Nationalstaaten legitimieren. Die ursprüngliche Legitimation der Europäischen Union hingegen durch Friedenssicherung und die Steigerung wirtschaftlicher Prosperität hat nur zeitlich begrenzte Wirkkraft, da Zielerreichung oder -verfehlung gleichermaßen zu deren Entkräftung führen können und werden.[38] Die Versuche, gemeinsame europäische Werte zu identifizieren, sind in heutiger Zeit eine nachträgliche Unternehmung, die Legitimation der EU auf eine breitere Basis zu stellen. Sie bauen auf das aus dem 18. oder 19. Jahrhundert stammende Konstrukt von Europa als „Gebilde kultureller und politischer Zusammengehörigkeit – und damit als Identitätskonzept für breitere Bevölkerungsschichten" auf.[39] Die Vorstellung, es gäbe auf dem europäischen Kontinent bestimmte staatenübergreifende Werte, die alle Menschen, die sie teilen, als Europäer auszeichnen, sind demnach unmittelbar an die Verfolgung des Raumkonzepts ‚Europa' geknüpft. Hettlage verweist in Bezug auf die Konstituierung Europas auf fünf Auffälligkeiten: 1. die kontinuierliche Änderung der Wahrnehmung Europas in der Vergangenheit, der erst ab Mitte des 20. Jahrhunderts die „Chance für den Lebensraum ‚Europa'" folgte; 2. die Tatsache, dass das Konstrukt ‚Europa' durch die Geschichte hindurch ausschließlich durch Kommunikation und herrschende Diskurse geformt wurde und stets Machtfaktor durch Einschluss und Ausgrenzung war; 3. die Vergleichbarkeit der europäischen Ost- und Südosterweiterung mit anderen Prozessen in der Welt; 4. die Feststellung, dass Europa „Ansatzpunkt eines europäischen Identitätsmanagements" ist; 5. die Selbstkonstitution Europas nicht nur über die Außen-, sondern vor allem über die Binnengrenzen.[40] Jeder Punkt für sich liefert genug Material zur Diskussion. Indes läuft vieles auf die Frage hinaus, ob es überhaupt eine europäische Öffentlichkeit gibt, ohne die die Schaffung einer europäischen Identität auf Basis gemeinsamer Werte nicht zum Erfolg führen kann. Als Folge könnte auch Europa nicht als Identifikationsraum funktionieren. Ein Grund ist in der zu geringen beziehungsweise thematisch eingeschränkten grenzüberschreitenden massenmedialen Kommunikation über Europa zu suchen. Weder gibt es eine europäische Tageszeitung, noch ein europäisches Fernsehprogramm[41] – die Medien werden nach wie vor national bestimmt.[42] Im Rahmen nationaler Qualitätsmedien werden europäische Themen allerdings durchaus aufgegriffen und ausführlicher behandelt. Auch ist die europaweite Verbreitung nationaler Zeitungen eine Tatsache, selbst wenn der Leserkreis sprachlich bedingt begrenzt ist. Weiterhin kann nicht geleugnet werden, dass durch die Kommunika-

---

38 Vgl. Deger/Hettlage (2007): 8 f.; Muschg (2005): 19 ff.

39 Vgl. Hettlage (2007): 274.

40 Vgl. ebd.: 274 f.

41 Schmale kann zumindest *ein* Beispiel eines weit verbreiteten europäischen Fernsehsenders benennen: Eurosport. Vgl. Schmale (2010): 176.

42 Vgl. Hettlage (2007): 301 f.; Beck2 (2007): 260.

tion im Internet ein Stück weit europäische Öffentlichkeit vorhanden ist.[43] Fasst man ‚europäische Öffentlichkeit' als Netzwerk, kann somit von „europäisierten nationalen Öffentlichkeiten" gesprochen werden, die „mit den weiteren Komponenten vernetzt sind".[44]

Ob diese Öffentlichkeiten jedoch Teil eines Europas sind, das durch kontinuierlich entwickelte nationenübergreifende europäische Werte definiert werden kann, ist strittig. Landwehr/Stockhorst stellen die entscheidenden Fragen:

> „Kann man tatsächlich von einer historisch gewachsenen ‚europäischen Identität' sprechen? Oder ist vielmehr von einem willkürlichen Bündel von völlig verschiedenen Merkmalen und Eigenheiten der zugehörigen Gebiete auszugehen, die allein durch geographische und politische Grenzen als ‚Europa' zusammengehalten werden? Handelt es sich bei ‚Europa' womöglich mehr um eine politische Utopie denn um eine gesellschaftlich-historische Realität?"[45]

Die Beantwortungsversuche sind zahlreich und kaum noch überschaubar, wenngleich aufgrund der Vielzahl der unterschiedlichen Ansätze die Schwierigkeit dieses Unterfangens unterstrichen wird.[46] Eine endgültige und allgemein akzeptierte Antwort steht indes noch aus. Auch das ist ein Grund, warum die Bestimmung Europas u. a. über seine Regionen versucht wird, kleinere Einheiten, deren Grenzen aber ebenso konstruiert sind wie die des ganzen Komplexes ‚Europa'. Die jahrhundertealte Dichotomie von Ost und West ist eine Unterteilung, die stark beansprucht wird. In der relationalen und komplementären Gegenüberstellung der Begriffe ‚Europa' und ‚Osteuropa' spiegeln sich historische Abgrenzungen wider, wie sie infolge des morgenländischen Schismas von 1054 auftraten, als es zur Aufspaltung der christlichen Kirche in die katholische und die orthodoxe kam.[47] Die Eroberung der östlichen und südöstlichen Gebiete durch Mongolen und Osmanen, der Einfluss der islamischen Kultur und das später vorherrschende System des Kommunismus führten nicht nur zu unterschiedlichen Entwicklungen einzelner Regionen sondern auch zu ungleichen gegenseitigen Wahrnehmungen. Diskussionen um Begrifflichkeiten der Selbstverortung referieren immer wieder auf Europa, so dass die Frage der Zugehörigkeit zu Osteuropa, Ostmitteleuropa, östlichem Mitteleuropa, Mitteleuropa oder Südosteuropa gleichzeitig mit der Frage der Nähe zu (West-)Europa verknüpft wurde und wird.[48] Es gibt aber auch andere Möglichkeiten der Unterteilung Europas, so aus historisch-anthropologischer Sicht in Übergangszonen von westlicher, östlicher und mediterraner Zivilisation.[49] Eine weitere (geschichtswissenschaftliche) Dreiteilung in Westeuropa, Ostmitteleuropa und Osteuropa sieht Westeuropa in der Wertehierarchie ganz oben, klammert aber den Balkanraum bzw.

---

43 Vgl. Schmale (2010): 176.
44 Vgl. ebd.: 177.
45 Landwehr/Stockhorst (2004): 264.
46 Vgl. stellvertretend Joas/Wiegandt (2006), Schmale (2010), Muschg (2005), Wienand/Wienand (2010), Mandry (2009), Schubert (2009).
47 Vgl. Emeliantseva/Malz/Ursprung (2008): 13.
48 Vgl. ebd.: 14.
49 Vgl. Kaser (2002): 115.

Südosteuropa mit der Begründung aus, die Region habe mehr als fünfhundert Jahre nicht zu Europa gehört.[50] Im Bereich der Politik wird traditionell Frankreich als Interessenvertreter der südlichen, Deutschland als der der nördlichen Länder Europas gesehen. In wirtschaftlichen Kreisen wurde zeitweise im Rahmen der Finanzkrise über die Schaffung eines Nord-Euros und eines Süd-Euros gesprochen, so dass faktisch neue währungsdefinierte Räume innerhalb Europas konstruiert werden sollten, deren Abgrenzung auch mental-kulturell begründet wurde – über das den jeweiligen Gruppen zugeschriebene finanzpolitische Gebaren.[51]

Die hier getätigten Ausführungen zu Europa können das breit angelegte Feld der Europa-Diskurse und -Diskussionen nur anreißen. Die angesprochenen Problematiken zeigen jedoch deutlich, dass Europa nicht als festgeschriebene Größe existiert, die nur vermessen werden muss, um sie zu erfassen, sondern die als kognitive Vorstellung je nach Perspektive und Kontext unterschiedlich ausfallen kann:

> „Ein allgemeingültiger Europabegriff lässt sich schwerlich formulieren, denn Europa erweist sich nicht als objektiv gegebenes Faktum, sondern als facettenreiches diskursives Konstrukt, dem immer wieder neue Bedeutungen gegeben wurden. Je nachdem aus welchem Blickwinkel man herangeht, welche Epoche man untersucht und an welchen gesellschaftlich-historischen Akteuren und Interessen man sich orientiert, fallen die Bestimmungen dessen, was Europa sein kann, höchst unterschiedlich aus: Abhängig von der Perspektive der Fragestellung hat Europa verschiedene räumliche, zeitliche und konzeptuelle Grenzen."[52]

Das erweist sich oft als problematisch, wenn es um kommunikative Prozesse zu Europa oder zu europabezogenen Fragestellungen geht: Werden unterschiedliche Vorstellungen und Konzepte auf das Wort ‚Europa' verdichtet und nicht ausformuliert, dann verwendet man zwar dasselbe Vokabular, redet unter Umständen aber dennoch aneinander vorbei. Das kognitive Europabild, das jeder Einzelne in sich trägt, kann in der Regel nie deckungsgleich mit dem einer anderen Person sein und nur in Aspekten relative Übereinstimmung erzielen können. Die Ursachen liegen in der Art der kognitiven Aneignung von Wissen, die aus neurobiologischen Gründen als ein auf Daten basierender, hypothesengesteuerter Interpretationsprozess von Sinnessignalen bezeichnet werden muss. Konzepte zu Europa sind somit wie auch alle anderen kommunikativen Äußerungen menschlicher Wahrnehmung und Ausdrucksfähigkeit unterworfen. Es stellt sich daher im Folgenden die Frage, wie sprachliche Bilder als Ausdruck mentaler Repräsentationen differenziert, vermittelt und wahrgenommen werden können.

---

50 Vgl. Schubert (2006): 41 ff.
51 Vgl. Henkel (2010).
52 Landwehr/Stockhorst (2004): 264 f.

4 Auto- und Heteroimages als Grundlage von Konzeptproduktion und Konzeptvermittlung: Bildbegriffe und rhetorische Stilmittel

In kontroversen Debatten kann die erfolgreiche Kommunikation von Themen und Positionierungen als wichtigstes Ziel jedes teilnehmenden Akteurs angenommen werden. Dies trifft sowohl auf die Darlegung einer zu präsentierenden Problemstellung als auch auf deren Verteidigung gegenüber geäußerten Einwänden anderer zu. Um zu erreichen, dass eine Mitteilung nicht nur formal den Adressaten[53] erreicht, sondern von diesem auch so verstanden wird, wie es die Intention des Senders erfordert, müssen die verschiedenen Mitteilungsebenen berücksichtigt werden, über die Informationen unterschiedlicher Qualität transportiert werden. Die Ebene des Sachinhalts enthält die Sachinformation, die in der Regel durch Daten, Fakten oder Zahlen belegbar ist, die aber auch selbst die Sachinformation darstellen können. Die Ebene der Selbstoffenbarung fasst Ich-Aussagen des Mitteilungssenders, die explizit wie implizit vorhanden sein können. Letzteres gilt auch für die Ebene des Appells, die Aufforderungen an den Adressaten beinhaltet. Die Beziehungsebene schließlich enthält Aussagen des Senders über den Adressaten und dessen Verhältnis zu diesem.[54] Während bei direkter mündlicher interpersonaler Kommunikation Körpersprache wie Mimik, Gestik und Intonation ebenso Informationen dieser Art übertragen, ist es bei indirekter schriftlicher Kommunikation zunächst nur das sprachliche Zeichensystem, das zur Verfügung steht. Je nach Medium und Textsorte besteht die Möglichkeit der begleitenden bzw. unterstützenden Anreicherung mit Graphiken, Fotos, Tabellen usw. Für den reinen Text hingegen ist es ausschließlich über stilistische Mittel möglich, die verschiedenen Ebenen adäquat anzusprechen. Insbesondere innersprachliche Merkmale auf der Ebene von Lexik, Syntax, Semantik und Morphologie sowie der Textbau bieten Möglichkeiten für eine zielgerichtete Kommunikation.

In der Rhetorik sind unter den Wort-Tropen Metaphern und Metonymien bevorzugte Verfahren, die sowohl in der persuasiven Themenvermittlung als auch für die Personalisierung verwendet werden. Vor allem für die Sprache der Politik wurde dieser Aspekt in wissenschaftlichen Publikationen bereits ausführlich bearbeitet.[55] Auf den Bereich der Intellektuellendebatten lässt sich diese Feststellung ohne Weiteres übertragen. Metaphern sind expressive Sprachbilder, die auf Analogien beruhen, bei denen eine Bedeutungsverschiebung zwischen wörtlicher und übertragener Aussage in Bezug auf Personen, Gegenstände, Sach-

---

53 Gemäß dem Sender-Empfänger-Modell der Kommunikationswissenschaften wäre die Verwendung des Begriffs ‚Empfänger' an dieser Stelle die formal korrekte. Da Empfänger und Adressat aber nicht zwangsweise dasselbe sind, soll bei Verwendung des Begriffs ‚Adressat' die Tatsache gewichtet werden, dass öffentlich agierende Akteure keine Streuwirkung erzielen, sondern bestimmte Zielgruppen erreichen wollen, auf die die gesendete Mitteilung zugeschnitten ist. Der Adressat ist hier somit als „gezielt angesprochener Empfänger" zu verstehen.

54 Vgl. Beckl (2007): 43 f.

55 Vgl. u.a. Burger (1998): 295-311; Mikolajczyk (2004); Burkhardt/Pape (2003); Kurz (2009): 27 f.

verhalte oder Vorgänge von einem Wirklichkeitsbereich auf einen anderen stattfindet. Sie sind geistig-assoziativ.[56] Aufgrund ihrer Expressivität sind sie ihrer Funktion nach textkonstitutiv und textstrukturierend. Sie können ganze Metaphernfelder bilden und treten so als „immanente Deutungs- und Charakterisierungsperspektiven" in Erscheinung.[57] Metonymien zeichnet die auf realen Zusammenhängen basierende textkonstituierende Relation kohärenter Lexeme oder Phrasen aus. Die Kontiguität kann räumlich, zeitlich, kausal oder logisch sein. Die Bedeutungsübertragung erfolgt durch einen anderen, ideell nahestehenden Begriff, bei dem der nicht-wörtliche Sinn im Vordergrund steht. Auch eine syntaktische Verkürzung kann zu einer entsprechenden Bedeutungsverschiebung führen.[58] Neben Metapher und Metonymie treten aber auch andere rhetorische Stilmittel in der persuasiven Bildsprache polemischer Texte in Erscheinung, so unter anderem Synekdoche (Teil für das Ganze), Emphase (Eindringlichkeit), Periphrase (Umschreibung), Euphemismus (Beschönigung), Dysphemismus (Abwertung), Ironie (Verstellung), Hyperbel (Übertreibung) und Vergleich (Kontrastierung).[59] Für die Untersuchung von Konzeptualisierungen fallen sprachliche Stilmittel vor allem aus zwei Gründen ins Gewicht: Mittels Metaphorik können kognitive Muster erfasst werden, und somit auch impliziter Sinngehalt von Texten und enthaltene Deutungsmuster.[60] Außerdem gibt die Sprachverwendung Aufschluss über die Art der Konzeptvermittlung. Insbesondere die verschiedenen Formen der Emotionalisierung lassen sich über stilistische Elemente ermitteln und explizieren.[61] Auf diese Weise können begriffliche, ideelle, thematische wie personale Konzeptualisierungen herausgearbeitet und erklärt werden.

Sprachbilder können aber nicht als eineindeutige Wiedergabe von Konzepten oder Konzeptteilen aufgefasst werden. Vielmehr sind sie als zeichenbasierte Interpretationsmuster zu verstehen, die auf das vorhandene Zeichensystem und die damit verbundenen syntaktischen, lexikalischen und kulturell geprägten Sprachstrukturen als Mittel des Ausdrucks zurückgreifen. Seitdem Bildlichkeit in den Mittelpunkt des Interesses der Kognitionswissenschaften gerückt ist (*imagic turn*), wird das innere Bild als selbständige symbolische Form erforscht, die von der Gebrauchstheorie der sprachlichen Zeichen als unabhängig zu betrachten ist.[62]

Der Bildbegriff unterliegt allerdings einer größeren Verwendungsvielfalt über die Grenzen sämtlicher Disziplinen hinweg. Ein Abriss der Begriffsgeschichte erscheint an dieser Stelle jedoch als nicht sinnvoll, so dass ein Überblick mit kurzen Erläuterungen ausreichen soll, einen Eindruck von den theoretischen Ansätzen verschiedener Wissenschaftsbereiche

---

56 Vgl. Burger (1998): 296 f.; Asmuth/Berg-Ehlers (1976): 124 f.; Lakoff./Johnson (2007).
57 Vgl. Kurz (2009): 26.
58 Vgl. Asmuth/Berg-Ehlers (1976): 127 f.; Burger (2007): 296 f.
59 Vgl. Asmuth/Berg-Ehlers (1976): 128 ff.
60 Vgl. Lakoff/Johnson (2007).
61 Vgl. Kapitel 5.3.
62 Vgl. Fellmann (1995): 22 ff.

zu vermitteln, um damit ein für diese Untersuchung wesentliches Feld der Bildforschung einzuleiten und auszuführen:[63]

1. Philosophische Bildtheorien
   a. Ähnlichkeitstheorie (Ikonizität, sog. Standardmodell)
   b. Kausale Theorie (Indexikalität)
   c. Systemtheorie (Kode)
   d. Intensionalistische Theorie (Herstellungsorientierung)
   e. Gebrauchs-Theorie (Illusionistische Bildtheorie)

2. Psychologische Bildtheorien
   a. ökologische Psychologie (Bildrezeptionstheorien)
   b. kognitive Psychologie (Bildkognition)
   c. neuropsychologische Theoriebildungen
   d. neuropsychologische Erkenntnisse

3. Linguistisch-semiotische Bildtheorien
   a. systemlinguistische
   b. funktional-grammatische
   c. kognitiv-semantische

In der Philosophie steht das Verhältnis von Zeichen zur Welt im Mittelpunkt, insbesondere die Frage der Bilddefinition und die Problematik der Bestimmung, wann ein Bild einen Referenten tatsächlich abbildet. Weiterhin wird der Zusammenhang zwischen Denken und Abbilden untersucht. Die psychologische Bildforschung fokussiert im Wesentlichen auf „Wahrnehmung, mentale Repräsentation und Manipulation sowie Speicherung und Abruf von visuellen Konfigurationen"[64], wodurch Wahrnehmungsprozesse das Hauptaugenmerk erhalten und das mentale Bild zum Dreh- und Angelpunkt wird. Linguistisch-semiotische Bildtheorien wiederum setzen sich mit dem Wesen des visuellen (/ikonischen) Zeichens und dem piktorialen Code auseinander. Hierzu gehört auch die Klassifizierung von Zeichenarten.[65]

Der bereits im methodischen Teil ausgeführte multidisziplinäre kulturwissenschaftliche Ansatz[66], der für die vorliegende Analyse maßgeblich ist, speist sich vor allem aus kognitiv-psychologischen und kognitiv-semantischen Bildtheorien. Er ging aus der literaturwissenschaftlichen Komparatistik hervor, die nach dem Zweiten Weltkrieg von Frankreich

---

63 Entnommen aus Stöckl (2004): 48. Stöckl weist darauf hin, dass in diesem Überblick kunstwissenschaftliche Theorien vernachlässigt werden, da die diesen zu Grunde liegenden Überlegungen sich in der Aufstellung wiederfinden. Weiterhin werden informationstheoretische Bildkonzeptionen größtenteils ignoriert, nicht zuletzt auch deswegen, weil Fragen der Semantizität und kommunikativen Funktionalität des Bildlichen dort keine Rolle spielen.

64 Ebd.: 55.

65 Vgl. ebd: 49, 64 f.

66 Vgl. Kapitel 1.3 zu Pageaux.

ausgehend das Verhältnis von images (Bildern) und mirages (Trugbildern) zu untersuchen begann.[67] Erforscht werden sollte auf diese Weise das „Bild vom anderen Land" anhand literarischer Texte. Hierin finden sich bereits die Bezüge zur kulturwissenschaftlichen Xenologie, deren Wurzeln in den späten 1970er Jahren zu finden sind und die sich in den 1980er Jahren aus dem Bereich des Fachs Deutsch als Fremdsprache heraus entwickelte. Seit Beginn der 1990er Jahre beschäftigen sich hinzukommend Teile der Kulturforschung und der Religionswissenschaft damit.[68] Die Interdisziplinarität der Xenologie und deren Selbstverständnis als angewandte Wissenschaft, die einen Beitrag zum besseren Verstehen und zur interkulturellen Verständigung leisten will, bedingt letztendlich, dass es sich dabei nicht um „ein neues akademisches Fach", sondern um „eine multidisziplinäre Schnittstelle und fächerübergreifende Kooperation vieler Wissenschaften" handelt.[69] Daraus ergeben sich zwangsweise unterschiedliche Zugänge zum Problemfeld sowie Begriffswerkzeuge, die zwar in der Regel dasselbe Vokabular umfassen, jedoch unterschiedlich definiert sind.

Für die Analyse der vorliegenden Texte, deren Autoren auf konfrontative, abgrenzende polemische und persuasive Kommunikation setzen, stellt sich die Frage der Form des Auftretens von Identität und Alterität in den expliziten wie impliziten Konzeptualisierungen sehr deutlich. Bei der daraus resultierenden Beschäftigung mit Auto- und Heteroimages (Selbst- und Fremdbildern) als gesellschaftliche sozial und kulturell markierte Bilder vom Eigenen und Fremden ist die grundsätzliche Notwendigkeit einer Definition von ‚fremd' bzw. ‚Fremde' gegeben. Im Lexikon finden sich Bedeutungszuweisungen für ‚fremd' wie ‚nicht bekannt, nicht vertraut', ‚unbekannt', ‚von anderer Herkunft', ‚ausländisch, auswärtig, exotisch; nicht einheimisch', ‚einem anderen gehörend; einen anderen betreffend', ‚nicht zu der Vorstellung, die man von jmdm., etwas hat, passend', ‚anders, ungewohnt'.[70] ‚Fremde' wird in Bezug auf Personen und Orte entsprechend abgeleitet. Darauf aufbauend kann gesagt werden, dass eine Definition des Begriffs die Aspekte der Perspektive und der Differenz einbeziehen muss:

> „Menschen sehen und erleben unbekannte und abweichende Alteritäten im Rahmen des Spannungsverhältnisses von personaler und kultureller Identität durch den Filter ihrer Vorverständnisse. Das Fremde ist folglich nicht das Andere (Alterität, alterity), auch nicht das von uns Abweichende, sondern stets das ›aufgefasste‹ Andere (foreignness, strangeness), also ein Interpretament der Andersheit und Differenz […]."[71]

Damit wird deutlich, dass die Begriffe ‚fremd' und ‚Fremde' als Bezugsgrößen zum ‚Eigenen' und ‚Vertrauten' aufgefasst werden müssen. Auf diese Weise stellen sie einen Gradmesser der Identifikation bzw. Nicht-Identifikation von Personen mit Dingen, Lebewesen

---

67 Vgl. Dyserinck (1966): 107-120; Beller (2006b): 51.
68 Vgl. Nünning/Nünning (2008): 281 f.
69 Ebd.: 282.
70 Vgl. Duden (2002): 382.
71 Nünning/Nünning (2008): 284.

oder Sachverhalten aus ihren unmittelbaren Erfahrungs- und Erkenntnisbereichen dar. Als fremd wird vor allem das aufgefasst, was in der eigenen Selbstwahrnehmung keinen oder nur einen geringen Grad an Identifikation bietet und gleichzeitig in seiner wahrnehmbaren Differenz als dem Eigenen nicht zugehörig begriffen wird. Der Transport und die Speicherung solcher Informationen erfolgt in der Regel über mentale Bilder, in denen sich die Unterschiede signifikant ausdrücken. Wie eingangs ausgeführt, sind jene eng an sprachliche Bilder gebunden, und wie diese haben sie mit den anderen Bildbegriffen (materielle Bilder, Weltbilder, Leitbilder) den repräsentationalen Charakter gemein.[72] Hier erfolgt die Verknüpfung zwischen den nichtgegenständlichen, inneren Konzepten von Fremdheit (bzw. Identität/Alterität), deren sprachlichen Ausdruck durch Auto- und Heteroimages sowie deren Explikation „über die Analyse der Sprache und den kognitiven Gehalt von Metaphern"[73].

Ihren Widerhall findet Fremdheit in Begriffen wie ‚Stereotyp' und ‚Vorurteil', die auf eine Wertung verweisen und oft die Grundlage von Urteilen sind, die jeder Mensch bewusst oder unbewusst ständig abgibt.[74] Diese oft synonym verwendeten Begriffe bedürfen jedoch einer gegenseitigen Abgrenzung, da sie keineswegs Synonyme sind.

Stereotype[75] dienen der sozialen Kategorisierung und der Einteilung von Menschen in Eigen- und Fremdgruppen, wobei komplexe Sachverhalte mental vereinfacht und entsprechend reduziert dargestellt werden. Bei deren Ausbildung

> „[…] ist festzustellen, dass Stereotype über die Fremdgruppe bezüglich ihrer Inhalte und zentralen Annahmen in der Regel negativer als die Stereotype über die Eigengruppe ausfallen. Dies ist u.a. die Folge eines systematischen Bias bei der Verwendung von Sprache: Danach wird positives Verhalten eines Eigengruppenmitglieds in relativ abstrakten Begriffen beschrieben, das gleiche Verhalten bei Fremdgruppenmitgliedern hin gegen in sehr konkreten Begriffen. Bezogen auf negatives Verhalten zeigt sich das umgekehrte Muster, d.h., negatives Verhalten der Eigengruppe wird konkret beschrieben, während bei Fremdgruppenmitgliedern zu dessen Beschreibung abstrakte Begriffe verwendet werden […]".[76]

> „Das hat zur Folge, dass positives Verhalten der Eigengruppe und negatives Verhalten der Fremdgruppe eher Personenmerkmalen, negatives Verhalten der Eigen-

---

72 Vgl. Fauser (2008): 96.

73 Ebd.: 96.

74 Vgl. Beller (2006a): 47. Beller reklamiert die Begriffe für den wissenschaftlichen Gebrauch als neutrale Kategorien, deren negative Konnotationen er als gegeben hinzunehmen empfiehlt, um eine adäquate Verständigung zu ermöglichen. Dem soll im Folgenden entsprochen werden. Vgl. hierzu ebd.: 48.

75 Die Ende des 18. Jahrhunderts von Firmin Didot im Bereich der Drucktechnik eingeführte Bezeichnung ‚Stereotyp' wurde von Walter Lippmann 1922 für den Bereich der Sozialwissenschaften aufgegriffen und durch eine Studie von Katz/Braly 1933 etabliert. Vgl. hierzu Petersen/Six (2008): 21.

76 Petersen/Six (2008): 21.

gruppe und positives Verhalten der Fremdgruppe hingegen eher Situationsmerkmalen zugeschrieben werden."[77]

Da sich über Personenmerkmale (die oft adjektivisch wiedergegeben werden, wie z.B. aggressiv, hilfsbereit) eine deutlich expressivere Charakterisierung vornehmen lässt, entsteht auf diese Weise das angesprochene Ungleichgewicht in den Bewertungen und damit in der Herausbildung und Kommunikation von Auto- und Heteroimages. Es handelt sich demnach beim Stereotyp um den Ausdruck einer sprachlich differenziert vermittelten Überzeugung, die in konkreten Kommunikationssituationen Einfluss auf Wahrnehmung und Urteilsbildung des Adressaten nehmen, aber auch auf dessen Verhalten im Kontext der Interaktion von Eigen- und Fremdgruppe(n) einwirken kann.[78] Grundlage solcher Überzeugungen sind kognitive Strukturen, die sich einerseits aus vorhandenem Wissen, andererseits aus Annahmen und Erwartungen über bestimmte Gruppen und deren Mitglieder zusammensetzen. Dabei werden Unterschiede innerhalb der Eigengruppe als geringer eingestuft, die gegenüber der Fremdgruppe hingegen überhöht.[79] Die sozialpsychologische Forschung hat jedoch aufgezeigt, dass derartige Identifikationen und Merkmalszuweisungen nur auf fiktiven Normen beruhen. Fiktionalität ist damit als gemeinsames Merkmal aller Stereotype zu betrachten, ob in der Demoskopie, der Literatur oder Soziologie.[80]

Definitionen des ursprünglich aus der Alltagssprache stammenden Begriffs ‚Vorurteil‘ verstehen diesen meist als spezielle Variante von Einstellungen und nehmen vornehmlich auf dessen negative Inhalte Bezug. Bevorzugte Themen der Vorurteilsforschung sind daher auch Rassismus, Sexismus, Altersvorurteile, Stigmata, usw. Insbesondere im methodischen Bereich besteht eine enge Bindung an die Einstellungsforschung.[81] Der Unterschied zum Stereotyp, das vornehmlich auf Wahrnehmungen und Erfahrungen beruht, liegt in der wenig reflektierten Meinung, die die Grundlage des vorab wertenden, emotional aufgeladenen und verallgemeinernden Urteils bildet:

> „Im Kontext der Heteroimages, weist das Vorurteil auf ein soziologisches und psychologisches Phänomen hin; das Stereotyp bildet einen besonderen sprachlichen und literarischen Ausdruck davon".[82]

Folgt man bisherigen Forschungsergebnissen aus den Bereichen der Kognition, Lerntheorie, Psychodynamik und Konflikttheorie, liegen die Funktionen von Vorurteilen in der Orientierung innerhalb einer komplexen Welt, der Unsicherheitsreduzierung, dem Aufbau und Erhalt von Selbstwertgefühlen, der Steigerung des Zusammenhalts der Eigengruppe (durch Verschiebung negativer Gefühle auf Fremdgruppen) sowie der Herrschaftslegitimierung und deren Bewahrung, u.a. durch Mythenbildung und Schaffung von Gruppengren-

---

77 Schöl/Stahlberg/Maass (2008): 62.
78 Vgl. hierzu Greitemeyer (2008): 80-87; Keller (2008): 88-96.
79 Vgl. Merkens (2000): 11.
80 Vgl. Beller (2006a): 49.
81 Vgl. Petersen/Six (2008): 109 f.
82 Beller (2004): 450 f., zitiert in Beller (2006a): 9.

zen.[83] Vorurteile sind jedoch nicht grundsätzlich negativ konnotiert, wenngleich die wissenschaftliche Beschäftigung mit positiven Zuweisungen als eher gering einzustufen ist. Das „aufwertende" und „freundliche" Vorurteil (Melioration) lässt sich aber durchaus nachweisen (z.B.: der vom Kind bewunderte Vater als Alleskönner; die Deutschen als kollektiv positiv beurteiltes Volk der Dichter und Denker).[84]

In Bezug auf die Auseinandersetzung mit Konzepten ist die Unterscheidung zwischen expliziten und impliziten Vorurteilen wesentlich. Während explizite Vorurteile auf persönliche handlungssteuernde Überzeugungen und Werte referieren, verweisen implizite Vorurteile auf mentale Repräsentationen:

> „Das bedeutet in etwa, dass ein Modell unseres Gedächtnisses stets so etwas wie identifizierbare ‚Einträge' hat, die jeweils ein ‚Objekt' der äußeren Welt in seinen Eigenschaften abbilden, und dass diese Einträge durch entsprechende ‚Abrufschlüssel' (das Objekt selber, der Name etc.) aus einem passiven Zustand in einen aktiven Zustand überführt werden, der sie potenziell verhaltenswirksam werden lässt. Wenn eine Komponente eines solchen Eintrags die negative Valenz des Objektes repräsentiert und das repräsentierte ‚Objekt' eine soziale Gruppe ist, so bezeichnen dies manche als ein implizites ‚Vorurteil'."[85]

Verbunden mit Stereotypen und Vorurteilen sowie dem Bildbegriff allgemein muss noch eine definitorische Erweiterung in Bezug auf das ‚Image' vorgenommen werden. Der sehr heterogen gebrauchte Begriff, der für den Bereich der Literatur- und Kulturwissenschaften im Zusammenhang mit den imagologischen Verfahren Dyserincks und Pageaux bereits eingeführt wurde, wird nicht selten als dem Stereotyp nahestehend angesehen. Während das Image in den bisherigen Explikationen als Zeichenträger definiert wurde, wird es in den Ansätzen anderer Disziplinen dem Bildbegriff stärker angenähert:

> „Image (lat. Imago: Bildnis, Abbild) bezeichnet das stark vereinfachte, typisierte und mit Erwartungen und Wertvorstellungen verbundene Vorstellungsbild über einen Sachverhalt, ein Objekt, eine Person, Organisation oder Institution [...]. Alle der Wahrnehmung zugänglichen Objekte evozieren zwangsläufig Images [...]. Bezogen auf handelnde Akteure stellen Images wahrgenommene Identitätsfiktionen dar [...], das heisst zur Konsistenz und rigiden Komplexitätsreduktion neigende Vorstellungsbilder über die Erscheinung eines Akteurs, die der intersubjektiven Handlungsorientierung und Verhaltenssicherung dienen."[86]

Dieser Zugang als Zusammenfassung der wichtigsten Ansätze zur Erfassung des Imagebegriffs zeigt die große Nähe zu oben getätigten Eingrenzungen der anderen Bildbegriffe. In der Gestaltpsychologie wird die Ganzheitlichkeit der bildlichen Vorstellung betont, in der

---

83 Vgl. Hansen (1995): 546 ff.
84 Vgl. Metzger (1976): 12 ff.
85 Degner/Wentura (2008): 150.
86 Eisenegger, M. (2005): 18.

Einstellungspsychologie die auf denotativen und konnotativen Merkmalen beruhende Mehrdimensionalität. Als weiteres Merkmal wird häufig auch die Verfestigung der Strukturen von Images genannt.[87] Im Bereich des Produkt- und Markenmanagements sowie in den Public Relations wird Image als konstruiert verstanden,

> „[…] als ein erfundenes Abbild, das zum Zwecke der absichtlichen Beeinflussung anderer (v.a. Kunden) verbreitet wird".[88]

Mit diesem Verweis der Kommunikationswissenschaft auf die vom Imageträger (Sender) bewusst erzeugte Fiktionalität des Images (im Gegensatz zu der auf fiktionerzeugenden Interpretation beruhenden Wahrnehmung durch den Empfänger) wird dieses in der wissenschaftlichen Literatur von der Reputation unterschieden. Image wird je nach Auffassung aber auch als Eigen-Einschätzung des Fremdbildes oder als Kombination aus Selbst- und Fremdbild verstanden. Damit wird Subjektivität ebenso zum Wesensmerkmal von Images erhoben wie deren Konstruiertheit. Die vielfach angesprochene Funktion der Selektierungs- und Entscheidungserleichterung bleibt dabei unbestritten ein zentraler Faktor, der insbesondere im medialen Vermittlungsprozess eine wichtige Rolle spielt.[89] Der hierzu geäußerten Kritik kann nicht zugestimmt werden, dass es ein Widerspruch sei, wenn Images einerseits aufgrund ihrer individuellen Konstruktion als instabil, subjektiv, nicht veränderbar und selektiv gelten, sie auf der anderen Seite nicht veränder- und manipulierbar sein könnten und auch nicht mittel- bis langfristig stabil etablierbar wären.[90] Denn Images werden in einem bestimmten Kontext vermittelt, der zum Teil auf gesellschaftliche, kulturelle und andere gruppenspezifische Zusammenhänge referiert, die für eine größere Anzahl an Rezipienten einen gemeinsamen Wirklichkeitshorizont bilden. Jener bietet als Referenz die geforderte Stabilität, in deren Grenzen sich das Image bewegen und verändern (bzw. es bewegt und verändert werden) kann. Somit ist auch eine gezielte kollektive Einflussnahme auf Images möglich, auch wenn deren Wahrnehmung und Gestalt unter konstruktivistischen Gesichtspunkten niemals bei zwei Individuen dieselben sein können. Dies ist allerdings vernachlässigbar, solange die Basisstruktur übereinstimmt.

Abschließend ist noch einmal darauf hinzuweisen, dass der Begriff ‚Image' in der vorliegenden Untersuchung in zwei Kontexten gebraucht wird. Als Arbeitsbegriff der literatur- und kulturwissenschaftlichen Imagologie bezeichnet er den Zeichenträger, der symbolischer Ausdruck mentaler Repräsentationen, das heißt von Konzepten ist und auf die außersprachliche Wirklichkeit referiert. Als Begriff der Kommunikationswissenschaften und der Psychologie wird ‚Image' als aufgefasstes oder konstruiertes Selbst- oder Fremdbild definiert, schließt also im Gegensatz zur literatur- und kulturwissenschaftlichen Gebrauch das

---

87 Vgl. Nerb (2002): 17 f.; Röttger/Preusse/Schmidt (2011): 155.
88 Nerb (2002): 18 f.
89 Vgl. Röttger/Preusse/Schmidt (2011): 158 f. Die Autoren beziehen sich hierbei auf Klaus Merten, der sich kommunikationswissenschaftlich ausführlich mit dem Imagebegriff auseinandergesetzt hat.
90 Vgl. ebd.

Konzept mit ein. Da beide Verwendungsweisen von ‚Image' etabliert sind, lässt sich man-
gels alternativer Begriffe diese Dopplung des Einsatzes nicht vermeiden. Da die Verwen-
dungskontexte jedoch eindeutig voneinander unterscheidbar sind, ist hieraus kein Problem
für die Darstellung und Verständlichkeit der Analyse zu erwarten.

5 Der Einfluss von gesellschaftlicher Anerkennung und Polemik auf Kommunikationsprozesse

Den bisherigen Ausführungen folgend lassen sich Kommunikationsprozesse in öffentlichen
massenmedialen Arenen als symbolische, auf Zeichenprozessen beruhende Interaktionen
definieren, die zur Aushandlung gruppenspezifischer wie gesamtgesellschaftlich relevanter
Fragen dienen und die von Akteuren zur Beeinflussung öffentlicher Meinung durch gezielte
Vermittlung subjektiv gewichteter Inhalte genutzt werden können, um symbolische Macht
durch Erreichen der Meinungsführerschaft zu erlangen. Daraus folgt, dass derartige Prozesse sowohl intrinsisch als auch extrinsisch motiviert sein können, je nachdem, ob das
Handeln der Akteuere eigenen Idealvorstellungen folgt, Erwartungen des sozialen Umfel-
des zugrunde liegen oder ob ihnen Vorteile daraus entstehen. Dabei kann es zu Überlage-
rungen aufgrund verschiedener parallel auftretender Motivationen kommen.

Zunächst wurden die Rollenträger und ihr Verhältnis zueinander im massenmedialen
Kommunikationsprozess thematisiert. Die Intellektuellen als für die vorliegende Arbeit
relevante Akteursgruppe wurden dabei gesondert behandelt. Aufgrund der herausgeho-
benen Position einiger Persönlichkeiten im öffentlichen (medialen) Raum und deren Hervor-
stechen in einem zunehmend personalisierten Kommunikationsprozess wird davon ausgegangen, dass Kommunikation und Wirkung von Themen nicht nur in einem direkten
Verhältnis zur Bewertung des Akteurs (d.h. Sprechers) durch die Gesellschaft (bzw. das
Publikum) stehen, sondern dass diese auch über die Beeinflussung des öffentlichen Ansehens eines Akteurs gesteuert werden können. Oft geschieht dies in medialen Debatten rezi-
prok innerhalb des öffentlichen Aushandlungsprozesses. Während ein gutes öffentliches
Ansehen unterstützende Wirkung auf die positive Vermittlung von Inhalten hat, ist bei
dessen Beschädigung (u.a. durch Polemik) das Gegenteil der Fall. Dies sind wichtige Aspekte im Hinblick auf die Frage der Glaubwürdigkeit von Akteuren und deren Themen. So
wie Kommunikationsinhalte mittels Auto- und Heteroimages an emotionale Konzepte
gebunden werden können, kann das auch bei Personen geschehen. Im Vorfeld wurden daher die verschiedenen sprachlichen Kommunikationsebenen aufgezeigt und die stilistischen
Mittel einer polemischen und persuasiven Bildsprache angesprochen. Außerdem wurden
die Begriffe ‚Image', ‚Bild', ‚Stereotyp' und ‚Vorurteil' voneinander abgegrenzt und
zueinander ins Verhältnis gesetzt, um deren unterschiedliche kognitive bzw. affektive Wirkung für jegliche Art gesteuerten Kommunikationsprozesses aufzuzeigen. In Bezug auf
personalisierte Kommunikation werden nun nachfolgend die Begriffe ‚Prestige', ‚Renom-

mee' und ‚Reputation' als Formen öffentlichen Ansehens genauer untersucht sowie die Möglichkeiten zu deren Beeinflussung durch polemische Porträtierung. Ziel ist es, die Funktionen personenbezogenen Image-Managements[91] in Bezug auf themengeleitete Ideenwerbung zum Zwecke des Bewirkens einer Einstellungs- und Verhaltensänderung beim Publikum aufzuzeigen. Dahinter steht die These, dass der dabei stattfindende Prozess der Konzeptproduktion und -kommunikation nicht nur Inhalte vermittelt, sondern auch auf der Beziehungsebene affektive Informationen transportiert. Die bewusst über evozierende sprachliche Einheiten provozierte Emotionalisierung des Publikums als kommunikative Strategie lässt indes im Sinne des imagic turn auch Rückschlüsse auf den Zustand der Textproduzenten zu. Daher stellt Emotionalität einen wichtigen Faktor in der Beschäftigung mit Konzeptualisierungen dar, der sich nicht von der kognitiven Komponente trennen lässt und somit Berücksichtigung finden muss.

5.1 Prominenz und Formen des öffentlichen Ansehens: Prestige, Reputation und Renommee

Die Herkunft des Begriffs ‚Prestige' lässt sich auf Lateinisch ‚praestigium' und Französisch ‚prestige' in der Bedeutung ‚Blendwerk', ‚Zauber', ‚Illusion' sowie ‚Geltung', ‚Reiz' und ‚Ansehen' zurückführen.[92] Gemeint ist bei letzterem das gesellschaftliche (soziale) Ansehen einer Person, beruhend auf der Anerkennung deren mittelfristiger Leistungen durch eine größere Anzahl von Menschen.[93] Der mit der Erlangung von Geltung verbundene soziologische Nutzen kann sich in Bewunderung und Nachahmung ausdrücken.[94] Zudem verhilft die Zuerkennung von Prestige dem Betreffenden zu sozialem Einfluss:

> „Prestige ist als das soziale Gut zu bezeichnen, das aus der Wertschätzung von Akteuren für ihren spezifischen Beitrag zur Realisierung kollektiv geteilter Ziele und Werte resultiert […]. Die Vergabe bzw. der Entzug von Prestige setzt einen gemeinsamen Werthorizont wertvoller Sozialgüter voraus, deren Besitz bzw. Nichtbesitz nach den in der Gruppe geltenden Standards die Zuweisung von Prestige steuert […]. Prestige entsteht demnach durch die Referierung eines Subjekts auf einen normativen Rahmen, das heisst durch die Bewertung seiner Erscheinung und Handlungen sowie durch die Verbreitung dieser Bewertung innerhalb sozialer Netzwerke. Während Prestige in Kleingruppenbeziehungen wegen der gegenseitigen Bekanntheit der Beteiligten noch relativ differenziert-persönlich gebunden ist, leitet es sich in grösseren, formaleren und anonymeren Zusammenhängen von allgemeinen, das heisst gesellschaftlich definierten, Bewertungsmassstäben ab und wird für über-

---

91 Der aus dem Bereich der Public Relations entlehnte Begriff des ‚Image-Managements' dient im Folgenden dem Ausdruck des kognitiv gesteuerten Einsatzes sprachlicher Bilder und grenzt diesen damit von der affektiven Bildproduktion ab.

92 Vgl. Duden (2001): 803; Wahrig (1997): 981; Nerb (2002): 14; Eisenegger (2005): 14.

93 Vgl. Nerb (2002): 14; Eisenegger (2005): 14.

94 Vgl. ebd.; Nerb führt bezüglich des soziologischen Nutzens auch die Begriffe ‚Anerkennung', ‚Achtung', ‚Ehre', ‚Ruhm' und ‚Respekt' an. Vgl. Nerb (2002): 14.

durchschnittliche Leistungen und für den Besitz knapper und wertvoller Ressourcen zugewiesen […]. Es bildet ein symbolisches Kapital, dessen herausragender Wert für Prestigeträger darin besteht, den Wert gesellschaftlicher Güter definieren und die daraus resultierende gesellschaftliche Macht legitimieren zu können. […] Die mit dem Prestige korrespondierende symbolische Macht hat als Definitionsmacht einen eminent instrumentellen Charakter: Sie ist das Mittel zur Legitimierung, Steigerung und Aufrechterhaltung objektiver Macht […]."[95]

Der Grad an Prestige und der damit einhergehende gesellschaftliche Einfluss einer Person richtet sich demnach nach der Größe der Gruppe, innerhalb derer diese Ansehen genießt. Unabhängig davon handelt es sich aber um eine Wertschätzung, die jedes „(Kollektiv-)Subjekt" innerhalb seines sozialen Beziehungsgeflechts besitzt.[96] Damit unterscheidet sich der Begriff von dem der ‚Reputation' (aus dem Französischen stammend, übersetzt mit ‚(guter) Ruf'/‚Ansehen')[97], denn diese wird

> „[…] als ein partikuläres soziales Gut konzeptualisiert, das Vermittlungsprozesse der Wertschätzung eines Prestigeträgers an unbekannte Dritte voraussetzt. Reputation ist eine vermittelte Anerkennung zweiter Hand, eine Second-Hand-Impression […], und resultiert aus der kommunikativen Diffusion von Prestigeinformationen über den Geltungsraum persönlicher Kontaktnetze hinaus. Damit wird der Begriff für öffentliche Geltung reserviert. Denn primär öffentliche Kommunikation ermöglicht netzwerkübergreifende interpersonale Anschlusskommunikation. Exakt darin besteht die zentrale Differenz zwischen Prestige und Reputation: Erst wenn das Prestige die unmittelbaren Sozialzusammenhänge des jeweiligen Prestigeträgers im Rekurs auf öffentliche Kommunikation transzendiert, erst wenn in größerem Ausmass unbeteiligte und unbekannte Dritte von seinem Ansehen Kenntnis erhalten, verwandelt sich Prestige in Reputation […]."[98]

Öffentliches Agieren und umso mehr die Präsenz in öffentlichen Medien führen dazu, dass Reputation entsteht. Hierbei spielt es keine Rolle, ob die Akteure aktiv handeln (z.B. durch Publizistik) oder nur passives Objekt medialer Thematisierung sind. Allein das öffentliche In-Erscheinung-Treten trägt zur Reputationskonstituierung bei. Reputationserwerb kann demnach auf zwei Wegen erfolgen: durch Strategien, die öffentliches Interesse hervorrufen sowie durch gezielte Beeinflussung der Reputationserzeugung, um die individuell gewünschte Außenwirkung zu erreichen.[99] Die Abgrenzung zum Begriff des ‚Renommee' ist

---

95 Eisenegger (2005): 14 f.
96 Ebd.: 14, 16.
97 Vgl. Duden (2001): 862; Wahrig (1997): 1028; Nerb (2002): 13. Eisenegger geht in einer Fußnote auf den Bedeutungswandel des Begriffs ein: Im Lateinischen bedeutete er zunächst ‚Erwägung', ‚Berechnung'; dies wandelte sich dann aber in ‚Anrechnung' und schließlich in ‚Urteil der Allgemeinheit über einen Akteur'. Vgl. Eisenegger (2005) 16.
98 Ebd.: 16.
99 Vgl. ebd.: 16 f.

im Zeitraum des Bestehens von (hoher) Reputation zu sehen. Denn obwohl gleichfalls aus dem Französischen ins Deutsche eingegangen und ebenso mit ‚guter Ruf‘, ‚Ansehen‘ übersetzt,

> „[…] liegt bei Renommee der Schwerpunkt noch stärker auf der Bekanntheit der betrachteten Person, Sache oder Meinung […]. [So] beschreibt das Renommee meistens deren Berühmtheit oder hohen Bekanntheitsgrad und weist auf eine lange Tradition hin.“[100]

Demnach ist Reputation schon relativ kurzfristig erreichbar, Renommee jedoch nur langfristig.[101]

Wendet man die behandelten Begrifflichkeiten auf die hier untersuchte Intellektuellendebatte an, so spielt das öffentliche Ansehen in mehrfacher Hinsicht eine Rolle. Die Akteure der Debatte agieren in der medialen Öffentlichkeit. Ihre publizistischen Texte werden über die Printmedien verbreitet, Fernsehen und Radio senden Interviews und Diskussionsrunden, wissenschaftliche Veranstaltungen zum Thema werden zu Medienereignissen stilisiert. Wie gezeigt wurde, sind sie damit dem Druck fortwährender Reputationsproduktion ausgesetzt (vgl. Abb. 4). Debatten an sich erfordern vom Teilnehmer bereits ein hohes Maß an Strategien und rhetorischen Fähigkeiten, um mit den eigenen Konzeptualisierungen im Wettstreit der Ideen und Meinungen bestehen zu können. Die Steuerung der öffentlichen Meinung wird daneben um die Notwendigkeit der Vermittlung und Stärkung des eigenen (öffentlichen) Prestiges erweitert, um der Öffentlichkeit ein möglichst positives Image zu vermitteln. Die Wirkmächtigkeit des jeweiligen Akteurs und die Nachhaltigkeit der von ihm getätigten Aussagen sind dabei umso größer, je höher dessen Grad an Reputation oder Renommee ist. Dies bezieht sich sowohl auf das in der Debatte generierte Ansehen, als auch auf bereits vorhandenes. Infolgedessen kann durch Kopplung von inhaltlicher Argumentation mit strategischem Image-Management eine Erhöhung der positiven Fremdwahrnehmung und damit eine erhöhte Akzeptanz der vermittelten Konzeptionalisierungen erreicht werden. Auf diese Weise entfernt sich die Debatte von der reinen Sachebene, da durch eine zugespitzte Personalisierung Bewertungsmaßstäbe angelegt werden, die weniger sachbezogen und mehr emotionaler Natur sind. Im Falle von Reputation bzw. Renommee, die auf fachlicher Grundlage beruhen, kann beim Rezipienten noch von einer rationalen Entscheidungsbasis gesprochen werden. Die emotionale Ebene entzieht sich dieser jedoch ganz, so dass nicht die sachliche Argumentation über Akzeptanz/Nicht-Akzeptanz entscheidet, sondern die emotionale Beziehung, die der Rezipient zum Akteur aufbaut. Sympathie/Nicht-Sympathie stellt hierbei einen entscheidenden Faktor dar. Natürlich spielt die emotionale Beziehungsebene auch bei rein sachlichen Auseinandersetzungen eine Rolle, bleibt aber in der Regel im Hintergrund. Bei personalisierten Debatten hingegen tritt sie in den Vordergrund und dominiert den Kommunikationsprozess.

---

100   Nerb (2002): 13.
101   Ebd.: 14.

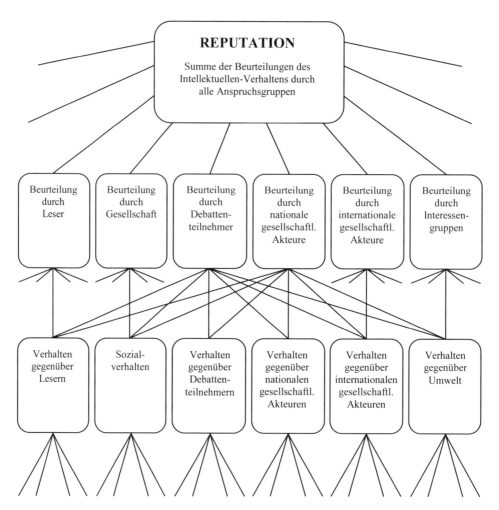

Abb. 4: Konzeptualisierung von Reputation in Bezug auf die untersuchte
         Intellektuellen-Debatte
         Quelle: eigene Adaption, nach Nerb (2002): VII

Alle genannten Formen öffentlichen Ansehens können im Zusammenhang mit massenmedialer Vermittlung auf den Begriff der ‚Prominenz' bezogen werden, sofern sie auf die
beschriebene (intellektuelle) Öffentlichkeitselite Anwendung finden. Prominenz setzt
Wahrnehmung und Akzeptanz durch das Publikum voraus und bietet den Vorteil, Auf-

merksamkeit bei den Rezipienten zu erzeugen, um in deren Selektionsprozess berücksichtigt zu werden, sowie eher positive Bewertungen bezüglich expressiver, instrumenteller und moralischer Kompetenzen auf sich zu ziehen.[102] Prominenz nimmt jedoch nicht grundsätzlich Einfluss auf die öffentliche Meinungsbildung, sondern erfordert zusätzlich themenbezogenen Expertstatus und moralisch korrektes Auftreten der Prominenten. Im Grundsatz ist Prominenz aufgrund einer reinen Medienpräsenz denkbar, da schon allein dadurch eine positive Bedeutungszuweisung durch die Öffentlichkeit erzielt werden kann. Sie bietet aber auch den Vorteil, Themen in einem größeren gesellschaftlichen Rahmen zugänglich zu machen:

> „Der Prominentenstatus stellt ein ‚Beziehungskapital‘ im Öffentlichkeitssystem dar, da er sowohl den Zugang zu den Medien erlaubt, sowie Aufmerksamkeit im breiten Publikum sichert.“[103]

Handelt es sich bei Prominenz um bloße Bekanntheit, ist es allerdings fraglich, ob das ausreicht, von gesellschaftlicher Anerkennung zu sprechen. Die genannten damit in Verbindung stehenden Vorteile werden dadurch indes nicht in Frage gestellt. Eine zusammenfassende Abgrenzung aller eingeführten Begriffe kann nur durch Hervorhebung von Nuancen geschehen: Prestige beruht auf der „Wertschätzung von Akteuren für ihren spezifischen Beitrag zur Realisierung kollektiv geteilter Ziele und Werte“, Reputation auf der Verbreitung dieser Zuerkennung durch Dritte und Renommee auf der Langfristigkeit dieser zugesprochenen positiven Beurteilung. Bei Prominenz liegt der Schwerpunkt auf der öffentlichen Bekanntheit – eine Leistung kann, muss aber nicht zugrunde liegen. Inwieweit sich die anderen Begriffe davon unterscheiden, hängt vor allem von den erwähnten kollektiven Zielen und Werten der Anerkennung zuweisenden Bezugsgruppe ab. Denn wenn Prominenz als Ziel definiert wird und Bekanntheit als Wert, verwischen die begrifflichen Grenzen.

5.2 Polemik in Texten und polemische Strategien der Dominanz, Diffamierung und Profilierung

Mit der Personalisierung öffentlicher Debatten besteht nicht nur die Chance, bei Rezipienten Zustimmung für Ideen aufgrund der guten Reputation ihrer Vermittler zu erlangen. Auch die Gefahr der personalisierten und ins private gehenden Angreifbarkeit von Ideenträgern geht damit einher – und somit gleichfalls die negative Beeinflussung der durch sie repräsentierten Konzepte. Gängiges Mittel in Debatten ist hierfür der Einsatz von Polemik. Diese Form der streitenden Kommunikation bietet verschiedene Ansatzpunkte für die Untersuchung von Kontroversen. Für die Herausarbeitung von Konzeptualisierungen zu Europa sind zwei Perspektiven interessant. Zum einen wirkt sich Polemik auf Konzepte aus, die Ziel des Angriffs sind. In der Regel werden diese umkodiert, indem sie in einen neuen Kontext gestellt werden. Mit dem neuen Bezugsrahmen verändert sich zwangsweise auch

---

102   Vgl. Peters (1994): 210 f.
103   Ebd.: 194.

das Konzept, da es auf diesen referiert. Zum anderen wird unterstellt, dass durch Polemik auch implizit Konzepte formuliert werden, die die Vorstellungen desjenigen ausdrücken, der sich ihrer bedient.

Der Begriff ‚Polemik‘ bedarf zunächst einer Eingrenzung. Hierfür müssen sowohl dessen sprachhistorischer Bedeutungswandel als auch der damit verbundene intentionale Gebrauch herangezogen werden. Hergeleitet vom griechischen ‚polemos‘ (‚Krieg‘, ‚Schlacht‘, ‚Kampf‘), liefern gegenwärtige Wörterbücher zunächst relativ ähnliche Bedeutungserklärungen, wie Dieckmann zeigt.[104] Demnach handelt es sich im Kern um

> „[…] einen Meinungsstreit oder eine Auseinandersetzung über etwas zwischen Personen unterschiedlicher oder gar gegensätzlicher Auffassung […]“[105],

wobei jedoch bestimmte Einschränkungen gelten, da nicht jeder Meinungsstreit vollkommen polemisch ist, sondern oft nur zum Teil. Weiterhin stimmen die gängigen Definitionen weitestgehend darin überein, dass es sich in der Regel um eine literarische Fehde oder einen wissenschaftlichen Meinungsstreit handelt, publizistisch – also öffentlich – ausgetragen in Zeitungen und Zeitschriften. Den Begriff ‚wissenschaftlich‘ in der Phrase ‚wissenschaftlicher Meinungsstreit‘ sieht Dieckmann dabei allerdings als irreführend an, da dieser impliziere, er kennzeichne

> „[…] immer noch eine besondere, nämlich wissenschaftliche Qualität des Streitens, während der polemische Streit weithin ja gerade als unwissenschaftlich gilt“.[106]

Es sei besser, von einer Auseinandersetzung über wissenschaftliche (politische, literarische usw.) Fragen zu sprechen. Die Art und Weise der Streitführung sei hierbei von scharfen persönlichen Angriffen mit oft unsachlichen Argumenten geprägt.

Mit dieser Definition wird der Wandel des Begriffs ‚Polemik‘ deutlich, dessen Bedeutung noch im 18. und 19. Jahrhundert positiv konnotiert mit ‚Kunst oder Praxis der Widerlegung‘ wiedergegeben wurde und im Gegensatz zu heute ausschließlich im Bereich der Wissenschaft angesiedelt war.[107] Diese positive Konnotation begründete sich u.a. auf bestimmte Regeln, die die Streitenden einzuhalten hatten. Die Pejorisierung erfolgte aufgrund der immer häufigeren Nicht-Einhaltung dieser Regeln, so dass sich die Bedeutung des Begriffs ‚Polemik‘ hin zu einem ‚unsachlich-persönlichen Angriff‘ verschob. In der heutigen Literaturwissenschaft nun stellt ‚Polemik‘ kein definiertes Fachwort dar (maximal einen Halbterminus) und wird meist nur als literarische oder publizistische Gattung angesehen. Eine einvernehmliche Abgrenzung zur Satire existiert nicht. Die Ansätze reichen von einer Unterscheidung bezüglich der Darstellungsmittel und Motivation (Polemik: rhetorisch-taktisch; Satire: künstlerisch) über Konkretheit und Realitätsbezug (Polemik: konkreter Sachverhalt und Benennung des realen Gegners; Satire: fiktionaler Gegner ist Ausdruck

---

104 Vgl. Dieckmann (2005): 20 f.
105 Ebd.: 21.
106 Ebd.
107 Vgl. ebd.: 9 ff.

eines übergeordneten gesellschaftsrelevanten Übels) bis hin zur Auffassung, Polemik und Satire seien nicht trennbar, wobei Dieckmann eine Unterscheidung für wenig problematisch hält.[108] Auch liege es für Polemiker durchaus im Rahmen des Möglichen, mit ästhetisch-künstlerischen, also auch satirischen Mitteln arbeiten zu können.[109] In der Sprachwissenschaft spielt Polemik dagegen im Grunde keine Rolle, obwohl über die Erkenntnisse der Pragmalinguistik ein Analysewerkzeug zur Verfügung steht, das die Unsachlichkeit von Polemik zu entlarven vermag.

Dass unterdessen die wissenschaftliche Sprache selbst in bestimmten Fällen der Verwendung von polemischen Begriffen bedarf, führt Prokop als Argument gegen solche fachsprachliche Wortneuschöpfungen an, die nach seiner Auffassung Wertfreiheit suggerieren, die tatsächlich aber nicht vorhanden sei. So sieht er die heutige wissenschaftliche Sprache als nicht neutral an und plädiert daher auch in der wissenschaftlichen Kritik für eine Klarsprache, selbst wenn diese polemisch sei, solange dadurch jene verschleiernden Fachbegriffe ersetzt werden können und die Polemik „nicht zur Masche" wird:

> „Nur ist die wissenschaftliche Sprache heute nicht neutral! In sie sind immer mehr euphemistische Wörter eingegangen, die von PR-Fachleuten erfunden wurden und auch von neokonservativen (›neoliberalen‹) Wissenschaftlern, die sich nicht schämen, Oligopol-Macht als ›freien Markt‹ zu verklären, Medienkonzentration als ›Marktbereinigung‹, Kartelle als ›Kooperationen‹, Massen-Entlassungen als ›Abrundungen‹, Propaganda als ›Reputationsmanagement‹, ›Imagetransfer‹ oder gar ›public diplomacy‹. Dadurch wird auch die wissenschaftliche Sprache unscharf und unwahr."[110]

Mit dieser aus einer neuen kritischen Kommunikationsforschung heraus getätigten Bewertung wirft Prokops Aussage eine generelle Frage auf: Inwieweit ist Polemik zulässig oder gar notwendig, um Spannungsfelder und Widersprüche aufzeigen zu können, die durch eine euphemistische Wissenschaftssprache verdeckt werden? Um hierzu eine Antwort zu formulieren bedürfte es eines eigenen ausführlichen Kapitels. Da die Bearbeitung der vorliegenden Forschungsfrage jedoch nicht mit der Untersuchung von Angemessenheit polemischer Sprachverwendung verbunden ist, kann dem an dieser Stelle nicht weiter nachgegangen werden. Stattdessen steht die Extrahierung polemischer und polemisch beeinflusster Konzepte aus schriftsprachlichen Texten im Fokus. Dazu ist es notwendig, die zugrundeliegenden Strukturen zu erfassen.

Für die Charakterisierung polemischer Texte hat Stenzel den Begriff der ‚polemischen Situation' eingeführt. Er versteht sie als ein Beziehungsgefüge aus Polemiker (Subjekt), Angegriffenem (Objekt), Adressaten (Instanz) und Thema. In der Polemik wechseln Polemiker und Angegriffener beständig die Rollen, während beide über das Thema streiten, wobei sie sich direkt oder indirekt an die Rezipienten wenden (vgl. Abb. 5).

---

108   Vgl. ebd.: 28 f. Dieckmann orientiert sich hier und im Folgenden überwiegend an Stenzel (1986).
109   Vgl. ebd.: 31.
110   Prokop (2005): 70.

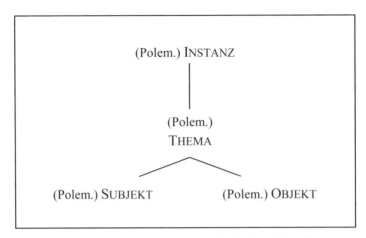

Abb. 5: Beziehungsgefüge der polemischen Situation
Quelle: Modell Dieckmann, nach Stenzel

Das oben definierte Merkmal für Polemik, dass sie in der Regel in der Öffentlichkeit stattfindet, unterscheidet sie insbesondere durch das Vorhandensein eines Publikums vom Privaten, wo eher von Beschimpfung gesprochen wird. Als Folge können öffentlich getätigte
polemische Äußerungen strengere Sanktionen nach sich ziehen, wenn sie bestimmte Normen überschreiten, was öffentlich sagbar ist und was nicht. Auf Unterschiede zwischen
Mündlichkeit und Schriftlichkeit wurde bereits bezüglich der Mediendebatten eingegangen.
Hinzuzufügen ist hierbei, dass es Versuche gibt, zwischen ‚polemischem Text‘ und ‚polemischem Stilzug‘ zu differenzieren, wobei es keine genauen Definitionen gibt, wo die
Übergänge liegen und eine Grenze gezogen werden kann. Ebenso schwierig ist der Nachweis, ob polemische Texte der Intention (d.h. Denkweise) ihres Verfassers entspringen,
oder als Resultat der Art der sprachlichen Realisierung gesehen werden müssen (d.h. als mit
bestimmten Merkmalen behaftetes Handlungsprodukt).[111] Unbestritten ist hingegen das
Spannungsfeld von Argumentation und Beschimpfung, in deren Übergangsbereich sich
Polemik bewegt:

> „Polemische Texte scheinen […] gewissermaßen zwischen der Beschimpfung einer-
> seits und der sachlichen Diskussion andererseits zu stehen, weil wie beim Schimpfen
> die Regeln der sachlichen Auseinandersetzung verletzt werden, der Autor aber ande-
> rerseits zumindest den Anschein wahrt, mit Gründen zu streiten. [… Es] muss der
> Polemiker immer damit rechnen, dass das Publikum ihn beim – argumentativen –

---

111   Vgl. ebd.: 34 ff.

Wort nimmt und ihn an der Prätention misst. Die Rhetorizität der Polemik ist somit ein wesentliches Element der Realsituation, das in der polemischen Konstellation möglichst verdeckt wird."[112]

Positive Selbstdarstellung und pejorative Herabsetzung des Gegners (zusammengefasst als ‚Porträtierung' bezeichnet)[113] müssen somit als grundlegende Erfordernisse der Gattung ‚Polemik' angesehen werden. Dabei ist es nicht zwingend notwendig, beide Strategien zu verfolgen, da beide aneinander gebunden sind: Stellt der Polemiker sich selbst als Verfechter des Guten dar, wird sein gegnerischer Diskutant zwangsweise zu dem, der das Schlechte verfolgt. Brandmarkt der Polemiker seinen Kontrahenten als schlecht, steht er selbst automatisch als besser, um nicht zu sagen gut da.[114] Die polemischen Mittel entsprechen denen der Rhetorik, so dass an dieser Stelle nur gesondert der wesentliche Vorgang des Persönlichwerdens angesprochen werden muss, der für die Polemik essentiell ist:

> „Der persönliche Angriff [...] dringt dabei in den unmittelbaren Persönlichkeitsraum des Gegners ein und greift ihn in seiner Identität und seinem Selbstwertgefühl an, um ihn angesichts der Gefahr noch weiter gehender Verletzungen, Bloßstellungen oder Anprangerungen, also angesichts der Gefahr des völligen Gesichtsverlustes, zum Rückzug und zur Aufgabe zu bewegen. Das aggressive Persönlichwerden ist so nachvollziehbar als ernster Verstoß gegen Normen stigmatisiert, deren Einhaltung auch im Rahmen von Auseinandersetzungen, v.a. von *schriftlich* geführten, erwartet wird [...]; zu diesen Normen gehören ferner etwa die Befolgung der Regeln des korrekten (d.h. rationalen und konsensorientierten) Argumentierens, das Vermeiden eines emotional erregten Auftretens oder gar Schimpfens sowie das Unterlassen von Äußerungen, die wissentlich Falsches enthalten [...]. Während der Disput seine Verstöße gegen das rationale Argumentieren zu verschleiern versucht, operiert die Polemik nun aber gerade mit recht *offenen* Verstößen gegen Normen wie die obigen, wofür sie in aller Regel entweder (entschuldigend) mildernde Umstände oder (rechtfertigend) höherwertige, vorrangige Normen ins Feld führt [...]".[115]

Zielabhängig können dabei Dominanzstrategien, sowie Diffamierungs- und Profilierungsstrategien unterschieden werden. Dominanzstrategien dienen der Durchsetzung eines Standpunktes. Sie richten sich in erster Linie an den Gegner, können beim Publikum aber auch als Diffamierung wahrgenommen werden. Diffamierungs- und Profilierungsstrategien sollen die gegnerische Glaubwürdigkeit beim Publikum beschädigen und damit die eigene stärken.[116] Die Trennung von Sachrelevanz und Diffamierung ist hierbei insofern schwierig bis unmöglich, da eigene Äußerungen mit Blick auf die eigene Profilierung als relevant

---

112 Ebd.: 46 f.
113 Vgl. ebd.: 49.
114 Vgl. ebd.: 48.
115 Haßlauer (2010): 18 f.
116 Vgl. Gruber (1996): 298 ff., 307 ff.

herausgestellt werden.[117] Infolgedessen werden einerseits Themen und Positionierungen diskutiert, andererseits aber auch versteckte Porträts erstellt,

> „[…] deren einzelne Elemente in die pseudo-argumentativen Zusammenhänge des strittigen Themas eingebettet sind und als Porträtbestandteile erst erkennbar werden, wenn man sie aus den sequentiellen Zusammenhängen löst und mit anderen Steinchen verbindet. […] Die Relation zwischen den realen Personen des polemischen Subjekts bzw. des polemischen Objekts und den textinternen Porträtfiguren der polemischen Konstellation kann unterschiedlich eng sein, immer aber sind die Porträts Stilisierungen, durch Akzentuierung, Übertreibung und Reduktion erzeugte Karrikaturen. Sie entfernen sich von der Realexistenz, wenn der Polemiker sich für das Bild des Gegners an einer zeitgenössisch etablierten Negativfigur orientiert."[118]

Bedingt durch die derartige unterschwellige Vermittlung personenbezogener Charakterisierungen, Wertungen und Angriffe werden für das Publikum, das sich mit den im Vordergrund stehenden Themen beschäftigt, die Porträtierungen nur schwer sichtbar, so dass die Ideale ‚Sachlichkeit' und ‚Unparteilichkeit' nach Außen hin unangetastet bleiben.[119]

5.3 Emotionalisierung und Moralisierung als persuasive Kommunikationsstrategien

Bislang wurde hauptsächlich über die kognitive Beeinflussung durch Polemik gesprochen. Dabei klang bereits implizit an, dass Unsachlichkeit nicht nur als unsachgemäße Argumentation zu verstehen ist. Mit ‚Diffamierung', ‚Dominanz' oder ‚Profilierung' verbundene Begriffe und Konzepte sind auch immer mit Gefühlen und Emotionen verknüpft, die durch die jeweilige individuelle Wahrnehmungsperspektive beeinflusst werden.[120] Mit dem polemischen Sprachgebrauch erfolgt daher eine Emotionalisierung der Rezipienten, was man als

> „[…] durch äußere Reize ausgelösten, reaktiven Vorgang der Emotionsauslösung"[121]

definieren kann. Wie weiter oben erwähnt geschieht dies in der Regel mittels gezielter Verknüpfung von kognitiven und emotionalen Konzepten, die gemeinsam an bestimmte Images gekoppelt werden.[122] Unter ‚Emotionalisierung' ist somit ein aktiver Prozess zu

---

117 Vgl. Dieckmann (2005): 49.
118 Ebd.: 50 f.
119 Vgl. ebd.: 50.
120 Schwarz-Friesel (2007: 138 ff.) zeigt deutlich die konzeptionellen Unterschiede zwischen den Begriffen ‚Emotion' und ‚Gefühl' auf. Demnach ist trotz gewisser Unschärfen ‚Emotion' als allgemeiner, abstrakter und eher fachsprachlich anzusehen, während ‚Gefühl' als spezifisch, subjektiv und allgemeinsprachlich eingestuft wird.
121 Ebd.: 141.
122 Zu den kontroversen Diskussionen hinsichtlich der Art des Verhältnisses von Emotion und Kognition vgl. ebd.: 109 ff.

verstehen, nicht passives Erleben. Dies trifft im Kern das, was Persuasion ausmacht, und zwar

> „[a]lle bewussten Versuche, Verhalten mit Hilfe von Zeichen zu beeinflussen [...]."[123]

In Bezug auf die Printmedien bedeutet das, dass durch die Verwendung ausgewählter Begriffe und Signalwörter in Artikeln und Aufsätzen beim Rezipienten gespeicherte Konzepte und Schemata aktiviert werden, um diese zu bestätigen oder zu rekodieren:

> „Mit sprachlichen Äußerungen werden Emotionen ausgedrückt und benannt, geweckt, intensiviert sowie konstituiert. Die von den sprachlichen Einheiten und Strukturen dargestellten kognitiv-konzeptuellen Repräsentationen sind oft erheblich von ihrem affektiven semantischen Gehalt überlagert. Die Verschränkung kognitiver und emotionaler Repräsentationen kommt nicht nur in der individuellen Alltagskommunikation [...], sondern insbesondere auch in den öffentlichen Kommunikationsformen (wie Werbung, Unterhaltung, politische Agitation, mediale Konfliktberichterstattung) besonderes Gewicht zu, denn hier dient die sprachlich gesteuerte Emotionalisierung beim individuellen Rezipienten entscheidend der Abgrenzung nach Außen (z. B. gegenüber dem politischen Gegner) und der Stabilisierung bzw. Identifizierung nach innen (z. B. hinsichtlich des Selbstkonzeptes bzw. Selbstwertgefühls)."[124]

Persuasion funktioniert in dieser Hinsicht über ein Reiz-Reaktions-Schema. Durch die Kombination mit dem kognitiven Versprechen einer Zielerfüllung kann der strategische Einsatz emotionalisierender Sprache so zu einem wirkungsvollen Machtinstrument werden.[125] Da viele Emotionen ohnehin zwangsläufig an bestimmte Kognitionen gebunden sind, welche als deren Konstituenten angesehen werden können,[126] muss dieses Potenzial nur aufgegriffen und funktionalisiert werden, um zweckgebundene, persuasive Kommunikation zu betreiben. Die Gewichtung von Emotion und Kognition wird in den neuro- und kommunikationswissenschaftlichen Disziplinen allerdings unterschiedlich bewertet.[127]

Eine in Polemiken mit Emotionalisierung oft einhergehende Strategie, um den Gegner in ein schlechtes Licht zu rücken, wird über den Begriff der ‚Moralisierung‘ ausgedrückt. Von Theoretikern wurde im Laufe der Zeit unterschiedlich diskutiert und definiert, was darunter zu verstehen sei und was damit zusammenhänge.[128] Trotz unterschiedlicher Auffassungen kann der pejorative Bezug, der sich herausgebildet hat, mittlerweile allge-

---

123   Schönbach (2013): 26.
124   Schwarz-Friesel (2007): 6.
125   Zum Emotionsgehalt von Wörtern und zur Klassifizierung von Emotionen vgl. ebd.: 55 ff., 62 ff., Dulinski (2003): 240 ff., Büscher (1996): 107 f.
126   Vgl. Schwarz-Friesel (2007): 102 ff., Felser (2001): 111.
127   Vgl. u.a. Schönbach (2013): 139 ff., Scheier/Bayas-Linke/Schneider (2010): 85ff., Häusel (2010): 234 ff.
128   Zu den historischen Entwicklungen vgl. Möhring-Hesse (2013): 152 ff.

mein als verfestigtes Merkmal angesehen werden. Darüber hinaus ist Luhmann beizupflichten, für den Achtung eine notwendige Bedingung von Kommunikation darstellt, die über Moral zugewiesen wird.[129] Die bereits besprochenen Begriffe ‚Prestige', ‚Reputation' und ‚Renommee' stehen somit in einem Abhängigkeitsverhältnis zu bestehenden Moralvorstellungen und moralischem Handeln innerhalb eines festgesetzten Gültigkeitsrahmens.[130] Weiterhin ist Moral für Luhmann „polemogener Natur"[131]:

> „Die Moral […] macht es möglich, bei aller Unsicherheit kräftig zu fühlen und zu handeln. Sie ist zudem ein polemisches und in vielen Hinsichten unsauberes Geschäft. Sie ist deshalb auch für politischen Gebrauch besonders geeignet. Wer moralisiert, will verletzen […]."[132]

Hier zeigt sich, dass ‚Moralisieren' nichts anderes bedeutet als zu emotionalisieren, denn:

> „Wenn man sich schon moralisch auf der richtigen Seite sieht, besteht wenig Grund, sich noch um eine Verständigung zu bemühen. Dann kann es nur darum gehen, der guten Sache zum Siege zu verhelfen, und sei es mit immer stärkeren Mitteln. Moral macht Mut zur Wut."[133]

Als zu erwartende Ergebnisse des Moralisierens sieht Möhring-Hesse

1. das Herstellen „bestimmter Gehalte praktischen Sollens", d.h. die In-die-Pflicht-Nahme von Personen, etwas Bestimmtes zu tun;
2. die Steigerung der „Verbindlichkeit von normativen Ansprüchen", d.h. Ausübung von Druck auf Personen, bestimmten Ansprüchen gesteigert zu entsprechen;
3. die Dekontextualisierung der „Ansprüche prakischen Sollens" und die Herstellung von deren Gültigkeit „für jedwede denkbare Situation", d.h. Entzug der Möglichkeit zu adäquater Reflexion und kontextbezogener Entscheidungsfindung auf Seiten der Adressaten.[134]

Der Vorteil des Moralisierens liegt in der Machthierarchie, die hierdurch aufgebaut wird: Wer moralisiert, setzt die (moralischen) Standards fest, auf die sich die Adressaten zwangsläufig beziehen müssen, wenn sie agieren und reagieren. Letztere stehen damit in

---

129   Vgl. ebd.: 154.
130   ‚Prestige', ‚Reputation' und ‚Renommee' wurden zuvor als Begriffe der Anerkennung eingeführt und werden an dieser Stelle mit Achtung in Verbindung gebracht. Schmetkamp (2008) folgend wird hier ‚Achtung' als Basis und auf den Gleichheitsstatus bezogen verstanden (d.h. gleiche Rechte und moralische Ansprüche) und ‚Anerkennung' darauf aufbauend auf die individuelle Identität und Authentizität des Menschen. ‚Achtung' (allgemeine Gleichheit) und ‚Anerkennung' (individuelle Differenz) werden demnach als hierarchisch verbunden und sich ergänzend aufgefasst, nicht als sich gegenseitig ausschließend.
131   Luhmann (1989): 370.
132   Luhmann (2008): 371.
133   Ebd.: 349.
134   Vgl. Möhring-Hesse (2013): 156.

einem Abhängigkeitsverhältnis, in dessen Folge sie einem Verbindlichkeits- und Rechtfertigungsdruck ausgesetzt sind.[135]

Im Gegenzug kann sich aber auch der Vorwurf des Moralisierens schädigend auswirken. Die Bezichtigung, jemand würde moralisieren, drückt nicht nur Kritik aus, sondern auch die Verweigerung der Anerkennung des gesetzten moralischen Rahmens und die Ablehnung der Beschäftigung mit diesem durch den Adressaten. Dadurch kann das oben angesprochene Abhängigkeitsverhältnis nicht entstehen. Stattdessen wird den Moralisierern die Grundlage ihrer auf moralischen Ansprüchen basierenden Argumentation entzogen:

> „Indem diese Ansprüche als Ergebnisse von Moralisierungen angesprochen wurden, wird jeder Rechtfertigungsversuch in dieser Richtung immer nur als Bestätigung für ihre Moralisierungen genommen. Sie können ihre moralischen Ansprüche nicht verteidigen, ohne den ihnen gegenüber erhobenen Vorwurf zu nähren und damit die ihn erhebenden [Sprecher] in Recht zu setzen."[136]

Folge ist neben der Ablehnung der Moral die Ausgrenzung der Moralisierer. Dies bedeutet nichts anderes als ein umgekehrtes Machtverhältnis, in dem die Adressaten des Moralisierens die Oberhand gewonnen haben.[137]

Anhand der bisherigen Ausführungen wird deutlich, wie komplex das Zusammenspiel der erörterten Faktoren ist. Vor dem Hintergrund der oben zunächst herausgearbeiteten Differenzierungen der Bildbegriffe (Bild, Image, Stereotyp, Vorurteil) und den damit in Zusammenhang stehenden Begriffen des öffentlichen Ansehens, d.h. des Bildes über Personen (Prominenz, Prestige, Reputation, Renommee) wurde weiterhin die Notwendigkeit der Beschäftigung mit den Begriffen der Beeinflussung des Bildes über Personen (Dominanz, Diffamierung, Profilierung) aufgezeigt sowie deren Vermittlung im Kontext des Streitgesprächs (Polemik, Emotionalisierung, Moralisierung). Abschließend sind diese Begriffe nun noch in den größeren Gesamtzusammenhang der Konzeptproduktion und -kommunikation einzuordnen.

6 Zum Zusammenhang expliziter und impliziter Einflussfaktoren auf die Vermittlung von Konzepten: Ein Modell-Entwurf zur Polemik

Die bisherigen Ausführungen dienten der Absteckung des theoretischen Rahmens, in den der dieser Untersuchung zugrunde liegende Ausschnitt der Debatte Kadare-Qosja einzuordnen ist, sowie der Explikation der fragestellungsrelevanten Begrifflichkeiten, die für die Analyse wesentlich sind. Im Folgenden werden resümeeartig die theoretischen Ansätze zu

---

135   Vgl. ebd.: 157.
136   Ebd.: 163.
137   Vgl. ebd: 164.

einem Modell zusammengeführt, das explizite und implizite Einflussfaktoren auf die thematische Ideen- und Konzeptwerbung in der Polemik strukturiert darstellt.

Zu Beginn war zu klären, was unter Öffentlichkeit zu verstehen ist, wie sie über die Medien hergestellt wird und wie Öffentliche Meinung entsteht und beeinflusst werden kann. Dies war notwendig, da es sich bei der Debatte Kadare-Qosja um eine öffentliche Mediendebatte handelt. Bezugnehmend auf die beiden Hauptprotagonisten Ismail Kadare und Rexhep Qosja wird diese auch als Intellektuellendebatte bezeichnet und im Hinblick auf die Art und Weise der Auseinandersetzung als Polemik eingestuft. Aufgrund dessen war zu klären, was unter dem Begriff ‚Polemik' subsumiert wird und in polemischen Texten zum Tragen kommt. Im Wesentlichen sind ein aggressives Vorgehen, Unsachlichkeit und persönliche Angriffe gegen den Kontrahenten markante Züge einer solchen Kontroverse. Dahinter stecken kommunikative und psychologische Strategien, um das Ziel der Auseinandersetzung zu erreichen: den Sieg des einen über den anderen, indem der Gewinner die Meinungsführerschaft im Feld der diskutierten Themen erreicht. Im Zentrum steht demnach die Ideen- oder Konzeptwerbung, die mit dem Versuch des Bewirkens einer Einstellungs- und Verhaltensänderung beim Publikum einhergeht. Es gibt verschiedene kommunikative Mittel und Einflussfaktoren, die in Polemiken bei der Vermittlung von Konzepten eine Rolle spielen (vgl. Abb. 6). in der vorliegenden Analyse stehen Konzeptualisierungen zu Europa im Fokus des Interesses. Auf der Ebene der Argumentation werden thematische Ideen[138] und Konzepte reflektiert und durch Begründungen gestützt (in der Regel die eigenen) beziehungsweise widerlegt (die des Kontrahenten). Voraussetzung für einen Erfolg sind hierbei auch gute rhetorische Fähigkeiten des Polemikers sowie das Verständnis und die Reflexionsfähigkeit des Publikums, das als angesprochene Instanz über Zustimmung oder Ablehnung entscheidet. Möglich ist weiterhin die Stützung von Konzepten durch Behauptungen. Da jene nicht reflektiert getätigt werden müssen und als Feststellungen ohne argumentative Basis angesehen werden können, sind besonders solche als erfolgversprechend zu betrachten, die schwer nachprüfbar, aber glaubwürdig präsentierbar sind oder die der unterstellten Erwartungshaltung des Publikums entsprechen, was insbesondere durch Bezugnahme auf Sterotype und Vorurteile geschehen kann. Im Gegensatz zu dieser direkten Stützung von Konzepten kann das Publikum auch indirekt beeinflusst werden. Durch strategisches Autoimage-Management kann der Polemiker das eigene Selbstbild gezielt positiv herausstellen, indem er beispielsweise eigene Verdienste um das Allgemeinwohl mit debattenrelevanten Themen verbindet und auf diese Weise implizit vermittelt. Aufgrund der dadurch hergestellten Verknüpfung zwischen positiv dargestelltem Konzeptproduzenten und Konzept wird letzteres ebenfalls positiv konnotiert. Dasselbe Prinzip wirkt im Falle einer guten Reputation, die als Leumundsfaktor nicht nur auf den Polemiker, sondern auch auf dessen Äußerungen ausstrahlt. Dieser Form der Profilierung durch Verbreitung positiver Autoimages steht eine entgegengesetzte gegenüber, bei der der Geg-

---

138 ‚Idee' wird hier als mentale Repräsentation im Sinne eines Metakonzepts verstanden, die eine allgemeine geistige Vorstellung von Dingen, Personen oder Ereignissen darstellt, der explizierende (Sub-)Konzepte untergeordnet sind.

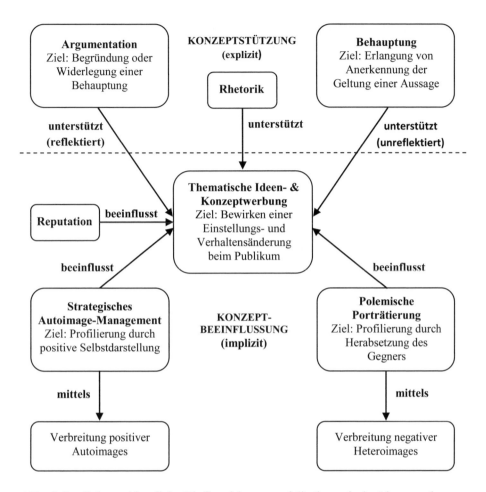

Abb. 6: Explizite und implizite Einflussfaktoren auf die thematische Ideen- und
        Konzeptwerbung in der Polemik
        Quelle: eigene Darstellung

ner verbal angegriffen wird, indem negative Heteroimages über ihn verbreitet werden. Mit
der bereits beschriebenen Vorgehensweise wird der Kontrahent offen oder versteckt herabgesetzt, mit dem Ziel, dass mit der Beschädigung seiner Person auch die Beschädigung der
Glaubwürdigkeit seiner Äußerungen und damit seiner Konzepte einhergeht. Emotionalität
spielt hierbei auf allen Seiten der polemischen Situation eine große Rolle. Bei dieser Art der
Kontroverse müssen zwei Arten von Konzepten unterschieden werden: Konzepte, die der
thematischen Auseinandersetzung dienen und Konzepte, die nur produziert und kommuni-

ziert werden, um auf einer tieferen Ebene rein funktional eine positive Bewertung der (eigenen) thematischen Konzepte durch das Publikum und damit deren Bevorzugung vor
denen des Gegners zu erreichen. Für die Untersuchung von Konzeptualisierungen zu Europa sind beide Konzeptarten gleichermaßen interessant. Thematische Konzepte geben
explizit Aufschluss über Schlüsselbereiche des Untersuchungsgegenstands. Polemische
(d.h. funktionale) Konzepte verweisen implizit darauf, da – wie oben dargelegt – die Verschleierung von Unsachlichkeit und Parteilichkeit eine Verknüpfung von Themen und
Polemik erfordert. Infolgedessen müssen sich polemische Konzepte an den thematischen
orientieren. Im Ergebnis erlangen daher auch sie Relevanz für die vorliegende Analyse.

III Konzeptualisierungen albanischer Intellektueller zu Europa

1 Die Intellektuellen-Debatte Kadare-Qosja zur europäischen Identität der Albaner

1.1 Historischer Kontext: Einfluss und Wirken albanischer Intellektueller von der Zwischenkriegszeit bis heute

Die begrifflichen Eingrenzungsversuche im theoretischen Teil betreffen hauptsächlich Charakterisierungen westlicher Intellektueller. Speziell für Südosteuropa und damit auch Albanien sind die dortigen prägenden historischen und politischen Faktoren einzubeziehen, die teilweise zu anderen Entwicklungen führten. Wesentlich sind hierbei vier Zeitabschnitte: das 19. Jahrhundert, geprägt von Modernisierung und Nationaler Wiedergeburt; die Zwischenkriegszeit mit Tendenzen zur Geschichtsrevision einerseits und nationalistischer Radikalisierung andererseits; die Zeit des Kommunismus, gekennzeichnet durch den Stalinkult, politische Repressionen, aber auch Bildungsexpansion; die postkommunistische Zeit einschließlich der mit dem Systemwechsel einhergehenden Transformationsprozesse.[1] Somit war das Schicksal der Nationalstaaten in Südosteuropa stark an die Intelligenz geknüpft, die im 19. Jahrhundert aus einer kleinen Anzahl von Klerikern und gebildeten Vertretern des Adels bestand und aus der die für die Nationalbewegung bedeutungstragenden patriotischen Intellektuellen, Politiker und Mitglieder der Machtelite hervorgingen. Entscheidend hierfür waren deren hoher Bildungs- und Wissensstand, vor allem deren Kenntnisse über die entwickeltere europäische Kultur, oft während des Studiums an westlichen Universitäten angeeignet.

In der Zwischenkriegszeit rekrutierte sich die Intelligenz in den einzelnen südosteuropäischen Ländern aus unterschiedlichen Bevölkerungsschichten. Bedingt durch die Wirtschaftsstrukturen der postosmanischen Agrargesellschaften stammte sie jedoch überwiegend aus den ländlich-bäuerlichen Landkreisen. Speziell in Albanien, das gemeinhin als Sonderfall gilt, kam es zu Machtkämpfen der postfeudalen Großgrundbesitzer und Stammesführer mit den neuen aufstrebenden Eliten, darunter das Besitzbürgertum und Freiberufler, die sich aber erst zu formieren begannen.[2] Ahmet Zogu, der mit Hilfe albanischer Großgrundbesitzer und Jugoslawiens an die Macht kam, leitete die Repression der Intellektuellen ein, allerdings unter Ausklammerung bestimmter Gruppen.[3]

In den 1920er und 1930er Jahren gab es fünf wesentliche intellektuelle Strömungen. Die Angehörigen einer Elite, die sich als neue Intelligenz Albaniens sah, hatten vielfach an west- und mitteleuropäischen Universitäten studiert. Ihre Zerissenheit zwischen dem positiv

---

1 Vgl. hier und im Folgenden Sterbling (1993): 164 ff.
2 Vgl. Habibi (2001): 349 ff.
3 Vgl. ebd.: 352, 364.

bewerteten Westen und als dem rückständig empfundenen Osten bestimmte in Albanien
den Diskurs der 1930er Jahre.[4] Hierzu zählen die sogenannten ‚Neoalbaner‘ [*neoshqip-
tarë*][5], die die alten Traditionen der islamisch-osmanischen Welt ablehnten, aber für Albanien auch die gedankliche Anlehnung an den ihrer Meinung nach zu dekadenten Westen
ausschlossen. Sie strebten einen Sonderweg Albaniens an, um (in wahrscheinlich
unbeabsichtigter Anlehnung an Herder) die albanische Volksseele zu suchen, hatten jedoch
keine Möglichkeit, ihr im Ausland erworbenes Wissen praktisch umzusetzen.[6] Ihre Ansichten und Konzepte veröffentlichten sie in den Zeitungen und Zeitschriften *Demokratia*,
Minerva, *Neoshqiptarisma*, *Bota e Re*, *Illyria* und *Përpjekja shqiptare*.[7]

‚Die Jungen‘ [*të rinjtë*], die sich anfänglich auch als Neoalbaner verstanden und gleichfalls im Westen studiert hatten, waren ebenso gegen das osmanische Erbe und forderten
unter Kritik der herrschenden Elite, den ‚Alten‘ [*të vjetrit*], der neureichen städtischen
Mittelschicht und der auf materielles Wohl und Karriere bedachten „Halbgebildeten“ einen
radikalen gesellschaftlichen Wandel. So strebten sie eine westeuropäische Ausrichtung mit
neuen Werten, neuer Ideologie und einer die Massen mobilisierenden „Grundidee“ des
albanischen Nationalismus an, vereinigt in ihrem Programm einer sogenannten „aufgeklärten Diktatur“ unter Ahmet Zogu. Jener setzte jedoch auf ‚die Alten‘ und verurteilte so die
Ideen der ‚Jungen‘ zum Scheitern. An die Öffentlichkeit traten ‚die Jungen‘ über Zeitungen
und Zeitschriften wie *Arbëria*, *Rilindja i Arbërisë*, *Vullneti i Arbërisë* und *Illyria* u.a.[8] Ein
weiterer Kreis von Intellektuellen, die sich als liberal im Sinne westeuropäischer
Demokratien verstanden, strebte die Modernisierung von Verwaltung, Wirtschaft, Polizei
und Armee nach westlichem Vorbild an. Er scheiterte jedoch trotz zeitweiliger Regierungs-
beteiligung im „Kabinett der Nationalen Jugend“ mit seinen Reformenbestrebungen an der
Übermacht der ‚Alten‘. Als dessen Veröffentlichungsorgane dienten vor allem die Zeitschriften *Bota e Re*, *Rilindja*, *Flaga* und *ABC*.[9]

‚Die Alten‘ wollten indes die Kultur des neuen Albaniens auf den geistigen Traditionen
des osmanischen Reichs aufbauen und galten daher als Vertreter des Orientalismus. Sie
verstanden sich selbst allerdings nicht als Traditionalisten, sondern als Träger des Fortschritts und traten ebenfalls für eine Okzidentalisierung der albanischen Gesellschaft im
Rahmen einer patriarchalischen Herrschaftsform ein – so wie ‚die Jungen‘ zugunsten Ahmet Zogus.[10] Abgesehen von einer kurzen Unterbrechung blieben ‚die Alten‘ während der
Zwischenkriegszeit dauerhaft an der Macht. Ihr zentrales Sprachrohr war die Zeitung

---

4 Vgl. ebd.: 364 ff.
5 Im Folgenden werden Übersetzungen in eckigen Klammern nur dann mit einer Sprachangabe versehen,
   wenn es sich nicht um albanisch- oder deutschsprachige Begriffe handelt.
6 Vgl. Tönnes (1980): 89.
7 Vgl. ASHSH (2007): 375; Tönnes (1980): 90 ff.
8 Vgl. ASHSH (2007): 376.
9 Vgl. ebd.: 381; Schmidt-Neke (1987): 250.
10 Vgl. Tönnes (1980): 88; Habibi (2001): 370; Schmidt-Neke (1987): 250 ff.

Besa. Hinzu kamen u.a. *Drita, Djersa e popullit, Vatra, Gazeta e Korçës* und *Dielli*.[11]

Schließlich ist noch der Klerus zu nennen, dessen geistiger Einfluss in Albanien traditionell groß war und der auch in der Zwischenkriegszeit Ideen und Konzepte hervorbrachte, mit denen er Einfluss auf die albanische Gesellschaft zu nehmen versuchte. Während sich der orthodoxe Klerus lediglich mit kirchlichen Fragen, nicht aber mit politischen oder gesellschaftlichen auseinandersetzte, taten dies die Vertreter des Katholizismus (Franziskaner und Jesuiten) in Zeitschriften wie *Hylli i Dritës, Leka, Kumbona e së Dielës, Zani i Shnandout*, usw.[12] Vertreten wurden darin Ideen, die die nationale Einheit und die albanische Rassenreinheit schützen sollten. Individualisierender und Egoismus fördernder Kapitalismus sowie ateistischer Kommunismus wurden als gefährlich gebrandmarkt, Zogus Regime als muslimisch dargestellt, der moderne Staat als totalitär abgelehnt. Stattdessen idealisierte man das Mittelalter, das laut katholischer Ideologie eine Epoche der Harmonie, der Herrschaft geistiger Werte und des Wohlstands gewesen sei.[13] Der muslimische Klerus stellte wie der katholische die göttliche Moral über alles und verurteilte den Kommunismus. Über die Zeitschrift *Zani i Naltë* rief er zu Frieden, gesellschaftlicher Solidarität und nationaler Einheit auf. Europa und der Westen wurden in ihrer Rolle zu Bezugsrealitäten aufgewertet, ohne die Albanien nicht existieren könne. Allerdings kam es in den Zeitschriften *Zani i Naltë* und *Bota e Re* zur polemischen Auseinandersetzung zwischen Klerus und demokratisch orientierten Intellektuellen über das Thema der Emanzipation und die Verschleierung der Frau.[14]

In der Nachkriegszeit erfolgte unter kommunistischer Herrschaft eine Umkehrung der Machtverhältnisse zwischen ehemals marginalisierten Teilen der Intelligenz und solchen, die als einst systemnahe Elemente galten. Die wechselnden Bündnisse Albaniens, von Diktator Enver Hoxha bestimmt, waren sowohl wirtschaftlicher als auch politischer Natur. Davon waren am meisten die albanischen Intellektuellen und die albanische Intelligenz[15] betroffen. So z.B. wurden 1948, nach dem politischen Bruch mit Jugoslawien, Intellektuelle und Politiker, die im Nachbarland studiert oder gewirkt hatten, als angebliche Verräter und Spione gebrandmarkt und nach Albanien zurückbeordert. Nach ihrer Rückkehr wurden sie entweder zum Tode oder zu langen Haftstrafen verurteilt, die sie im Gefängnis oder im Arbeitslager abbüßen mussten. Nach dem Bruch mit dem Ostblock 1961 passierte dasselbe mit denjenigen, die zu Moskau Verbindungen hatten. Schließlich kam es nicht lang nach dem Tod Mao Zedongs auch zur Abkehr von China, mit den entsprechenden Folgen für die Betroffenen aus den Kreisen der Intelligenz. Die kommunistische Zeit war geprägt von Stalinismus, Totalitarismus, Repressionen und Überwachungsstaat, der Teilnahme an der Kulturrevolution (ein Euphemismus für die Ermordung Geistlicher) und Isolationismus.

---

11 Vgl. ASHSH (2007): 378.
12 Vgl. ebd.: 379.
13 Vgl. ASHSH (2007): 379 f.
14 Vgl. ebd.: 381.
15 Zur Unterscheidung der Begriffe ‚Intellektueller' und ‚Intelligenz' vgl. Kapitel II/2.

Bereits geringe Vergehen wurden durch öffentliche Kritik und den Zwang zu Selbstkritik geahndet. Meinungsäußerungen, die sich gegen das System richteten, führten zu Gefängnis- und Kollektivstrafen, die mit Verbannung und schwerer Zwangsarbeit verbunden waren. Schauprozesse gegen Andersdenkende, oft Intellektuelle, und inszenierte Sabotageakte, die die Diffamierung der technischen Elite zum Ziel hatten, endeten gleichfalls mit langen Haftstrafen und sogar Todesurteilen. Einflüsse aus dem Ausland gab es kaum. Ausländi- sche Bücher wurden strengster Zensur unterworfen, waren nicht zugänglich oder verboten, der Empfang ausländischer Fernseh- und Radiosender wurde teilweise gestört und unter Androhung von Strafen untersagt. Die einheimische Presse war gleichgeschaltet und wurde zur kommunistischen Agitation genutzt. Zwar eröffnete man ab 1945 hunderte von neuen Schulen, trieb die Alphabetisierung voran und gründete Universitäten, aber die aufgezwun- gene Ideologie ließ keine geisteswissenschaftliche Betätigung im Sinne einer auf unabhängigem Denken basierenden Wissenschaft zu. Kreative intellektuelle Betätigungen wurden unterbunden. So richtete sich die Politik Anfang der 1970er Jahre gegen Künstler und Schriftsteller, angeblich wegen revisionistisch-bürgerlicher Einflüsse.

Ziel der Hoxha-Ideologie war die Schaffung des „neuen albanischen Menschen", der nach marxistisch-leninistischen Grundsätzen erzogen werden und mit Wasser und Brot auskommen sollte.[16] Gleichzeitig ist anzumerken, dass auch die politische Elite zur albani- schen Intelligenz gehörte. Sie agierte ebenso auf Seiten des Regimes wie viele Intellektu- elle, sei es durch ideologischen Konformitätsdruck und Strafandrohung, sei es freiwillig und aus eigener Überzeugung. Dies führte zu einer nahezu absoluten Abhängigkeit und Alimentierung der Intelligenz durch den Staat. Darüber hinaus wurde jede intellektuelle Tätigkeit verhindert, was katastrophale Auswirkungen auf die Entwicklungsmöglichkeiten der Gesellschaft hatte.[17]

Der Umbruch in Südosteuropa erfasste 1990/91 auch Albanien. Er brachte der albani- schen Intelligenz die langersehnten demokratischen Freiheiten, es kam jedoch zu einer Verschlechterung ihrer privaten wirtschaftlichen Situation. Nicht Fachleute, sondern Par- teitreue bekamen leitende Positionen in Bereichen von Verwaltung, Wirtschaft und Kultur. Es setzte ein Braindrain[18] ein, der bis Ende der 1990er Jahre das Wissenschaftspersonals

16 Vgl. Pani (2004); Tönnes (1980): 490 f., 493, 495 f.; Mai (2002): 42 f.; Schmidt-Neke (2009): 135; ASHSH (2008a): 218 ff.; Schubert (2005): 33; Niegelhell/Ponisch (2001): 68 ff.
17 Damit gilt Albanien zu kommunistischer Zeit als Staat mit der größten Unfreiheit und Unsicherheit für Intellektuelle. Zwar glichen die grundsätzlichen Strukturen herrschaftlicher Gewalt denen in den ande- ren kommunistischen Staaten Südosteuropas, doch war die negative Ausprägung in Albanien durch die den Enverismus prägenden Extreme potenziell am stärksten. Zu Südosteuropa vgl. Sterbling (1993): 189 ff.; zur ausführlichen Darstellung und Charakterisierung des Enverismus (benannt nach Diktator Enver Hoxha) als kommunistischen Sonderweg vgl. Feraj (2006): 273 ff.; Tönnes (1980): 59 ff.
18 Braindrain bezeichnet die Abwanderung von gebildeten und qualifizierten Arbeitnehmern, deren Wis- sen und Fähigkeiten dem Abwanderungsland verloren gehen (vgl. Springer Gabler Verlag: Gab- ler Wirtschaftslexikon, Stichwort: Braindrain ⟨http://wirtschaftslexikon.gabler.de/Archiv/123598/brain drain-v7.html⟩ (letzter Abruf: 14.09.2015); Duden Verlag: Duden online, Stichwort: Braindrain ⟨http:// www.duden.de/rechtschreibung/Braindrain⟩ (letzter Abruf: 14.09.2015).

des Landes um etwa ein Drittel reduzierte, bis 2005 sogar um die Hälfte. Dabei handelte es sich überwiegend um junge Menschen mit guter Ausbildung.[19] Die Zahl der abwanderungswilligen Intellektuellen wird sogar auf knapp zwei Drittel geschätzt. Von denjenigen, die das Land verließen, nahmen viele ihre Familie mit.[20] Für die Zurückbleibenden gab es nicht viele Alternativen:

> „Ein Teil der Intellektuellen wechselte in die Politik über, vorrangig Vertreter naturwissenschaftlicher Zweige wie Ärzte, Archäologen und Mathematiker. In dem Maße, wie sie im Auftrage von Parteien Funktionen in der Politik übernahmen, entfernten sie sich aus der Wissenschaft. Der mittellose Staat verurteilte überdies die geistige Elite zu einem Elendsdasein. Materiell gesehen gehören die durch die Marktmechanismen an den Rand der Gesellschaft gedrängten Intellektuellen zur neuen Armut. […] Sie selbst erwiesen sich als zu wenig gewappnet, um als 'Gewissenselite' gesellschaftliche Verantwortung zu übernehmen und die Herausbildung neuer Identitäten im Sinne einer Demokratisierung der Gesellschaft wesentlich zu befördern. Umso bedauerlicher ist es, dass sich selbst die politisch engagierten Intellektuellen zu sehr mit sich selbst beschäftigen, in den Medien gegenseitig Polemik betreiben, ansonsten aber in ihrer Isolierung verharren und damit nichts bewegen."[21]

Damit wurde ein vorläufiger Zwischenstand in der Phase der postkommunistischen Neuformierung von Intelligenz und Intellektuellen erreicht, der in Albanien, wie auch in anderen Teilen Südosteuropas, zu keiner zufriedenstellenden Lösung führte. Die soziale Herunterstufung der Intellektuellen und ihr Kampf ums wirtschaftliche Überleben hinderte sie an der Ausübung ihrer gesellschaftlichen Funktion. Die von ihnen besetzten Schlüsselpositionen waren mit politischen Machtkämpfen, Eigeninteressen und Konkurrenzdenken verknüpft, so dass sie ihre ursprüngliche wesenseigene Rolle als Ideologie-, Herrschaftsund Gesellschaftskritiker nicht ausüben konnten. Dennoch besteht derzeit Hoffnung auf Veränderung. Zwar gibt immer noch eine durch totalitäre Denkmuster beeinflusste Wissenselite den Ton an, die an Konzepten aus Zeiten der Nationalbewegung und des Kommunismus festhält. Doch stehen jüngere, teils im Westen ausgebildete Intellektuelle bereit, mit Ideen nachzufolgen, die neue Sichtweisen und Antworten auf die sich aktuell stellenden nationalen und internationalen Aufgaben und Probleme bieten. Wie gezeigt wurde, lieferten die albanischen Intellektuellen in gesellschaftlichen Aushandlungsprozessen bereits vor der kommunistischen Periode nicht nur wichtige Impulse für die albanische Gesellschaft, sondern nahmen wesentlichen Einfluss auf die Entwicklung Albaniens. Auch heute ist zu beobachten, dass trotz der Tatsache, dass als Folge des kommunistischen ideologischen Diktats noch zu plakativ, unreflektiert und argumentationsarm geschrieben wird, alte Muster

---

19 Schubert (2005: 71 f.) zufolge betraf dies 35,4 Prozent des wissenschaftlichen Personals zwischen 1990 und 1998. Laut UNDP/ University of Sussex (2006) waren 47,3 Prozent der bis 2005 emigrierten Lektoren und Wissenschaftler zwischen 25 und 34 Jahre alt.
20 Vgl. Schubert (2005): 72; Schwandner-Sievers (2009): 206.
21 Schubert (2005): 73. Vgl. hierzu auch Schwandner-Sievers (2009): 206 f.

aufgebrochen und neue Ideen formuliert werden können. Wichtige Voraussetzungen sind hierfür neben dem Zugang junger Intellektueller zu Institutionen der Wissenselite die Möglichkeiten der Selbstbestimmung, freien Meinungsbildung und Meinungsäußerung, sowie Medienvielfalt, (relative) Medienunabhängigkeit und Medienzugang. Mediendebatten liefern daher albanischen Intellektuellen heutzutage die wiedergewonnene Chance, ihre gesellschaftliche Rolle wahrzunehmen und mit ihren Impulsen ein breites Publikum zu erreichen.

1.2 Die Medien-Arena der Debatte Kadare-Qosja

Als Ismail Kadare sein Essay „Die europäische Identität der Albaner" veröffentlichte und die Debatte durch Rexhep Qosjas Reaktion ihren Anfang nahm, kam es international in den albanischsprachigen Medien zu teils heftigen Reaktionen. Die Debatte blieb somit nicht regional begrenzt, sondern weitete sich aus. Infolgedessen wurden zahlreiche Artikel und Essays zum Thema in verschiedenen Ländern nachgedruckt (hauptsächlich im Balkanraum, in Italien und den USA). Auch in den Zeitungen Albaniens erschienen entsprechend Texte aus den Nachbarländern und der Diaspora als Erst- oder Zweitveröffentlichung, was es den Beteiligten und dem Lesepublikum ermöglichte, ein breites Spektrum an Standpunkten wahrzunehmen und in den eigenen Meinungsbildungsprozess einzubauen.[22] Das oben vorgestellte Arena-Modell zur Intellektuellendebatte[23] ist daher als überregional wirksam anzusehen, wenngleich sich der Korpus der vorliegenden Untersuchung aus Veröffentlichungen zusammensetzt, die ausschließlich Tageszeitungen aus Albanien entnommen sind: Durch besagte Nachdrucke wird die internationale Vielfalt albanischer Stimmen ausreichend abgebildet. Das große Angebot der albanischen Medien – Radio- und TV-Stationen einbezogen – wäre auch kaum in seiner Gesamtheit zu überblicken gewesen. Zwar ändert sich der Markt ständig, dennoch geben die aktuell für Albanien vorliegenden Zahlen eine eindrucksvolle Übersicht über das mediale Angebot:

- Fernsehsender: 71 lokal/ analog, 3 via Satellit;
- Fernsehstationen: 83 via Kabel, 1 öffentlich;
- digitale Plattformen: 2;
- Radiosender: 56 lokal;
- Radiostationen: 1 öffentlich/ national, 2 privat/ national;
- Presse: 200 Periodika, 26 Tageszeitungen.[24]

---

22 Eine Studie über Qualitätspresse in Albanien kam hinsichtlich der Anzahl, der Art und der Herkunft der veröffentlichten Texte schon für 2003 zu folgendem Schluss: „There was also an increase of articles written by external authors (political leaders of both party camps, intellectuals, and police officials) – especially in *Shekulli*, *Korrieri* and *Koha Jone*, which allowed politicians to publish unedited writings and speeches. Members of the state elite and Diaspora intellectuals that have access to Western financial and intellectual sources wrote many of the longest and most specialized articles" (Schmidt 2004: 156 f.).

23 Vgl. Kapitel II/1, Abb. 3.

24 Vgl. Godole (2014): 76. Die Zahlen werden für 2011/2012 angegeben.

Möglich wurde dies erst nach dem Fall des Kommunismus durch die Liberalisierung der Medien, die Demonopolisierung und Dezentralisierung der Staatsmedien sowie die Institutionalisierung durch ein entsprechendes Gesetz.[25] Trotz dieser Fortschritte wird die 1997 gesetzlich verankerte Pressefreiheit oft noch ohne Berücksichtigung von Fragen des Datenschutzes oder die Einhaltung selbstverpflichtender Standards zu sehr „ausgelebt". In Monitorings und wissenschaftlichen Publikationen ist nach wie vor von chaotischen Zuständen die Rede. Es fehlt demnach an Medienbildung, auch und gerade für Journalisten.

Die Pluralisierung der Medien und das Anwachsen der Zahl an Tageszeitungen von anfangs 2 (1991) auf 26 (2012) ist jedoch als äußerst positiv zu bewerten.[26] *Shekulli*, *Shqip* und *Korrieri* verdanken ihre Existenz der ab Ende der 1990er immer mehr aufblühenden Medienlandschaft und den Interessen privater Investoren. Zum Zeitpunkt der Debatte Kadare-Qosja (2006) waren *Shekulli* und *Korrieri* bereits als Teil der Qualitätspresse etabliert,[27] *Shqip* kam gerade neu auf den Markt.

Shekulli erschien erstmals am 7. Oktober 1997.[28] Die Zeitung gehört zur *Spektër*-Gruppe, welche nicht nur im Medienbereich aktiv ist (Zeitschrift *Spektër*, Radio *+2*, *Max*-Verlag), sondern sich auch in anderen Wirtschaftsfeldern engagiert (Bauwesen, Ölraffinerien, Internetdienste, Werbeagenturen, usw.).[29] *Shekulli* gilt als Zeitung mit der größten Reichweite im Land.[30] Ihr Marktanteil lag zeitweise bei rund 25 Prozent (2001), der dreifachen Auflagenhöhe der anderen auflagenstarken Tageszeitungen.[31] Von 1998 bis 2005 war sie damit die meistverkaufte Zeitung in Albanien.[32]

Shqip wird seit dem 13. März 2006 publiziert.[33] Zugehörig zur „*Top Media*"-Gesellschaft ist sie Bestandteil der populärsten Medien in Albanien (Radio *Top Albania*, TV-Sender *Top Channel*, Zeitschrift *Shqip*).[34] Mit ihrem Erscheinen errang sie schnell Verkaufszahlen wie die bereits etablierten Marktführer *Panorama*, *Gazeta Shqiptare* und *Shekulli*.[35]

Die erste Ausgabe von *Korrieri* erschien am 29. März 2001 und wurde von der *Media 5 Ltd.* herausgegeben, deren Mehrheitseigner die *Media JSC.* war, wodurch *Korrieri* zum Imperium der *Klan*-Mediengruppe gehörte. Zum Zeitpunkt der Debatte zählte sie gleichfalls zu den erfolgreichsten täglich erscheinenden Printmedien in Albanien.[36]

---

25 Vgl. ebd.: 67 ff., 69 ff.
26 Vgl. ebd: 77.
27 Vgl. Schmidt (2004): 162.
28 Vgl. Gjergji (2009): 2438.
29 Vgl. Godole (2014): 86.
30 Vgl. Londo (2004): 51.
31 Vgl. Schmidt (2004): 167.
32 Vgl. Godole (2014): 74.
33 Vgl. Lati (2009): 2537; o.V. (2008).
34 *Top Media* ist darüber hinaus mit *Digitalb* auf dem Telekommunikationsmarkt vertreten, soll aber auch im Kaffeehandel unternehmerisch tätig sein (vgl. Godole 2014: 86).
35 Vgl. Godole (2014): 74, 86; Schmidt (2004): 163.
36 Vgl. Gjergji (2008): 1292; Londo (2004): 53. *Korrieri* wurde mittlerweile eingestellt, nachdem der Eigentümer 2009 den Bankrott erklären musste (vgl. Nezaj 2013: 116).

Der Zeitungsmarkt in Albanien ist trotz der gewachsenen Anzahl an Tageszeitungen nicht sonderlich auflagenstark. Deren Gesamtauflage liegt derzeit bei 70.000-100.000 Exemplaren. Selbst die erfolgreichste Tageszeitung verkauft weniger als 20.000 Stück pro Tag.[37] Bei einer Gesamtbevölkerungszahl von nicht ganz 2,9 Mio. Einwohnern (2015) und einer Landbevölkerung von 47 % (2011) wird vor allem die urbane Bevölkerung erreicht, da die Mehrheit der Tageszeitungen nur in der Hauptstadt Tirana und den größeren Städten des Landes veröffentlicht und ausgeliefert werden. Fast die Hälfte der Einwohner Albaniens erhält und liest somit keine Zeitung.[38] Dass die Debatte Kadare-Qosja dennoch auch in rurale Gegenden hineinreichte, ist einerseits dem Fernsehen und dem Internet (da, wo vorhanden) zu verdanken. Hier wurden die Themen der Debatte aufgegriffen und im Rahmen von Interviews und Diskussionsrunden diskutiert, so wie die Tageszeitungen Fernsehinterviews mit einigen der Debattenteilnehmer regelmäßig im Wortlaut abdruckten. Andererseits spielte mit einiger Wahrscheinlichkeit der hohe Bekanntheitsgrad der beiden zentralen Gestalten eine wichtige Rolle bei der Erzeugung öffentlicher Aufmerksamkeit.

1.3 Die Hauptprotagonisten der Debatte

1.3.1 Ismail Kadare

Ismail Kadare gilt als der international bekannteste Literat Albaniens der zweiten Hälfte des 20. und des beginnenden 21. Jahrhunderts. Nach einer anfänglichen Schaffensperiode als bekannter lyrischer Dichter konzentrierte er sich ab Mitte der 1960er Jahre auf das Verfassen von Romanen. Aufgrund seines Status während der kommunistischen Diktatur ist Kadare heutzutage umstritten. Einerseits wird er als Nationalschriftsteller verehrt, andererseits ist unklar, wie stark er mit dem diktatorischen Staatsapparat verbunden war: Im Gegensatz zu vielen Kritikern der damaligen Zeit kam Kadare nicht ins Arbeitslager und schien sogar gewisse Freiheiten zu genießen. Er streitet bislang jedoch ab, das Regime unterstützt zu haben.

Kadare wurde am 28. Januar 1936 im südalbanischen Gjirokastra zu einer Zeit geboren, in der sich sein Geburtsstaat politisch noch nicht gefestigt hatte. Albanien hatte mit der Unabhängigkeit vom Osmanischen Reich als Fürstentum begonnen (1912), war zur Republik übergegangen (1925) und kurz darauf in eine Monarchie umgewandelt worden (1928). Drei Jahre nach Kadares Geburt wurde es mit Italien vereinigt und bekam als italienisches Protektorat ein faschistisches System (1939). Nach nur fünf weiteren Jahren und einem Weltkrieg, der auch in Albanien seine Spuren hinterließ, wurde das Land schließlich kommunistisch (1944). Kadare wuchs privilegiert auf: Sein Großvater mütterlicherseits war ein wohlhabender Richter in Istanbul, der auch Besitztümer und Ladengeschäfte in Gjirokastra besaß. Sein Vater dagegen kam aus einfachen Verhältnissen und arbeitete als Angestellter bei Gericht. Dieser innerfamiliäre Zwiespalt zeigte sich auch im politischen Denken: Während die Familie der Mutter die Kommunisten unterstützte, lehnte der eher

---

37 Vgl. Godole (2014): 77.
38 Vgl. ebd.; INSTAT (2015).

traditionelle Vater sowohl die Kommunisten, als auch die Faschisten ab.[39] Kadare verarbeitete diese Zeit später in seinen Büchern und bezeichnete sie selbst als äußerst prägend.

Als Jugendlicher verließ er seine Heimatstadt, um in Tirana auf die erste Universität des Landes zu gehen, die ab 1957 ihre Arbeit aufnahm. 1958 wurde Kadare mit anderen in die Sowjetunion entsendet, wo er die Möglichkeit bekam, in Moskau am renommierten Maxim-Gorki-Institut für Weltliteratur zu studieren.[40] Mit dem Tod Stalins und dem Machtantritt Chruschtschows kühlte aber zeitgleich das politische Verhältnis Albaniens zur Sowjetunion ab, bis es 1961 zum Bruch mit dem Ostblock kam. Aufgrund dessen waren schon im Jahr zuvor alle Entsendeten in ihr Heimatland zurückbeordert worden, so dass auch Kadare 1960 wieder nach Albanien zurückgekehrt war.[41] Bereits vor seinem Studium hatte er ab Mitte der 1950er Jahre erste Texte geschrieben und zum Teil veröffentlicht, und dies tat er auch weiterhin, wobei der literarische Einfluss von Migjeni (1911-1938) und Lazgush Poradeci (1899-1987) ein deutlicher war.[42] Während sein erster Roman „Mjegullat e Tiranës" [Die Nebel von Tirana] (1958) lange Zeit unveröffentlicht und damit unentdeckt blieb, wurde schon sein zweiter Roman „Gjenerali i ushtrisë së vdekur" [Der General der toten Armee] (1963) ein internationaler Erfolg.

Bis zum heute folgten zahlreiche weitere Werke, die nicht allein national, sondern weltweit in literarischen Kreisen hohe Beachtung fanden, so unter anderem „Dasma" [Die Hochzeit] (1968), „Kështjella" [Die Festung] (1970), „Kronikë në gur" [Chronik in Stein] (1971), „Nëntori i një kryeqyteti" [November einer Hauptstadt] (1975), „Dimri i madh" [Der große Winter] (1977), „Pashallëqet e mëdha" [Der Schandkasten] (1978), „Ura me tri harqe" [Die Brücke mit den drei Bögen] (1978), „Kush e solli Doruntinën?" [Doruntinas Heimkehr] (1979), „Prilli i thyer" [Der zerrissene April] (1980), „Sjellësi i fatkeqësisë - Islamo nox" [Die Schleierkarawane] (1984), „Viti i mbrapsht" [Das verflixte Jahr] (1985), „Nata me hënë" [Nacht mit Mond] (1985), „Koncert në fund të dimrit" [Konzert am Ende des Winters] (1988), „Dosja H" [Die Akte H] (1990), „Piramida" [Die Pyramide] (1992), „Pallati i ëndërrave" [Der Palast der Träume] (1996), „Spiritus" (1996), „Vjedhja e gjumit mbretëror" [Der Raub des königlichen Schlafs] (1999), „Tri këngë zie për Kosovën" [Drei Trauerlieder für Kosova] (1999), „Pasardhësi" [Der Nachfolger] (2004), „Darka e gabuar" [Ein folgenschwerer Abend] (2008) und „Aksidenti" [Der Unfall] (2010), usw.[43]

Kadares literarische Werke wurden bereits zu Zeiten des albanischen Kommunismus in zahlreiche Fremdsprachen übersetzt und genießen im Ausland nach wie vor große Popularität. Insbesondere seit den 1990er Jahren wurde ein Großteil seiner Romane auch in deutscher Übersetzung verlegt. Der Roman „Der General der toten Armee", wurde mehrfach international verfilmt. Weitere internationale Beachtung erlangte Kadare durch die Verleihung des „Man Booker International Prize" im Jahre 2005 sowie des „Prinz-von-Astu-

---

39 Vgl. Morgan (2011): 47.
40 Vgl. ebd.: 49 ff.
41 Vgl. ebd.: 63 ff.
42 Vgl. ebd.: 48, 71.
43 Vgl. Elsie (2001b): 386 ff.; Elsie (2005): 167 ff.; Sinani (2008b): 1087 f.; De Moor (2006)

rien-Preises im Jahre 2009.[44] Neben seinen prosaischen Werken bezog Kadare zudem in verschiedenen Interviews und Essays öffentlichkeitswirksam Stellung zu politischen, gesellschaftlichen, kulturellen und historischen Problematiken bei den Albanern, wobei die Kontroverse um seine Positionen in der Debatte mit Rexhep Qosja ihren vorläufigen Höhepunkt fand.

Wie angesprochen ist Kadare politisch stark umstritten und war dies auch schon in früheren Jahren. So war er einerseits als aktives Mitglied der kommunistischen Partei und Parlamentsmitglied von 1970 bis 1982 ein integraler Teil des politischen Systems in Albanien. Andererseits nutzte er zur Zeit des albanischen Kommunismus seine Popularität in Albanien und im Ausland, um sich in seinen Werken trotz Zensur und anderweitiger repressiver Beschränkungen kritisch mit dem Regime Enver Hoxhas und seiner Nachfolger auseinanderzusetzen, wobei er eine direkte Parteinahme gegen das Regime vermied und sich einer eigenen literarischen Symbolsprache bediente. Kadare vollzog auf diese Weise eine geschickte Gratwanderung, infolgedessen das sonst äußerst repressiv agierende kommunistische Regime ihm trotz der kritischen Aspekte etlicher Publikationen bestimmte Privilegien gewährte. Seit dem Ende des Kommunismus wurde Kadare immer wieder von Teilen der albanischen Gesellschaft und der internationalen Öffentlichkeit hinsichtlich derartiger Positionierungen kritisch bewertet. Die Möglichkeit, schon zu kommunistischer Zeit in westliche Staaten Europas reisen zu können, nutzte er schließlich und beantragte in Frankreich politisches Asyl, das ihm ab 1990 auch gewährt wurde. 1999 kehrte Kadare nach Albanien zurück und lebt seitdem wechselweise in Tirana und Paris.[45]

1.3.2 Rexhep Qosja

Rexhep Qosja, der am 25. Juni 1936 in Vuthaj (Montenegro) geboren wurde und sein Studium an der Universität Prishtina (Kosovo/Serbien) im Fachbereich für Albanische Sprache und Literaturwissenschaft absolvierte (1967), wird als einer der bedeutendsten albanischen Literaturkritiker und Literaturhistoriker angesehen. Zu seinen bekannteren Werken gehören die „Dialogë me shkrimtarët" [Dialoge mit Schriftstellern] (1968), „Kritika letrare" [Literarische Kritiken] (1969), „Asdreni – jeta dhe vepra e tij" [Asdreni – sein Leben und Werk] (1971), „Shkrimtarë dhe Periudha" [Schriftsteller und Perioden] (1975), „Prej tipologjizë deri te periodizimi" [Von der Typologie zur Periodisierung] (1979), „Nocione të reja albanologjike" [Neue albanologische Begriffe] (1983), „Historia e letërsisë shqipe – Romantizmi" [Geschichte der albanischen Literatur – Romantik] (I-II, 1984, III, 1986) und „Porosia e madhe" [Der große Auftrag] (1986).[46] Qosja ist zudem bekannt für seine Analysen des albanischen politischen Denkens. Er publiziert aber auch literarische Werke. Sein international bekanntestes ist der Roman „Vdekja më vjen prej syve të tillë" [In solchen Augen liegt der Tod]. Darüber hinaus war Qosja Chefredakteur der Zeitschrift „Jeta e re" [Neues Leben], der ersten Literaturzeitschrift, die im Kosovo erschien. Er arbeitete am

---

44 Vgl. ebd.: 1088 f.; Cika-Kelmendi (2009): 73, 75 f.
45 Vgl. Kokonozi (2005): 227 ff.; Sinani (2008b): 1087 f.; Ebel (2009)
46 Vgl. Vinca (2007): 29; Vinca (2009): 2187.

Institut für Albanologie, dem er von 1972-1981 auch als Direktor vorstand, war als ordentlicher Professor an der Philosophischen Fakultät, als Leiter des Fachbereichs für Albanische Literatur und außerdem in der Akademie der Wissenschaften und Künste des Kosovos tätig.[47]

Qosja galt ab den 1980er Jahren als eine der einflussreichsten Persönlichkeiten unter den albanischen Intellektuellen und war auch in Albanien unter den Schriftstellern, Historikern und anderen der gebildeten Schichten bekannt, obwohl er nur wenig publiziert wurde. Teile der Werke aus den von ihm geleiteten Veröffentlichungen des Albanologischen Instituts in Prishtina gelten als prägend „für eine ganze Intellektuellengeneration".[48] Sie waren vor allem gegen die Ideologie des antialbanischen serbischen Nationalismus in Jugoslawien und den dogmatischen Schematismus der aufklärungsfeindlichen Politik in Albanien gerichtet, der in Form des sozialistischen Realismus die albanische Literatur kennzeichnete.[49]

Anfang der 1990er Jahre unterstützte Qosja die studentische Demokratiebewegung und wurde auf deren Bitte zum Taufpaten der ersten Oppositionszeitung seit etwa 50 Jahren, der „Rilindja Demokratike" [Demokratische Wiedergeburt]. Er kritisierte die politische Klasse des Kosovos und engagierte sich selbst im politischen Bereich, machte sich aber durch seine impulsive, polemische und oft bittere, kritisierende Art im politischen Bereich bis in die Spitzen in Albanien wie in Kosovo unbeliebt, infolgedessen er sich schließlich der extremen Linken annäherte. Seit den 1990ern vertritt Qosja auch das Konzept der Vereinigung aller balkan-albanischen Gebiete zu einem Gesamtstaat. Nach dem Kosovo-Krieg 1999 war er Mitglied der kosovoalbanischen Delegation auf der Internationalen Friedenskonferenz in Rambouillet. Im Jahr darauf scheiterte er bei den Wahlen im Kosovo mit seiner „Koalition für Unabhängigkeit", der er vorstand, schwer.[50]

---

47 Vgl. Ebd.: 2187; Qosja (1995); Galica (2008): 1066.
48 Vgl. Kokonozi (2005): 411.
49 Vgl. ebd.; Fetiu (2007): 15; Elsie (2001b): 444 f.; Elsie (2005): 201 f.
50 Vgl. Kokonozi (2005): 411 f.; Vinca (2009): 2187; Petritsch/Kaser/Pichler (1999): 280.

2 Konzeptualisierungen zu Europa in Ismail Kadares Essay
„Identiteti Evropian i Shqiptarëve"

2.1 Rahmendaten und formale Analysen zum Essay

2.1.1 Allgemeine Angaben und Anmerkungen zur Publikation

Kadares Essay „Identiteti Evropian i Shqiptarëve" [Die europäische Identität der Albaner] erschien im März 2006 im Onufri-Verlag in Tirana. Es nimmt in Buchform (Format: 8°, 207 mm x 135 mm) 56 von insgesamt 64 vorhandenen Seiten ein (Satzspiegel: 152 mm x 85 mm; Zeilenzahl: 22/Seite; Schriftgröße: 12). Die verbleibenden acht Seiten umfassen den Vortitel, die Frontispiz-Seite mit einer Liste von 44 Veröffentlichungen Kadares und den dazugehörigen Erscheinungsjahren sowie vier weiteren Buchtiteln anderer Autoren *über* Kadare, dem Innentitel, der neben den Angaben der vorderen Umschlagseite (Autor, Titel, Genre, Verlag) noch den Zusatz „Versioni i plotë" [Vollständige Version] enthält, die Impressumseite (u.a. mit dem Erscheinungsjahr 2006 und der ISBN 99943-32-91-0), einen weiteren Innentitel (lediglich den Namen des Essays beinhaltend), sowie neben zwei leeren Seiten die CIP-Katalogisierungsangaben am Ende des Bandes.

Der Basisfarbton des Softcover-Umschlags ist vorderseitig Lila, ohne dass der Grund für diese Farbwahl eindeutig herzuleiten ist. Die Titelschrift ist farblich passend zu den Sternen auf der Europaflagge in gelben Großbuchstaben gehalten, so dass Blau für ein Thema mit Europabezug die besser nachvollziehbarere Wahl für die Hintergrundfarbe gewesen wäre, eine in Albanien und Kosovo vielfach verwendete Farbsymbolik, um die Verbundenheit mit Europa und auch Internationalität auszudrücken.[51] Es kann allerdings gemutmaßt werden, dass die Farbwahl dennoch Assoziationen zu Europa wecken soll, ohne allzu plakativ zu wirken.[52] Vom Namen des Autors und dem Titel des Essays abgesehen beinhaltet das Titelcover noch den Verlagsnamen und die Aufschrift „sprovë" [Essay]. Auf eine Abbildung wurde verzichtet. Lediglich auf der Rückseite des Bändchens findet sich ein Porträt Kadares in Schwarz-Weiß, daneben ein kurzer Auszug aus dem dritten Kapitel des Essays:

> „Das albanische Volk hat keine halbe Identität, geheuchelt oder hinter trügerischen Verschnörkelungen versteckt. Seine Identität ist ebenso klar, unabhängig davon, ob

---

51 Vgl. hierzu u.a. die Flagge der Republik Kosova.

52 Vgl. Qosja (2006b), dessen Essay „Të vërtetat e vonuara" [Die verspäteten Wahrheiten] bei einem anderen Verlag zunächst mit blauem Umschlag erschien, in einer Neuauflage aber im nahezu gleichen Lila-Ton wie Kadares Essay. Die Farbwahl – so sie symbolisch zu verstehen ist – kann unter diesen Umständen wohl nicht mit vorhandenen bzw. fehlenden Kapazitäten an Farbe seitens der Verlage erklärt werden – hier läge ein unwahrscheinlicher Zufall vor. Denkbar wäre allerdings, dass u. U. in der Neuauflage der Farbton absichtlich an Kadares Essay-Band angeglichen wurde, was an dieser Stelle aber nur spekulativ angeführt werden kann.

es jemand nicht sehen will oder es jemanden nicht interessiert, es zu sehen. Die Albaner sind eines der ältesten Völker des europäischen Kontinents, eines seiner Gründervölker, so wie die albanische Sprache von allen großen Sprachwissenschaftlern als eine unter den 10 oder 12 Basissprachen des Kontinents anerkannt ist. Die Geographie, die unverrückbarste Sache der Welt, bezeugt als erste die albanische Europäizität. Der Fleiß jener, die unter jeder Bedingung auch diesen unverrückbaren Fakt irgendwie ausmerzen wollen, führt einige Male zum Erwecken des Eindrucks, dass Albanien am Rande Europas liege und direkt nach ihm die Türkei oder Asien beginne. Wenn man indes einen Blick auf die die Landkarte wirft, stellt man fest, dass sich entlang jener Grenze drei andere Staaten erstrecken: Mazedonien, Griechenland und Bulgarien. Ganz zu schweigen von jener, die 'Europäische Türkei' genannt wird."[53]

Die beiden inneren Umschlagseiten enthalten zehn lobende Zitate über Kadare. Im Einzelnen stammen diese von Schriftstellern aus Frankreich (Éric Faye, Dominique Fernandez, Alain Bosquet), Kritikern aus Großbritannien, Deutschland und Frankreich (Julian Evans, Agnes Hüfner, André Clavel), dem Vorsitzenden der Jury des britischen Literaturpreises „Man Booker International" (John Carey), aus britischen Zeitungen (The Guardian, The Times) sowie aus einem französischen Werk zur europäischen Literaturgeschichte („*Histoire de la littérature européenne*", Hachette 1992). Auffällig ist, dass sich kein albanischer Zitatgeber oder eine andere albanischsprachige Quelle darunter befindet. Die Auswahl der Zitate und deren internationale Herkunft sollen auf diese Weise offensichtlich von Kadares Reputation und Renommee in Westeuropa zeugen.

2.1.2 Titelanalyse: Kritik und Überlegungen

Neben der oben erwähnten optischen Erscheinung einer Publikation stellen Werktitel und Überschriften die zweite bedeutsame Komponente und nahezu das Wichtigste dar, um den Leser für einen Text zu interessieren, sei es für einen Artikel, ein Buch oder andere Schriften. Sie geben die Richtung vor, in die die Thematik ausgebreitet werden soll und vermitteln oft auch einen Eindruck über den Standpunkt des Werkverfassers. Sie strukturieren den Text vor und lenken die Aufmerksamkeit des Lesers auf bestimmte Schwerpunkte. Werktitel und Überschriften geben Druckschriften einen Namen, um sie auf eine besondere Art zu kennzeichnen.

Kadares Essay besitzt keine Überschriften oder Zwischenüberschriften. Obwohl es in sieben Teile gegliedert ist, sind diese lediglich der Reihe nach durchnummeriert. Als Anhaltspunkt kann demnach nur der Titel dienen, um auf die oben angesprochenen Punkte eingehen zu können. Dieser wirkt sehr schlicht, fast schon banal: „Die europäische Identität der Albaner". Er birgt keinen offensichtlichen Widerspruch (sofern man gewillt ist, die Wortfügung inhaltlich als mögliche Gegebenheit anzuerkennen). Auch eine Behauptung im syntaktischen Sinne ist nicht vorhanden, wie es beispielsweise der Fall gewesen wäre, wenn

---

53 Kadare (2006a): Rückseitencover.

der Titel „Die Identität der Albaner ist europäisch" gehießen hätte. Vielmehr handelt es sich um eine Implikatur, die *unterstellt*, dass die Identität der Albaner europäisch sei. Da dies nicht einfach gesagt, sondern vorausgesetzt wird, lässt das nur den Schluss zu, dass Kadare selbst diese als faktisch gegeben ansieht. Hinzu kommt, dass es um *die* europäische Identität geht, nicht um *eine* unter mehreren. Damit erfolgt bereits eine Einschränkung in Bezug auf den Identitätsbegriff. Das ist insofern hervorzuheben, als dass im Gegensatz dazu die Albaner, auf die sich jene europäische Identität beziehen soll, in keiner Weise regional oder anderweitig eingegrenzt werden. Handelt es sich um die Albaner Albaniens? Des Balkanraums? Ganz Europas? Oder sind gar die Albaner weltweit gemeint, so dass Kadare die Verfolgung der These eines gemeinsamen europäischen Ursprungs mit Wirkung bis in die Gegenwart unterstellt werden müsste? Die Rede ist immerhin von *den* Albanern, also im Zweifelsfall *allen*.

Es zeigt sich somit, dass der Titel des Essays Raum zur Spekulation lässt. Gleichzeitig ist unklar, warum die Benennung des Textes so gewählt wurde und warum sie keine Frage aufwirft. Welches Ziel wird beispielsweise verfolgt? Ein Titel wie „Ist die Identität der Albaner europäisch?" hätte sofort darauf hingewiesen, dass die Beschäftigung mit dieser Problematik Gegenstand des Textes sein müsse. Wollte Kadare das Infragestellen mit einer möglicherweise verneinenden Antwort eventuell vermeiden? Doch auch die Wahl eines weniger explizit zur Klärung auffordernden Titels oder Untertitels hätte zumindest mehr Licht in den Text und die Absicht seines Autors gebracht. „Die europäische Identität der Albaner: Ein historischer Abriss", oder „Die europäische Identität der Albaner: Entwicklungen zwischen Europäismus und Antieuropäismus" wäre denn auch eine genauere Überschreibung des Essays gewesen, wie eine intensivere Lektüre erkennen lässt. Aus dem tatsächlichen Titel erschließt sich dies jedoch nicht. Kadare benennt lediglich den Gegenstand seines Textes, darüber hinaus wird aber weder etwas aussagt, noch ist eine von ihm verfolgte Absicht herauslesbar. Es wird auch kein sonstiger Leseanreiz geboten. Allein im individuellen Konflikt des Lesers mit dem durch den von ihm als Implikatur identifizierten ausgedrückten Inhalt wäre ein Anstoß gegeben, das Essay auf der Suche nach argumentativ stützenden Ausführungen zu durchforsten, sei es auch, um sie widerlegen zu wollen. Wer hingegen die Titelinformation als unumstößliche Wahrheit ansieht, dessen Interesse dürfte kaum geweckt werden: Mit keinem Wort wird ausgedrückt, weshalb man über etwas lesen sollte, das man bereits anerkennt.

2.1.3 *Kurzfassung des Inhalts*

Im Rahmen der Titelanalyse wurde bereits darauf hingewiesen, dass Kadares Essay in sieben Kapitel unterteilt ist, die keine Überschriften besitzen und lediglich der Reihe nach durchnummeriert sind. Die nachfolgende Inhaltsangabe dient der allgemeinen Orientierung. Es werden dabei die wichtigsten Themenfelder und Hauptstränge des Textes umrissen.

Kapitel 1 hat das gewandelte Verhältnis der Albaner zu Europa zum Thema. Während im Kommunismus jedwede Hinwendung zu Europa Gefängnis oder gar den Tod bedeutet habe, sei schon während des Umbruchs der Ruf „Wir wollen Albanien [so] wie Europa [ist]" aufgekommen, was Kadare als „Hymne eines neuen Programms" bezeichnet.[54] Trotz aller Zweifel, ob die Annäherung Erfolg haben würde, sei Europa während der Unruhen 1997 den Albanern zu Hilfe gekommen. Jene wiederum hätten gewaltlos reagiert und somit ihr europäisches Zugehörigkeitsgefühl gezeigt. Das Eingreifen der NATO-Truppen 1999 im Kosovo sei Europas Antwort darauf gewesen, als Geste des guten Einvernehmens.

In Kapitel 2 wendet sich Kadare der Transformationszeit nach 1990/91 zu, um sich anhand bestimmter Vorgänge mit Fragen der albanischen Identität auseinanderzusetzen. So äußert er zunächst Unverständnis darüber, dass Albanien Mitglied der Organisation für Islamische Zusammenarbeit wurde, erklärt sich dies aber durch korrupte und taktierende Politiker. Indes seien mit dem Herannahen des Stabilisierungs- und Assoziierungsabkommens die Zweifel größer geworden, ob die Albaner tatsächlich Europäer seien, oder nicht. Ob Albanien zu Europa gehöre, zum Westen, oder doch zum Osten. Und falls zu beidem, dann in welchem Verhältnis – auch in religiöser Hinsicht. Die größte Gefahr, die Kadare in diesem Zusammenhang sieht, ist die einer geteilten albanischen Identität, was einen Ausschluss für die Mehrheit des albanischen Volkes aus Europa bedeute. Damit begegnet er Äußerungen Rexhep Qosjas, der seinerseits die Albaner nur zur Hälfte in der europäischen Zivilisation verhaftet sieht. Kadare widerspricht ihm und verweist auf die Vertreibungen von Albanern aus Jugoslawien in den Jahren 1950 und 1999, was sich erneut wiederholen könne, wenn sich die These einer geteilten Identität bewahrheite.

In Kapitel 3 kommt Kadare wieder auf die These einer geteilten albanischen Identität zurück. Er wirft eine Reihe von (teils rhetorischen) Fragen auf, die nahezu alle dieselbe Richtung aufweisen: ob sich die Albaner bisher selbst etwas vorgemacht hätten, indem sie von einer einzigen ungeteilten Identität ausgegangen waren. Kadare kommt zu dem Schluss, dass das nicht der Fall ist und versucht, Beweise zu erbringen, die die Zugehörigkeit der Albaner zu Europa belegen sollen.

In Kapitel 4 beschäftigt sich Kadare mit Antieuropäismus. Kadare bezieht ihn an dieser Stelle des Essays sowohl auf die Osmanen als auch auf deren Anhänger im albanischen Raum. Davon ausgehend, dass der physischen Eroberung durch das Osmanische Reich die geistige Eroberung folgte, setzt Kadare zunächst Sprache, Religion und Identität zueinander in Beziehung. Die Förderung der Religion bei gleichzeitiger Verhinderung von Schulbildung bis hin zum Verbot der albanischen Schriftsprache durch die osmanischen Machthaber sieht er als Versuch der Zerstörung der albanischen Identität an. Weiterhin geht Kadare näher auf die muslimische Volksliteratur der Bejtexhinj ein, die er als Spiegel der Perversion und Pädophilie einer nichtbalkanischen Anti-Kultur ansieht, deren Herkunft unklar sei. Während sich die Nationalbewegung dagegen erhoben habe, um „[m]it ihrem klar europäistischen Programm [...], mit ihren Ideen und ihrem aufklärerischen Geist [...] die

---

54 Vgl. Kadare (2006a): 8.

Lumpen der Sklaverei aus ihrer Kultur und Sprache zu entfernen"[55], sei die antialbanische und antieuropäische Rebellion unter Haxhi Qamili als bewaffneter Arm jener Anti-Kultur anzusehen, die wieder unter die Herrschaft des osmanischen Sultans zurückwollte.

Kapitel 5 hat zum einen die Rolle Ahmet Zogus bei der Europäisierung Albaniens zum Thema, zum anderen die Entwicklungen außerhalb der Staatsgrenzen, in Jugoslawien. Bezugnehmend auf Griechenland und die anderen Balkanländer stellt Kadare die Probleme dar, in denen sich Albanien seiner Meinung nach zu Beginn des 20. Jahrhunderts in der Frage der Loslösung vom Osmanentum von seinen Nachbarstaaten unterschied. Als Hindernisse benennt er neben der spät einsetzenden albanischen Nationalbewegung auch den Islam, der als Herrscherreligion einer Trennung von bisherigen Traditionen im Wege gestanden habe. Selbst wenn die Maxime *Die Religion des Albaners ist das Albanertum* als Aufruf zur Überwindung religiöser Differenzen aufkam, sei doch „die Frage des albanischen Islams in Wirklichkeit die Frage der Existenz Albaniens"[56] gewesen. Kadare betont, dass „das Programm eines europäischen Albaniens von jenem eines nationalen und gleichzeitig europäischen Islams nicht trennbar"[57] gewesen sei. König Ahmet Zogu weist er in diesem Zusammenhang die Rolle eines Staatsmannes mit Weitsicht zu, der es verstanden habe, durch sein politisches Verständnis und die Herausgabe zukunftsträchtiger Dekrete die erfolgreiche Europäisierung des Landes, des Islams und der Muslime voranzutreiben.

Außerhalb Albaniens sieht Kadare zur gleichen Zeit gegensätzliche Entwicklungen. So habe Jugoslawien die Strategie verfolgt, den Islam bei den Albanern zu stärken, um deren Identität mittels Religion zu schwächen. Gleichzeitig sei es das Ziel gewesen, das so entstehende homogene Bild nationsloser Muslime dem restlichen Europa fremd genug erscheinen zu lassen, um jenes schließlich zu der Erkenntnis zu bringen, dass sich muslimische Völker leichter durch Kolonisation beherrschen ließen.

Nach der Zäsur des Zweiten Weltkrieges sei die Europäisierung in Albanien nicht nur unterbrochen, sondern ins Gegenteil verkehrt worden: „[D]er Hass gegen Europa wurde die Basis der kommunistischen Strategie"[58], hält Kadare fest. Diktator Enver Hoxha habe Albanien von Europa abgeschnitten und auf diese Weise den jugoslawischen Traum verwirklicht: „Europa hat Albanien vergessen"[59].

Kapitel 6 schließt direkt an das vorangehende Kapitel an, indem Kadare darin seine Sicht auf die Vorgänge in Jugoslawien vertieft. Demnach sei es Ziel gewesen, die Albaner als antieuropäisch darzustellennd sie zu dezimieren. Kadare spricht von einem „kalte[n] fortgesetzte[n] Genozid"[60]. Dieser sei mit der griechischen Strategie einhergegangen, alle orthodoxen Albaner als Griechen zu proklamieren. Die Slawen hingegen hätten „die

---

55 Ebd.: 31.
56 Ebd.: 33 f.
57 Ebd.: 34.
58 Ebd.: 38.
59 Ebd.
60 Ebd.: 39.

Verwendung einer dritten Identität"[61] gewählt, um die albanische Identität zu zerbrechen. Wie im Kapitel davor thematisiert, ist dies auf den Islam zu beziehen, durch den die Muslime ebenso wie die Orthodoxen aus der albanischen Nation verschwinden würden. Im Falle eines Erfolgs wäre nur die katholische Minderheit übriggeblieben, die die endgültige Auflösung des albanischen Volkes nicht hätte abwenden können.

Kadare führt weiter aus, dass die Jugoslawen ab den 1950er Jahren für die Umsetzung ihrer Pläne auf die osmanische Erfahrung zurückgegriffen hätten: durch „gewaltsame Umsiedlung der Albaner in die Türkei", „Ersetzung der albanischen Sprache durch die türkische" bei gleichzeitiger „Verringerung der Schulen für Albaner"[62] und verstärkte Orientalisierung der albanischen Kultur. Die serbische Propaganda habe schließlich die Absicht verfolgt, den Widerstand der Albaner „wie ein[en] Kampf für den Islam erscheinen [zu lassen] und nicht wie ein[en] Kampf für Freiheit. Wie ein[en] Kampf gegen das serbische Christentum, wie ein[en] Kampf gegen die europäische Zivilisation"[63]. Angesichts dessen hebt Kadare nachfolgend die Einzigartigkeit hervor, dass die euroatlantische Koalition 1999 für ein mehrheitlich muslimisches Volk eintrat und gegen ein christliches kämpfte.

In Kapitel 7 widmet sich Kadare nochmals dem Antieuropäismus und Antiwestlertum der Albaner, was als Erweiterung seiner Ausführungen in Kapitel 4 angesehen werden kann. Daran schließt er resümierend eine kurze Zusammenfassung der balkanischen Historie mit einer Bewertung der Gegenwart an.

Kadare sieht die „Beziehungen der Albaner zum Mutterkontinent noch geradewegs in Entwicklung"[64]. Denn neben Verantwortungsbewusstsein zeige sich auf albanischer Seite auch Unverantwortlichkeit. Mafia und organisierte Kriminalität, korrupte Politiker, Nachwirkungen von Haxhiqamilismus[65] und albanischem Kommunismus, falsch verstandener Europäismus (der von manchen für Jugoslawismus gehalten werde) und Nostalgie für das Osmanentum sind nur einige der Symptome und Ursachen, die Kadare nennt. Er legt seiner kritischen Aufstellung die These zugrunde, dass albanisches „Verstehen und Nichtverstehen mit dem Kontinent […] im Kern Verstehen oder Nichtverstehen mit sich selbst"[66] sei und Hindernisse für die schleppende Annäherung daher zuallererst bei den Albanern selbst gesucht werden müssten.

Als dringende Fragen für die albanische Nation erachtet er Wohlstand, den Beitritt zu Europa und den Status des Kosovos – im Gegensatz zu der von Qosja formulierten Vermittlerrolle Albaniens zwischen Osten und Westen, was Kadare lediglich als Träumerei

---

61 Ebd.: 40.
62 Ebd.: 41.
63 Ebd.: 43.
64 Ebd.: 48 f.
65 Kadare konzeptionalisiert ‚Haxhiqamilismus' als proosmanische, antieuropäische Bewegung. Siehe hierzu insbesondere Kap. III/2.2.3 und III/2.3.3.1.
66 Ebd.: 49.

ansieht. Vielmehr sei der Schutz der Interessen Albaniens und der Albaner das einzig entscheidende Programm – wie das „jedes zivilisierten Volkes"[67].

Schließlich zeigt Kadare zwei seiner Meinung nach parallel verlaufende Ströme der Geschichte auf und konstatiert: „In jenem äußeren schlug, siegte und versklavte das Osmanische Reich. Aber im inneren, versteckten Strom wurde es geschlagen, verlor, wurde versklavt." In einem gemeinsamen Kampf hätten die balkanischen Völker das Reich „mit der europäischen Verlockung" infiziert. Dies sei der Grund, warum die Türkei heutzutage von Europa akzeptiert werden wolle. Die Balkanvölker selbst – „Kommando Europas […] mitten im Zentrum der osmanischen Welt" – seien hingegen immer „an den Wurzeln Europas"[68] gewesen.

Aus dem Zusammenschnitt der Kapitel-Inhalte lassen sich allgemeine und spezielle Schwerpunkte herauslesen, denen sich Kadare in seinem Essay widmet. Zu den allgemeinen gehören ‚Europa', ‚Europäizität', ‚Europäismus', ‚Antieuropäismus' und ‚Antialbanismus'. Sie stecken den Rahmen für Themenbereiche, die unter verschiedenen Aspekten auf einen oder mehrere der Schwerpunkte bezogen werden und die alle ineinandergreifen: ‚Identität', ‚Religion', ‚Geschichte', ‚Geographie', ‚Kultur' und ‚Politik'. Im Einzelnen betrifft dies vor allem die Frage nach dem Einfluss von Osmanischem Reich und Islam auf die albanische Kultur vor dem Hintergrund der Frage nach einer albanischen europäischen Identität, den Umgang der südosteuropäischen Nachbarn mit den Albanern in Bezug auf das albanische Image in Europa und die Ursachen der albanischen Rückständigkeit, das Denken und Handeln der Albaner hinsichtlich Europas unter verschiedenen historischen Bedingungen und das albanische Selbstverständnis im Spannungsfeld der Auseinandersetzung mit zivilisatorischer Zugehörigkeit, multireligiösem Zusammenleben, Eigenstaatlichkeit und europäischer Integration.

2.2 ‚Europäizität' und Europäisierung bei den Albanern

Wie der Zusammenschnitt der thematischen Hauptstränge des des Essays zeigt, ist die Beschäftigung mit Europa im Zusammenhang der Fragestellung Kadares nicht losgelöst von der Problematik einer albanischen ‚Europäizität' und des albanischen ‚Europäismus' möglich.[69] Die beiden letztgenannten definieren die Funktion des Begriffs ‚Europa' im Text. Auch wenn die Kontexte wechseln, bilden die drei Begriffe eine Ader, die sich durch alle Ausführungen Kadares zieht. Dasselbe kann auch für den Antieuropäismus konstatiert

---

67 Ebd.: 58.
68 Ebd.: 61.
69 Der Begriff ‚Europäizität' ist ebenso umstritten wie der Europa-Begriff, da es keine eindeutige Definition geben kann. Charakterisierung und Wahrnehmung hängen vom Kontext ab: Insbesondere Raum, Zeit und gesellschaftliche Bedingungen, auf die ‚Europäizität' referiert, determinieren den Begriff individuell. Die Verwendung des Begriffs ist im Folgenden daher immer vor dem Hintergrund des jeweiligen Bezugsrahmens zu sehen (vgl. Müller 2006: 6 ff.).

werden, der als oppositioneller Begriff zum Europäismus gleichfalls Europa als Bezugsgröße hat.

‚Europa' [*Evropë*] kommt bei Kadare in vielfältiger Bedeutung vor: als Toponym für den Kontinent, insbesondere (aber nicht nur) in Abgrenzung zu Asien, als Nomination für den kulturell westlich geprägten Raum Europas (Pars pro toto) und als Teil des westlichen Kulturkreises (Totum pro parte), als synonym gebrauchter Begriff für die Europäische Union, als Orientierungsinstanz in jeglicher Hinsicht, als Objekt eines projizierten Zugehörigkeitsgefühls, als Integrierungsziel der Albaner sowie als allgemeine relationale Bezugsgröße. Explizit tritt das Lexem 76 Mal im Text auf. Synonym wird ‚Kontinent' [*kontinent*] als Simplex 13 Mal verwendet, darunter in den explizierenden Phrasen ‚europäischer Kontinent' [*kontinent evropian*] (drei Mal) und ‚feindlicher Kontinent' [*kontinent armik*] (ein Mal) aus osmanischer Perspektive. Die auf das lexikalische Feld der Familie referierende Metapher ‚Mutterkontinent' [*kontinent mëmë, kontinent nënë*][70] setzt Kadare fünf Mal ein, ergänzt durch die Phrase ‚kontinentale Familie' [*familje kontinentale*]. Hier zeigt sich, dass auch das Adjektiv ‚kontinental' [*kontinental*] synonym zu ‚europäisch' [*evropian*] gebraucht wird: neben der genannten Phrase weiterhin in ‚kontinentale Demokratie' [*demokraci kontinentale*] und ‚kontinentale Zivilisation' [*qytetërim kontinental*].

Das Adjektiv ‚europäisch' ist 30 Mal im Essay im Zusammenhang mit folgenden Lexemen und Phrasen zu finden (Angaben ohne Dopplungen):

Kategorie	Lexeme/ Phrasen
Identität	‚Identität' [*identitet*] / ‚sich fühlen' [*ndihet*]
Zivilisation	‚Zivilisation' [*qytetërim*]
Religion	‚christlicher Albaner' [*shqiptar i krishterë*] / ‚Christentum' [*krishtërim*] / ‚Islam' [*islam*] / ‚Muslime' [*myslimanë*]
Geographie	‚Gebiete' [*troje*] / ‚Kontinent' [*kontinent*] / ‚Hauptstadt' [*kryeqytet*] / ‚Türkei' [*Turqi*] / ‚Balkan' [*Ballkan*]
Geschichte	‚Mittelmeerchronik' [*kronikë mesdhetare*] / ‚Geschichte' [*histori*] / ‚Mosaik' [*mozaik*] / ‚Mythos' [*mit*]
Literatur	‚episches Areal' [*areal epik*]
Politik	‚Staat' [*shtet*] / ‚Albanien' [*Shqipëri*] / ‚Präsenz' [*prani*] / ‚Bedingtheit' [*kushtëzim*] / ‚Union' [*bashkim*]
Leitbild	‚Idee' [*ide*].

---

70 Die Begriffe ‚mëmë' und ‚nënë' werden im Albanischen synonym für ‚Mutter' gebraucht. Ihre parallele Verwendung ergibt hier keinen bedeutungsverändernden oder stilistischen Unterschied.

Die vorgenommene Kategorisierung ist allerdings aufgrund der alldurchdringenden politischen Komponente nicht immer als eindeutig anzusehen.[71]

Ausgehend vom Titel des Essays wäre zu erwarten, dass die Problematisierung der europäischen Identität der Albaner und damit auch Europas hauptsächlich anhand bestimmter Kriterien erfolgt, die sich auf historische Herleitungen und kulturelle Charakterisierungen beziehen. Das ist zwar teilweise der Fall. Dominiert wird Kadares Text aber vor allem durch die Thematisierung des Antieuropäismus. Entsprechend fallen die Konzeptualisierungen zu Europa mittels direkter Benennung von Verortungen, Eigenschaften, Werten, Zugehörigkeitsbestimmungen, usw. eher gering aus.

2.2.1 Merkmale und Aspekte der europäischen Identität der Albaner

Als Grundlage für Kadares Europäizitätskonzeption kann dessen primordialistische Argumentation angesehen werden. Er bedient sich dabei paradigmatisch aller gängigen Stereotype, die in dieser Hinsicht auch für derartige Definitionsversuche innerhalb von Identitätsdebatten anderer europäischer Länder herangezogen wurden. Hierzu gehören Merkmale wie Geburt, Herkunft, Sprachgemeinschaft, soziale Situation, usw., die die Gruppe ethnisch als naturgegeben zusammengehörig bestimmen und sie gleichzeitig von anderen Gruppen abgrenzen.[72] In diesem Sinne ist Ethnizität als

> „[…] Ausdruck von etwas Faktischem, sei es genetisch, soziobiologisch oder durch unabänderliche Umstände gegeben. [… Primordialisten] begründen historische Kontinuität, die zweifellos vielerorts belegt ist, durch ein essentialistisches Kulturkonzept, also durch einen festen Kulturkern."[73]

Im Gegensatz zum Rest des Essays beschränkt sich Kadare in dieser Hinsicht auf die bloße Aufzählung seiner Argumente. Bezüglich der *Herkunft* der Albaner bezieht er sich auf die Thesen der Abstammung von den Illyrern (als europäisches, protoalbanisches Volk) bzw. Thrako-Illyrern.[74] Die Albaner seien damit eines der europäischen Gründervölker und ihre

---

71 Ein Beispiel sei an dieser Stelle näher erläutert: Während die ‚Europäische Türkei' bei Kadare eindeutig als geographische Größe verwendet wird, ist dies beim Lexem ‚Albanien' anders: Zum einen geht es um ein Toponym und die geographische Lage, zum anderen aber wird die zivilisatorische Zugehörigkeit auch mit politisch vorangetriebener Europäisierung begründet. Die Phrase ‚europäisches Albanien' ist vorrangig dem politischen Vokabular zuzuordnen und wurde daher entsprechend eingeordnet. Derartige Abwägungen waren bei anderen hier angeführten Begriffen gleichfalls vorzunehmen.

72 Vgl. Heidemann (2011): 217 f.; Haller (2005): 95.

73 Heidemann (2011): 217.

74 Die Frage des Ursprungs der Albaner ist in der Wissenschaft sehr umstritten und sorgt bis heute für heftige Kontroversen. Eine gängige These führt die Ursprünge der Albaner auf das altbalkanisch-autochthone Volk der Illyrer zurück; vgl. u.a. Çabej (1962, 1975); Demiraj (1991); Fiedler (2003); Malcolm (1998): 28-40. Diese stellt dabei den wichtigsten Pfeiler des albanischen Ursprungsmythos bzw. der albanischen Nationalideologie dar. Als problematisch erweist sich allerdings die schlechte Quellenlage. Des Weiteren weist das Albanische auch bedeutsame Spuren anderer altbalkanischer Sprachen indogermanischer Herkunft auf (z.B. des Dakischen und des Thrakischen). Eine illyrische Herkunft der

Sprache, das Albanische sei eine der Basissprachen Europas; auch sie sei aus dem Illyrischen hervorgegangen. Die albanische Rasse sei wie alle europäischen weiß, stellt Kadare weiterhin fest. Der *Lebensraum* der Albaner sei zudem durch die Geographie eindeutig als europäisch bestimmt: Albanien läge nicht am Rande Europas, sondern im Innern, da sich Mazedonien, Griechenland, Bulgarien und die Europäische Türkei an den Außengrenzen befänden. Kadare unterstreicht weiterhin das *lange Bestehen* der albanischen Siedlungen auf dem Balkan und benennt Durrës, Shkodra und Berat als Städte des gleichen Alters wie Rom. Die internationale Anbindung von Wirtschaft und Militär, die Infrastruktur im Inland und an der Küste, sowie Gesetze und Statuten der Städte seien wie die „des Kontinents" gewesen. Auch *historisch* sei Albanien Teil der Mittelmeergeschichte gewesen und habe bis zum Mittelalter ähnliche Entwicklungen wie Europa durchlebt:

„Die Geschichte Albaniens, so wie der ganzen Halbinsel bis zur osmanischen Besetzung, ist Teil der europäischen Mittelmeerchronik. [ ] Die albanische mittelalterliche Geschichte nach dem monumentalen Werk von Milan Sufflay wird in einem vollständigen Überblick über Prinzipaten, Landesherren, Allianzen, Brautführern und, natürlich, beispiellose Streitereien, Traditionen, welche völlig ungebrochen bis in unsere heutigen Tage reichen, wiedergegeben. Die Ähnlichkeit zum europäischen Mosaik der Zeit wurde von Wissenschaftlern wie Ernest Koliqi und anderen entdeckt, als einer der Gründe, für die Dante Alighieri so populär in Albanien war."	„Historia e Shqipërisë, ashtu si e gjithë gadishullit, gjer në pushtimin otoman, është pjesë e kronikës mesdhetare evropiane. [...] Historia e mesjetës shqiptare sipas veprës monumentale të Milan Shuflait, jepet në një tablo të plotë me principatat, kryezotët, aleancat, krushqitë e natyrisht grindjet e pashembullta, tradita e të cilave ka mbërritur e pazbehur aspak gjer në ditët tona. Ngjashmëria me mozaikun evropian të kohës, është gjetur prej studiuesve, si Ernest Koliqi e të tjerë, si një nga arsyet përse Dante Aligieri ishte aq popullor në Shqipëri."[75]

Auch sei die albanische *Kultur* Teil der europäischen, wie die „griechisch-illyrisch-römischen archäologische Spuren, Theater und Amphitheater"[76] belegen würden. Die zweisprachige lateinisch-albanische Literatur ordnet er ebenfalls entsprechend ein. Der albanische

---

Albaner kann aber als wahrscheinlich angesehen werden; vgl. Çabej (1975); Fiedler (2003): 227. Dennoch gibt es auch Zuordnungen zum Thrakischen; vgl. Popović (1960): 64-85; Schramm (1994, 2006); Weigand (1927). Benannt wird auch das Dakomösische; vgl. Barić (1955); Georgiev (1981). Weitere Thesen betrachten die Albaner als eine Symbiose aus Illyrern und Thrakern oder sehen die Abstammung sowohl zur einen als auch zur anderen Gruppe als gleichermaßen nicht ausreichend gesichert an; vgl. Clewing (2005): 215f.; Jokl (1934/35).

75 Kadare (2006a): 21 f.
76 Ebd.: 21.

Nationalheld Gjergj Kastrioti Skënderbeg sei in Europa so oft durch Literaten aufgegriffen worden, dass er zum Mythos geworden sei. Selbst die mit Albanien oft in Zusammenhang gebrachte Blutrache[77] wertet Kadare als gegebenes europäisches Phänomen:

„Der albanische Gesetzescode, der Kanun, gemeinsam mit der oralen epischen Poesie, besonders dem Epos der Kreschniken, nimmt natürlich im europäischen epischen Areal Platz […]. Bei 'Saxo Grammaticus', 1200, einem der Hauptwerke des kulturellen Europäertums, erinnern ganze Teile, und besonders die 40 Seiten, wo die Geschichte der Blutrache von Prinz Hamlet (Amlethus) erläutert wird, an die Artikel dieses Codes."

„Kodi zakonor shqiptar, kanuni, bashkë me poezinë epike gojore, e sidomos Eposin e Kreshnikëve, bën pjesë natyrshëm në arealin epik evropian […]. Te 'Saxo Grammaticus', viti 1200, një ndër themeluesit e evropianizmit kulturor, pjesë të tëra, e sidomos dyzet faqet ku shtjellohet historia e gjakmarrjes së princit Hamlet (Amlethus), të kujtojnë nyjet e këtij kodi."[78]

Von den genannten Merkmalen abgesehen beschäftigt sich Kadare in Zusammenhang mit dem Begriff ‚Identität' nicht mit weiteren Definitionsversuchen hinsichtlich einer europäischen Verortung. Vielmehr setzt er sich mit dem Problem des Zweifelns auseinander, dem die Albaner im Zusammenhang der Selbstverortung ausgesetzt seien. Außerdem sieht er die Gefahr, dass bedingt durch die Zerrissenheit zwischen osmanischer Vergangenheit und europäischer Gegenwart die albanische Identität geteilt werden könnte, was Kadare als Schwächung der albanischen nationalen Identität ansieht. Auf nahezu philosophische Weise führt er sein Gedankenspiel durch:

„Sind wir oder sind wir nicht Europäer? Sollen wir oder sollen wir nicht welche sein? Ist Albanien Europa oder ist es nicht Europa? Ist es Osten oder Westen? Ist es mehr Westen als Osten? Ist es mehr muslimisch als christlich? Ist es so oder so? Ist es weder so noch so, usw. usf."

„[J]emi apo s'jemi evropianë. Të jemi a të mos jemi të tillë. Është Shqipëria Evropë, a s'është Evropë. Është Lindje a Perëndim. Është më shumë Perëndim se Lindje. Është më shumë myslimane se e krishtere. Është edhe ashtu edhe kështu. S'është as ashtu, as kështu etj., etj."[79]

Der Bezug zu Hamlet in der Abwandlung von „Sein oder nicht sein?" wird sofort deutlich. Durch diese Art der (rhetorischen) Fragen werden die Zweifel sprachlich erkennbar reali-

---

77 Zur Blutrache im Kanun vgl. Elsie (2001a): 198 ff.
78 Ebd.: 22 f.
79 Kadare (2006a): 13. Kadare verwendet hier im Albanischen keine Fragezeichen, was im Deutschen auch unter stilistischen Aspekten so nicht möglich ist.

siert, auch in den Dimensionen der Fragestellungen: Kadare geht vom Kleinen zum Gro-ßen, fragt erst nach der Identität der Albaner, dann nach der Albaniens, erst auf ‚Europa‘ beschränkt, dann auf die Kulturkreise ‚Osten‘ und ‚Westen‘ und die damit in Verbindung stehende Problematik muslimischer und christlicher Identität erweitert, um nach deren Gewichtung zu fragen.[80] Um seinen Befürchtungen in dieser Hinsicht Nachdruck zu ver-leihen, bezieht sich Kadare vage auf ausländische Journalisten, die er danach fragen lässt, ob die Albaner auf der Suche nach ihrer Identität seien und ob sie nicht eine geteilte Iden-tität hätten. Infolgedessen wechselt Kadare die Perspektive und führt seine Fragen fort:

„Warum sollen wir so tun, als wären wir jene, die wir nicht sind? Warum benehmen wir uns wie Europäer, wenn man weiß, dass wir keine sind? Kurz, warum schämen wir uns für unsere nichteuropäische Identität?"	„Përse të hiqemi ata që s'jemi? Përse, hiqemi si evropianë, kur dihet që s'jemi të tillë? Shkurt, përse të na vijë turp nga identiteti ynë joevropian?"[81]

Das wiederholt auftretende „wir" zeigt, dass es sich um Fragen handelt, die an alle Albaner gerichtet sind, somit stellt sie Kadare auch stellvertretend für alle. Doch auch diese Fragen sind rhetorisch; Kadare gibt keine Antwort darauf. Stattdessen nimmt er Bezug auf Qosja, dem er den Vorwurf macht, die Albaner zu spalten. Qosja zufolge würde nur die Hälfte der Albaner zur europäischen Zivilisation gehören, da sie „der islamischen Zivilisation nicht weniger als der christlichen Zivilisation begegnen"[82] würden. Dass dies unter den Be-dingungen der zahlreichen Okkupationen fremder Mächte entstanden wäre, wehrt Kadare gleichfalls ab: Die Mehrheit der europäischen Länder sei im Laufe der Geschichte unterworfen gewesen, hätten aber ihre Identität deswegen nicht „halbiert".

Wie weit das Problem geht, das Kadare in dieser Hinsicht sieht, formuliert er selbst, wenn auch in polemischer Art gegen Qosja gerichtet:

„Niemand kann so naiv sein, dass er nicht versteht, dass eine geteilte Identi-tät ein geteiltes Volk bedeutet. Nie-mand kann so träge im Geist sein, dass er nicht versteht, dass der Ausschluss der Hälfte oder der Mehrheit des alba-nischen Volkes von der europäischen Identität einen Ausschluss aus Europa bedeutet. Und der Ausschluss aus Eu-	„Askush nuk mund të jetë aq naiv sa të mos e kuptojë se një identitet i ndarë është një komb i ndarë. Askush s'mund të jetë aq i ngathët nga mendja që të mos e kuptojë se përjashtimi i gjysmës ose shumicës së kombit shqiptar nga identiteti evropian, do të thotë përjashtim nga Evropa. Dhe përjashtimi nga Evropa nuk është larg

---

80 Vgl. ebd.: 13.
81 Ebd.: 14.
82 Ebd.: 15.

ropa ist nicht weit von der Vertreibung   dëbimit nga Evropa."[83]
aus Europa entfernt."

Für Kadare hängt damit am Bekenntnis der Albaner zur europäischen Identität das Schicksal der albanischen Nation. Die Gefahr, aus Europa ausgeschlossen zu werden sei sehr real,
konstatiert er: Gewaltsame Vertreibungen kenne das albanische Volk, sie seien „ins trau-
matisierte Bewusstsein einiger albanischer Generationen eingedrungen"[84]. Dass die
Albaner indes schon immer wesentlicher Bestandteil der Geschichte Europas gewesen
seien, versucht Kadare aus seiner Perspektive durch den Nachweis einer Kontinuität im
albanischen Zugehörigkeitsbewusstsein darzulegen.

2.2.2 Albaniens Geschichte als Teil der europäischen Historie

Kadares Essay ist vorrangig eine geschichtlich orientierte Abhandlung, die in vergleichsweise geringem Textumfang größere Zusammenhänge innerhalb des von ihm gewählten
Rahmens herstellt. Seine Konzeptualisierung einer europäisch ausgerichteten Geschichte
der Albaner ist mit einer Reihe von Stationen verbunden, die im Essay allerdings nicht
linear in der historischen Abfolge auftreten, sondern an Kadares Argumentationsstrang
gebunden sind:

– Albanische Geschichte als Teil der europäischen Mittelmeerchronik
– Albanisches Mittelalter
– Herrschaft Skënderbegs (15. Jahrhundert)
– Nationalbewegung (19./20. Jahrhundert)
– Herrschaft Ahmet Zogus in der Zwischenkriegszeit
– faschistische Besatzung der Deutschen (1943/44)
– Massenkundgebungen im Kosovo (1981/1991)
– Umbruch (1990/91)
– Unruhen in Albanien (1997)
– Kosovo-Krieg (1999)

Die ersten drei Punkte wurden oben bereits angesprochen. Die Nationalbewegung im
Weiteren tritt nur an einer Stelle im Text in Erscheinung – als proeuropäische Bewegung
zur (zunächst) kulturellen und moralischen Befreiung der Albaner:

„Mit ihrem klar europäistischen Pro-   „Me programin e saj të qartë evropia-
gramm, mit dem Schweizer Staatsmo-   nist, me modelin zviceran të shtetit që
dell, das jene vier Vilajete ersetzen   do të zëvendësonte atë të katër
würde, mit den Ideen und ihrem aufklä-   vilajeteve, me idetë dhe gjithë frymën
rerischen Geist, noch ehe Albanien   e saj iluministe, ende pa u çliruar
befreit wurde, bemühte sie sich, die   Shqipëria, ajo po përpiqej t'ia hiqte

---

83 Ebd.: 16.
84 Ebd.: 17.

Lumpen der Sklaverei aus ihrer Kultur und Sprache zu entfernen."	kulturës dhe gjuhës së saj rreckat e robërisë."[85]

Kadare verwendet auf diese Weise das Konzept der ,Nationalbewegung' [*Rilindja*] als Gegenkonzept zu den *Bejtexhinj*, muslimischen Volksdichtern, die er als Symbol und Inbegriff des Antieuropäismus und Antialbanismus mit einer Vielzahl anderer Konzepte im Essay verknüpft.[86] Die Herrschaft Ahmet Zogus steht in Zusammenhang mit der postosmanischen Europäisierung der albanischen Gesellschaft, insbesondere durch die Europäisierung des Islams, worauf im weiteren Verlauf noch näher einzugehen ist.[87] ,Europäisierung' referiert hier auf die historische Bedeutung, derzufolge sie ,Europa' im Sinne ,Westeuropas' als Vorbild zugrunde liegen hat und „seit dem 18. Jahrhundert, vor allem aber im 19. Jahrhundert zum wichtigsten gesellschaftlichen und politischen Leitbild, zum Synonym für Modernisierung, Urbanisierung und Industrialisierung"[88] wurde. Die faschistische Besatzung der Deutschen, die als solche aus dem Kontext geschlossen werden muss, findet als kurzes, aber erfreuliches Ereignis zwischen italienischer Besatzung und kommunistischer Herrschaft Erwähnung:

„Aus Verzweiflung und großer Not wie ein unerwarteter Trost sollte die Vereinigung des Kosovos mit Albanien sein. Aber die Freude darüber sollte nicht lang andauern."	„Nga dëshpërimi dhe zia si një ngushëllim i papritur do të ishte bashkimi i Kosovës me Shqipërinë. Por hareja për këtë s'do të vazhdonte gjatë."[89]

Das gute Verhältnis der Albaner zu den deutschen Besatzern erwähnt Kadare allerdings nicht, obwohl es auch hier Anknüpfungspunkte für die Thematisierung der guten Beziehungen der Albaner zu Europa gäbe, zumal der Faschismus in den nördlichen Regionen Albaniens und im Kosovo aufgrund verschiedener Gegebenheitem kaum negativ bewertet wird. Zu den Gründen der Soldiarisierung von Teilen der albanischen Gesellschaft mit den Deutschen zählten neben dem Anschluss des Kosovos an Albanien und dem im Vergleich zu den Italienern sittsamen Verhalten der Soldaten gegenüber der albanischen Bevölkerung auch die Nachwirkungen des guten Images, das die Österreichisch-Ungarischen Besatzer Albaniens während des Ersten Weltkriegs erworben und hinterlassen hatten, u.a. durch große Investitionen in die Infrastruktur.[90] Ob sich Kadare im Bewusstsein dieses Zwiespalts absichtlich nicht äußert, oder ob es für ihn und die Konzeption des Essays keine Rolle spielte, kann nicht mit Sicherheit gesagt werden.

---

85 Ebd.: 30 f.
86 Ausführlich hierzu siehe Kap. III/2.3.2.2.
87 Siehe Kap. III/2.2.3.
88 Roth (2006): 8.
89 Kadare (2006a): 37.
90 Vgl. Fischer (2004): 223 ff.

Eine weitere Station des Europäismus im Sinne einer proeuropäischen Bekundung bilden für Kadare die Massenkundgebungen albanischer Studenten im Kosovo in den Jahren 1981 und 1991. Nach dessen Interpretation suchten

„[…] zehntausende albanische muslimische Jugendliche 1981 und 1991 die Wurzeln des frühen albanischen Christentums, keineswegs aus religiösen Gründen, sondern einfach um zu zeigen, dass sich ihr Volk im Kosovo viele Jahrhunderte vor den Slawen niedergelassen hatte."

„[…] dhjetëra-mijëra të rinj myslimanë shqiptarë më 1981-shin e 1991-shin, kërkuan rrënjët e krishterimit të hershëm shqiptar, aspak për arsye fetare, por thjesht për të treguar se populli i tyre kishte qenë ngulitur në Kosovë shumë shekuj përpara sllavëve."[91]

Kadare bringt auf diese Weise über die Phrase ‚Wurzeln des frühen albanischen Christentums' [*rrënjet e krishtërimit të hershëm shqiptar*] die albanische Studentenbewegung wieder mit seiner primordialistischen Denkweise in Verbindung. (Qosja, der die Proteste weniger verklärt sieht, widerspricht Kadare später in diesem Punkt vehement. Im Mittelpunkt der Demonstrationen habe in Wahrheit die Forderung nach einer Republik Kosovo gestanden, in der Hoffnung einer späteren Vereinigung mit Albanien.[92]) Auch mit dem Umbruch 1990/91 in Albanien verbindet Kadare den Ruf der Albaner nach Europa, den er als „Hymne" überhöht:

„Die Worte ‘Wir wollen Albanien [so] wie Europa [ist]‘ waren die ersten, die in Form einer Hymne erschallten, eines neuen Programms. [...] Seit jener Zeit hörte Europa, genauer das atlantische Europa, nicht auf, die Hauptsorge für die Albaner zu sein."

„Fjalët ‘e duam Shqipërinë si Evropa', ishin të parat që gjëmuan në trajtën e një himni, e një programi të ri. […] Që nga ajo kohë Evropa, më saktë Evropa atlantike nuk pushoi së qeni xanxa kryesore për shqiptarët."[93]

Kadare beschreibt die Gefühle der Albaner als zwiegespalten, resultierend aus der Unsicherheit, ob man angenommen würde, oder nicht. Doch das Verhalten Europas schließlich während der Unruhen 1997 einerseits und das der Albaner andererseits deutet Kadare als ein Aufeinanderzugehen. Europa habe zu dieser Zeit Albanien im Unglück beigestanden. Die Albaner ihrerseits hätten ihre Verbundenheit dadurch gezeigt, dass sie erstmals in ihrer Geschichte nicht auf eine fremde Macht geschossen hätten, die ungefragt albanischen Boden betreten habe:

---

91 Ebd.: 44 f.
92 Vgl. Qosja (2006a): 56 ff.
93 Kadare (2006a): 8.

„Inmitten dieses Wahnsinns machte das albanische Volk wenigstens eine kluge Sache. In dem Land, wo die Unberührbarkeit der Grenze durch die Stiefel ausländischer Soldaten sich in einen Mythos gewandelt hatte, wurde nicht eine einzige Waffe, sei es auch nur aus Gewohnheit, gegen die euroatlantische Armee abgefeuert. Es war das erste Mal, dass in der albanischen Geschichte eine solche Sache geschah. Dies war ein großer Beweis: ein bewegender Beweis, dass die Albaner jene Armee, die vom Meer und von der Luft her landete, als die ihre bezeichneten. Von sich aus zeigten die Albaner inmitten im Chaos, ohne Integrationsrhetorik und ohne von irgendjemandem veranlasst worden zu sein, klar, dass sie sich europäisch fühlten. Sie unterzeichneten so einen monumentalen Akt: die Wiederentdeckung des verlorenen Europas."

„Midis marrëzisë, populli shqiptar e bëri së paku një gjë të mençur. Në vendin ku mosprekja e kufirit prej çizmes së ushtarit të huaj, ishte kthyer në mit, asnjë armë, qoftë edhe për zakon, nuk u shkreh kundër ushtrisë euroatlantike. Ishte hera e parë që në historinë shqiptare ndodhte një gjë e tillë. Ajo ishte një dëshmi e madhe: dëshmi prekëse, se atë ushtri që po zbarkonte nga deti dhe nga ajri, shqiptarët e quajtën si të tyren. Vetvetishëm midis kaosit, pa retorikë integruese, pa u shtyrë prej askujt, shqiptarët treguan qartë se ndiheshin evropianë. Ata nënshkruan kështu një akt monumental: rigjetjen e Evropës së humbur."[94]

Kadare geht aber über die Beschreibung einer proeuropäischen albanischen Geschichte, die sich im Handeln und Fühlen zeigt, hinaus. Im resümierenden Schluss seines Essays präsentiert er eine These, die nicht nur die Balkanvölker im Osmanischen Reich vom Opfer zum Sieger umdeutet, sondern die auch den Beitrittswillen der Türkei zur Europäischen Union erklären soll. Demnach habe es zwei Ströme der Geschichte gegeben: einen inneren, versteckten, und einen äußeren, sichtbaren. Die offiziellen Historiographien würden nur die offen zutage getretenen Aspekte der Geschichte wiedergeben: den Sieg des Osmanischen Reichs und die „Versklavung" der Balkanvölker, die als „Trophäe" nach Asien gebracht worden seien. In ähnlicher Metaphorik erläutert Kadare allerdings weiter, dass im versteckten Strom der Geschichte etwas anderes passiert sei: Die Balkanvölker hätten das Osmanische Reich mit der „europäischen Verlockung" infiziert und auf diese Weise nach dessen Untergang die Türkei als „Trophäe" nach Europa mitgebracht. Die EU-Anwärterschaft der Türkei beruhe demnach auf einer durch die Balkanvölker erbrachten Leistung, somit auch auf der der Albaner (vgl. Abb. 7).

---

94 Ebd.: 10 f.

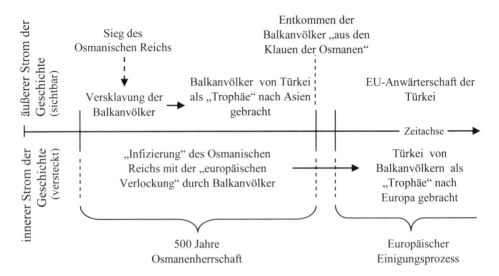

Abb. 7: Mythologisierung der albanischen Geschichte als Teil einer impliziten siegreichen, trans- und postosmanischen, europäisch ausgerichteten Geschichte der Balkanvölker
Quelle: eigene Darstellung, nach Kadare

Mit dieser These referiert Kadare zum einen auf das mythologische Bild der albanischen „Kämpfer für Europa", das auch in Bezug auf den Versuch der Osmanen, nach Westeuropa vorzudringen, herangezogen wird. Zum anderen stellt sie eine legitimierende Referenz im EU-Beitrittsverfahren dar, auf das Kadares Essay zugeschnitten zu sein scheint.

Auch für die Problematik des Islams, den Kadare als Hinderungsgrund für einen Beitritt zur Europäischen Union ansieht, bietet er eine konzeptuelle Lösung an: den albanischen Euroislam.

2.2.3 Charakteristika des ‚albanischen Euroislams'

Auf die Europäisierung der albanischen Gesellschaft geht Kadare explizit für die Zwischenkriegszeit ein. Als Hauptprotagonist und Symbolfigur steht dabei Ahmet Zogu im Mittelpunkt, der sich 1928 zum König erklärt hatte, nachdem er zuvor mehrere Ministerposten in der albanischen Regierung innegehabt hatte und 1925 Premierminister geworden war.[95] Zogu gilt Kadare als Europäisierer Albaniens und Verkörperung des Fortschritts. Als Beweggrund des schnellen Vorantreibens einer entsprechenden Umgestaltung des Staates

---

95 Vgl. Kokonozi (2005): 539 f.

wird zum einen der ‚Haxhiqamilismus' genannt, der als Gegenkonzept verstanden werden kann, da er mit Rückschritt konnotiert wird. Zogu sei einer von denjenigen gewesen, die am meisten besorgt gewesen seien, es könne eine Wiederholung dieser proosmanischen Bewegung geben.[96] Zum anderen habe er verstanden, dass nur die Einbindung in europäische Strukturen den erst 1912 gegründeten Staat Albanien stabilisieren und erhalten könne.[97]

Im Zentrum dieser Europäisierungsbestrebungen steht bei Kadare der Islam, den er neben der „Verspätung" des albanischen Nationalstaates als zweites Hindernis für die Entwicklung Albaniens ansieht:

„Während in den anderen Ländern die dominierende christliche Religion bei der Trennung von der osmanischen Tradition half, konnte diese Tradition in Albanien genau hinter der herrschenden Religion, dem Islam, Unterschlupf finden. (Viele Parasiten würden diese Religion befallen, vor allem im zwanzigsten Jahrhundert, einschließlich jenes letzten, des Gefährlichsten, des Terrorismus.)"	„Ndërsa në vendet e tjera feja zotëruese e krishtere ndihmonte për ndarjen nga tradita otomane, në Shqipëri, ajo traditë mund të strehohej pikërisht pas fesë zotëruese, myslimanizmit. (Parazitë të shumtë do t'i ngjiteshin kësaj feje, sidomos në shekullin e njëzetë, duke përfshirë edhe të fundit, atë më të rrezikshmin, terrorizmin.)"[98]

Kadare definiert hier den ‚Islam' [*myslimanizmi*] als ‚Herrscherreligion' [*fe zotëruese*] der Osmanen und verknüpft ihn mit der ‚osmanischen Tradition' [*traditë otomane*]. Die Beibehaltung des Islams in Albanien bedeutet für ihn somit auch das Fortbestehen der osmanischen Tradition. Die Phrase ‚Unterschlupf finden' [*strehohet*] verweist bereits auf Kadares Konzeptualisierung des Islams, wie er auch in der scheinbar nebensächlichen Aussage in Klammern zum Ausdruck kommt: als Schwachstelle der albanischen Identität Durch die Lexeme aus dem lexikalischen Feld von *Krankheit* (‚Parasiten' [*parazitë*], ‚befallen' [*ngjitet*]) zieht Kadare implizit eine Analogie zwischen „Ansteckung" und Islam: Dessen Anfälligkeit für den „Befall" durch „Parasiten", d.h. Personen oder Personengruppen, die ihn missbrauchen, mache ihn zur Gefahr. Die Verbindung zur Gegenwart durch den Verweis auf den islamischen Terrorismus zeigt zudem, dass Kadare dies zu einem grundsätzlichen Merkmal des Islams erklärt. Diese These wird durch seine Ausführungen zu den Entwicklungen in Jugoslawien untermauert:

„Die chauvinistischen Kreise in den Nachbarländern, hauptsächlich in Jugo-	„Rrethet shoviniste në vendet fqinje, kryesisht në Jugosllavi, e kuptuan

---

96 Ausführlich zur Konzeptualisierung des Haxhiqamilismus siehe Kap. III/2.3.3.1.
97 Vgl. Kadare (2006a): 32, 34.
98 Ebd.: 33.

slawien, verstanden sehr schnell, dass sie den Islam gegen die albanische Identität ausnutzen könnten. […] Es schien klar, dass sie nicht der Islam beunruhigte, sondern die albanische Identität. Deshalb hofften sie fiebernd, dass sie mittels der Religion der Identität den Atem nehmen könnten."

shumë shpejt se mund ta shfrytëzonin myslimanizmin kundër identitetit shqiptar. […] Dukej qartë se ajo që i shqetësonte ata nuk ishte myslimanizmi, por identiteti shqiptar. Ndaj në mënyrë të ethshme shpresonin që me anë të fesë t'i merrnin frymën identitetit."[99]

Auch hier wird deutlich, dass der Islam als Anknüpfungspunkt für antieuropäische Bestrebungen kontextualisiert wird. Die Europäisierung des Islams in Albanien bedeutet für Kadare daher nicht nur eine Abwendung von der osmanischen Tradition, sondern auch die Hinwendung zu Europa im Sinne eines Signals, die Albaner nicht zu vergessen und sie auch nicht in Jugoslawien als ‚Muslime ohne Nation' [myslimanë pa komb] den antialbanischen Bestrebungen der dortigen Politik zu überlassen. Kadare beschreibt Ahmet Zogu als weitsichtigen Staatsmann, der die entsprechenden Reformen einleitet, um sich in die Gesetzmäßigkeiten Europas einzupassen:

„Um das Land an diese neuen Gesetze anzupassen, sah er die Verkündung von Gesetzen und Dekreten als dringend an, die die Beziehungen der drei Religionen zum Staat regulierten. Es verstand sich, dass die Fragen des muslimischen Glaubens eine wichtige Stelle einnehmen würden. Darunter war seine Loslösung vom porösen Kalkstein des untergegangenen osmanischen Staates das Wesentliche."

„Për ta përshtatur vendin me këto zakone të reja, ai e quajti të ngutshme nxjerrjen e ligjeve dhe dekreteve që rregullonin marrëdhëniet e të tre besimeve me shtetin. Merrej me mend që një vend të rëndësishëm do të zinin çështjet e besimit mysliman. Ndër to, kryesorja ishte ndarja e tij me çmërsin e shtetit të përënduar osman."[100]

Im Grundsatz geht es demnach um das Verhältnis von Staat und Religion; gemeint ist damit nicht nur der Islam, sondern auch Katholizismus und Orthodoxie. Eine Graduierung ist an dieser Stelle nicht erkennbar. Dass die ‚Fragen des muslimischen Glaubens' [çështjet e besimit mysliman] dennoch eine Sonderstellung einnehmen, kann dem historischen Kontext zugeschrieben werden, ohne den Islam durch Kadare herabgewürdigt zu sehen. Dennoch weist dessen Konzeptualisierung eines ursprünglich christlichen Albaniens auf eine implizite Abstufung der Religionsgemeinschaften hin. In direkten Formulierungen wird der Islam jedoch stets als den beiden anderen gleichrangig nebengeordnet dargestellt. Auf diese Frage ist im weiteren Verlauf noch einzugehen. Bezüglich der Lösung der sich durch den

99   Ebd.: 36 f.
100   Kadare (2006a): 35.

Islam stellenden Fragen konkretisiert Kadare die Art und Weise der Europäisierung durch Zogu:

„So gab er Dekrete heraus, die einige Male außerordentlich gewagt und ihrer Zeit voraus schienen, wie jenes über das Verbot des türkischen Fes für die Männer, oder des Schleiers für die Frauen. Sein überraschendstes Dekret war jenes zur Änderung des Gebetes auf Knien. Ausgehend von einem Artikel des uralten Kanuns, der kategorisch den Kniefall der Männer verbot und der einen sich niederknienden Mann moralisch tot nannte, befahl der König über die Islamische Gemeinschaft den albanischen Muslimen, von nun an zu beten, ohne die albanische Würde herabzusetzen, d.h. stehend! Und so geschah es."	„Kështu ai nxori dekrete që disa herë u dukën tejet të guximshme e të parakohshme, si ai për ndalimin e qylafit turk për burrat, ose të ferexhesë për gratë. Dekreti i tij më befasues ishte ai i ndryshimit të lutjes në gjunjë. Duke u nisur nga një nyje e Kanunit të moçëm, që ndalonte rreptësisht rënien në gjunjë të burravë, e që një burrë të gjunjëzuar e quante të vdekur moralisht, mbreti, nëpërmjet Bashkësisë Islame, urdhëroi myslimanët shqiptarë të faleshin këndej e tutje pa e ulur dinjitetin shqiptar, domethënë në këmbë! Dhe ashtu u bë."[101]

Unabhängig vom Wahrheitsgehalt dieser Aussagen (die von Qosja als unwahr und erfunden bezeichnet, aber nicht widerlegt werden) gelingt Kadare an dieser Stelle die Auflösung des durch die Begriffe ‚Islam' und ‚europäisch' implizierten Widerspruchs, indem das Niederknien als symbolischer Akt des Islams durch den zuvor als europäisch definierten Kanun unter Bezug auf eine moralische Tradition des albanischen Gewohnheitsrechts untersagt wird. Gleichzeitig wird hierdurch der Gegensatz ‚(nichteuropäische) Islamische Regeln' – ‚(europäischer) Kanun' erzeugt. Damit konzipiert Kadare die Trennung vom osmanischen Islam und die Schaffung eines albanischen Euroislams anhand einer Episode als exemplarischen Ausdruck der albanischen Europäisierung. In einem weiteren Schritt wird Zogu als derjenige dargestellt, der eine der Ideen der Nationalbewegung umgesetzt habe und somit in deren Nachfolge stehe, denn:

„Die Idee der Anhänger der Rilindja, dass der albanische Islam kein Hindernis für den Weg Albaniens nach Europa sein würde, wurde verwirklicht."	„Po vërtetohej ideja e rilindësve se myslimanizmi shqiptar nuk do të ishte pengesë për rrugëtimin e Shqipërisë drejt Evropës."[102]

---

101   Ebd.
102   Kadare (2006a): 36.

Kadare greift mit der Religion erkennbar einen wichtigen Faktor in den Auseinanderset-zungen zur Frage der Zugehörigkeitsbestimmung der Albaner zu Europa auf. Die zum Teil heftigen Reaktionen auf dessen Umgang mit diesem Thema führen bei den betreffenden Kommentatoren im Wesentlichen immer wieder zu der Schlussfolgerung, Kadare sei antimuslimisch. In den überwiegenden Fällen wird diese Aussage sehr pauschal getätigt, ohne auf einzelne Aspekte des thematisch weitgefassten Gegenstandsbereiches einzugehen. Nimmt man das zentrale Essay Kadares als Untersuchungsgrundlage, so lassen sich auf dessen Basis teils explizit, teils implizit sechs Arten der Differenzierung des Islams ableiten (vgl. Abb. 8):

1. Weltislam
2. Euroislam
3. nichteuropäischer Islam
4. albanischer Islam
5. osmanischer
6. fundamentalistischer Islam.

Wie aus dem Schema ersichtlich ist, haben die aufgeführten Islam-Typen unterschiedliche Qualitäten und müssen verschiedenen Kategorien zugeordnet werden. Sie können folglich keineswegs nebeneinander auf ein und dieselbe Ebene gestellt werden. Der WeltIslam ist als übergeordnete Einheit anzusehen, die den Islam als Weltreligion definiert, deren ‚Basis-bausteine' jeder Form von muslimischem Glauben inhärent sind oder diesem argumentativ zugrunde liegen, ganz gleich, um welche Ausprägung islamischer Glaubensrichtungen es sich handelt. Bei Kadare tritt er in Verkörperung der Organisation für Islamische Zusammenarbeit (OIC) in Erscheinung, der Albanien 1992 beigetreten war.[103] Der Eurois-lam ist Teil des Weltislams, wird aber stark von diesem abgegrenzt.[104]

---

103   Vgl. Kadare (Identiteti): 11; Kadare verwendet die Bezeichnung „Islamische Liga" [Liga Islamike].
104   Die in diesem Punkt sehr starke Differenzierung Kadares wird im Schema durch eine durchgezogene Linie versinnbildlicht.

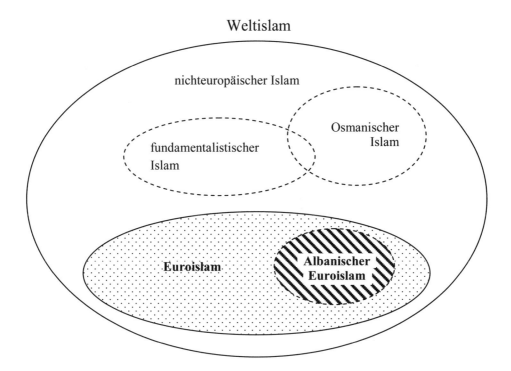

Abb. 8: Differenzierungen von Islam
Quelle: eigene Darstellung, nach Kadare

Ihn zeichnet die Bestrebung zur Synthese zwischen dem Islam und Europas Kultur und Werten aus. Bekanntermaßen gibt es sowohl Befürworter als auch Gegner dieser Entwicklung: Kadare, der zur erstgenannten Gruppe gehört, weist seine Position allen heutigen Albanern Europas zu, indem er den albanischen Islam als Teil des Euroislams präsentiert, eingeschlossen dessen Europäisierungsgeschichte seit Gründung des albanischen Staates. Der osmanische Islam hingegen gilt ihm als Religion des Besatzers, der aus Asien nach Europa gebracht wurde. Eine Zuordnung zu Europa ist unter primordialistischen Gesichtspunkten daher ausgeschlossen, zumal die Europäisierung erst nach Ende des Osmanischen Reichs erfolgte. Der fundamentalistische Islam wiederum taucht bei Kadare als den Albanern zu Unrecht zugeschriebene Extremform auf, vor der Europa von den Jugoslawen und Serben aus strategischem Kalkül heraus gewarnt wird. Zudem wird er über das am Rande auftauchende Problem des islamischen Terrorismus thematisiert.

Die Frage, ob sich Kadare islamfeindlich äußert, hängt mit der Frage zusammen, *wie* welche Form des Islams durch ihn thematisiert wird. In seinen expliziten Ausführungen betont er die Zugehörigkeit des Islams zu den Albanern:

„Die Hindernisse, die es nicht zulassen, oder die, die es scheinbar nicht zulassen, dass wir uns Europa nähern, müssen wir, ehe wir sie draußen suchen, bei uns selbst suchen. Hindernis ist keine der Religionen, und vor allem ist es nicht der Islam, dem gegenüber der Zweifel leichter aufkommt.

Es wurde zu Recht gesagt, dass die drei Glaubensrichtungen in Albanien gleichberechtigt sind. Wenn niemand ein Hindernis ist, kann man genauso sagen, dass niemand eine Lokomotive ist, die uns nach Europa zieht. Falls sie stören, stören alle drei gemeinsam, und, falls sie ziehen, tun das die drei gleichermaßen.

Ein muslimischer Albaner ist ebenso natürlich sowohl Albaner als auch Europäer, so viel wie ein Katholik und ebenso wie ein Orthodoxer."

„Pengesat që s'na lënë, ose na duket se s'na lënë, t'i afrohemi Evropës, përpara se t'i kërkojmë jashtë, duhet t'i kërkojmë brenda nesh. Nuk është pengesë asnjëra nga fetë, e sidomos nuk është myslimanizmi ndaj të cilit dyshimi ngjan më i lehtë.

Është thënë me të drejtë se të tri besimet janë të barasligjshëm në Shqipëri. Duke mos qenë pengesë asnjëri, po aq mund të thuhet se asnjëri s'është lokomotivë që na tërheq drejt Evropës. Në pengojnë, ata pengojnë të tre bashkë, e, në tërheqin, këtë e bëjnë të tre njëlloj.

Një shqiptar mysliman, është po aq i natyrshëm si shqiptar dhe si evropian, sa një katolik, e po aq sa një ortodoks."[105]

Auch in der historischen Bezugnahme bekundet Kadare diese Einstellung, wenngleich dies für die osmanische Zeit nicht erwartbar wäre, da wie erläutert der osmanische Islam von ihm als nicht-europäisch eingestuft wird:

„In den Spannungen und bei Scharmützeln mit den osmanischen Türken, waren die muslimischen Albaner in der ersten Reihe. Der Glaube, den sie mit den Besatzern gemeinsam hatten, vernebelte ihnen die Idee der Freiheit nicht. Die Bilbilenjtë, jene, über die in so unwürdiger Art im Albanischen Parlament 2006 hergezogen wurde, waren eine der Opferfamilien, 13 Offizierssöhne, welche am Tage vom Besatzer mit derselben Religion

„Në acarimet e shpesh në përpjekjet me turqit osmanë, shqiptarët myslimanë ishin në vijën e parë. Feja e njëjtë me pushtuesin, nuk ua mjegulloi idenë e lirisë. Bilbilenjtë, ata që në mënyrë aq të padenjë u përgojuan në Kuvendin shqiptar më 2006-ën, ishin një nga familjet martire, 13 djem oficerë të së cilës u varën brenda ditës nga pushtuesi me të njëjtën fe. Ashtu siç u vranë katër shqiptarët, më 13 mars 2006, nga talibanët. E shembujt e

---

105   Kadare (2006a): 49 f.

aufgehängt wurden. So wie die vier   tjerë janë me qindra, me mijëra."[106]
Albaner ermordet wurden, am 13. März
2006 von den Taliban. Und die anderen
Beispiele sind hunderte, tausende."

Mit diesen drei Beispielen klärt sich die oben gestellte Frage auf. In allen Fällen geht es um den Kampf Muslime gegen Muslime. Es muss demnach Unterschiede in der Qualität des Islams geben, die Kadare unterscheidet. Die Gegenüberstellung der Phrasen ‚osmanische Türken' [*turq osmanë*] und ‚muslimische Albaner' [*shqiptarë myslimanë*] entspricht der oben vorgenommenen Unterteilung des Islams. Kadares Beispiel zu den *Bilbilenjtë*[107] illustriert dasselbe. Es handelte sich dabei um albanische Freischärler aus der Gegend von Kurvelesh (Albanien), die in der zweiten Hälfte des 19. Jahrhunderts gegen die osmanische Administration kämpften. Eine militärische Expedition von 13 Mann wurde 1870 aufgegriffen und zum Tod durch Erhängen verurteilt.[108] Auch hier werden osmanisch-türkische Muslime gegen albanische gestellt, wobei die albanischen als Freiheitskämpfer, Märtyrer und Opfer positiv konzipiert werden. Ebenso im Falle der Taliban wird ein negativ zu bewertender, nichteuropäischer, fundamentalistischer Islam dem positiv verorteten albanischen Euroislam entgegengesetzt.

In der Schlussfolgerung muss festgehalten, dass Kadare wie anfangs vermutet graduelle Unterschiede in Bezug auf die angegebenen Formen des Islams macht. Seine positive Kontextualisierung des Euroislams kann verschiedene Gründe haben, die hier zwar thesenhaft aufgeführt, aber nicht nachgewiesen werden können:

1. These: Kadare empfindet den albanischen Islam als dem Wesen nach europäisch, d.h. in der Art, wie er in Erscheinung tritt und welche Charakterzüge er im Unterschied zu nichteuropäischen Formen des Islams hat;

2. These: Kadare ist sich dessen bewusst, dass eine offen antimuslimische Haltung seiner Reputation in In- und Ausland schadet und sozialen Unfrieden stiftet, so dass er den Euroislam als Ausnahme von der Regel konzipiert und damit im eigenen Land wie auch in Europa, wo derartige Vorbehalte gegen den Islam gleichfalls vorhanden sind, nur wenig Widerstand oder gar Zustimmung erwartet;

3. These: Kadares Konzeptualisierung einer europäischen Identität der Albaner muss auch die Muslime im positiven Sinne einschließen, da sie zum einen die größte Bevölkerungsgruppe in Albanien und Kosovo stellen, zum anderen der Islam mit seinen Symbolen trotz atheistischer Vergangenheit des Lan-

---

106   Ebd.: 50.
107   Die Bezeichnung leitet sich vom Namen des Anführers dieser Gruppe ab: Bilbil Sako.
108   Vgl. Haxhihasani (2008): 246.

des weit verbreitet ist und außerdem sein eigenes Gesamtkonzept ohne den Islam als Täter- und Opferreligion in dieser Art nicht möglich wäre.

Insbesondere die Täter-/Opfer-Positionierung spielt bei der Charakterisierung und Konzeptualisierung des Antieuropäismus und des Antialbanismus eine wesentliche Rolle. In dieser Hinsicht sind in Kadares Essay die mit Europa verknüpften Konzeptualisierungen reichhaltiger und umfangreicher.

2.3 Die Konzeptualisierung von Antieuropäismus bei Ismail Kadare

2.3.1 Zum Zusammenhang von Antieuropäismus und Antialbanismus

In vielerlei Hinsicht weist Kadares Essay zur europäischen Identität der Albaner einen ständigen Wechsel von Offensiv- und Defensivkonzeptualisierungen auf, die von der jeweiligen Perspektivierung der thematischen Einzeldarstellung abhängen. Insbesondere in seiner breit angelegten Auseinandersetzung mit dem Antieuropäismus lässt sich dies deutlich erkennen. Im Zentrum steht eine fortwährende Feindbildkonstruktion, der eine Opferposition entgegengesetzt wird, welche Kadare mit den Albanern besetzt, während die Feindbilder wechseln. Als taktisches Ziel der Gesamtheit dieser Konzeptualisierungen kann die Verkehrung eines vorausgesetzten gegensätzlichen Heteroimages bestimmt werden, das die Albaner als Feinde Europas darstellt und laut Kadares Interpretation deren Gegnern dazu dient, die Existenz einer albanischen Europäizität und damit die Zugehörigkeit der albanischen Gesellschaften zu Europa zu bestreiten. Kadare bedient sich somit nicht nur der Konstruktion von Auto- und Heteroimages, sondern auch der Dekonstruktion von bereits bestehenden Heteroimages, deren Aufbrechen er für eine Umpositionierung und Neudeutung imagetragender Elemente nutzt. Seine Beschäftigung mit dem Antieuropäismus ist folglich überwiegend eine Auseinandersetzung mit dem Antialbanismus.

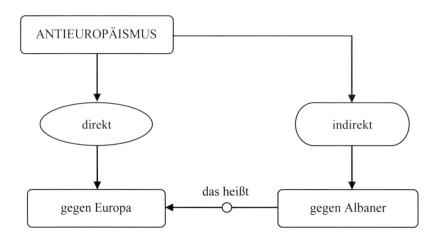

Abb. 9: Die Unterscheidung von direktem und indirektem Antieuropäismus
Quelle: eigene Darstellung, nach Kadare

Das ist eine konsequente Fortführung seiner These, wonach die Albaner „gänzlich europäisch" sind und davon abgeleitet der hyperonymische Begriff ‚Europäer' den hyponymischen Begriff ‚Albaner' subsumiert. Antialbanische Ressentiments und antialbanisches Handeln werden darum bei Kadare gleichzeitig als gegen Europa gerichtet angesehen.Bezogen auf den zentralen Begriff des Antieuropäismus lässt sich daher in Kadares Konzeptualisierung zunächst ein *direkter, gegen Europa gerichteter*, und ein *indirekter, gegen die Albaner gerichteter* Antieuropäismus identifizieren (vgl. Abb. 9). In dessen konkreter Extension kommt die Unterscheidung zwischen *physischem* und *geistigem* Antieuropäismus hinzu. Während der physische unabhängig vom Adressaten in gewalttätiger Form zutage tritt, d.h. sowohl gegen Europa als auch gegen die Albaner, spielt es bei der Thematisierung des geistigen Antieuropäismus eine qualitative Rolle, gegen wen dieser gerichtet ist: Während in Kadares Essay Europa durch antialbanische Akteure einer Täuschung über die wahre Identität der Albaner ausgesetzt ist, erfahren letztere dem Autor zufolge immer wieder eine geistige, soziale und kulturelle Unterdrückung, die die Auslöschung ihrer Identität zum Ziel habe. Hinzu kommt die notwendige Differenzierung bezüglich der Frage, welche Akteure diese antieuropäischen Bestrebungen vorantreiben und durchsetzen: Es kann sich um nichteuropäische Feinde (*von außen*) handeln, aber auch um innereuropäische Feinde aus dem eigenen Land oder Kulturkreis (*von innen*).

Unter Einbeziehung der benannten Faktoren lassen sich in dieser Betrachtungsweise vier Dimensionen des Antieuropäismus mit insgesamt acht Kategorien identifizieren (vgl. Abb. 10):

1. *physisch-direkt (von innen)*
2. *physisch-direkt (von außen)*
3. *physisch-indirekt (von innen)*
4. *physisch-indirekt (von außen)*

5. *geistig-direkt (von innen)*
6. *geistig-direkt (von außen)*
7. *geistig-indirekt (von innen)*
8. *geistig-indirekt (von außen)*

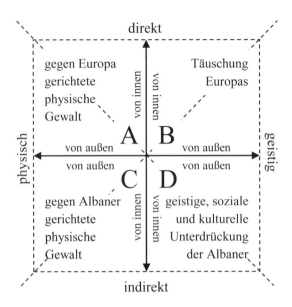

Abb. 10: Dimensionen des Antieuropäismus in Ismail Kadares
Essay „Identiteti Evropian i Shqiptarëve"
Quelle: eigene Darstellung

Die Quadranten A und B im Dimensionen-Modell stehen für die Formen des Antieuropäismus, die sich direkt gegen Europa als Symbol und Konzeptualisierung der Gesamtheit der westlich-christlich ausgerichteten Gesellschaften richten, wobei die Idee von Europa als identitärer Bezugspunkt und der damit verbundene innereuropäische Zusammenhalt diesen Vorstellungen immanent sind (vgl. *physisch-direkt, geistig-direkt*). Die Quadranten C und D umfassen den Antialbanismus, der als hyponymischer Bestandteil jenes übergeordneten Antieuropäismus aufgefasst werden muss (vgl. *physisch-indirekt, geistig-indirekt*). Alle Quadranten unterliegen jeweils gleichmäßig einer Zweiteilung zur Unterscheidung von innerem und äußerem Ursprung antieuropäischer Bestrebungen, so dass von einem *europäischen Antieuropäismus* (vgl. *von innen* in A, B, C und D), einem *albanischen Antieuropäismus* als Subsumierung dessen (vgl. *von innen* in C und D) sowie einem *nicht-europäischen Antieuropäismus* (vgl. *von außen* in A, B, C und D) gesprochen werden kann.

   Am wenigsten werden von Kadare die Kategorien des direkten Antieuropäismus thematisiert, die sich zudem mehrheitlich eher implizit ableiten lassen. Die Kategorien des indirekten Antieuropäismus (d.h. des Antialbanismus) hingegen werden immer wieder aufgegriffen. Dies ist nicht zuletzt dem Anliegen Kadares geschuldet, die europäische Identität der Albaner zum Gegenstand seiner Historisierungen und Beweisketten zu machen und somit die albanische Perspektive ins Zentrum zu rücken. Die in diesem Zusammenhang als Feindbilder konstruierten Heteroimages konzentrieren sich auf vier ethnische Feinde:

die türkischen Osmanen, die südslawischen Nachbarn, die griechischen Nachbarn und diejenigen Albaner, die von ihm als antieuropäisch eingestuft werden (vgl. Tab. 1).

Tab. 1: Thematisierung antieuropäischer Bestrebungen und Vorgänge in Ismail Kadares Essay „Identiteti Evropian i Shqiptarëve"
Quelle: eigene Darstellung

Antieuropäismus		*direkt*		*indirekt*	
		physisch	geistig	physisch	geistig
von außen	osmanisch	+	–	+	+
von innen	jugoslawisch	+	+	+	+
	serbisch	+	+	+	+
	griechisch	–	–	–	+
	albanisch	–	–	+	+

Legende: + wird thematisiert – wird nicht thematisiert

Verbunden damit sind verschiedene ideologische und religiöse Strömungen, denen Kadare antialbanische und antieuropäische Tendenzen zuschreibt und die er dem Handeln der Akteure zugrunde legt (vgl. Tab. 2).

Tab. 2: Ideologische und religiöse Strömungen mit antialbanischen und antieuropäischen Tendenzen in Ismail Kadares Essay „Identiteti Evropian i Shqiptarëve"
Quelle: eigene Darstellung

Herkunft des Antieuropäismus	Zugeordnete ideologische/ religiöse Strömungen
osmanisch	• Osmanismus*
jugoslawisch	• Jugoslawismus • jugoslawischer Kommunismus
serbisch	• ‚Serbentum'*
griechisch	• Orthodoxie (Griechenland)*
albanisch	• Haxhiqamilismus • albanischer Kommunismus

Legende: * keine explizite Nomination im Text, aber implizite Verweise

Dass die Betrachtung der grundlegenden Lexik (Antieuropäismus, antieuropäisch, usw.) nicht ausreichend ist, sondern nur erste Anhaltspunkte für die Herausarbeitung antieuropäischer Konzeptualisierungen bietet, ist aus der quantitativen Analyse ersichtlich. Das Lexem ‚Antieuropäismus‘ [*kundërevropianizëm*] benutzt Kadare zwei Mal: als Gegenkonzept zur ‚europaphilen Geschichte‘ [*histori filoevropiane*] der Albaner sowie im Zusammenhang der Stigmatisierung der Kosovo-Albaner durch die Jugoslawen. Das Adjektiv ‚antieuropäisch‘ [*kundërevropian*] ist als Albanismus vier Mal zu finden, als Internationalismus [*antievropian*] ein Mal, bezogen auf die Lexeme ‚Mensch‘ [*njeri*] (gemeint ist Diktator Enver Hoxha), ‚Hass‘ [*urrejtje*] (zwei Mal), ‚Geist‘ [*frymë*] (im Sinne eines Fortwirkens), und auf die Albaner Jugoslawiens im oben genannten Zusammenhang. Das zwei Mal vorhandene Adjektiv ‚nichteuropäisch‘ [*joevropian*] ist mit dem Lexem ‚Identität‘ [*identitet*] verknüpft, verbunden mit der Diskussion um die Selbst- und Fremdverortung der Albaner. Die Phrase ‚gegen Europa‘ [*kundër Evropës*] ist drei Mal zu finden, verbunden mit den Lexemen ‚Hass‘, ‚Drohungen‘ [*kërcënime*], ‚Flüche‘ [*mallkime*] und implizit auf die Mafia und die Organisierte Kriminalität bezogen.

In der Abfolge der Analyse steht zuerst der osmanische Antieuropäismus im Mittelpunkt, danach der albanische und schließlich der jugoslawische bzw. serbische in Verbindung mit dem griechischen. Darauf aufbauend werden die sprachlichen Mittel herausgearbeitet, mit denen Kadare den Antieuropäismus nicht nur charakterisiert, sondern anhand derer er ihn auch interkonzeptuell überträgt. Abschließend wird der Frage nachgegangen, wie das Verhältnis von Europa und Islam konzeptualisiert wird und inwieweit durch begriffliche Differenzierungen eine Vereinbarkeit der beiden Konzepte bei Kadare erkennbar wird.

2.3.2 Osmanischer Antialbanismus und Antieuropäismus

Der osmanische Antieuropäismus erfüllt bei Kadare als Hauptursache der bis heute andauernden schwierigen Lage der Albaner eine Vielzahl an Funktionen. Er steht für Grausamkeit, für Eroberung und Kolonialismus, für die Verhinderung der Weiterentwicklung und des Fortschritts bei den Albanern, für die Überformung und Vernichtung der albanischen Kultur und die zeitweise erfolgreiche Strategie der Beseitigung der albanischen Identität. So wird er bei Kadare auch zum Verursacher eines antialbanischen Aufstands bei den Albanern nach der Gründung des albanischen Staates im 20. Jahrhundert und erfährt als Vorbild sowohl für den albanischen als auch den jugoslawischen und serbischen Antieuropäismus in kommunistischer Zeit ebenso ein Weiterleben wie in kulturellen Elementen und in Teilen des gesellschaftlichen Lebens der Albaner in der heutigen Demokratie des 21. Jahrhunderts.

Wie aus dieser Aufzählung ersichtlich wird, sind die Osmanen und die Folgen ihres Wirkens Dreh- und Angelpunkt in Kadares Narration über eine seinen Konzeptualisierungen zufolge den Albanern aufgezwungene Geschichte und Kultur. Täter- und Opferrolle sind klar verteilt: Täter sind die Osmanen und ihre Anhänger, Opfer die Albaner bzw. Europäer. Anhand zweier Themen konkretisiert Kadare seine Sichtweisen und Anschuldigungen, die innerhalb dieses Kapitels noch einer näheren Betrachtung unterzogen werden. Im Einzelnen betrifft das:

1. die Beseitigung der albanischen Identität durch Förderung der Religion seitens der osmanischen Machthaber, die Verhinderung von Bildung für die Albaner und die Ersetzung der albanischen Kultur durch die osmanische, sowie

2. das Beispiel der Poesie der Bejtexhinj, Volksdichtern der osmanischen Zeit, die Kadare verwerflich und als Ausdruck einer nichtbalkanischen Anti-Kultur ansieht, die nichts mit der albanischen Kultur zu tun habe.

Beide Thematiken verwendet Kadare zur Emotionalisierung seiner Leser gegen die Osmanen und deren Kultur, wenn auch auf unterschiedliche Art und Weise: Während er das erstgenannte Thema mit der Darstellung von osmanischer *Grausamkeit* und *Vernichtungswillen* verknüpft, nutzt er das zweite dazu, *Unmoral* als Bestandteil der osmanischen Kultur herauszuarbeiten. Hinzu kommt der Aspekt der *Macht*, der sich in ambivalenter Weise in den Begriffen ‚osmanisch‘ und ‚Osmanen‘ wiederspiegelt, wie im Folgenden die semantische Kontextanalyse zu beiden Lexemen verdeutlicht.

Das Adjektiv ‚osmanisch‘ [*osman, otoman*] kommt in seinen verschiedenen Deklinations- und Genusformen im Text 21 Mal vor. Die so attribuierten Nomen umfassen die Bereiche

Kategorie	Lexeme/ Phrasen
Macht	‚Herrschaft‘ [*sundim*] / ‚Politik‘ [*politikë*] / ‚Erfahrung‘ [*përvojë*]
Machtbereich	‚Reich‘/‚Imperium‘ [*perandori*][109] / ‚Staat‘ [*shtet*] / ‚Welt‘ [*botë*]
Machthaber	‚Türken‘ [*turq*] / ‚(Militär-)Chef‘ [*shef (ushtarak)*]
Kultur	‚Sprache‘ [*gjuhë*] / ‚Identität‘ [*identitet*] / ‚Tradition‘ [*traditë*]
Zeitraum	‚Periode‘ [*periudhë*].

Das Nomen ‚Reich‘/‚Imperium‘ tritt weiterhin als Simplex ohne das direkte Attribut ‚osmanisch‘ explizit 13 Mal auf, wovon zwölf Verwendungen aber dennoch das Osmanische Reich bezeichnen. Hinzu kommt die präfigierte Nomination als ‚Ex-Reich‘ [*ish-perandori*]. In seinem Wesen und seinem Vorgehen wird dieses als ‚wild‘ [*e egër*], ‚schrecklich‘ [*e tmerrshme*] und ‚niederträchtig‘ [*e mbrapshtë*] charakterisiert. Als ‚neues‘ [*e re*] Impe-

---

109   Im albanischen Originaltext wird nur der Begriff ‚perandori‘ verwendet. Für die Übersetzung ins Deutsche bieten sich jedoch an einigen Stellen je nach Kontext entweder ‚Reich‘ oder ‚Imperium‘ an. Im Folgenden wird daher im Singular vom Begriff ‚Reich‘/‚Imperium‘ gesprochen (statt im Plural von den Begriffen), um der Tatsache Rechnung zu tragen, dass es sich im Albanischen tatsächlich nur um ein Lexem handelt.

rium wird es zudem dem ‚alten' [*e vjetër*] (d.h. Europa) entgegengesetzt. Untersucht man den Kontext, tritt ‚Reich'/‚Imperium' in Bezug auf die Osmanen konzeptuell als herrschende Großmacht in Erscheinung, als Kämpfer, Sieger und Versklaver, als erklärter Vernichter Europas und der albanischen Kultur, aber gleichfalls als Objekt der Nostalgie in heutiger Zeit, in deren Zusammenhang auch das Lexem ‚Osmanentum' [*otomanizëm*] verwendet wird. Allen bisher genannten und überwiegend mit *Stärke* und *Macht* assoziierten Attributen und Konzeptualisierungen des Begriffs ‚Reich'/‚Imperium' stehen nur drei Formulierungen entgegen, die *Schwäche* signalisieren: zum einen, wenn es in Bezug auf das Ende des Osmanischen Reichs heißt, dass das Imperium ‚fällt', zum anderen, wenn aus postosmanischer Perspektive vom ehemaligen, ‚vernichteten' Reich die Rede ist, und schließlich, wenn Kadare davon spricht, dass die balkanischen Länder insgeheim

„[…] das Reich mit der europäischen Verlockung infizierten […]"	„[…] i ngjitën perandorisë joshjen evropiane."[110]

konnten – eine Metapher, die den späteren Beitrittswillen der Türkei zur Europäischen Union erklären soll. Im Großteil seines Essays konzipiert Kadare das Osmanische Reich jedoch als grausamen Besatzer, Machthaber und Vernichter.

Anders verhält es sich hingegen mit dem Anthroponym ‚Osmanen' [*otomanë*], das vier Mal im Text auftritt und ausschließlich in Verbindung mit *Schwächen* und *Niederlagen* gebraucht wird:

„was die Osmanen nicht gut berechnet hatten"	„ajo që nuk llogaritën mirë otomanët"[111]
„die Osmanen wurden niedergeworfen"	„otomanët po rrëzoheshin"[112]
„in der Dämmerung der Loslösung von den Osmanen"	„në ag të shkëputjes nga osmanët"[113]
„entkommt […] aus den Klauen der Osmanen"	„shpëton nga kthetrat e osmanëve"[114]

Kadare schafft auf diese Weise einen Gegensatz zwischen den Konzepten ‚(Osmanisches) Reich'/‚Imperium' und ‚Osmanen', der auf der unterschiedlichen *Wirkmächtigkeit* der Begriffe und ihrer Konzeptschemata beruht: Während die Nomination ‚Osmanen' für menschliche Individuen steht, die zwar kollektiv auftreten können, aber dennoch einzeln

---

110   Kadare (2006a): 61.
111   Ebd.: 26.
112   Ebd.: 33.
113   Ebd.: 44.
114   Ebd.: 59.

greifbar, fehlbar und besiegbar sind, ist ein Reich oder Imperium nicht ohne Weiteres fassbar, da es gewaltige Größe impliziert und eine Macht, die für die Gesamtheit der darin verankerten Potenziale steht, mit denen mögliche Gegner konfrontiert werden. Ein Imperium als schwach darzustellen, das über „fünfhundert Jahre" wachsen und bestehen konnte, würde die ganze damit verbundene Konzeptualisierung unglaubwürdig machen: Es bestünde ein innerer Widerspruch. Wie aufgezeigt wurde, stellt Kadare Schwächen in Bezug auf den Begriff ‚Reich'/‚Imperium' nur für die finale und postosmanische Zeit im Hinblick auf Zustände und Wirkungen dar, was sich auch bei der Verwendung des Lexems ‚Staat' [*shtet*] zeigt, das in diesem Kontext als Simplex mit den Bedeutungseinheiten ‚Rückzug' [*tërheqje*] und ‚untergegangen' [*e perënduar*] verbunden wird, ansonsten aber für die osmanische Zeit mittels des Paralexems ‚Besatzerstaat' [*shtet pushtues*] Stärke und Macht ausdrückt. Kadare nutzt daher die Trennung der Institution von den Menschen, um mittels letztgenannter einen Ausgleich durch ein entgegengesetztes Konzept zu schaffen. Selbst die für die Osmanen verwendete Metapher ‚,Eroberer'/ ‚Besatzer' [*pushtues*], die zwei Mal im Text erscheint, ist mit *Misserfolg* verbunden:

„Dieselbe Religion wie der Besatzer, wurde ihnen [den Albanern, Anm. d. A.] die Idee der Freiheit nicht vernebelt."	„Feja e njëjtë me pushtuesin, nuk ua mjegulloi idenë e lirisë."[115]
„Die Geschichte der eroberten Besatzer wie im Fall von Rom und Griechenland wiederholt sich in gewisser Weise."	„Historia e pushtuesit të pushtuar, si në rastin e Romës me Greqinë, në njëfarë mënyre u përsërit."[116]

Im ersten Fall wird verkündet, dass der Freiheitswille der muslimischen Albaner nicht gebrochen werden konnte, im zweiten werden die osmanischen Türken im Zusammenhang mit der erwähnten Infizierung mit der „europäischen Verlockung" zum Opfer ihrer Opfer erklärt.

Die zwei Mal auftretende Phrase ‚osmanische Herrschaft' steht jeweils in Verbindung mit der Angabe zu deren *Dauer* und nicht etwa mit Macht, wie sie dem Herrschaftsbegriff immanent ist. So wird an fünf Stellen im Text die Osmanenherrschaft mit ‚fünfhundertjährig' [*pesëshekullor*] bzw. ‚fünf Jahrhunderte' [*pesë shekuj*] angegeben. In der Zeit des beginnenden 20. Jahrhunderts sieht Kadare die Albaner

„[…] an der Schwelle zur Morgendämmerung, nach einer langen fünfhundertjährigen Nacht […]"	„[…] në prag të agut, pas një nate të gjatë pesëshekullore […]"[117]

---

115 Ebd.: 50.
116 Ebd.: 61.
117 Kadare (2006a): 44.

und aktiviert mit dieser metaphorischen Phrase bewusst ein oft verwendetes Image, das dem positiv konnotierten Lexem ‚Morgendämmerung' [*ag*] als Metapher für den Beginn der nachosmanischen Zeit das negativ konnotierte Lexem ‚Nacht' [*natë*] entgegensetzt, welches eine Zeitspanne von fünfhundert Jahren pauschal mit allgemein assoziierten Be-deutungen wie Dunkelheit, Ungewissheit, Unsicherheit und Gefahr in Zusammenhang bringt, die über die Metapher auf das albanische Empfinden zu jener Zeit projiziert werden. Deutlich wird diese Übertragung auch bei einer ähnlichen metaphorischen Phrase, die Ka-dare in Bezug auf die Folgen des Verbots albanischer Schulen zu osmanischer Zeit verwen-det. Es handele sich dabei um eine

> „[…] lange Finsternis der Unwissen-   „[…] terri i gjatë i padijes."[118]
> heit."

Das Simplex ‚Finsternis' [*terr*] steht in direkter Beziehung zum Lexem ‚Nacht' und weist ein ebenso direktes Abhängigkeitsverhältnis zum Lexem ‚Unwissenheit' [*padije*] auf. Das Dunkle und Finstere wird ausgehend von der natürlichen Erscheinung der Nacht auf das Schlechte übertragen, wozu auch die Unwissenheit als Folge der osmanischen Politik ge-hört. Kadare intensiviert dies noch und erklärt, neben „Unterdrückung" und „Gemetzel" zeige auch jenes Verbot von Schulen

> „[…] für einige Jahrhunderte lang […]   „[…] terri i gjatë i padijes."[119]
> die Dimensionen des Bösen […]."

Auch der Hinweis auf große Zeiträume verbindet die Metapher mit der zuvor genannten. Zwar erfolgt die Angabe hier nicht konkretisiert, das heißt ohne genaue Daten, doch betont Kadare dies immer wieder, was temporal vage Phrasen wie ‚einige Jahrhunderte in Folge' [*disa shekuj në radhë*], ‚lange osmanische Periode' [*periudhë e gjatë otomane*] oder ‚ob des langen Vergessens' [*për harresën e gjatë*] ebenso wie die an anderen Stellen benannten ‚fünf Jahrhunderte' belegen. Hierzu ist anzumerken, dass Kadare allgemein in seinem Es-say von großen und langandauernden Zeiträumen spricht und auch in seinen Datierungen sehr großzügige (und daher meist vage) Zeitangaben wählt, die nicht immer genau be-stimmt werden können. Das Lexem ‚Jahrhundert' [*shekull*] setzt er 21 Mal ein (Singular- und Pluralform), davon neun Mal für Zeiträume, zwölf Mal für Zeitpunkte. Das temporale Adjektiv bzw. Adverb ‚lang' [*(i/e) gjatë*] verwendet er im Gesamttext 14 Mal, davon zehn Mal als Simplex, drei Mal als Paralexem. Dies ist vermutlich zum einen der Tatsache ge-schuldet, dass Kadare aus Kapazitätsgründen in seiner für ein historisch angelegtes Werk verhältnismäßig kurzen Abhandlung überwiegend vage bleiben *muss*. Zum anderen liegt sein Fokus nicht auf einer geschichtswissenschaftlich fundierten Darstellung. Kadare ver-

---

118   Ebd.: 27.
119   Ebd.: 27.

sucht eine Idee zu formulieren, die für ihn mit bestimmten Ereignissen in der Vergangenheit verknüpft ist. Wichtig sind demnach jene Ereignisse und deren Arrangement zu einer übergreifenden ideenzentrierten Narration. Zeitangaben sollen hierbei nicht das Wissen des Lesers aktivieren oder erweitern, sondern ihm neben der Möglichkeit zur temporalen Einordnung ein Gefühl für große Zusammenhänge und die Bedeutsamkeit von thematisierten Inhalten vermitteln. Beispielsweise kann mit der Betonung von 500 Jahren Unterdrückung vieles leicht erklärt werden: die Rückständigkeit der Albaner, der große Einfluss der islamischen Kultur auf die albanische, aber auch der Durchhaltewille und die (europäisch ausgerichtete) Kampfeskraft des albanischen Volkes.

2.3.2.1 Die Rolle von Religion, Sprache und Identität in der osmanischen Unterwerfungsstrategie

Wie zu Beginn angesprochen provoziert Kadare über die Frage der Identität der Albaner im Osmanischen Reich und deren Bedeutung eine Emotionalisierung des Themas. Seine Schwerpunkte setzt er dabei auf die negative Darstellung der Osmanen und deren antieuropäisches Vorgehen, auf seine Thesen zur albanischen Identität und auf den antiosmanischen Widerstand. In seiner kurzen Einleitung zum Abschnitt über den Antieuropäismus vollzieht Kadare drei Schritte: Er benennt ihn und ordnet ihn ein, kennzeichnet dessen Hauptziele und verweist auf deren Umsetzung:

„Es war natürlich, dass sich gleichzeitig zu dieser europaphilen Geschichte ihr Gegenteil parallel dazu einen Weg bahnen würde: der Antieuropäismus. Jener war besonders während der fünfhundertjährigen osmanischen Herrschaft unvermeidbar. Das Hauptprogramm des Imperiums, seine erklärte Mission, war die Eroberung und Vernichtung ganz Europas. Man stellte sich vor, wie wild dieses Imperium mit den gerade eroberten Gebietedes feindlichen Kontinents wäre. Und die Wildheit blieb nicht aus."

„Ishte e natyrshme që krahas kësaj historie filoevropiane, e kundërta e saj do të rrugëtonte paralelisht me të: kundërevropianizmi. Ai ishte i pashmangshëm sidomos gjatë pushtimit pesëshekullor osman. Programi kryesor i perandorisë, misioni i saj i shpallur ishte pushtimi dhe shkatërrimi i Evropës mbarë. Merrej me mend se sa e egër do të ishte kjo perandori me trojet e porsapushtuara të kontinentit armik. Dhe egërsia nuk vonoi." [120]

Kadare führt hier den Antieuropäismus zunächst als allgemeine Kategorie ein, verknüpft diesen dann aber direkt im Anschluss mit dem osmanischen Reich, das er mittels der Begriffe ‚Eroberung' [*pushtim*], ‚Vernichtung' [*shkatërrim*] und ‚Wildheit' [*egërsí*] charakterisiert. Bedingt durch einen Perspektivwechsel spricht er aus Sicht der Osmanen

---

120   Ebd.: 24 f.

von Europa als ‚feindlicher Kontinent' [*kontinent armik*]. Auf diese Weise konzeptualisiert er das Osmanische Reich als der Herkunft nach nichteuropäischen und gleichzeitig antieuropäisch agierenden Feind. Die Lexeme ‚wild' [*e egër*] und ‚Wildheit' implizieren zudem ein unkontrollierbares Entfesselt-Sein und damit verbunden eine gewisse Unzivilisiertheit. Indem die „Eroberung und Vernichtung Europas" als ‚Hauptprogramm' [*program kryesor*] und ‚erklärte Mission' [*mision i shpallur*] bezeichnet wird, verstärkt sich das Bedrohungsszenario ungleich mehr, als es durch andere Formulierungen erzielt worden wäre, wenn deren sprachlicher Fokus auf konstruktive statt destruktive Ziele gerichtet gewesen wäre, selbst wenn sich das Ergebnis der Umsetzung dieser Ziele – Eroberung und Vernichtung – im Endeffekt nicht unterschiede.

Nach diesem ersten Schritt wendet sich Kadare im nächsten dem Verhältnis von Religion und Bildung unter osmanischer Politik zu, wobei er thematisch gezielt die albanische Sprache ins Zentrum setzt:

„Nach der physischen Unterwerfung begann die geistige. Die Kirchen wurden belassen, aber die Schulen und die Schriftsprache wurden verboten. So wie es scheint, wurde schon damals verstanden, dass die Kirchen, während sie zweierlei Art waren, katholisch und orthodox, weniger gefährlich waren als die Sprache, welche eins war. Sehr schnell würde den ersten ein neuer Glaube hinzugefügt werden, die muslimische Religion mit ihren Moscheen. Aber die Sprache wäre wieder eins, so wie die Identität des Volkes war."	„Pas nënshtrimit fizik nisi ai shpirtëror. U lanë në këmbë kishat, por u ndaluan shkollat dhe gjuha e shkruar. Me sa duket qysh atëherë u kuptua se kishat, duke qenë dyllojëshe, katolike dhe ortodokse, ishin më pak të rrezikshme se gjuha, e cila ishte një. Shumë shpejt një besim i ri, do t'u shtohej të parëve, feja myslimane me xhamitë e saj. Por gjuha do të ishte prapë një, ashtu siç ishte identiteti i popullit."[121]

Mit dieser Aussage formuliert Kadare seine ersten beiden Thesen, die mit seinem Identitätskonzept bezüglich der osmanischen Zeit zusammenhängen: Für die Osmanen sei eine fremde Religion weniger gefährlich als eine fremde Sprache; Teilung vorzufinden bedeute für sie weniger Gefahr als Einheit. Im Umkehrschluss stellen demnach Sprache und Einheit eine Gefahr für die Osmanen dar, was wiederum als Hauptthese Kadares angesehen werden kann, wie es seine nachfolgenden Ausführungen auch bestätigen. Als physischen Beweis führt er das Belassen albanischer nichtmuslimischer religiöser Gebäude an und stellt es dem Verbot von albanischen Bildungseinrichtungen gegenüber. Der Begriff ‚Sprache' als Symbol der Einheit und Zusammengehörigkeit und ‚Schulen' [*shkolla*] als damit bedeutsame Orte der Sprachvermittlung bilden für Kadare daher zentrale Punkte seines Identitätskon-

---

zepts, die er in seinem Essay auch für die nachosmanische Zeit mehrfach wieder aufgreift und die ihm als struktureller Anker dienen, wie später noch detaillierter aufgezeigt wird. Dass die bildungsfeindliche Religionspolitik der Osmanen indes, die er als ‚geistige Unterwerfung' [*nënshtrim shpirtëror*] bezeichnet, nichts gegen die einheitliche Identität der Albaner ausrichten könne, wird durch den relationssetzenden Vergleich von Sprache und Identität (im Sinne von Gleichsetzung) ebenso betont wie durch die Wiederholung, dass die Albaner trotz unterschiedlicher Religionen *eine* Sprache hätten. Auch für die Identität führt Kadare dies weiter aus, indem er die durch die Osmanen hinzugefügte Religion, den Islam wie schon den Katholizismus und die christliche Orthodoxie seinem Identitätsbegriff unterordnet:

„Diese letzte [die islamische Religion, Anm. d. A.] nahm schon damals ihren eigenen Platz unter den drei Hauptglaubensrichtungen der Albaner ein. Es kam vor, dass innerhalb einer Familie nebeneinander der katholische und der muslimische Glaube lebten, aufgeteilt zwischen Brüdern. Ausgehend davon brauchte man keine Philosophie, um zu verstehen, dass die Religionen verschieden gewesen sein können, aber die Identität, ebenso wie die Verwandtschaftsbeziehung, blieb immer eins. Wir hatten ein Vaterland für die drei Glaubensrichtungen gehabt und das würde sich nicht ändern, und das konnte sich niemals ändern."

„Ky i fundit, qysh atëherë, natyrshëm e zuri vendin e vet mbi tre besimet kryesore të shqiptarëve. Qëllonte që brenda një familjeje të gjëllinin përbri besimi katolik dhe mysliman, të ndarë midis vëllezërve. Nisur nga kjo, s'duhej ndonjë filozofi për të kuptuar se fetë mund të ishin të ndryshme, por identiteti, ashtu si lidhja gjinore, mbetej gjithmonë një. Kishim pasur një atdhe për të tre besimet dhe kjo s'do të ndryshonte, dhe kjo s'mund të ndryshonte kurrë."[122]

Kadare vergleicht hier das Verhältnis der Religionen zur Identität mit dem Verhältnis von Verwandten zur Familie. Die Verbindung zwischen beiden schafft er durch einen rhetorisch geschickten Übergang, indem er mit einem historisch verankerten Beispiel beginnt, wenn er von Brüdern unterschiedlicher Religionszugehörigkeit spricht, die dennoch zu einer Familie gehören, und dann dieses Bild zu einem Gleichnis ausbaut, indem er die Begriffe ‚Identität' und ‚Verwandtschaftsbeziehung' [*lidhje gjinore*] auf der Ebene der Zusammengehörigkeit und damit der Einheit gleichsetzt. Nicht nur, dass die Brüder in dem formulierten Bild verschiedenen Religionen anhängen – sie symbolisieren diese gleichzeitig, treten als deren Personifizierung in Erscheinung. Damit werden von Kadare implizit drei wichtige Aussagen getroffen:

---

122 Ebd.: 25 f.

1. Die Religionen sind einander nebengeordnet und in ihrer Existenz als gleichwertig anzusehen.

2. Die Brüder-Metapher versinnbildlicht die bis heute vielzitierte friedliche Koexistenz der Religionen bei den Albanern, den Islam eingeschlossen.

3. Alle Religionen sind der Identität als überspannender und vereinigender Überbau untergeordnet.

Mit der Formulierung, man „brauchte keine Philosophie, um zu verstehen" stellt Kadare diesen Zustand als für jedermann erkennbare Tatsache dar, die quasi zeitlos gegeben ist, wie er durch die Verwendung des Temporaladverbs ‚immer' [*gjithmonë*] suggeriert. Schließlich verbindet er seine Konzeptualisierung der Identität mit dem Begriff ‚Vaterland' [*atdhe*], ordnet diesem gleichfalls die Religionen unter und überträgt auch die Zeitlosigkeit durch die betonende Negierung des Gegenteils und das nochmals verstärkende Temporaladverb ‚niemals' [*kurrë*] in der Phrase „und das würde sich nicht ändern, und das konnte sich niemals ändern". Im Gesamtbild zeigt sich so deutlich der Ausdruck von Patriotismus, der Religion einem Nationalgefühl unterordnet: der inneren Bindung ans Vaterland, die über die gemeinsame albanische Muttersprache als identitätskonstituierendes Element transportiert und die gleichzeitig durch diese symbolisiert wird. So spricht Kadare denn auch die Gefahr des Verbots der Schriftsprache an, nicht ohne das letztendliche Scheitern dieser osmanischen Politik ebenfalls einzubeziehen:

„Das Verbot der Schriftsprache war die erste Phase ihrer vollkommenen Zerstörung. Ohne Schrift könnte keinerlei sprachliche mentale Struktur lange auf den Beinen bleiben. Aber das, was die Osmanen nicht gut berechnet hatten, war, dass die Maschinen der indoeuropäischen Sprachen des Balkans sehr viel stärker waren als jene der osmanischen Sprache, die einer anderen Galaxie angehörte. Die türkischen Kanonen warfen eine nach der anderen die Festungen der Halbinsel nieder, aber die osmanische Sprache kratzte die eigensinnigen Sprachen der Bewohner nur an."

„Ndalimi i gjuhës së shkruar ishte faza e parë e zhbërjes së plotë të saj. Pa shkrimin asnjë ngrehinë gjuhësore s'mund të mbetej gjatë në këmbë. Mirëpo, ajo që nuk llogaritën mirë otomanët ishte se makinat e gjuhëve indoevropiane të Ballkanit ishin shumë më të forta se ajo e gjuhës osmane, që i përkiste një tjetë galaktike. Topat turq i rrëzuan njëra pas tjetrës kështjellat e gadishullit, por gjuha osmane veç sa i gërvishte gjuhët kryeneçe të vendasve."[123]

---

123   Ebd.: 26.

Kadare erhebt die Schriftlichkeit somit zur Basis sprachlicher Kontinuität, die in seiner Grundhaltung implizit mit dem Fortbestehen der albanischen Identität verknüpft ist. Indem er die Metapher ‚Maschine' [*makinë*] als Verkörperung von etwas, das etwas anderes antreibt, auf Sprache bezieht, beschreibt Kadare letztendlich einen metaphorisch technisierten Kampf der „indoeuropäischen Sprachen des Balkans" gegen die osmanische, der für den Kampf der Identitäten zwischen Besetzten und Besatzern steht. Neben der Beurteilung der Leistungsfähigkeit, die die Balkansprachen als der osmanischen Sprache überlegen bezeichnet, ist auch deren deutlich starke Unterscheidung in ihrer Betonung der Herkunft und damit der Differenz und Inkompatibilität gleichermaßen auf den Gegenstand der Identität zu beziehen, wie es in der Gegenüberstellung der Begriffe ‚indoeuropäisch' [*indoevropian*] versus ‚osmanisch' sowie ‚Balkan' [*Ballkan*] versus ‚andere Galaxie' [*tjetër galaktikë*] zur Geltung kommt. Die metaphorische Phrase ‚andere Galaxie' hebt Kadares Konzeptualisierung eines Feindes, der aus der Ferne stammt und keinerlei Gemeinsamkeiten mit den eroberten Völkern hat, am radikalsten hervor. Den ausbleibenden Erfolg der osmanischen Strategie präsentiert er in einer Antithese: Während die Osmanen, symbolisiert durch ‚die türkischen Kanonen' [*topat turqe*] militärisch siegten, seien die balkanischen Sprachen lediglich gering beeinflusst worden. Kadare begreift diesen Einfluss offenbar als Verletzung, da er das Verb ‚[an]kratzen' [*gërvisht*] verwendet.[124] Ausgehend von den oben getätigten Ausführungen lässt sich seine Sichtweise darüber hinaus auch auf sein Bild der albanischen Identität übertragen (vgl. Abb. 11).

---

124 Das albanische Verb ‚gërvisht' weist zahlreiche synonyme Übersetzungsmöglichkeiten auf, die aber alle im Zusammenhang mit der Verletzung von Haut oder dem Zufügen von Schaden an Gegenständen stehen: (ab-, an-, auf-, zer-)kratzen, (ver-, zer-)schrammen, (auf-, ein)ritzen, einreißen; abschaben, (ab-, auf-)schürfen, (auf)scharren, auf/scheuern, -schinden (Haut, Knie); abschinden (Ellbogen) usw.; vgl. hierzu Dhrimo (2005): 340.

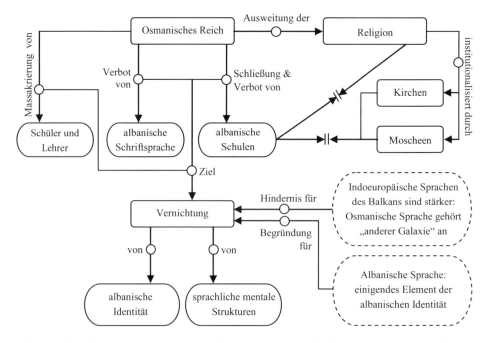

Abb. 11: Der Zusammenhang von Religion, Sprache und Identität in der osmanischen
        Strategie zur Vernichtung der albanischen Identität
        Quelle: eigene Darstellung, nach Kadare

Die Verbindung von physischem und geistigem Vernichtungswillen der Osmanen
drückt sich bei Kadare sprachlich aber noch stärker aus. Die Personifizierung der Sprache,
die „angekratzt" wurde, setzt sich beim identitär verknüpften Begriff ‚Vaterland' fort und
findet seinen Ausdruck in der Verbindung von Analogien zwischen dem institutionell ge-
dachten Albanien und dem menschlichen Körper mit semantisch emotionalisierenden Lexemen und Phrasen zum lexikalischen Feld von Furcht: [125]

„Auch wenn es Unterdrückung und schreckliche Gemetzel nie gegeben haben sollte, würde die Tragödie des jahrhundertelangen Verbots der Schulen ausreichen, um das Ausmaß des Bösen zu erfassen.	„Edhe sikur shtypje e plojë të tmerrsh-me të mos kishte pasur, do të mjaftonte tragjedia e ndalimit të shkollave për disa shekuj rresht, për të kapur për-masat e së keqes.
	Shqipëria, ashtu si gjithë vendet e

---

125   Zu Gefühlswörtern und deren Zuordnung zu semantischen Feldern oder Netzen vgl. Schwarz-Friesel
      (2007): 137.

Albanien, so wie alle Länder des Balkans, wurde schwer geschädigt. Es wurde geschädigt und sein Körper aufgelöst, aber ebenso schrecklich war die Verstümmelung des Gehirns durch die lange Finsternis der Unwissenheit. Und außer dieser unheilvollen Unterbrechung würde es reichen, an die massakrierten Schüler und Lehrer zu erinnern, die, in verborgenen Kellern Lesen und Schreiben lernten als man sie fasste, um zu verstehen, weshalb die albanische Sprache später in den Opferstatus gehoben wurde und weshalb sie den Platz eines Tempels einnahm."

gadishullit, u dëmtua rëndë. U dëmtua e u tret trupi i saj, por po aq i lemerishëm ishte gjymtimi i trurit nga terri i gjatë i padijes. E veç kësaj ndërprerjeje ogurzezë do të mjaftonte të kujtonim nxënësit dhe mësuesit e masakruar, kur kapeshin duke mësuar shkrim e këndim, në bodrumet e fshehta, për të kuptuar se përse gjuha shqipe u ngrit më pas në statusin e martirit dhe përse zuri vendin e një tempulli."[126]

Kadare spricht vom ‚Körper' [*trup*] Albaniens und dessen ‚Gehirn' [*tru*]. Diese Analogie zum Menschen ermöglicht es ihm, die Nachvollziehbarkeit seiner Äußerungen zu erhöhen und dadurch Rezipienten über emotive, teils metaphorische Lexik anzusprechen, um sie in einen emotionalen Zustand zu versetzen, der für Kadares Konzeptualisierung der Osmanen als wilde, todbringende Feinde breitere Zustimmung erwarten lässt. Zu diesen im letzten Textausschnitt verwendeten emotiven Ausdrücken gehören Lexeme und Phrasen aus den Bereichen

Kategorie	Lexeme/ Phrasen
Repression	‚Unterdrückung' [*shtypje*], ‚fassen' [*kap*]
Körperliche Schädigungen (bis hin zum Tod)	‚schreckliche Gemetzel' [*plojë e tmerrshme*][127] / ‚(wurde) schwer geschädigt' [*u dëmtua rënde*] / ‚(wurde) aufgelöst' [*u tret*] / ‚Verstümmelung' [*gjymtim*] / ‚massakriert' [*e masakruar*]
Angst	‚verborgen' [*e fshehtë*] / ‚schrecklich' [*i lemerishëm*]

---

126 Kadare (2006a): 26 f.
127 Im Albanischen kann nur die Singularform (plojë) als Kollektivum verwendet werden. Da das Gemetzel im Deutschen nur ein Ereignis ausdrückt, im Text aber ein Plural gemeint ist, besteht hier ein Zwiespalt in der Übersetzung.

Wertungen/ Zuschreibungen	‚Tragödie' [*tragjedí*] / ‚Ausmaß des Bösen' [*përmasat e së keqes*] / ‚Finsternis' [*terr*] / ‚unglückbringend' [*ogurzezë*] / ‚Opfer' [*martir*].

Die metaphorische Nomination ‚Tempel' [*tempull*] führt darüber hinaus zur semantischen Übertragung des Sakralen auf die Sprache, wodurch diese auf eine religiöse Ebene gehoben wird. In Verbindung mit der vorherigen Bezeichnung als ‚Opfer' entsteht so das implizite Bild einer Heilig- oder Seligsprechung, wie sie in der römisch-katholischen Kirche infolge eines Martyriums vollzogen wird. Kadare spricht auf diese Weise mehrere Ebenen der Eroberung durch die Osmanen an: die Ebene der physischen Unterwerfung Albaniens, die Ebene der geistigen Unterwerfung der Albaner sowie die beide verbindende Ebene der physischen Auslöschung von Trägern und Übermittlern geistiger, im Falle der Sprache nahezu sakraler Inhalte und damit Mentefakten der albanischen Kultur: Schülern und Lehrern.

2.3.2.2 Wurzeln des Antieuropäismus: Die Literatur der Bejtexhinj als Beispiel „moralischer Perversion" einer „nichtbalkanischen Anti-Kultur"

Während Schüler und Lehrer bei Kadare als Bewahrer der albanischen Identität eine wichtige Position einnehmen und daher im Essay auch für die postosmanische Zeit in Erscheinung treten, wie es schon für die Begriffe ‚Sprache' und ‚Schulen' konstatiert wurde, setzt er sich mit einer anderen Gruppe von Erzeugern und Trägern kultureller Mentefakte unter nahezu gegensätzlichen Vorzeichen auseinander. Am Beispiel der Bejtexhinj, Volksdichtern der osmanischen Zeit, und deren Literatur macht Kadare ein ganzes Feld des Antieuropäismus auf, das mit seinen Bezugnahmen eine Struktur erzeugt, die sich fast über das gesamte Essay erstreckt. Die Literatur der Bejtexhinj, die seit Mitte des 18. Jahrhunderts in Erscheinung trat, befand sich sprachlich, stilistisch wie auch strukturell stark in muslimischer Tradition:

> „The literature of the *Bejtexhinj* […] consists almost exclusively of verse composed in Arabic script. […] The poetry […] was strongly influenced by Turkish, Persian and Arabic literary models […]. Most of the genres and forms prevalent in Turkish and Persian verse are to be encountered in Albanian. […] The subject matter was often religious, either meditatively intimate or openly didactic, serving to spread the faith. The speculative character of much of this verse derived its inspiration from the currents of Islam: from authoritative Sunnite spirituality to the intense mystical spheres of Shi'ite Sufism and later, to the more liberal, though equally mystical reflections of Bektashi pantheism. Some secular verse does occur too: love lyrics, nature poetry and historical and philosophical verse [...].''[128]

---

128   Elsie, R. (2005): Albanian Literature. A Short History. The Center For Albanian Studies, I.B.Tauris, New York: 37.

Angriffspunkt für Kadare ist die von den Bejtexhinj[129] hervorgebrachte erotische Literatur und Liebeslyrik. Er nimmt sie als Beispiel für die Versuche des osmanischen Antieuropäismus, die albanische Identität durch Überformung auszumerzen. An seiner kritischen Einstellung und der Art seiner Bewertung der Folgen lässt Kadare schon zu Beginn seiner Ausführungen keinen Zweifel:

„Das Reich bemühte sich so wie überall auf dem Balkan, andere Sitten, Stil, Untugenden, Architektur, Kleidung, Musik und Literatur zu schaffen. [...] Die Literatur der Bejtexhinj zum Beispiel, sozusagen der albanisch-türkische Mischteig, brach letztendlich wie ein zusammengeschusterter Lehmziegel aus der imposanten und monumentalen, obwohl kalten Mauer, der Tradition der zweisprachigen albanisch-lateinischen Literatur."	„Perandoria, ashtu si kudo në Ballkan, u përpoq të krijonte të tjera zakone, stil, vese, arkitekturë, veshje, muzikë dhe letërsi. [...] Letërsia e bejtexhinjve, për shembull, njëfarë brumi i përzier shqiptaro-turk, u thye përfundimisht, si një sajesë prej qerpiçi prej murit hijerëndë e monumental, ndonëse të ftohtë, të traditës së letërsisë dygjuhëshe shqiptaro-latine."[130]

Bereits hieraus ist ersichtlich, dass Kadare Anhänger der albanisch-lateinischen Literatur ist, die er metaphorisch als ‚imposante und monumentale Mauer' [*mur hijerënde e monumental*] bezeichnet, während er ihr die Literatur der Bejtexhinj, den ‚albanisch-türkischen Mischteig' [*brumë i përzier shqiptaro-turk*] als ‚zusammengeschusterten Lehmziegel' [*sajesë prej qerpiçi*] gegenüberstellt, dessen Nicht-Zugehörigkeit durch das Herausbrechen aus jener Mauer symbolisiert wird. Das implizit ausgedrückte Größenverhältnis zwischen Mauer und Ziegel weist zudem auf die unterschiedliche Bedeutsamkeit hin, die Kadare den einzelnen Literaturen jeweils zuspricht. Auch der durch die Mauer versinnbildlichte Begriff der ‚Tradition' [*traditë*] unterstreicht die im Text der albanisch-lateinischen Literatur zuerkannte hohe Wertigkeit im Vergleich zur albanisch-türkischen.[131]

In der nachfolgenden Auseinandersetzung mit der Literatur der Bejtexhinj bezieht Kadare jedoch nicht die ganze Bandbreite ihres Schaffens ein, sondern greift sich lediglich den vergleichsweise kleinen Bereich der erotischen Literatur und Liebeslyrik heraus. An deren Beispiel vollzieht er drei Schritte:

---

129 Das Lexem wird zwar in gängigen Wörterbüchern mit der Bedeutung ‚Volksdichter' übersetzt, bezieht sich jedoch nur auf die in der Definition von Elsie angesprochene Gruppe, nicht aber auf andere Volksdichter zu jener und in späteren Zeiten. Aus diesem Grund und um Missverständnisse in der Zuordnung zu vermeiden, wird der albanische Ausdruck ‚Bejtexhinj' auch im Folgenden beibehalten.

130 Kadare (2006a): 27.

131 Quantitativ lässt sich aus dem expliziten Vorkommen des Lexems ‚Literatur' [*literaturë*] nicht auf eine Bevorzugung der einen oder anderen Variante schließen. Von insgesamt neun Erwähnungen im Essay wird der Begriff einmal neutral und jeweils vier Mal für die Literatur der Bejtexhinj bzw. die albanisch-lateinische Literatur verwendet.

1. die Herabsetzung der Bejtexhinj, ihrer Literatur sowie ihrer Anhänger, indem diese als amoralisch, nichteuropäisch und damit als Albanien nicht zugehörig dargestellt werden;

2. die implizite Konstruktion eines semantischen Netzwerkes, innerhalb dessen transtemporal Verbindungen von den Bejtexhinj und ihre Literatur zu anderen von Kadare als nicht- und antieuropäisch eingestuften Konzepten hergestellt werden, so dass eine sich wechselseitig verstärkende Wirkung der ihnen zugewiesenen negativen Zuschreibungen eintritt;

3. die Abgrenzung der von Kadare als (pro)europäisch definierten Konzepte, um so Gegenentwürfe zu präsentieren, die den albanischen Europäismus und dessen Kampf gegen den Antieuropäismus betonen.

Die Charakterisierung der Bejtexhinj-Literatur nimmt Kadare aus verschiedenen Perspektiven und Zeitebenen heraus vor. In der Abfolge seiner Ausführungen geht er zunächst auf die offizielle Betrachtungsweise zu Zeiten des Kommunismus ein, um mögliche Argumente zugunsten einer positiven Sichtweise zu bewerten:

„Während der Zeit des Kommunismus wurden viele Versuche unternommen, um diese Literatur zu rehabilitieren, mit der engstirnigen Absicht, sie der traditionellen mittelalterlichen Literatur entgegenzusetzen, insbesondere jener katholischen, die dem Regime überhaupt nicht gefiel. Aber als die Forscher sie noch einmal durchgingen, sahen sie, dass sie nicht nur vom Niveau her lächerlich, sondern zutiefst unmoralisch war.

Dargestellt, als sei es eine mit sozialen und klassenbezogenen sowie erotischen Problemen befasste Literatur, wohl für ihre Zeit ausgesprochen mutige, sah man, dass sowohl die gesellschaftliche als auch erotische Komponente zweifelhaft waren."

„Gjatë kohës së komunizmit u bënë shumë përpjekje për ta rehabilituar këtë letërsi, me qëllimin meskin për t'ia kundërvënë letërsisë tradicionale mesjetare, sidomos asaj katolike, që regjimit nuk i pëlqente kurrsesi. Mirëpo kur studiuesit e morën nëpër duar, e panë se përveç që ishte qesharake për nga niveli, ajo ishte thellësisht e pamoralshme.

E paraqitur kinse si letërsi me probleme shoqërore-klasore e erotike (me gjasme tepër e guximshme për kohën), u pa se si ana shoqërore, si ajo erotike, ishin tepër të dyshimta."[132]

Die Vorverurteilung durch Kadare wird bereits durch das Verb ‚rehabilitieren' [*rehabiliton*] offensichtlich, dessen Verwendung im rechtlichen Sinne die Wiedergutmachung von Un-

---

132 Kadare (2006a): 27 f.

recht bedeutet. Indem Kadare diesen Terminus anwendet, unterstellt er, dass im Kommunismus etwas seiner Meinung nach moralisch zu Verurteilendes, die Bejtexhinj-Literatur, wieder gesellschaftsfähig gemacht werden sollte. Führt man diesen Gedankengang fort, muss man zu dem Schluss kommen, dass Kadare diese Unmoral auf den Kommunismus übertragen will.

Kadare sieht weiterhin nicht die Auseinandersetzung mit der Literatur an sich als Motivation der Kommunisten, sondern er versteht sie als Gegenentwurf zur traditionellen mittelalterlichen Literatur instrumentalisiert, wobei er die ,katholische' [*katolike*] hervorhebt, der ihm zufolge das kommunistische Regime etwas entgegensetzen wollte. Kadare widerspricht diesem Modell im gleichen Atemzug, indem er, statt konkrete Namen zu nennen, sich vage auf ,Forscher' [*studiues*] als Referenzpersonen bezieht, denen er implizit aufgrund ihres Status' als Gebildete die Fähigkeit zu einer qualifizierten Beurteilung beimisst, welche in den prädikativen Attributen ,lächerlich vom Niveau her' [*qesharake për nga niveli*], ,zutiefst unmoralisch' [*thellësisht e pamoralshme*] und ,sehr zweifelhaft' [*tepër të dyshimta*] mündet. Durch diese Darstellung erreicht Kadare zum einen, dass das kommunistische System aufgrund seiner positiven Einstellung zur Bejtexhinj-Literatur auch mit deren negativen Attributen assoziiert wird. Zum anderen werden die „Forscher" als neben dem Regime stehend dargestellt, so dass sie moralisch und intellektuell als Gegenpart auftreten und in ihren Erkenntnissen nicht nur die Literatur, sondern indirekt auch das kommunistische Regime kritisieren, da sie dessen offizieller Haltung entgegenstehen. Kadare resümiert hierzu, die erotische Seite dieser Literatur sei

„[...] keinerlei normale Erotik, aber angefüllt mit Ashik- und Dylber-Motiven."	„[...] aspak erotizëm normal, por i mbushur me motive ashikësh e dylberësh."[133]

Darauf aufbauend präsentiert er eine These, die jedoch durch den von ihm verwendeten Konjunktiv als nicht ernst gemeint und damit hinfällig erscheint:

„Bis hierhin könnte man auch annehmen, könnte man es sogar sehr fortgeschritten nennen, um nicht zu sagen, dass Albanien heute als erstaunlicher Beweis seiner emanzipierten Sicht auf die zur Homosexualität gedacht werden könnte, zwei Jahrhunderte vor dem heutigen Europa!"	„Gjer këtu edhe mund të pranohej, madje mund të quhej tepër e përparuar, për të mos thënë që Shqipëria mund ta paraqiste sot si dëshmi të habitshme të vizionit të saj të emancipuar për homoseksualizmin, dy shekuj përpara Evropës së sotme!"[134]

---

133   Ebd.: 28.
134   Ebd.

Diese Bewertung greift Kadare zufolge aber zu kurz, es sei komplizierter. Ohne dieser These weiter nachzugehen, präsentiert er seine eigene Interpretation der Dinge prägnant und in einem Schlagwort:

„Die sogenannte erotische Literatur war in ihrem großen Teil von sich nichts anderes als Beyit-Gedichte und Lobpreisungen für die Pädophilie."	„E ashtuquajtura letërsi erotike, në një pjesë të madhe të saj s'ishte gjë tjetër veçse bejte dhe lavde për pedofilinë."[135]

Der Vorwurf der Pädophilie ist wohl einer der schwersten im westlich geprägten Kulturkreis. Als Ausdruck von Perversion ist diese Form der sexuellen Präferenz mit juristischen Restriktionen und Ächtung durch die Gesellschaft verbunden. Pädophilie ist zudem ein emotional höchst aufgeladener Begriff. Dass Kadare ihn überhaupt zur Sprache bringt, weist darauf hin, dass er in erster Linie oder sogar ausschließlich dessen Potenzial der Emotionalität nutzen will. Bei Pädophilie gibt es gesellschaftlich gesehen keine positiven, beschönigenden Argumente – das moralisch vernichtende Urteil ist in der Regel schon vorgezeichnet. Es ist daher auch in Bezug auf die Literatur der Bejtexhinj als schwerer Vorwurf anzusehen, der von Kadare mit Sicherheit kalkuliert eingesetzt wird, um Ablehnung hervorzurufen. Das soll keineswegs heißen, dass der Vorwurf unberechtigt sein muss. Wenn aber eine solche Argumentation in einem Essay zur europäischen Identität angeführt wird, kann die Funktion nur instrumenteller, polemischer und/oder diffamierender Art sein, nicht jedoch seriös und sachbezogen. Kadare jedoch versucht den Beweis der Richtigkeit seiner Aussage anzutreten und bezieht sich auf Augenzeugenberichte:

„Das erschütternde Bild wird von den Reiseberichten zahlreicher Augenzeugen aufgedeckt. In diesen beschreiben sie rurale Zonen Albaniens, wo sich schlechte Gewohnheiten in vollständigem Gegensatz zu allen Traditionen des Landes unterdessen eingenistet hatten."	„Tabloja tronditëse zbulohet nga shënimet e udhëtimit të dëshmitarëve të shumtë. Në to përshkruhen zona rurale të Shqipërisë, ku zakone të mbrapshta, në kundërshtim të plotë me çdo traditë të vendit, ishin ngulitur ndërkaq."[136]

Wieder nennt er keine konkreten Quellen, spricht sehr vage von den „Reiseberichten zahlreicher Augenzeugen". Das Lexem ‚Augenzeugen' [*dëshmitarë*] beinhaltet in erster Linie eine semantische Aussage; im juristischen Sinne wird es auf Zeugen eines Tathergangs angewendet, deren Angaben in der Regel als Beweismittel zugelassen sind, was in die allgemeine Verwendung im alltäglichen Sprachgebrauch ebenfalls Eingang gefunden hat. Daneben hat die Verwendung im Plural eine quantifizierende Funktion, die durch das Adjektiv ‚zahlreich' [*të shumtë*] noch unterstützt wird. Auf diese Weise wird die Glaubwür-

---

135   Ebd.
136   Ebd.: 28 f.

digkeit von Kadares Behauptung auch ohne exakte Quellenangaben erheblich erhöht. Die erneute Verwendung des Lexems ‚Tradition' dient wie schon zuvor als Anknüpfung an ein kollektiv gedachtes christlich-kulturelles „Erbe" der Albaner zur Schaffung einer Differenz gegenüber der Gruppe der Bejtexhinj. Deren Texte, auf die er sich bezieht, sieht Kadare nicht als Kunst, sondern als Spiegel der Perversion einer gesellschaftlichen Gruppe:

„Texte wie 'Geh weg von mir, junger Knabe – geh weg von mir, möge dich Unheil treffen! – Ich werde zu deiner Mutter gehen und ihr sagen, dass ich durch dich keine Ruhe finde', nannten sie annehmbar. 'Die kleinen Knaben', Jünglinge, Dylbere mit seidenen Pumphosen und langgezogenen Augenbrauen auf der einen Seite, die gealterten Ashik, die 'Lalen' mit Schnurrbärten, die schmachtend nach ihnen seufzten, auf der anderen Seite, waren sie die Hauptpersonen dieser ekelerregenden Idyllen."

„Tekste si 'Ik prej meje çun i vogël – ik prej meje gjeç belanë, – do vete t'i them sat'ëme – prej teje nuk gjej derman.", quheshin të pranueshme. 'Çunat e vegjël', adoleshentët, dylberë me shallvare mëndafshi e vetulla të hequra, nga njëra anë dhe ashikët e moshuar, 'lalët' me mustaqe, që psherëtinin të dergjur për ta, nga ana tjetër, ishin personazhet kryesore të këtyre idileve të neveritshme."[137]

Das Anthroponym ‚Lalen' [*lalë*] bezeichnete ursprünglich die Einwohner aus dem Gebiet von Myzeqe (Zentralalbanien) und stand für die christlich-orthodoxe Bevölkerung dieser Gegend, die sich der Islamisierung wiedersetzt haben soll.[138] Der Begriff wurde später auf alle nicht islamisierten Bevölkerungsteile übertragen. Er erhielt aber auch die Bedeutungen ‚junger Vater', ‚älterer Bruder', ‚älterer Schwager' und ‚Onkel', wobei sich dies auf die Verwendung des Begriffs gegenüber nahestehenden Personen und Personen, denen man Ehrerbietung und Liebe entgegenbringt, zurückführen lässt.[139] Auf Letzteres spielt Kadare offensichtlich an, gleichwohl er das Lexem ‚Lalen' in Anführungszeichen setzt und dadurch in Verbindung mit einer weiteren Bedeutung des Begriffs womöglich Ironie erzeugen will. So wird die Bezeichnung ‚Lalen' im Albanischen auch verächtlich für die ländlichen Einwohner von Myzeqe verwendet:[140] Durch die Art der begrifflichen Verwendung ist die Wahrscheinlichkeit gegeben, dass Kadare gezielt mit dem Lexem spielt und eine antithetische Verbindung zwischen ‚geehrte Bezugsperson' und ‚verachtete Person' konzi-

---

137 Ebd.: 30.
138 Vgl. Clayer (2007): 119; ASHSH (1980): 944; Dhrimo (2005): 603; Dizdari (2005): 578.
139 Vgl. Dhrimo (2005): 603; ASHSH (2002): 648. Dizdari (2005): 578. Der angebliche Zusammenhang zu Prinzen des Mittelalters, Lale Muzaka und dessen Sohn Teodor Muzaka, die zu den ersten nach dem Tode Skanderbegs gehört haben sollen, die sich der Islamisierung verweigerten und nach Italien bzw. Griechenland auswanderten, lässt sich anhand der Fachliteratur nicht glaubhaft belegen und muss wohl als Mythos angesehen werden.
140 Vgl. ASHSH (2002): 648.

piert, um die historische Bedeutung und seine eigene Wertung zu verschmelzen. Der von ihm verwendete Begriff *dylber* entspringt gleichfalls der osmanischen Zeit und bezeichnet homosexuelle passive Knaben, die zu Älteren eine in der Regel auch sexuell geprägte Liebesbeziehung pflegten.[141] Diese Form des zwischenmenschlichen Verhältnisses ist als akzeptierte, aber strikt reglementierte gesellschaftliche Verhaltensweise schon für die griechische Antike belegt, auf die die heutigen Moralvorstellungen nicht anwendbar sind.[142] Ausführliche Quellen zu Albanien sind hierzu selten, wenngleich Berichte von ausländischen Schriftstellern und Reisenden mit Hinweisen auf derartige Gegebenheiten Anfang des 19. Jahrhunderts existieren.[143] Dass hingegen in albanischen Veröffentlichungen keine Hinweise zu finden seien, erklärt Kadare durch empfundene Demütigung:

„Unsere historischen oder ethnographischen Studien haben niemals davon gesprochen, weil sie es, wie es scheint, für ein Volk extrem erniedrigend fanden. Und das sind sie wirklich."	„Studimet tona historike apo etnografike nuk kanë folur kurrë për to, ngaqë, me sa duket, i kanë gjetur tejet poshtëruese për një popull. Dhe ato janë vërtet ashtu."[144]

Damit verweist er darauf, dass das gesellschaftliche Phänomen bekannt gewesen, aber absichtlich nicht zur Sprache gebracht worden sei. Kadare gibt somit wiederum Zeugen an, die er nicht benennt und für die er auch keinen schriftlichen Beweis vorlegt. Er muss es auch nicht: Seine Erklärung liefert eine Begründung, die auch das rechtfertigt. Zwar ist dies theoretisch denkbar, wirkt aber dennoch konstruiert, womöglich um zu rechtfertigen, warum etwas so Negatives im albanischen Raum überleben konnte. Kadare, der eindeutig die Moralvorstellungen des 20. Jahrhunderts als Maßstab anlegt, wertet denn auch entsprechend durch die antithetische Formulierung der ‚ekelerregenden Idyllen' [*idile të neveritshme*], die ausdrucksstark seine Abneigung wiedergibt. Der Gegensatz zwischen den ‚jungen Knaben' [*çunat e vegjel*] bzw. den ‚Jünglingen' [*adoleshentët*] einerseits und den ‚gealter-

---

141 Boretzky (1976): 29. So wie viele Turzismen der Nomination hat auch ‚dylber' einen eher pejorativ konnotierten Charakter angenommen. In kommunistischer Zeit war die Nomination ‚pederast'/‚peder' für Homosexuelle gebräuchlich (wenngleich der Schwerpunkt des Begriffs in moderner Zeit auf dem sexuellen Kontakt mit Minderjährigen liegt und die Bezeichnung falsch ist). Die Nomination ‚homoseksual'/‚homo' drang erst ab den 1990er Jahren in den allgemeinen Sprachgebrauch ein. Die Verwendung des Lexems ‚dylber' ist die historisch korrekte, bekommt aber in Zusammenhang mit Kadares Räsonieren den Beigeschmack eines für ihn begrüßenswerten Zusammenfallens mit der modernen dysphemischen Bedeutung.

142 Vgl. Cohen (1994): 171 ff.; Reinsberg (1993): 163 ff.

143 Vgl. Elsie (2002): 94, 126; Hahn (1853): 166. In den Aufzeichnungen von J. G. v. Hahn wird zudem zwischen gegischer und toskischer Knabenliebe unterschieden, wobei die gegische als idealistisch auf einer höheren Ebene beschrieben wird, die toskische hingegen als weniger tiefgehend und eher sexuell orientiert. Inwieweit eine gesellschaftliche Reglementierung bestand, wie es in der griechischen Antike der Fall war, geht aus den Berichten nicht hervor.

144 Kadare (2006a): 29.

ten Ashik' [*ashikët e moshuar*][145] ‚mit Schnurrbärten' [*me mustaqe*] andererseits trägt durch den Altersunterschied zu einem abstoßenden Bild ebenso bei wie die alles verbindende Phrase ‚die schmachtend nach ihnen seufzten', in der die Lexeme ‚schmachtend' [*të dergjur*] und ‚seufzen' [*psherëtin*] wohl den Gedanken an das sexuelle Verlangen älterer Männer nach Kindern aufkommen lassen sollen. Die Pädophilie habe in den betreffenden Gegenden nachweislich einen gewissen Status gewonnen, konstatiert Kadare. Deren Verheimlichung habe ihr geholfen,

„[…] in den leiernden und krank machenden, angeblich volkstümlichen Gedichten und Liedern zu überleben. Wir hören diese Lieder noch heute, aber wir tun so, als ob wir nicht verstünden, was sie sagen. Sie rauschen einige Male durch die Nachtlokale, sogar in den Fernsehprogrammen, und wir tun trotzdem so, als verstünden wir sie nicht.

Es reicht eine gewisse Konzentration auf diese Texte und diese Melodien, es reichen die schriftlichen Beweise der Zeit, um zu verstehen, was der Kern dieser Subkultur ist, eingeschmuggelt über den Pass der Volkskunst."

„[…] të mbijetojnë në bejtet dhe këngët e zvargëta e molisëse, kinse popullore. Ne i dëgjojmë këto këngë ende sot, por shtiremi sikur nuk i marrim vesh ç'thonë. Ato gjëmojnë disa herë nëpër lokalet e natës, madje, në programet televizive, e ne prapë shtiremi se nuk i kuptojmë.

Mjafton njëfarë përqendrimi në këto tekste e këto melodi, mjaftojnë dëshmitë e shkruara të kohës, për të kuptuar se cili është thelbi i kësaj nënkulture, të futur kontrabandë, nën pasaportën e artit popullor."[146]

Kadare schlägt hier eine Brücke zur Gegenwart und prangert damit kulturelle Elemente in der heutigen albanischen Kultur an, die er auf die Bejtexhinj als Vertreter einer aus seiner Sicht moralisch verwerflichen, nichteuropäischen Bevölkerungsschicht zurückführt, auf welche er die Nomination ‚Lalen' als Chiffre in antonomasischer Funktion und mit eindeutig dysphemistischer Intention anwendet. Seine Distanzierung drückt er einerseits über die Bewertung der Gedichte und Lieder aus, die er mit den Attributen ‚leiernd' [*e zvargëta*] und ‚krank machend' [*e molisëse*] versieht. Andererseits benutzt er auch das Verb ‚einschmuggeln' [*të futur kontrabandë*], das er auf die metaphorische Phrase ‚Pass der Volkskunst' [*pasaportë e artit popullor*] anwendet, wobei das Lexem ‚Pass' als Ausdruck für ein behördliches Dokument mit offizieller Akzeptanz verbunden ist und hier auf die Volkskunst als personifizierten „Inhaber" bezogen wird. Die Beitexhinj-Literatur wird somit als illegal dargestellt, ohne das Recht, Bestandteil der albanischen Kultur zu sein. Infolgedessen distanziert Kadare auch die Albaner und alle Balkanvölker von den Bejtexhinj:

---

145 Der Begriff ‚ashik' ist im Albanischen oft negativ konnotiert und dann abwertend im Sinne von ‚Lüstling' zu verstehen. Vgl. hierzu Dhrimo (2005): 42, ASHSH (1980): 64.

146 Kadare (2006a): 29.

„Noch weiß man nicht, woher diese Anti-Kultur in Scharen hereingeschwärmt war, die nicht nur mit den Albanern, sondern mit keinem balkanischen Volk eine Verbindung hatte. Im Kern enthielt sie ein verstecktes Programm einer beispiellosen Entmännlichung und moralischer Perversion in sich. Es brauchte nur einige Generationen solcher 'Knaben' und 'Lalen', dass nicht nur die Freiheit, sondern allein schon die Idee der Freiheit für immer unterging."

„Ende nuk dihet nga kishte buisur kjo kundërkulturë, që jo vetëm me shqiptarët, por me asnjë popull ballkanas s'kishte lidhje. Në thelb ajo bartte brenda saj një program të fshehur zhburrërimi e zvetënimi moral të pashembullt. Nuk duheshin veç disa breza "çunash" e "lalësh" të tillë që jo liria, por vetë ideja e lirisë të perëndonte përgjithmonë." [147]

Die Identifizierung eines ‚versteckten Programms' [*program e fshehur*] das im Wesen ‚Entmännlichung' [*zhburrërim*] und ‚moralische Perversion' [*zvetënim moral*] enthält, unterstellt einen Plan. Das Abhängigkeitsverhältnis zwischen ‚Knaben' und ‚Lalen' wertet Kadare scheinbar als degeneratives Verhalten, durch das die Albaner geschwächt, da entmännlicht und moralisch verdorben wurden. Das unterstellte Untergehen der ‚Idee der Freiheit' [*ideja e lirisë*] führt er auf eben dieses freiwillige Abhängigkeitsverhältnis zurück, das zur Akzeptanz der osmanischen Besatzung beigetragen haben soll.

In der Zusammenfassung der charakterisierenden Zuschreibungen, mit denen die Bejtexhinj und ihre Literatur durch Kadare versehen werden, ergibt sich durch den Einsatz zahlreicher Dysphemismen und pejorativer Ausdrücke ein abschreckendes Bild:[148]

Kategorie	Lexeme/ Phrasen
Bejtixhinj	‚Kern dieser Subkultur' [*thelbi i kësaj nënkulture*]: ‚Perversion jener Zonen, wo Pädophilie einen gewissen Status gewonnen hatte' (S. 30)
	‚das erschütternde Bild' [*tabloja trondítëse*]: ‚schlechte Gewohnheiten in vollständigem Gegensatz zu allen Traditionen des Landes' [*zakone të mbrapshta, në kundërshtim të plotë me çdo traditë të vendit*] / ‚für ein Volk extrem erniedrigend' [*tejet poshtëruese për një popull*] / ‚ekelerregende Idyllen' [*idile(ve) të neveritshme*] / ‚enthielt im Kern ein verstecktes Programm einer beispiellosen moralischen Entmännlichung und Perver-

---

147   Ebd.: 30.
148   Vgl. Kadare (2006): 27-32.

	sion' [*në thelb ajo bartte brenda saj një program të fshehur zhburrërimi e zvetënimi moral të pashembullt*] / ‚Abschaum' [*zgjyrë*] / ‚Lumpen der Sklaverei' (S. 31)
	armselige Entstellung (der albanischen Identität) (S. 31)
	verschlafenes Siechtum der Pumphosen und Seufzer (S. 32)
	‚Anti-Kultur' [*kundërkulturë*] / ‚hatte mit keinem balkanischen Volk eine Verbindung' [*me asnjë popull ballkanas s'kishte lidhje*]
Literatur der Bejtexhinj	‚Beyte' (lyrische Gedichte) [*bejte*] (S. 28)
	‚der albanisch-türkische Mischteig' [*brumi i përzier shqiptaro-turk*] (S. 27)
	‚wie ein zusammengeschusterter Lehmziegel' [*si një sajesë prej qerpiçi prej murit hijerëndë*] (S. 27)
	‚lächerlich vom Niveau her' [*qesharake për nga niveli*] (S. 28)
	‚zutiefst unmoralisch' [*thellësisht e pamoralshme*] (S. 28)
	‚angebliche Kunst' (S. 29)
	‚sogenannte erotische Literatur' [*ashtuquajtura letërsi erotike*] (S. 28)
	‚keinerlei normale Erotik' [*aspak erotizëm normal*] (S. 28)
	‚angefüllt mit Liebhaber- und Homosexuellenmotiven' [*i mbushur me motive ashikësh e dylberësh*] (S. 28)
	‚Lobpreisungen für Pädophilie' [*lavde për pedofilinë*] (S. 28)
	‚eingeschmuggelt über den Pass der Volkskunst' [*futur kontrabandë, nën pasaporten e artit popullor*] (S. 29)

Die Begriffe ‚Subkultur' [*nënkulturë*] und ‚Anti-Kultur' [*kundërkulturë*] werten Lebensweise und Schaffen der Bejtexhinj als Randerscheinung einer kleinen Gruppe und als Gegenbewegung zur albanischen Kultur ab. Die sexuell konnotierten Lexeme ‚Perversion' [*zvetënim*] und ‚Pädophilie' [*pedofili*] dienen wie auch die Negationsphrase ‚keinerlei normale Erotik' [*aspak erotizëm normal*] der Nomination und Charakterisierung des ihr zugeschriebenen moralisch Verwerflichen. In diesem Zusammenhang ist auch die Bezichtigung des Vorantreibens einer ‚beispiellosen Entmännlichung und Perversion‘ [*zhburrërim e zvetënim moral të pashembullt*] zu sehen, ebenso wie die Beschuldigung der Literatur als ‚zutiefst unmoralisch‘ [*thellësisht e pamoralshme*] und ‚Lobpreisungen für Pädophilie‘ [*lavde për pedofilí*]. Eine Abwertung erfolgt außerdem über Beschreibungen durch Phrasen und Lexeme wie ‚lächerlich vom Niveau her‘, ‚leiernd‘ und ‚krank machend‘. Daraus resultiert schließlich durch den Einsatz lexikalischer Mittel des Infrage-Stellens wie ‚angeblich‘ [*kinse*] und ‚sogenannt‘ [*e ashtuquajtur*] die implizite „Enttarnung“ des wahren Wesens der literarischen Texte der Bejtexhinj, wenn Kadare davon spricht, sie seien nur ‚angebliche Kunst‘ [*kinse art*] bzw. ‚sogenannte erotische Literatur‘ [*e ashtuquajtura letërsí*]. Sie besitzen seiner Meinung nach offensichtlich keinen kulturellen Wert. Der Vorwurf des ‚Einschmuggelns‘ und die Bezichtigung eines ‚versteckten Programms‘ [*program e fshehur*] verorten dieses Schaffen darüber hinaus lexikalisch im Bereich des Illegalen und grenzen es hierdurch gleichzeitig von der restlichen albanischen Literatur ab, was durch die behauptende Phrase, diese Literatur habe ‚mit keinem balkanischen Volk eine Verbindung gehabt‘, explizit bekräftigt wird. Auch der Hinweis auf deren ‚vollständigen Gegensatz zu allen Traditionen‘ [*kundërshtim i plotë me çdo traditë*] Albaniens unterstreicht dies. Die Bejtexhinj erfahren daher im Zuge von Kadares Räsonieren die diffamierenden Dysphemismen als ‚Abschaum‘ [*zgjyrë*], ‚Lumpen der Sklaverei‘ [*rreckat e robërisë*] und ‚armselige Entstellung‘ [*përçudnim lëngaraq*] der „ermatteten albanischen Identität“. In der metaphorischen Phrase ‚verschlafenes Siechtum der Pumphosen und Seufzer‘ vereinen sich schließlich die Chiffre für *Müßiggang* (metonymisch: ‚verschlafen‘ [*e përgjumur*]), *Alter* (metonymisch: ‚Siechtum‘ [*dergjje*],), *Jugend* (pars pro toto: ‚Pumphosen‘ [*shallvare*], auf die Kleidung der Knaben bezogen) und *sexuelles Verlangen* (metonymisch: ‚Seufzer‘ [*psherëtime*]), auch als ‚ekelerregende Idyllen‘ beschrieben, zu einem ‚erschütternden Bild‘ [*tablojë trondítëse*], wie Kadare es formuliert und nachzeichnet. Seine Motivation einer solchen Darstellung kann aus zwei möglichen Quellen herrühren: aus seiner Intention, den Antieuropäismus der Osmanen und ihrer Anhänger durch eine möglichst negative Darstellung oder gar Diffamierung als den europäischen Werten entgegengesetztes Konzept zu entlarven, oder aus dem Gefühl heraus, das er auch den albanischen Wissenschaftlern des 20. Jahrhunderts zuschreibt: dem (extremen) Gefühl der Erniedrigung, mit einer solchen amoralisch handelnden Gruppe in Verbindung gebracht zu werden.

Vier Gegenkonzepte führt Kadare zum Antieuropäismus der Osmanen ins Feld, von denen drei bereits bezüglich ihrer Funktion besprochen wurden: die albanische Kultur und Tradition, die mittelalterliche albanische (vor allem katholische) Literatur im Besonderen, die Balkan-Völker als europäische Kulturen sowie die albanische Nationalbewegung. Letztere betont Kadare mit dem Hinweis auf den albanischen Europäismus:

„Gegen diesen Abschaum, wie auch immer er genannt wurde, erhob sich die albanische Nationalbewegung. Mit	„Kundër kësaj zgjyre që s'dijë ç'emër t'i vije, u ngrit Rilindja Kombëtare Shqiptare. Me programin e saj të qartë

ihrem klar europäistischen Programm [...] bemühte sie sich, die Lumpen der Sklaverei aus ihrer Kultur und Sprache zu entfernen." | evropianist [...] ajo e përpiqej t'ia hiqte kulturës dhe gjuhës së saj rreckat e robërisë."[149]

Worauf zu Beginn des Kapitels bereits hingewiesen wurde, die Vorbildfunktion des osmanischen Antieuropäismus für Herrschaftsgruppen und Teile der Gesellschaften in Albanien und seinen Nachbarländern, kommt bei Kadare bereits an dieser Stelle zum Tragen. Mit Gründung des Staates Albanien sieht er in einem damaligen Bauernaufstand die rückwärtsgewandte Bewegung osmanentreuer Albaner, deren Anführer Haxhi Qamili er zur Symbolfigur eines albanischen Antieuropäismus stilisiert, der in seinen Augen ein fortgesetzter osmanischer Antieuropäismus ist. Vom späteren kommunistischen Diktator Enver Hoxha in positiver Weise bedacht, findet über die Gestalt des Haxhi Qamili eine erneute Übertragung des osmanischen Antieuropäismus auf den kommunistischen statt, wie im Folgenden noch genauer dargelegt wird. Die bei Kadare aufgezeigte Konzeptualisierung des nichteuropäischen Antieuropäismus als kultureliminierendes Konzept indes bildet über zahlreiche historisch verankerte und emotional aufgeladene Begriffe und Personen ein komplexes Netzwerk, dessen Knotenpunkte über direkte wie indirekte Verbindungen stets auf die Ausgangschiffre der ‚Bejtexhinj' als Symbol antieuropäischer Unmoral und Kulturlosigkeit zurückverweisen (vgl. Abb. 12). In welcher Art diese Verbindungen bis in die heutige Zeit reichen, wird nachfolgend noch aufgeschlüsselt.

---

149   Ebd.: 30 f.

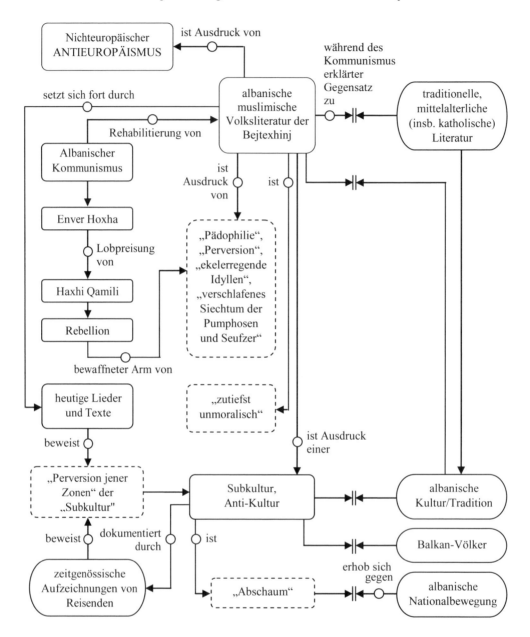

Abb. 12: Konzeptualisierung und kontextuelle Einbettung des nichteuropäischen
Antieuropäismus am Beispiel der albanischen muslimischen Volksliteratur
der Bejtexhinj

Quelle: eigene Darstellung, nach Kadare

2.3.3 Albanischer Antialbanismus und Antieuropäismus

Mit dem Ende des Osmanischen Reichs und der Gründung des albanischen Staates im Jahre 1912 setzte für die Albaner offiziell ein neues Zeitalter ein. Es kam allerdings zum Zwiespalt zwischen pro- und antiosmanischen Kräften. Das noch junge albanische Nationalbewusstsein stand dem im Osmanischen Reich traditionell vorhandenen religionsgebundenen Zugehörigkeitsgefühl entgegen. Kadares Thematisierung des albanischen Antialbanismus und Antieuropäismus beruht auf dieser Problematik. Bei der Beschäftigung mit *Haxhi Qamili*, dem Führer eines u.a. religiös motivierten Bauernaufstandes geht es um dessen Versuche, Entwicklungen im jungen Albanien teilweise rückgängig zu machen. Die Auseinandersetzung mit der albanischen Politik und den *Politikern* des ausgehenden 20. Jahrhunderts greift vor allem Handlungsweisen und Charakteristika auf, die Kadare auf das Überleben osmanischer Denkweisen zurückführt.

2.3.3.1 ‚Haxhiqamilismus' als Ausdruck einer antieuropäischen Ideologie

Qamil Zyber Xhameta (1876-1915), Haxhi Qamili genannt, soll Scheich einer Tekke des Derwischordens der Melamiye gewesen sein.[150] In den Jahren 1914/1915 trat er als einer der Anführer eines Bauernaufstandes albanischer Muslime in Erscheinung, der sich von Mittelalbanien aus ausbreitete.[151] Der sunnitische Aufstand, der unter grüner Flagge mit Halbmond und Stern geführt wurde, galt zwar als von den Osmanen mittels der jungtürkischen Propaganda initiiert, beruhte jedoch nicht nur auf Forderungen nach der Wiedereingliederung Albaniens in den türkischen Verwaltungsbereich oder nach osmanischer Regentschaft (statt der des gerade von internationalen Akteuren eingesetzten deutschen Prinzen Wilhelm zu Wied), verbunden mit dem islamischen Scheriatsrecht. Gemäß den Grundsätzen des Ordens waren eine gerechte Gesellschaftsordnung und Abkehr von Reichtum ebenso Ziele, die Haxhi Qamili auch persönlich umgesetzt haben soll, indem er

> „[…] seinen Besitz unter die Armen und Waisen [verteilte], dann zog er von Ort zu Ort, beschlagnahmte Güter und Häuser der Reichen und gab sie den Armen, die ihn deshalb ‚Baba Qamili' (Vater Qamil) nannten."[152]

Auslöser des Aufstands war die Gründung der „Albanischen Nationalbank", in deren Zuge die albanische Regierung

> „[…] dem österreichischen und dem italienischen Kapital […] große Konzessionen versprach. Die Regierung gab dem ausländischen Kapital das Recht, mit dem landwirtschaftlichen Grundbesitz zu operieren, worüber unter den Bauern große Unruhe

---

150   Vgl. hierzu sowie nachfolgend: Lalaj (2009): 2139; Kaleshi, H. (1976): 131 ff.; Bartl (1995): 177 ff.
151   Die offizielle Bezeichnung des Aufstandes in der albanischen Geschichtsschreibung lautet „Zentralalbanischer Aufstand 1914-1915" [Kryengritja e Shqipërisë së Mesme të viteve 1914-1915].
152   Kaleshi, H. (1976): 132.

ausbrach, denn sie befürchteten, daß das in der ‚Albanischen Nationalbank' verei-
nigte fremde Kapital wegen der großen Armut in der Bevölkerung das Land aufkau-
fen und in seine Hände nehmen könnte. Auf der anderen Seite spitzten sich auch die
religiösen Gegensätze zu, als *Esad Pascha Toptani* die Regierung von *Ismail Qemal
Bey Vlora* wegen ihrer prowestlichen Orientierung verließ."[153]

Die Erhebung kann daher durchaus als religiös motiviert gesehen werden, aber auch als
gegen die feudalen Zustände gerichtete Reaktion. Nichts desto trotz dominierte die damit
einhergehende politische Motivation für das Vorgehen gegen Wied.[154] Analysten mit stark
prowestlichem Fokus interpretieren die Aufständischen um Haxhi Qamili hingegen hauptsächlich als fanatische proosmanische Gruppe, die für die Verwirklichung protürkischer
Parolen kämpfte.[155] Hierzu zählt insbesondere jene, auf die sich auch Kadare in seinem
Essay bezieht:

„Wir wollen den Vater, wir wollen die türkische Sprache, wir wollen die türkische Flagge."	„Duam babën, duam gjuhën turke, duam flamurin turk."[156]

Aufgrund einer aussichtslos werdenden Lage sagte sich Haxhi Qamili im Jahre 1915 allerdings von den Jungtürken los und erklärte seine Neutralität, was seine Festnahme durch
serbische Truppen aber nicht verhindern konnte, in deren Folge er zum Tode verurteilt und
hingerichtet wurde.[157]

Bei Kadare liest sich die Zusammenfassung der damaligen Ereignisse als eine ungebro-
chene Fortführung seiner antiosmanischen Äußerungen:

„Sofort nach der Ankunft des deutschen Königs Wilhelm zu Wied, dem protestantischen 'Gesandten' Europas, in ein Land mit drei Religionen, war die Rebellion von Haxhi Qamili ein schlechtes Vorzeichen. Begonnen als antieuropäischer Hass endete sie in antialbanischer	„Fill pas ardhjes së mbretit gjerman Vilhelm Vidit, i dërguari protestant i Evropës, në vendin me tri fe, rebelimi i Haxhi Qamilit ishte një ogur i keq. I nisur si mllef kundërevropian ai përfundoi në tërbim antishqiptar. Nën daullet dhe klithmat 'Dum Babën!', që

---

153   Ebd.: 131.
154   Schmidt-Neke bezeichnet die Einschätzung des Aufstandes als problematisch, da schon damals die
        Meinungen darüber auseinandergingen, ob dieser von Toptani selbst angestiftet worden war, oder ob
        sich der Aufstand gegen Wied und Toptani richtete, nachdem letzterer die Kontrolle über die Bauern
        verloren hatte. Enver Hoxha wiederum betonte rückblickend nationale Unterschiede zwischen Bauern
        und Regierung sowie Klassengegensätze zwischen Bauern und Feudalherren. Vgl. hierzu Schmidt-
        Neke (1987): 39.
155   Vgl. ASHSH (2007): 69.
156   ASHSH (2009): 2139.
157   Vgl. Tönnes, B. (1980): 327; ASHSH (2009): 2139.

Wut. Unter Trommeln und dem Ausruf 'Wir wollen den Vater!', der nicht weniger sagen sollte als ‚Wir wollen Sklaverei!' verbrannten die Banden der Haxhiqamilisten die albanische Flagge, schlossen die albanischen Schulen, massakrierten Schüler und Lehrer wie einstmals."

do të thoshte, as më pak as më shumë: 'Duam robërinë!' hordhitë e haxhiqamilistëve digjnin flamurin shqiptar, mbyllnin shkollat shqipe, masakronin nxënës e mësues, si dikur."[158]

Kadare reiht auf diese Weise zahlreiche emotional negativ aufgeladene Phrasen aneinander und erzeugt so ein Bild fast barbarischer Zustände. Die ‚Rebellion' [*rebelim*] als ‚schlechtes Vorzeichen' [*ogur i keq*] zu deuten, hat lexikalisch prophetischen Charakter und verweist formal auf etwas, was noch kommen wird, ist somit erster Teil eines Spannungsbogens. Die Kombination ‚antieuropäischer Hass' [*mllef kundërevropian*] und ‚antialbanische Wut' [*tërbim antishqiptar*] führt ihn als Folgebeziehung (gemäß dem Schema ‚A endet in B') fort. Kadare setzt die Begriffsverknüpfung ‚antieuropäisch' und ‚antialbanisch' nicht nur hier, sondern auch an anderer Stelle im Essay ein, um eine Steigerung des Antieuropäismus ins Äußerste zu erreichen. Die Parole ‚Wir wollen den Vater!' [*Du(a)m Babën!*] als ‚Wir wollen Sklaverei!' [*Duam robërinë!*] zu interpretieren, zeigt eine unzulässige, da verfälschende Vermischung eines pro-osmanischen Zugehörigkeitsdenkens mit einem entgegengesetzten proeuropäischen Blickwinkel. Die Zuordnung der Konnotation ‚Sklaverei' zum Lexem ‚Vater' kann nur aus Sicht eines *proeuropäischen* kollektiven ‚Wir'[159] erfolgen, was wiederum zu einer antithetischen Aussage führt, die als unwahr anzusehen ist: Wir (die proeuropäischen Albaner) wollen Sklaverei! Ebenso unwahr ist das Ergebnis der Ersetzung des Lexems ‚Vater' durch die Konnotation ‚Sklaverei' unter Beibehaltung eines kollektiven *proosmanischen* ‚Wir': Wir (die osmanentreuen Albaner) wollen Sklaverei! Eine Auflösung dieses Dilemmas kann nur über die Kopula erfolgen. Was Kadare ausdrücken will, ist die *Empfindung* oder die *Erfahrung* (d.h. das *Wissen*), die Herrschaft der Osmanen sei Sklaverei. Die entsprechende Ersetzung des Verbs ‚wollen' in seiner interpretativen Äußerung führt zu zulässigen Aussagen:[160]

> Wir (die osmanentreuen Albaner) wollen den Vater (d.h. die osmanische Herrschaft)! (wahr)

---

158 Kadare (2006a): 31 f.

159 Im Albanischen wird das Pronomen implizit über die Verb-Endung ausgedrückt, sofern keine Betonung desselben vorliegt.

160 Die Bewertung der Aussagen als „zulässig" statt als „wahr" soll der Tatsache Rechnung tragen, dass es sich bei der Interpretation nicht um allgemeingültige, kollektiv (!) „wahre" Aussagen handeln muss. Die erste Aussage kann hingegen in Bezug auf den hier behandelten Bauernaufstand als historisch belegt angesehen werden.

Wir (die proeuropäischen Albaner) empfinden die osmanische Herrschaft als Sklaverei! (zulässig)

Wir (die proeuropäischen Albaner) wissen, dass die osmanische Herrschaft Sklaverei bedeutet! (zulässig)

Kadares suggestive Interpretation vermittelt unterdessen eine nichtlogische Aussage, deren Funktion mit Sicherheit im Aufbau einer Abwehrhaltung beim Rezipienten gegen den Aussagegehalt liegt, was zu Ablehnung gegenüber den proosmanischen und Zustimmung zu den proeuropäischen Konzeptionalisierungen führen soll. Das Wiederaufgreifen von Zwangs- und Gewaltlexik in Verknüpfung mit an Nationalgefühl gebundenen Lexemen (‚verbrannten die albanische Flagge‘ [*digjnin flamurin shqiptar*], ‚schlossen die albanischen Schulen‘ [*mbyllin shkollat shqipe*], ‚massakrierten Schüler und Lehrer‘ [*masakronin nxënës e mësues*]), wie sie von Kadare bereits für die osmanische Herrschaftszeit eingesetzt wurde, unterstützt diesen Prozess der Meinungslenkung.

Die weitere Verwendung des Eigennamens und seiner Ableitungen geschieht überwiegend funktional zur Analogiebildung und konnotativen Bedeutungsübertragung im Hinblick auf andere Konzepte. Als Anthroponym kommt ‚Haxhi Qamili‘ vier Mal im Text vor. Hinzu kommen die daraus gebildeten Deonyme ‚Haxhiqamilisten‘ [*haxhiqamilistë*] für dessen Anhänger (ein Mal) und ‚Haxhiqamilismus‘ [*haxhiqamilizëm*] für deren Bewegung (zwei Mal). Allerdings handelt es sich bei dem genannten Zitat um die einzige Textstelle im Essay, in der die Lexeme direkt auf die Beschreibung des historischen Ereignisses der Rebellion bezogen sind. An einer weiteren Stelle erfolgt noch eine direkte Bezugnahme, die Ahmet Zogu als Europäisierer Albaniens in der Zwischenkriegszeit mit dem Haxhiqamilismus ein semantisches Gegenkonzept als bedrohliches Szenario entgegenstellt und mittels funktionalen Superlativs die besorgte Modernisierer-Rolle des Staatsoberhaupts stärker hervorhebt:

„Von den Staatsmännern war König Zogu einer von denen, die am meisten von einer möglichen Wiederholung des Haxhiqamilismus beunruhigt waren."	„Nga burrat e shtetit, mbreti Zog ishte një ndër ata që më së shumti u shqetësua nga një përsëritje e mundshme e haxhiqamilizimit."[161]

Alle anderen Verwendungsweisen dienen der Evokation negativer Assoziationen und Emotionen in Bezug auf konnotierte Lexeme, Phrasen oder Konzepte und zugehörige Referenten:

„1947 hatte Enver Hoxha das einzige 'historische Essay', das er geschrieben hatte, der Lobpreisung Haxhi Qamilis gewidmet."	„Më 1947-ën, Enver Hoxha, të vetmen 'sprovë historike' që shkroi ia kushtoi himnizimit të Haxhi Qamilit."[162]

---

161   Kadare (2006a): 32.
162   Ebd.: 38.

„Es ist verständlich, dass sowohl der Haxhiqamilismus als auch der albanische Kommunismus einen kranken, antieuropäischen Geist hinterließen."	„Është e kuptueshme që dhe haxhiqamilizmi dhe komunizmi shqiptar do të linin pas vetes një frymë të sëmurë kundërevropiane."[163]
„Die indirekte Nostalgie, die sich heute bei uns für das Osmanentum zeigt, ist nicht nur verwunderlich. Sie in erster Linie erniedrigend. Und ebenso das Gespenst des Haxhi Qamili, das sich ständig und immer öfter in den albanischen Gegenden zeigt."	„Nostalgjia e tërthortë që po shfaqet sot tek ne për otomanizmin nuk është vetëm e habitshme. Ajo është në radhë të parë poshtëruese. E po ashtu fantazma e Haxhi Qamilit, që përherë e më shpesh shfaqet në trojet shqiptare."[164]
„Die Stadtverwaltung Tiranas, angeführt in jener Zeit ‚von den Haxhi Qamilis' […]"	„Bashkia e Tiranës, e drejtuar në atë kohë 'nga haxhi qamilët' […]"[165]

Wie im vorangegangenen Kapitel bereits angedeutet, stellt Kadare Bezüge zwischen Osmanentum und Kommunismus her, um eine Übertragung negativer Konnotationen zu erreichen, was zu einer Quasi-Gleichsetzung beider Feindbilder führt. Das mit dem Konzept der Ehrerweisung verbundene Lexem ‚Lobpreisung' [*himnizim*] hängt semantisch mit der Bedeutung ‚jemandes Ruhm verkünden' zusammen. Wenn ein despotischer Diktator eine solche Anerkennung vornimmt, hebt das in dessen Machtbereich den Empfänger auf eine hohe Stufe in der Bedeutungshierarchie und schafft auf emotionaler Ebene eine Analogie zwischen Bewunderer und Bewundertem. Die Beifügung, es sei ‚das einzige ‚historische Essay'' [*të vetmen 'sprovë historike'*], das Enver Hoxha geschrieben habe, vermittelt zudem eine Exklusivität, die das noch unterstreicht. Die Charakterisierung Haxhi Qamilis als antieuropäisch und antialbanisch geht auf diese Weise auf Enver Hoxha als dessen „Ruhmesverkünder" über. Dass Kadare den Wert von Hoxhas Essay anzweifelt, zeigt sich darin, dass er Anführungszeichen verwendet und dadurch Ironie ausdrückt. Dass Haxhiqamilismus und Kommunismus im selben Satz als Verursacher eines ‚kranken antieuropäischen Geistes' [*një frymë të sëmurë kundërevropiane*] benannt werden, führt ebenfalls zu einer Gleichsetzung der beiden, die durch die Attribuierung des Antieuropäismus als ‚krank' zusätzlich abgewertet werden. Das gilt auch für die laut Kadare vorhandene Nostalgie bei einem Teil der albanischen Bevölkerung. Das ebenfalls mit dem Ehrkonzept verknüpfte Adjektiv ‚erniedrigend' [*poshtëruese*] dient als verbindendes Element

---

163 Ebd.: 48.
164 Ebd.: 52.
165 Ebd.: 52.

zwischen der ‚Nostalgie‘ [*nostalgjí*] für das Osmanentum und dem ‚Gespenst des Haxhi
Qamili‘ [*fantazma e Haxhi Qamilit*]. Die Lexeme ‚Geist‘, ‚Nostalgie‘ und ‚Gespenst‘ spielen darüber hinaus auf etwas nicht Greifbares in der albanischen Gesellschaft an, das Kadare als Gefahr und Ausdruck von Antieuropäismus ansieht und das vornehmlich im Denken
der Menschen verhaftet ist. Schließlich geht er so weit, den Eigennamen ‚Haxhi Qamili‘ als
Antonomasie allgemein auf antieuropäisch denkende Personen anzuwenden und dadurch
einen synonymen Gattungsbegriff zu ‚Antieuropäer‘ zu schaffen. Dieses Konzept greift er
auch in seinen späteren Interviews immer wieder auf, so z.B. sehr deutlich in folgendem
Kommentar:

„Wie man sieht, sind die heutigen Haxhi Qamilis unermüdlich. Anders als der einstige Bandit, der nicht lesen und schreiben konnte, sind die heutigen, die des Lesens und Schreibens kundig sind, noch gefährlicher.“	„Siç shihet, Haxhi Qamilët e sotëm janë të palodhur. Ndryshe nga banditi i dikurshëm analfabet, këta të sotmit, që dinë shkrim e këndim, janë edhe më të rrezikshëm“ [166]

Der Bezug auf Angehörige der Stadtverwaltung ist exemplarisch und bezeichnend, da Kadare insbesondere albanische Politiker des Antieuropäismus bezichtigt. Entsprechend widmet er sich deren Auftreten in der Öffentlichkeit und nimmt überwiegend durch historische
Kontextualisierungen und Bezugnahmen eine Charakterisierung vor, die als Erklärungsan-
satz für den aktuellen Zustand Albaniens mit seinen noch immer ungelösten Fragen dient.

2.3.3.2 Albanische Politiker als Vertreter des zeitgenössischen Antieuropäismus

Politiker nehmen in Kadares Konzeptualisierungen zum Verhältnis der albanischen Gesellschaften zu Europa eine Schlüsselposition ein. Deren Bekenntnis zu Europa und zum Westen sei nahezu einhellig. Auf welche Weise eine Integration in die westliche Wertegemeinschaft erfolgen soll, sei hingegen unklar. Kadare sieht hier eine Gefahr bezüglich des Nicht-
Greifbaren des Antieuropäismus, verankert im teils rückwärts gerichteten Denken der
albanischen politischen Elite, die aufgrund ihres Machtpotentials die Geschicke Albaniens
und der Region in der Hand hat. Konzeptuell drückt sich das bei Kadare eindeutig über die
Kontextualisierungen der zugeordneten Schlüsselwörter und deren Begriffsnetzwerke aus.

Das Lexem ‚Politiker‘ [*politikan*] kommt im Text sechs Mal und ausschließlich im Plural vor. Alle Verwendungen sind negativ konnotiert und beziehen sich auf die Politiker der
Gegenwart nach 1990/91. Attributiv und im semantischen Kontext werden jene mit Korruption, Bestechlichkeit, Verschleierungstaktiken, geheimen Reisen, Kontakten zu undemo-
kratischen und diktatorisch regierten Ländern, Gerissenheit, Antiamerikanismus, Handeln
wie zu kommunistischer Zeit und östlichem Denken in Verbindung gebracht. Weiterhin

---

166   o.V. (2006g): 5.

seien sie demokratie- und modernisierungsfeindlich. Hinzu kommt der Vergleich mit der Mafia:

„Oft wurde von jenem Teil Albaniens gesprochen, der, obwohl er es nicht wagt, klar und deutlich hervorzutreten, gegen Europa ist. Es wurde von der Mafia und der organisierten Kriminalität gesprochen, die, da sie, Nation und Vaterland nicht anerkennend, keinen Grund haben, sich darüber den Kopf zu zerbrechen. Es wurde über die korrupten Politiker gesprochen, die so wie die Mafia vor den Gesetzen der Demokratie und den Standards des europäischen Balkans in Angst geraten. Es wurde über die antiamerikanischen Reden im albanischen Parlament 1997 gesprochen, die mit Sicherheit nostalgische Tränen in den Augen der albanischen Stalinisten hervorgerufen haben. Die halb geheimen Reisen der albanischen Politiker beider Seiten sind bekannt, in Länder, die einige Male als terroristisch eingestuft wurden, mit zweifelhaften Regierungen, die nicht einmal ihre eigenen Völker nicht lieben und mit denen uns nichts verbindet."

„Është folur shpesh për atë pjesë të Shqipërisë që, ndonëse s'guxon të dalë haptas, është kundër Evropës. Është folur për mafien dhe krimin e organizuar, që duke mos njohur komb e atdhe, s'kanë si të çajnë kryet për to. Është folur për politikanë të korruptuar, që ashtu si mafia tmerrohen nga ligjet e demokracisë e nga standardet e Ballkanit evropian. Është folur për fjalimet antiamerikane në parlamentin shqiptar më 1997-ën, që kanë shkaktuar, me siguri, lot nostalgjike, në sytë e stalinistëve shqiptarë. Janë të njohura udhëtimet gjysmë të fshehta të politikanëve shqiptarë të të dy krahëve, në vende, disa herë të cilësuara si terroriste, me qeveri të dyshimta, që s'i duan as popujt e vet, e me të cilat s'na lidh asgjë." [167]

Wie beim substantivischen Lexem ‚Nostalgie' verwendet Kadare auch das adjektivische Lexem ‚nostalgisch' [*nostalgjike*] zur analogen Verbindung zweier Konzepte zwecks emotiver Bedeutungsübertragung, in diesem Fall von Antiamerikanismus und Stalinismus, und polemisiert auf diese Weise gegen albanische Politiker, mit denen er beides verknüpft. Durch die Phrase ‚nostalgische Tränen in den Augen der albanischen Stalinisten' [*lot nostalgjike, në sytë e stalinistëve shqiptarë*] zeichnet Kadare dabei nicht nur ein anschauliches Bild, sondern verleiht der faktischen Aussage eines kommunistischen Gebarens seitens der albanischen Politiker einen allgemeinverständlichen Ausdruck. Wie weitgehend Kadare auf ähnliche Weise die dysphemistische Analogie zu Mafia und Organisierter Kriminalität herstellen will, ist schwerer zu sagen. Die Formulierung ‚Nation und Vaterland nicht ken-

---

167   Ebd.: 47 f.

nend' [*duke mos njohur komb e atdhe*] ist nicht eindeutig auch den Politikern zuordenbar. Als Indiz für eine solche Zuordnung kann allerdings der Hinweis auf die ,halb geheimen Reisen' [*udhëtimet gjysmë të fshehta*] gewertet werden: Die Zielländer werden als ,terroristisch' [*terroriste*] beschrieben, ihre Regierungen als ,zweifelhaft' [*të dyshimta*] und solche, ,die ihre Völker nicht lieben' [*që s'i duan as popujt e vet*]. Der Zusatz ,und mit denen uns nichts verbindet' [*me të cilat s'na lidh asgjë*] gleicht dem, den Kadare auch in Bezug auf die Bejtexhinj macht, wenn er betont, dass diese „mit keinem balkanischen Volk eine Verbindung" gehabt hätten.[168] Die Motivation der Politiker, solche Verbindungen zu unterhalten, kann nach dieser Deutung nicht zugunsten Albaniens sein. Folglich müssen es private Interessen und Vorteile sein, die „über Nation und Vaterland" gestellt werden. Der Korruption schreibt Kadare denn auch den unwidersprochenen Beitritt Albaniens zur *Organisation für islamische Zusammenarbeit* (Organisation of Islamic Cooperation, OIC) im Jahr 1992 zu. Er nennt es eine ,widersprüchliche Bewegung' [*lëvizje kundërthënëse*] der ersten demokratischen Regierung im Hinblick auf den vorausgegangenen ,Rausch nach Europa' [*dehje për Evropën*] und die ,Begeisterung dafür' [*dalldisje për të*]. Die Motivation dazu sei nie öffentlich gemacht worden. Dass allerdings die später an die Macht gekommene Opposition keine Gegenmaßnahmen traf, schreibt Kadare eindeutig parteipolitischen Interessen und Bestechung zu:

„Vollkommen wie ein blinder Vogel flog eine albanische Delegation mit dem Flugzeug nach Dschidda, ein Flug, nach dem Albanien in der Islamischen Liga aufwachte.

Die linke Opposition machte ein wenig Lärm, oppositionellen, der zu Recht unseriös genannt wurde, da, als jene selbst an die Macht gelangt war, sie nichts für die erneute Prüfung der im Parlament noch unratifizierten Mitgliedschaft gemacht hatte. Dies wurde auf zweierlei Art erklärt. Zum einen, dass die Opposition, als grekophil angeklagt wegen ihres Vorsitzenden, ein besonderer islamischer Anstrich interessierte, um ihren Grekophilismus zu vernebeln. Zum Zweiten waren die teuren Hotels von Dubai, vielleicht von teuren Geschenken begleitet, genauso

„Krejt si një shpend i verbër, një dërgatë shqiptare fluturoi me avion për në Xhedal, fluturim pas të cilit Shqipëria u gdhi në Ligën Islamike.

Opozita e majtë bëri njëfarë zhurme, kundërshtuese, që u quajt me të drejtë e pasinqertë, ngaqë kur ajo vetë erdhi në pushtet, nuk bëri asgjë për ta rishqyrtuar anëtarësimin ende të paratifikuar në Parlament. Kjo u shpjegua dymënyrash. E para, se opozitës, së akuzuar, për shkak të liderëve të saj, si grekofile, i interesonte një ngjyrim i tejshquar islamik për t'u mjegulluar filogreqizmi i saj. E dyta, hotelet e shtrenjta të Dubait, të shoqëruar, ndoshta, nga dhurata të shtrenjta, ishin mjaft joshëse gjithashtu për të majtën."[169]

---

168   Vgl. Ebd.: 30.
169   Kadare (2006a): 11.

überaus verlockend für die Linke."

Der Vergleich der albanischen Delegation mit einem blinden Vogel drückt die Orientierungslosigkeit aus, die nach Kadares Meinung zu diesem Quasi-Irrflug geführt habe. Damit wird die Mitgliedschaft Albaniens in der OIC implizit als Irrtum deklariert. Die Beibehaltung des Status als Mitglied schreibt er der Sozialistischen Partei (PS) zu, die zum Beitrittszeitpunkt in der Opposition war, in ihrem Gebaren aber damals schon keinen glaubhaften Widerstand geleistet hatte, wie Kadare durch die Formulierungen ‚ein wenig Lärm' [*njëfarë zhurme*] und ‚unseriös' [*pasinqertë*] deutlich macht. Für die Begründungen, auf die sich Kadare bezieht, greift er zur Darstellung auf teils metaphorische, teils klare Lexik zurück:

Kategorie	Lexeme/ Phrasen
Justiz	‚angeklagt' [*e akuzuar*]
Täuschung	‚Anstrich' [*ngjyrim*] / ‚vernebeln' [*mjegullon*]
Bestechung	‚teuer' [*e shtrenjtë*] / ‚Geschenke' [*dhurata*] / ‚verlockend' [*joshëse*].

Durch diese Wortfelder wird auch der Begriff der ‚Opposition' [*opozitë*], der nur an dieser Stelle im Essay vorkommt, bezüglich der linken Opposition entsprechend kontextualisiert. Der Begriff ‚Parlament' ist in diesem Umfeld als Plattform derartiger politischer Vorgänge negativ konnotiert. Das Lexem ist als Internationalismus [*parlament*] zwei Mal im Text zu finden, als Albanismus [*kuvend*] ein Mal, beide Varianten in synonymer Verwendung. Auch für den Begriff der ‚Regierung' [*qeveri*], der drei Mal vorkommt, lassen sich nur negative Konnotationen und Kontextualisierungen finden, wie oben zum Teil schon ausgeführt wurde: als Verantwortliche der Mitgliedschaft Albaniens in der OIC, als albanische staatliche Institution mit Angehörigen, die in den Zusammenhang mit politischer und moralischer Korruption gebracht werden und als Institution anderer Staaten, die teilweise als terroristisch eingestuft wurden und zu denen albanische Politiker Kontakte unterhalten. Der Begriff der ‚Korruption' [*korrupsion*] ist drei Mal zu finden, zwei Mal als ‚politische Korruption' [*korrupsion politik*], einmal davon mit dem Zusatz ‚moralische' [*moral*], und einmal als Simplex ohne Attribut. Auch das Adjektiv ‚korrupt' [*e korruptuar*] steht wie das zwei Mal auftretende Lexem ‚Intrigen' [*dredhí*] in direktem Bezug zu Politikern. Kadare stellt hierzu fest:

„Das alles weiß man. Das Schlechte ist, dass das Gedächtnis der albanischen Politik kurz ist, und außerdem halten einige von unseren Politikern ihre Gerissenheit für Intelligenz. Sie denken,

„Të gjitha këto dihen. E keqja është se kujtesa e politikës shqiptare është e shkurtër dhe, veç kësaj, disa nga politikanët tanë, dinakërinë e tyre e kujtojnë për zgjuarsi. Ata kujtojnë se

dass sie mit den Intrigen der früheren staubigen Märkte in die Institutionen der kontinentalen Demokratie hineinkommen."

me dredhitë e pazareve të pluhurosur të dikurshëm, mund të hyjnë në institucionet e demokracisë kontinentale." [170]

Worauf Kadare anspielt, ist das Auftreten albanischer Politiker im nationalen wie internationalen Kontext, das vielfach als machtzentriert, von persönlichen Interessen gesteuert, wenig zivilisiert und politisch unreif bezeichnet werden muss – ohne dass das langfristig Folgen für den politischen Erfolg der Akteure zeigt. [171] Die Metapher des ‚kurzen Gedächtnisses' [kujtesë e shkurtër] drückt genau dies mittels Personifizierung der Politik aus. Die fehlende Weitsicht der Politiker findet sich in der Phrase ‚halten [...] ihre Gerissenheit für Intelligenz' [dinakërinë e tyre e kujtojnë për zgjuarsi] – jene sehen sich hiernach als klüger an als sie sind. Das daran anknüpfende Bild der ‚Intrigen der früheren staubigen Märkte' [dredhitë e pazareve të pluhurosur të dikurshëm] weckt lebhafte Assoziationen zu feilschenden und trickreichen Händlern auf traditionellen Märkten. Dem werden die ‚Institutionen der kontinentalen Demokratie' [institucionet e demokracisë kontinentale] in gegensätzlicher Konnotation gegenübergestellt. Kadare stellt hierdurch die Erfolgsaussichten für einen EU-Beitritt Albaniens auf der Basis einer so gearteten politischen Elite infrage. Die Ursachen sieht er u.a. auch darin, dass viele Politiker gedanklich im Kommunismus verhaftet geblieben seien, wie es schon im Zusammenhang mit den antiamerikanischen Reden im albanischen Parlament expliziert wurde:

„Ein großer Teil der Politiker sprechen den ganzen Tag über Europa und den Westen, aber den Verstand, wie es scheint, haben sie aus dem Osten. Aus dem Osten auf der ganzen Tonleiter, die sie einschließt: der Mittlere Osten, der ehemalige sowjetische Osten, und falls das nicht ausreicht, auch jener chinesisch-maoistische."

„Një pjesë e madhe e politikanëve flasin gjithë ditën për Evropën dhe Perëndimin, por mendjen, me sa duket, e kanë nga Lindja. Nga Lindja në të gjithë gamën që ajo ngërthen: Lindja e Mesme, ish-lindja sovjetike, e po të mos mjaftojë kjo, edhe ajo kineze maoiste." [172]

Das Lexem ‚Osten' [Lindja] umfasst hier die Konzeptionalisierung einer als konstruiert zu betrachtenden suprakulturellen Wertegemeinschaft arabischer und kommunistischer Staaten, deren Basiswert für Kadare das Antiwestlertum darstellt. Eingeschlossen ist eine historische Komponente, die mit den Erfahrungen des Kommunismus aus früherer Zeit zusammenhängt (vgl. u.a. ‚der ehemalige sowjetische Osten' [ish-lindja sovjetike]). Die Lexeme ‚Europa' und ‚Westen' fungieren wiederum als Gegenkonzepte dazu, wie es oben

---

170   Ebd.: 48.
171   Vgl. Schubert (2005): 85 ff., 101.
172   Kadare (2006a): 56.

für die ‚Institutionen der kontinentalen Demokratie' gegenüber den ‚Intrigen der früheren mit Staub bedeckten Märkte' ausgeführt wurde. Diese für Kadare unvereinbaren Gegensätze zwischen Osten und Westen sind der Grund, weswegen dieser Rexhep Qosja angreift, der für ein Albanien als verbindendes, aussöhnendes Element zwischen Osten und Westen eintritt. Das auch von Politikern vertretene Konzept zeugt für Kadare davon, dass

„[…] die alten Reflexe der Büros von Enver und Nexhmije Hoxha […]"	„[…] reflekset e vjetra të zyrave të Enver dhe Nexhmije Hoxhës […]"[173]

noch immer vorhanden sind. Sie seien es auch, die hauptverantwortlich für die ‚Entartung' [*çoroditje*] in der albanischen Politik seien, denn akute Probleme der Albaner würden zugunsten des ‚vollkommen falschen Klischees' [*klishe krejtësisht e gabuar*], Albanien zu einem Mittlerland zwischen Osten und Westen machen zu können, vernachlässigt. Kadare nennt solche Vorstellungen abwertend ‚Deliriumsideen' [*ide delirante*], ‚Phantastereien ohne Bedeutung' [*fantazira pa kuptim*] und ‚Tagtraum' [*ëndërr në diell*]. Er geht sogar noch einen Schritt weiter:

„Sich Sorgen zu machen, wie der Westen mit dem Osten versöhnt wird, z.B. in der angeblichen Rolle des Vermittlers, in den Meinungsverschiedenheiten USA-Iran, über die Kernenergie, das nennt man im einfachsten Fall einen Tagtraum, im schlimmsten Fall hat es den Namen politische Korruption."	„Të brengosesh se si do të pajtohet Perëndimi me Lindjen, të kinse ndërhysh, për shembull, në kinse rolin e ndërmjetësit, në mosmarrëveshjet SHBA - Iran, për energjinë bërthamore, kjo, në rastin më të thjeshtë quhet ëndërr në diell, kurse në rastin më të keq, e ka emrin korrupsion politik."[174]

Das besagt nichts anderes, als dass die albanischen Politiker in dieser Frage laut Kadare entweder wirklichkeitsfremd (um nicht zu sagen dumm) sind – oder korrupt. Die Anspielung auf die Aufgaben eines Vermittlers zeigt in Anbetracht der derzeitig international geringen Bedeutung Albaniens einen gewissen Grad der Lächerlichkeit auf, was insbesondere durch die Auswahl des Beispiels noch verstärkt wird: Dass USA und Iran als „Global Player" in Fragen der Vermittlung auf Albanien zurückkommen würden, scheint mehr als unwahrscheinlich, zumal Albanien selbst kein einziges Kernkraftwerk besitzt. Internationale Reputation besitzen albanische Politiker auch nicht, wie bereits festgestellt wurde, im Gegenteil. Dass dennoch derartige Bestrebungen bestehen, führt Kadare auf albanisches Geltungsbedürfnis zurück, wodurch er sich ebenfalls an kommunistische Zeiten erinnert fühlt:

---

173 Ebd.: 56.
174 Ebd.: 57.

„Die da und dort verbreitete und leider von Qosja unterstützte Idee, dass ‚unser historisches Schicksal vorbestimmt sei, die Abmilderung der Gegensätze zwischen dem Osten und dem Westen zu realisieren‘, erinnert an die historischen albanischen Schandflecken, die Wichtigtuerei des kommunistischen Albaniens hinsichtlich seiner angeblichen planetaren Mission zum Schutz des Marxismus-Leninismus."

„Ideja e përhapur andej-këndej, dhe fatkeqësisht e përkrahur nga Qosja, se "fati ynë historik është i paracaktuar për të sendërtuar zbutjen e kundërshtimeve midis Lindjes dhe Perëndimit", të kujton një nga njollat historisë shqiptare, kapardisjen e Shqipërisë komuniste për kinse misionin e saj planetar për mbrojtjen e marksizëm-leninizmit."[175]

Kadare schafft über diese Äußerung eine Verbindung zwischen historischer ‚Mission‘ [mision] und aktueller ‚Rolle‘ [rol] im Sinne einer gewünschten Position Albaniens auf internationaler Bühne. Indem er beides durch Verwendung von ‚angeblich‘ [kinse] in Zweifel zieht und die kommunistische Mission als gescheitert angesehen werden kann, wird diese Intension auch auf die Vermittlerrolle übertragen, die laut impliziter Aussage keinen Bestand haben kann. Die Hyperbel ‚planetar‘ [planetar] suggeriert eine Überdimensionierung im diesbezüglichen Denken und impliziert Selbstüberschätzung, die vom funktionalen Vergleichssubjekt der Kommunisten ebenfalls auf die heutigen Befürworter einer Vermittlerrolle Albaniens übergeht.[176] Die Verknüpfung mit den emotiven Dysphemismen ‚Schandflecken‘ [njolla] und ‚Wichtigtuerei‘ [kapardisje] rückt das Ganze noch weiter in ein negatives Licht. Das Resümee Kadares liest sich als ironischer Euphemismus:

„Es ist verständlich, dass sowohl der Haxhiqamilismus als auch der albanische Kommunismus einen kranken, antieuropäischen Geist hinterließen. Es ist verständlich, dass sich viele Menschen in der heutigen Völkerfamilie unwohl fühlen. Einige, weil sie für eine lange Zeit den Europäismus für den Jugoslawismus gehalten haben. Andere, in Tirana, weil sie sich überall gut fühlen könnten, aber nicht in Europa."

„Është e kuptueshme që dhe haxhiqamilizmi dhe komunizmi shqiptar do të linin pas vetes një frymë të sëmurë kundërevropiane. Është e kuptueshme që shumë njerëz do të ndihen keq në familjen e sotme të popujve. Disa ngaqë, për një kohë të gjatë, për evropianizëm kanë kujtuar jugosllavizmin. Të tjerë, në Tiranë, ngaqë kudo mund ta ndienin veten mirë, por jo në Evropë."[177]

---

175   Ebd.: 55 f.
176   Die Lexeme ‚Geltungsbedürfnis‘, ‚Überdimensionierung‘, ‚Selbstüberschätzung‘ und nachfolgend ‚Wichtigtuerei‘ stehen im engen Zusammenhang zum Begriff des ‚Mythomanen‘, den Kadare auf Enver und Nexhmije Hoxha anwendet.
177   Kadare (2006a): 48.

Mit der Phrase ‚es ist verständlich' [*është e kuptueshme*] zeigt Kadare Verstehen, aber nicht zwangsweise Verständnis. Aus der doppelten Lesart wird allerdings in Zusammenhang mit dem letzten Satz des Zitats das Element der Ironie ersichtlich. „Sich überall gut fühlen" zu können, „aber nicht in Europa" drückt Antieuropäismus aus, der mit dem Ausdruck des Verstehens nur schwer, mit dem des Verständnisses aus einer Perspektive wie der von Kadare hingegen gar nicht vereinbar ist. Allgemein handelt es sich um eine Aussage nahezu ohne Gehalt. Die äußerst vage Benennung des zugehörigen Subjekts durch das Lexem ‚andere' [*të tjerë*] lässt ebenso Interpretationsspielraum wie das zuvor verwendete Lexem ‚einige' [*disa*]. Letzteres weist indes aufgrund der Analogiebildung von ‚Europäismus' [*evropianizëm*] zu ‚Jugoslawismus' [*jugosllavizëm*] auf eine Anspielung auf Kosovo-Albaner hin, was vermutlich Qosja einbeziehen soll.

Wie anhand der Analysen und Beispiele aufgezeigt wurde, ist der Begriff ‚Politiker' bei Kadare durchgäng negativ konnotiert. Insbesondere Haxhiqamilismus (als albanische Fortführung des türkischen Osmanismus) und albanischer Kommunismus dienen einer konformen Kontextualisierung, wobei Analogiebildungen und konzeptuelle Verknüpfungen die vorrangigen Mittel der Begriffscharakterisierung in Referenz zur außersprachlichen Wirklichkeit darstellen. Dysphemismen finden weniger als Beschimpfungen Verwendung als vielmehr als Offenlegung der Lächerlichkeit ob des Denkens und Verhaltens der albanischen Berufspolitiker. Hinzu kommt der schwerwiegende Vorwurf der Korruption, die allgegenwärtig zu sein scheint. Ein Zwiespalt besteht offenbar im äußeren vorwärtsgewandten prowestlichen Verhalten der Politiker zu ihrem inneren rückwärtsgewandten proöstlichen bzw. antiwestlichen Denken. Eine Differenzierung bezüglich der verschiedenen politischen Ausrichtungen kann laut Kadare nicht vorgenommen werden: Regierung wie Opposition hätten in der Vergangenheit durch ihr Verhalten gezeigt, dass durchweg bei allen Politikern Machterhalt, parteipolitische Interessen und persönliche Vorteile über die Interessen des albanischen Staates gestellt werden. Die Idee, Albanien als Mittlerstaat zwischen Osten und Westen zu etablieren, hält Kadare für unrealisitisch, auch weil er den Osten kollektiv mit dem Konzept des Antieuropäismus verknüpft. Im Resultat solcher Zustände bleiben wichtige inneralbanische Fragen ungelöst; ein EU-Beitritt scheint darüber hinaus aufgrund der fehlenden demokratischen politischen Kultur aussichtslos.

Während die Konzeptualisierung von ‚Haxhi Qamili' und ‚Haxhiqamilismus' als eine der Quellen heutiger Verhaltensmuster albanischer Politiker schon oben ausführlicher expliziert wurde, wurden die Kontextualisierungen zum albanischen Kommunismus bisher zwar häufig angerissen, aber noch nicht als zusammenhängendes Konzeptschema zum albanischen Antieuropäismus dargestellt. Eine Zusammenfassung und erweiterte Explizierung des zugehörigen Begriffsnetzwerks ist daher ergänzend notwendig.

2.3.3.3 Der Kommunismus als antieuropäische Programmatik mit Enver Hoxha als ‚antieuropäischstem Menschen'

Die Thematisierung des albanischen Kommunismus erfolgt nur über einige wenige Schlüsselwörter. Das ist darauf zurückzuführen, dass dieser im Gegensatz zur osmanischen Zeit nicht historisch, sondern konzeptuell herangezogen wird. Er hat rein symbolischen

Charakter und repräsentiert das Bindeglied zwischen Haxhiqamilismus und Demokratie als Träger und Überträger eines Antieuropäismus, dessen Auswirkungen gemäß Kadare nach wie vor in Teilen der albanischen Gesellschaft spürbar sind und zum Tragen kommen.

Das Nomen ‚Kommunismus‘ [*komunizëm*] kommt drei Mal im Text vor: in Bezug auf die Rehabilitierung der Bejtexhinj-Literatur, im Zusammenhang mit der Albaner-Politik Jugoslawiens sowie als ideologische Quelle des heutigen Antieuropäismus in der albanischen Gesellschaft. Das Adjektiv ‚kommunistisch‘ [*komunist*] wird sechs Mal verwendet und mit den Lexemen ‚Programm‘ [*program*], ‚Strategie‘ [*strategjí*] und Diktatur [*diktaturë*] einerseits, sowie mit den Toponymen ‚Albanien‘ [*Shqipëri*] (zwei Mal) und ‚Osten‘ [*Lindje*] andererseits verbunden. Sämtliche Verwendungsweisen erfolgen mit Bezug auf Emotionen bezeichnende Begriffe wie ‚Freude‘ [*hare*] und ‚Hass‘ [*urrejtje*], auf emotive Begriffe wie ‚Zerwürfnis‘/ ‚Dissenz‘ [*mosmarrëveshje*], ‚Verfeindung‘ [*armiqësim*], ‚Schandflecken‘ [*njolla*] und ‚Wichtigtuerei‘ [*kapardisje*], aber auch auf implizit formulierte Konzepte der negativen Einordnung:

„Vollkommenes, unermüdliches, lebenslanges Zerwürfnis. Dies war der Befehl Nr. 1 der Zeit. Das unveränderliche kommunistische Programm. Anders gesagt: das Verdikt gegen Albanien.“

„Mosmarrëveshje e plotë, e palodhshme, e përjetshme. Ky ishte urdhri numër një i kohës. Programi i pandryshueshëm komunist. Thënë ndryshe: verdikti kundër Shqipërisë.“[178]

„Aber die Freude darüber sollte nicht lang andauern. Die faschistische Besatzung würde durch die kommunistische Diktatur ersetzt werden […].“

„Por hareja për këtë s'do të vazhdonte gjatë. Pushtimin fashist do ta zëvendësonte diktatura komuniste […].“[179]

„[…] sondern der Hass gegen Europa wurde die Basis der kommunistischen Strategie.“

„[…] por urrejtja kundër Evropës, u bë baza e strategjisë komuniste.“[180]

„Die Verfeindung des kommunistischen Albaniens mit Europa […].“

„Armiqësimi i Shqipërisë komuniste me Evropën […].“[181]

„Sein einziges Ersuchen war jenes, das auch allen anderen Völkern des ehemaligen kommunistischen Ostens gestellt worden war: Emanzipation, Demokratie.“

„E vetmja kërkesë e saj ishte ajo që iu bë gjithë popujve të tjerë të ish-Lindjes komuniste: emancipimi, demokracia.“[182]

---

178 Kadare (2006a): 8.
179 Ebd.: 38.
180 Ebd.: 38.
181 Ebd.: 38 f.
182 Ebd.: 49.

„[…] erinnert an die historischen albanischen Schandflecken, die Wichtigtuerei des kommunistischen Albaniens
[…]."

„[…] nga njollat historisë shqiptare,
kapardisjen e Shqipërisë komuniste
[…]."[183]

In den genannten Belegstellen kommen die Oppositionspaare

- ‚kommunistisches Programm'/‚Albanien'
- ‚kommunistische Diktatur'/‚faschistische Besatzung'
- ‚kommunistische Strategie'/‚Europa'
- ‚kommunistisches Albanien'/‚Europa'
- ‚kommunistischer Osten'/‚Emanzipation', ‚Demokratie'

zum Ausdruck, bei denen die mit dem Adjektiv ‚kommunistisch' attribuierten Nomen den
negativ konnotierten Teil darstellen, der den anderen als positiven Gegenpart jeweils gegenübergestellt wird. Aus dieser Konzeptualisierung wird ersichtlich, dass der Kommunis
mus als nach innen gegen Albanien gerichtet verstanden wird, nach außen gegen Europa
mit dessen Werten der Emanzipation und Demokratie sowie gegen Freiheit, Einheit und
Fortschritt, was durch die deutschen Faschisten verkörpert wird, die bei den Albanern in
Kosovo, Nord- und Mittelalbanien überwiegend positiv konnotiert sind, da sie als Freunde
auftraten und als Befreier von den Italienern galten, Kosovo an Albanien angliederten und
im Sinne einer aufgeklärten Diktatur als fortschrittlich angesehen wurden.[184] Begrifflich
tritt der Kommunismus im Essay über das Herrschaftssystem (‚Diktatur'), dessen Maxime
des Handelns (‚Programm', ‚Strategie') und dessen Verortung (‚Albanien', ‚Osten') in
Erscheinung. Programmatisch wird der staatlich verordnete Antieuropäismus auch ohne
Konkretisierung in den Vordergrund gestellt. In Anspielung auf die Unterzeichnung des
Stabilitäts- und Assoziierungsabkommens mit der Europäischen Union im Februar 2006
schreibt Kadare:

„Einige Jahre zuvor wäre es in Albanien fatal gewesen, das Wort 'Übereinkunft' in Zusammenhang mit Europa zu
verwenden, so sehr sogar, dass es einen
jeden ins Gefängnis oder vor ein Er-
schießungskommando gebracht hätte.
Für Europa war das passende nur ein
Wort, jenes gegenteilige zu Übereinkunft, nämlich 'Zerwürfnis'. Vollkom-

„Disa vite më parë fjala 'marrëveshje'
e përdorur për Evropën, do të ishte
fatale në Shqipëri, madje aq fort, saqë
do të çonte në burg ose në pushkatim
cilindo. Për Evropën ishte e për-
shtatshme vetëm një fjalë, ajo e
kundërta me marrëveshjen, pra 'mos-
marrëveshja'. Mosmarrëveshje e plotë,
e palodhshme, e përjetshme."[185]

---

183   Ebd.: 56.
184   Vgl. Bartl (1995): 231.
185   Kadare (2006a): 7 f.

menes,   unermüdliches,   lebenslanges
Zerwürfnis."

Kadares Aussage über die politisch völlig veränderte Situation nach 1990/91 beruht im
Albanischen auf einem Wortspiel. Er greift den Begriff ‚Übereinkunft' [*marrëveshje*] auf
und zieht einen Bogen zurück zum Kommunismus, den er nicht benennt, aber vage als
‚einige Jahre zuvor' [*disa vite më parë*] umschreibt (wodurch er implizites Vorwissen
voraussetzt). Zeitlich so kontextualisiert enthält der Begriff eine historische Komponente,
so dass er durch Kadare dem Begriff ‚Europa' entgegengesetzt und als nicht mit diesem
vereinbar dargestellt werden kann. Diese konzeptuelle Entgegenstellung ist zeitlich (Kommunismus) wie räumlich (Albanien) markiert. Die Veränderung des zeitlichen Rahmens
ändert auch das Verhältnis der Begriffe zueinander: Im demokratischen Albanien sind
‚Übereinkunft' und ‚Europa' miteinander vereinbar. Für die kommunistische Zeit hingegen
führt Kadare den Begriff ‚Zerwürfnis' [*mosmarrëveshje*] als komplementär zu Europa an
(vgl.   Tab. 3).

Tab. 3: Zeitliche und konzeptuelle Kontextualisierung der Begriffe ‚*marrëveshje*'
und ‚*mosmarrëveshje*' aus albanischer Sicht

Quelle: eigene Darstellung, nach Kadare

	ALBANIEN ➤ EUROPA	
‚einige Jahre zuvor' (Kommunismus)	‚Zerwürfnis', ‚Dissenz' [*mosmarrëveshje*] *marrëveshje* = ‚fatal' / ‚Gefängnis' / ‚Erschießung'	
‚im Februar 2006' (Demokratie)	‚Übereinkunft', ‚Konsenz' [*marrëveshje*] = Meinungsübereinstimmung	

Im Albanischen stehen sich damit die Begriffe ‚*marrëveshje*' und die verneinte Form
‚*mosmarrëveshje*' entgegen, mit denen Kadare spielt und über die er den Kommunismus als
mit Europa unvereinbar konzipiert. Die Anbindung der Lexeme ‚fatal' [*fatal*], ‚Gefängnis'
[*burg*] und ‚Erschießung' [*pushkatim*] aus dem lexikalischen Bereich der Bedrohung ver-
leihen ‚*marrëveshje*' im kommunistischen Kontext eine emotive Wirkung, die eine intensivere Wahrnehmung der Differenz zwischen Albanien und Europa hervorruft. Kadares Konzeptualisierung bekräftigt auf diese Weise aber auch auf die heutzutage vorhandene Mei-
nungsübereinstimmung Albaniens mit Europa. Eine fundierte inhaltliche Auseinandersetzung mit dem kommunistischen Regime hingegen erfolgt im Grunde nicht. Das zeigt auch
die Analyse des Anthroponyms ‚Enver Hoxha'. Es wird im Essay drei Mal explizit verwendet. Zum einen steht es im Zusammenhang der oben bereits besprochenen Anerkennung
gegenüber Haxhi Qamili durch den kommunistischen Diktator, die Kadare aufgrund der

Sympathiebekundung analog als Ausdruck des kommunistischen Antieuropäismus wertet. Weiterhin dient der Eigenname als Pars pro toto für das ganze kommunistische Regime. Und schließlich wird die Person Enver Hoxhas des Vorantreibens der antialbanischen jugoslawischen Politk beschuldigt. Eine Charakterisierung des Diktators erfolgt zudem zwei Mal: einmal ohne Nennung des Namens und einmal beiläufig in einem Nebensatz, also eher hintergründig, beides aber sehr wirkungsvoll im Hinblick auf die allgemein dysphemistische Vorgehensweise Kadares. So geht Kadare zu Beginn des Essays in seiner Schilderung der Umbruchsituation 1990/91 in Albanien auf ein Ereignis ein, das als Symbol des Sturzes des kommunistischen Machtapparats durch alle Medien ging:

„Die Worte 'Wir wollen Albanien [so] wie Europa [ist]' waren die ersten, die in Form einer Hymne erschallten, eines neuen Programms. Und zusammen mit diesen, einige Wochen zuvor, zerbrach das Standbild des antieuropäischsten Menschen, den dieses Land gekannt hatte, und wurde ebenso umhergeschleift."	„Fjalët 'e duam Shqipërinë si Evropa', ishin të parat që gjëmuan në trajtën e një himni, e një programi të ri. E bashkë me to, disa javë më pas, shtatorja e njeriut më antievropian që kishte njohur ky vend, u thye e u zvarrit gjithashtu."[186]

Eine Explizierung erfolgt nicht, so dass wiederum Vorwissen vorausgesetzt ist, das aber bei allen Albanern auch vorausgesetzt werden kann. Kadare ruft mit dem letzten Satz die berühmt gewordenen Bilder des Skanderbegplatzes ins Gedächtnis, als die protestierenden Massen das übergroße Standbild Enver Hoxhas stürzten und hinter sich her über den Platz schleiften, teils darauf reitend. Auch wenn der Name des Diktators nicht genannt wird, weist nicht nur die Ereignisbeschreibung darauf hin, sondern auch der hergestellte Zusammenhang zwischen dem Lexem ‚Standbild' [*shtatore*] und der Phrase ‚antieuropäischster Mensch' [*njeriu më antievropian*]. Die Komparation des Adjektivs ‚antieuropäisch' bringt in dieser Ausprägung zwei Dinge zum Vorschein: Zum einen wird Enver Hoxha zum Symbol des Antieuropäers schlechthin erklärt, zum anderen wird durch die Erwähnung der damaligen Situation noch einmal ausgedrückt, was der Großteil der Albaner laut Kadare nicht ist: antieuropäisch. Sturz und Umherschleifen der Statue zeigen die antikommunistische und damit proeuropäische Einstellung der Albaner, was auch durch die Parole „Wir lieben Albanien wie Europa" bekräftigt wird.

Die zweite Charakterisierung erfolgt über die Zuschreibung ‚Mythoman' [*mitoman*], die auf Enver Hoxha und dessen Frau Nexhmije gleichermaßen bezogen ist. Der aus dem Bereich der Psychatrie stammende Begriff ‚Mythomanie', der auch unter der Bezeichnung ‚Pseudologia fantastica' bekannt ist, wird allgemein auf patologische Lügner angewendet, worauf sich auch die deutsche Benennung ‚krankhafte Lügensucht' gründet. Die oft bei Psychopathen gestellte Diagnose weist auf Wahnvorstellungen und und imaginäre Phantastereien hin, die von den Betroffenen von der Realität nicht unterschieden werden kön-

---

186   Kadare (2006a): 8.

nen. Die Hintergründe dieser Zwangsstörung vermutet man u.a. in den unbewussten psy-
chologischen Zielen, wozu steigendes Selbstwertgefühl bis hin zum Geltungsdrang, Projektion von Schuld und Schaffung eines Gefühls der Überlegenheit gehören.[187] Die
Zuschreibung dieser Eigenschaften zu Enver und Nexhmije Hoxha zielt nicht nur auf die
Entmythisierung der laut Kadare dem Kommunismus zugrunde liegenden falschen Vorstellungen, sondern auch auf die Stigmatisierung der heutigen Politiker, die laut Kadare die
‚Deliriumsideen‘ des Kommunismus fortführen würden, wenn sie vermeinten, Albanien zu
einem international anerkannten Vermittler zwischen Osten und Westen machen zu können.

Der Kommunismus Albaniens wird bei Kadare auf diese Weise zu einem allumfassen-
den Symbol des Antieuropäismus. Er richtet sich gegen das Ausland wie gegen das eigene
Volk, basiert auf krankhaften Mythen, verehrt den antieuropäischen Haxhiqamilismus und
rehabilitiert die als „unmoralisch“ und „pervers“ deklarierte Literatur der Bejtexhinj. Seine
Nachwirkungen lassen sich noch heute insbesondere in der albanischen Politik entdecken,
die von östlichem Denken geprägt ist und die Mythen des Kommunismus weiterlebt. Doch
nicht nur Albanien, sondern auch Kosovo ist betroffen: Kadares Konzeptualisierungen
folgend verhelfen die Wahnvorstellungen des mythomanischen Diktators Enver Hoxha
noch zu dessen Lebzeiten den Jugoslawen zur Umsetzung ihrer antialbanischen und damit
gleichfalls antieuropäischen Pläne.

2.3.4 Der Antialbanismus Jugoslawiens, Serbiens und Griechenlands

Mit der Thematisierung Jugoslawiens und Serbiens hat Kadare vor allem ein Ziel im Blick:
die Darstellung und Explikation antialbanischer Strategien der direkten slawischen Nachbarn. Als zentrale Problematik stehen jugoslawische (bzw. serbische) Bestrebungen zur
Dezimierung und Vernichtung der Kosovo-Albaner im Mittelpunkt. Zusammen mit dem
Verweis auf griechische Versuche, alle nichtslawischen Orthodoxen des Balkans zu Griechen zu erklären und der kurz angerissenen italienischen Fremdherrschaft in Albanien während des Zweiten Weltkrieges entfaltet Kadare ein umfassendes Bild der von Feinden
umgebenen Albaner, die zu einem nicht geringen Teil an den Außengrenzen des staatlichen
Albaniens der Politik jener Nachbarstaaten unterworfen sind und waren. Jugoslawien und
Serbien sind hierbei nahezu alleiniger Gegenstand der Ausführungen, wobei Kosovo
Bezugspunkt ist, nicht aber die albanisch bewohnten Gebiete Mazedoniens, Montenegros
oder Griechenlands. Griechenland als Akteur wird in diesem Zusammenhang nur erwähnt.
Italien spielt als Nicht-Balkanstaat überhaupt keine Rolle.

Kadare setzt zeitlich bei den Anfängen des noch jungen albanischen Staates in der
Zwischenkriegszeit an. Er formuliert die These, dass die Jugoslawen der Logik nach den
Islam bei den Albanern hätten schwächen müssen. Widersprüchlicherweise sei aber das
Gegenteil der Fall gewesen:

„Die chauvinistischen Kreise in den Nachbarländern, hauptsächlich in Jugo-	„Rrethet shoviniste në vendet fqinje, kryesisht në Jugosllavi, e kuptuan

---

187 Vgl. Duden (2001): 661; Janssens, S./Morrens, M./Sabbe, B.G.C. (2008): 10.

slawien, verstanden sehr schnell, dass sie den Islam gegen die albanische Identität ausnutzen könnten. [...] Es war klar zu sehen, dass nicht der Islam sie beunruhigte, sondern die albanische Identität. Deshalb hofften sie fiebernd, dass sie mittels der Religion der Identität den Geist nehmen könnten."

shumë shpejt se mund ta shfrytëzonin myslimanizmin kundër identitetit shqiptar. [...] Dukej qartë se ajo që i shqetësonte ata nuk ishte myslima-nizmi, por identiteti shqiptar. Ndaj në mënyrë të ethshme shpresonin që me anë të fesë t'i merrnin frymën identi-tetit."[188]

Diese erste hier vorgenommene, ausschließlich negativ konnotierte Charakterisierung des Feindbildes „Jugoslawien" umfasst die Phrasen ‚chauvinistische Kreise' [*rrethe shovi-niste*], ‚fiebernd' [*në mënyrë të ethshme*], sowie das Verb ‚ausnutzen' [*shfrytëzon*]. Darge-stellt wird demnach eine sich im nationalen jugoslawischen Kontext überlegen fühlende Gruppe, die danach trachtet, den Faktor Religion gegen die Albaner zu instrumentalisieren. Die sechs Mal im Essay vorkommende Nomination ‚Jugoslawien' [*Jugosllaví*] verweist an diesem Punkt explizit auf den Heimatstaat dieser Gruppe, das heißt der antialbanisch einge-stellten Jugoslawen. Das Lexem ‚Jugoslawien' wird im weiteren Verlauf außerdem auf die albanischen Bevölkerungsanteile des Staates bezogen, auf die Rolle als innerstaatlicher antialbanischer Aggressor angewendet und zur Verortung des Kosovo-Krieges im Jahr 1999 eingesetzt. Schlüsselbegriffe für Kadares Konzeptualisierung der albanerfeindlichen jugoslawischen Strategie sind ‚Identität' [*identiteti*], ‚Religion' [*fe*] und ‚Islam' [*islam*], wobei die Begriffe ‚Religion' und ‚Islam' dem der ‚Identität' als Opposition entgegenge-setzt werden. Hierzu führt er aus:

„Ihre Strategie war langfristig. Je mehr die Albaner nicht wie Albaner mit ver-schiedenen Glaubensrichtungen ausse-hen würden, sondern einfach wie Mus-lime ohne Nation, umso fremder wür-den sie in den Augen Europas erschei-nen. Und so würde Europa, das an die üble Gepflogenheit gewöhnt war, die muslimischen Völker leichter als Kolo-nie denn als souveräne Völker wahrzu-nehmen, auch die Albaner als solche wahrnehmen, bis es sie vergessen würde."

„Strategjia e tyre ishte afatgjatë. Sa më shumë që shqiptarët të ngjanin jo si shqiptarë me besime të ndryshme, por thjesht si myslimanë pa komb, aq më të huaj do të dukeshin në sytë e Evropës. Dhe kështu, Evropa, e mësuar me zakonin e mbrapshtë që popujt myslimanë t'i përftonte më lehtë si koloni, se sa si popuj sovranë, të tillë do t'i përftonte dhe shqiptarët, gjersa t'i harronte."[189]

---

188   Kadare (2006a): 36.
189   Ebd.: 37.

Die Stärkung des albanischen Islams sollte laut Kadare demnach die Unterschiede zwischen den Albanern und dem als christlich definierten Europa deutlicher hervorheben und so deren Fremdbild als Zeichen der Nicht-Zugehörigkeit verfälschen und intensivieren. An anderer Stelle ist auch die Sprache vom ‚Pass des Islams‘ [*pasaporta e myslimanizmit*], der den Jugoslawen ‚wie der goldene Schlüssel‘ [*si çelësi i artë*] erschienen sei. Deren Eingreifen kann als *strategisches Filtern* verstanden werden und der in den Mittelpunkt gerückte Islam bei den Albanern in seiner äußeren Ausprägung als *Filter*, durch den andere imagekonstituierende Elemente nicht mehr in Erscheinung treten, so dass der religiöse Aspekt in der Wahrnehmung Europas dominiert (vgl. Abb. 13).

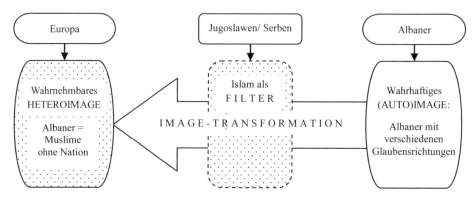

Abb. 13: Wahrnehmungslenkung der europäischen Sicht auf die Albaner durch gesteuerte Image-Transformation seitens Jugoslawiens
Quelle: eigene Darstellung, nach Kadare

Nach dieser Konzeptualisierung Kadares liegt darin der Versuch der Jugoslawen, ein den Europäern vertrautes Bild zu präsentieren, um deren Billigung im Vorgehen gegen die Albaner zu erhalten. Die Opposition ‚Europa‘ als Kolonisator und ‚muslimische Völker‘ [*popuj myslimanë*] als Kolonisierte entspricht dieser Kohärenz von (unterstellter) europäischer Erwartungshaltung und deren Erfüllung durch die Jugoslawen. Dabei wird nicht Europa als ‚übel‘ [*e mbrapshtë*][190] bewertet, sondern die Kontinuität der Wahrnehmungshaltung. Auf diese Weise umgeht Kadare eine direkte negative Bewertung seines identitären

---

190 Die qualitative Ausdruckskraft von i/e mbrapshtë hat eine große Spannweite, die sich im Deutschen nicht in einem Wort erfassen lässt. Sie reicht von ‚schlecht‘ über ‚böse‘ bis hin zu ‚boshaft‘, ‚niederträchtig‘, ‚hinterhältig‘, ‚teuflisch‘ usw. Vgl. ASHSH (2002): 752; Dhrimo (2005): 707.

Bezugspunktes, prangert aber gleichzeitig diejenigen an, die das Schema neu aktivieren und ausnutzen.

Die erfolgreiche Umsetzung dieser Strategie sieht Kadare jedoch erst für die Zeit nach Ende des Zweiten Weltkrieges, da ihr die Europäisierungsversuche König Zogus bis zum Beginn der italienischen Okkupation im April 1939 entgegengestanden hätten. Die veränderte Situation durch die Machtübernahme der Kommunisten 1944 unter Führung von Enver Hoxha stellt für Kadare auch eine Zäsur im Verhältnis der Albaner zu Europa und umgekehrt dar:

„Der Prozess der Europäisierung wurde nicht nur unterbrochen, sondern der Hass gegen Europa wurde die Basis der kommunistischen Strategie. Dieser Hass war das wertvollste Geschenk, das der albanische Kommunismus den Jugoslawen gemacht hatte. Albanien wurde wieder von Europa getrennt, dieses Mal noch tragischer."	„Procesi i evropianizimit jo vetëm u ndërpre, por urrejtja kundër Evropës, u bë baza e strategjisë komuniste. Kjo urrejtje ishte dhurata më e çmuar që komunizmi shqiptar u bëri jugo-sllavëve. Shqipëria u nda përsëri nga Evropa, këtë herë edhe më tragji-kisht."[191]

Der Schlüsselbegriff ‚Hass' [*urrejtje*] wurde oben bereits angesprochen; er spielt sowohl bei Kadare als auch in der nachfolgenden Debatte eine wichtige Rolle. Im Essay ist das Lexem an vier Textstellen zu finden, wo es ebenso wie das ein Mal auftretende Lexem ‚Wut' [*tërbim*] als gegen Europa und (teilweise gleichzeitig) gegen die Albaner gerichtet verwendet wird. Rationale Gründe für diesen Hass leitet Kadare an keiner Stelle her, so dass der Begriff in seiner innertextuellen Verwendung als Ausdruck eines irrational-emotiven Gefühls bewertet werden muss, das nicht zu rechtfertigen ist. In Verbindung mit dem rationalen Begriff der ‚Strategie' ergibt sich so aus dem Text heraus die Schlussfolgerung, dass laut Kadare die Grundlage der kommunistischen Handlungsweise nicht nur rein auf stark negativen Gefühlen gegenüber den Albanern beruht, sondern bezüglich der Frage des „Warum" auch als sachlich ungerechtfertigt anzusehen ist. Die elative Phrase ‚noch tragischer' [*edhe më tragjikisht*] als Ausdruck der gesteigerten Leiderfahrung der Albaner in der temporalen Abfolge der albanischen Geschichte wird dem Ganzen entgegengesetzt.

Kadare konstatiert den Erfolg des jugoslawischen Unterfangens und sieht die Ursachen hierfür auch auf albanischer Seite. Der Antieuropäismus Enver Hoxhas habe den Jugoslawen in die Hände gespielt. Auf diese Weise sieht Kadare zwei politische Interessenslinien miteinander zum Schaden der Albaner vereint:

„Der antieuropäische Hass verschmolz mit jenem antialbanischen wie der Kör-	„Urrejtja kundërevropiane u shkri me atë kundërshqiptare si trupi me hijen e

---

191   Kadare (2006a): 38.

per mit dem eigenen Schatten. Der jugoslawische Traum wurde durch Enver Hoxha verwirklicht. Und es geschah das, was erwartet wurde, Europa vergaß Albanien. Mit ungebundenen Händen stürzten sich die Jugoslawen nun auf die albanische Identität."

vet. Ëndrra jugosllave po njëmendësohej nëpërmjet Enver Hoxhës. Dhe ndodhi ajo që pritej, Evropa e harroi Shqipërinë. Me duar të lira tashmë, jugosllavët iu turrën identitetit shqiptar."[192]

Der antialbanische Hass, von dem hier die Rede ist, bezieht sich in erster Linie auf Enver Hoxha, der sich laut Kadare aufgrund seines glorifizierenden Essays zu Haxhi Qamili des Antialbanismus schuldig gemacht habe. Dass albanischer Antieuropäismus und albanischer Antialbanismus untrennbar mit einander verbunden sind, wird durch den metaphorischen Vergleich ‚wie der Körper mit dem eigenen Schatten' [*si trupi me hijen e vet*] unmissverständlich ausgedrückt. In zweiter Linie muss aber auch der jugoslawische Hass insbesondere gegenüber den Kosovo-Albanern mitgedacht werden, da hier ein verbindendes Element besteht, das die Gemeinsamkeit darstellt, auf deren Basis unter Hinzunahme des albanischen Antieuropäismus die jugoslawische Strategie zum Tragen gekommen sein soll (vgl. Abb. 14). Rückt man Europa in den perspektivischen Mittelpunkt, auf den alle anderen Konzepte ausgerichtet sind, steht Kadares Konzeptualisierung auf drei Grundpfeilern:

1. dem antieuropäischen Hass Albaniens, der die Albaner als Gegner Europas positioniert,

2. der verstärkten Islamisierung der Kosovo-Albaner seitens Jugoslawiens, die die albanische Identität schwächen und die muslimische stärken soll, und

3. dem In-Vergessenheit-Geraten Albaniens durch Europa, was die bereits beschriebene Konzeptualisierung „Muslime ohne Nation" stützen würde.

---

192   Ebd.: 38.

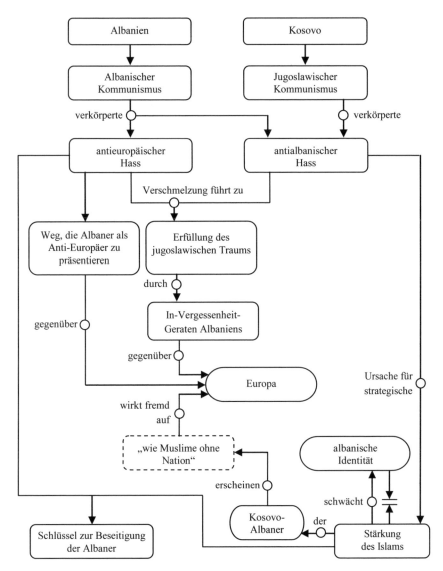

Abb. 14: Strategische Verstärkung und Instrumentalisierung des
antieuropäischen Heteroimages der Albaner durch den
jugoslawischen Kommunismus
Quelle: eigene Darstellung, nach Kadare

Im Zusammenschnitt der bisherigen Ausführungen und weiterer innertextueller Querver-
weise Kadares sowie dessen damit verbundenen Äußerungen ergibt sich ein generelles

konzeptuelles Modell eines balkanischen Antialbanismus, das mit den Kategorien *Akteure*, *Ziele*, *Strategien*, *Umsetzung* und angestrebtes *Resultat* näher beschrieben werden kann (vgl. Abb. 15).

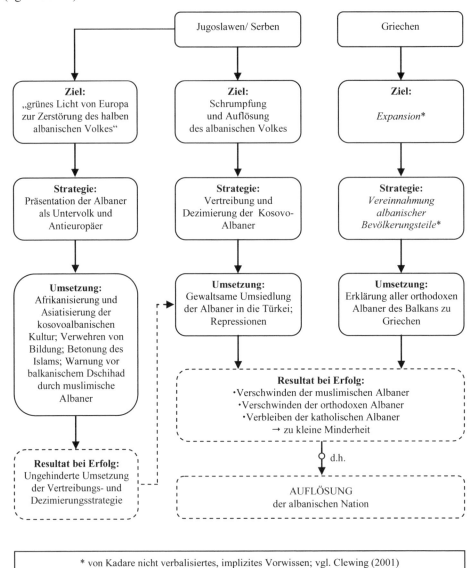

* von Kadare nicht verbalisiertes, implizites Vorwissen; vgl. Clewing (2001)

Abb. 15: Antialbanische Strategien und deren Umsetzung zur Vertreibung der Albaner aus Europa
Quelle: Eigene Darstellung, nach Kadare

Die Art der begrifflichen Erwähnung der Akteure im sprachlichen Kontext des Essays kann zum Teil den bisherigen Explikationen entnommen werden, lässt sich aber noch erweitern. So ist das Ethnonym ‚Jugoslawen' [*jugosllavë*] vier Mal zu finden, nicht nur wie zuvor ausgeführt in Zusammenhang mit der versuchten Schwächung der albanischen Identität, sondern auch mit deren Vernichtung nach osmanischem Vorbild. Das Attribut ‚jugoslawisch' [*jugosllav*] ist zwei Mal vorhanden und dabei auf die Lexeme ‚Traum' [*ëndërr*] und ‚Strategie' [*strategji*] bezogen, beides ebenfalls im Hinblick auf besagte Dezimierung der Albaner. Das zwei Mal verwendete Ethnonym ‚Serben' [*serbe*] als Spezifizierung des Begriffs ‚Jugoslawen' steht jeweils im Zusammenhang einer Pointierung der serbischen Strategie:

„Nach Meinung der Serben müsste die übertriebene Färbung des Islams bei den Albanern bis zu dem Punkt gelangen, an dem er sie zerbrach, bis er dann ihre ganze Identität auslosch."	„Sipas serbëve ngjyrimi i tepruar i myslimanizmit te shqiptarët, duhej të arrinte gjer në atë pikë sa ata thyente, gjersa ta shuante krejt identitetin e tyre."[193]
„Nach Meinung der Serben war es ausreichend, dass die Albaner die Religion hatten, aber niemals die Freiheit."	„Sipas serbevë ishte e mjaftueshme që shqiptarët të kishin fenë, por kurrsesi lirinë."[194]

Das Attribut ‚serbisch' [*serb*] tritt fünf Mal auf, verbunden mit den Begriffen ‚Nostalgie' [*nostalgji*] bezüglich der Kosovo-Schlacht, ‚Diktatur' [*diktaturë*] im Hinblick auf Kosovo, ‚Christentum' [*krishtërim*] (zwei Mal) als angebliches Bekämpfungsziel der Albaner und ‚Propaganda' [*propagandë*] hinsichtlich serbischer Behauptungen, die Albaner seien spät auf dem Balkan angekommene Türken oder Asiaten. Die Nomination ‚Serbien' kommt hingegen gar nicht vor. Auch Albaniens Nachbarn im Süden finden nur geringe Erwähnung: Das Ethnonym ‚Griechen' [*grekë*] ist drei Mal zu finden, das Attribut ‚griechisch' [*grek*] vier Mal und die Nomination ‚Griechenland' [*Greqi*] fünf Mal. Allerdings tritt nur einmal eines der Attribute bei der Bezeichnung von Nachbarn als antialbanische Akteure in Erscheinung: Wie bei den Jugoslawen verwendet Kadare auch hierbei die Formulierung ‚griechische chauvinistische Kreise' [*rrethe shoviniste greke*]. Das Anthroponym ‚Griechen' fällt zwei Mal in Bezug auf die Balkan-Orthodoxen, die zu solchen erklärt wurden. Darüber hinaus stehen alle weiteren Verwendungsweisen in anderen Zusammenhängen.

Von den so kontextualisierten Ethnonymen ausgehend lassen sich drei Ziele erfassen, die auf die oben benannten Grundpfeiler aufbauen und die Kadare den Nachbarn der Albaner zuschreibt. Für die Jugoslawen bzw. Serben sind dies zwei in Kombination: Im nationalen Kontext geht es um *Schrumpfung und Auflösung des albanischen Volkes*, im internationalen Bereich im Vorfeld des Kosovo-Krieges um die *Zustimmung Europas* bei der Umset-

---

193   Ebd.: 40.
194   Ebd.: 42.

zung dieser Strategie.[195] Kadare spricht von alten Paradigmata, u.a. dem der nichteuropäischen Identität der Albaner, das die Serben eingesetzt hätten, um ein Eingreifen Europas zu verhindern:

„Die Albaner, aus Anatolien kommende Türken. Die Albaner, Muslime, fremdes Fleisch für das christliche Europa. Die Albaner, Gefahr für die europäische Zivilisation. Die Albaner müssen klein gehalten werden, zerbrochen in der Mitte. Überlasst es uns, diese Aufgabe zu erfüllen."	„Shqiptarët, turq të ardhur nga anadolli. Shqiptarët, myslimanë, mish i huaj për Evropën e krishterë. Shqiptarët, rrezik për qytetërimin evropian. Shqiptarët duhen mbajtur të tkurrur, të thyer në mes. Na lini ne ta bëjmë këtë punë."[196]

Kadare nimmt hier als stilistisches Mittel die serbische Perspektive ein und erreicht auf diese Weise eine direkte Zuordnung der antialbanischen Stereotype zu den Serben, da er den Umweg über die Erzählwiedergabe auslässt. Durch das kollektive „wir" erzielt er den Effekt, die Serben selbst sprechen zu lassen und auf eine persönlichere Ebene in der Ansprache an den Rezipienten zu wechseln, was wiederum stärker emotionalisierend wirkt als eine bloße Beschreibung. Den Begriff ‚Fleisch' [mish] verwendet Kadare drei Mal im Essay, stets im Zusammenhang mit der angeblichen albanischen Nicht-Zugehörigkeit zu Europa (dann in der Phrase ‚fremdes Fleisch' [mish i huaj]) oder den Vertreibungen der Kosovo-Albaner, die ihnen aus der langen Erfahrung heraus als ‚Schrecken' [lemeri] im Fleisch säßen. Wie beim Thema der Identität greift Kadare nun auf einer anderen Ebene die Gefahr des albanischen Zerbrochen-Werdens wieder auf, diesmal auf die Teilung der Balkan-Albaner bezogen. In dieser Hinsicht habe Miloševićs Strategie, die Albaner durch verstärkte Orientalisierung und Bildungsverweigerung als ‚Untervolk' [nënpopull] zu präsentieren, auf „grünes Licht" durch Europa „zur Zerstörung wenigstens der halben albanischen Nation"[197] abgezielt. Wäre Europa in diese ‚Genocidfalle' [kurth gjenocidar] (so Kadare) getappt, hätte die zweite Strategie, die ungehinderte Vertreibung und Vernichtung der Kosovo-Albaner weiter vonstatten gehen können, durch welche bereits im Jahr 1950 13000 Albaner in die Türkei zwangsumgesiedelt worden seien und durch die 1999 eine Million Albaner den Kosovo hätten verlassen müssen.[198]
    Die griechische Strategie der Vereinnahmung albanischer Bevölkerungsteile ordnet Kadare weder konkret zeitlich ein, noch setzt er sich damit auseinander. Wie aus dem Text hervorgeht, bezieht er sich auf die Zeit nach dem Zweiten Weltkrieg, wenngleich es an das

---

195   Vgl. Kadare (2006a): 17 f., 39.
196   Ebd.: 18.
197   Ebd.: 18.
198   Kadare rechnet die Anzahl von 13000 Albanern auf das Jahr 2006 hoch („die heute bereits eine Million wären"). Als Ziel dieser Quantifizierung kann in erster Linie eine eindrucksvoller zu präsentierende Größenordnung angenommen werden.

auf dem religiösen Bekenntnis beruhende Identitätskonzept im Osmanischen Reich erinnert, das dort vor Herausbildung eines Nationalbewusstseins bei den verschiedenen Ethnien lange Zeit die vorherrschende Selbstidentifikation war:[199]

„Vom Süden, von den griechischen chauvinistischen Kreisen, kam die niederträchtige Idee, dass die Orthodoxen auf dem Balkan, außer den Slawen, alle Griechen waren, also hatte es folglich keine orthodoxen Albaner gegeben, es konnte gar keine geben. Jene, die sich so gebärdeten, waren nichts als Griechen, die zufällig innerhalb der Grenzen Albaniens geblieben waren und Albanisch sprachen, natürlich vorübergehend!"	„Nga jugu, nga rrethet shoviniste greke vinte ideja e mbrapshtë se ortodoksët në Ballkan, përveç sllavëve, ishin të gjithë grekë, pra rrjedhimisht nuk kishte, madje nuk mund të kishte shqiptarë ortodoksë. Ata që hiqeshin të tillë, nuk ishin veç grekë, që rastësisht kishin mbetur brenda kufijve të Shqipërisë dhe që flisnin gjuhën shqipe, natyrisht përkohësisht!"[200]

Wie die Attributierungen ‚chauvinistisch' [*shoviniste*] und ‚niederträchtig' [*e mbrapshtë*] verdeutlichen, vermittelt Kadare höchste Emotionalität, ergänzt durch Ironie („natürlich vorübergehend") und verstärkt durch das Ausrufezeichen. Tatsächlich ist der Schluss, zu dem man kommen muss, wenn man Kadares Ausführungen nachvollzieht, aus albanischer Sicht höchst unerfreulich: Bei erfolgreicher Umsetzung aller angesprochenen Strategien würden die muslimischen Albaner von den Jugoslawen umgesiedelt, vertrieben oder vernichtet, die orthoxen Albaner wären zu Griechen geworden und die verbleibende Minderheit der katholischen Albaner wäre nicht in der Lage, einen albanischen Nationalstaat aufrechtzuerhalten – so die Schlussfolgerung Kadares. Die Auflösung der albanischen Nation wäre ihm zufolge die logische Konsequenz und das „albanische Problem" für die Nachbarn nicht mehr existent.[201]

Für die Einordnung der durch Kadare thematisierten Aktivitäten von Jugoslawen, Serben und Griechen in das anfangs vorgestellte Dimensionenmodell des Antieuropäismus (vgl. Abb. 10) muss das jugoslawische Vorrantreiben der Orientalisierung der Kosovo-Albaner als geistig-direkt (von innen) bezeichnet werden, wenn es um den Täuschungsversuch gegenüber Europa geht. Bezieht man den Kosovo-Konflikt in seiner heißen Phase bei Eingreifen der NATO mit ein, kann – beruhend auf dem Wissen um die jugoslawische Gegenwehr – auch die Einordnung physisch-direkt (von innen) vorgenommen werden, da es sich um einen von Europäern gegen Europäer gerichteten gewaltsamen Akt handelt.[202]

---

199   Vgl. Brunnbauer (2003): 385.
200   Kadare (2006a): 39 f.
201   Vgl. ebd.: 41 f.
202   Kadare verweist allerdings nur auf das Vorgehen der NATO: „Zwei Jahre später, als eine Antwort des guten Einvernehmens, geschah das Unglaubliche. Dieselbe euroatlantische Armee intervenierte ins

Als physisch-indirekt (von innen) sind Vertreibungen, als geistig-indirekt (von innen) Bildungsverweigerung und kulturelle Zwangsumformung bezüglich der Albaner einzuordnen. Auch der griechische Akt der Vereinnahmung der albanischen Orthodoxen gehört in die letztgenannte Kategorie.

2.3.5 Grundstrukturen eines indirekten Antieuropäismus bei Kadare und deren interkonzeptuelle Übertragung

Die unter dem Begriff des ‚Antieuropäismus' subsumierten Konzeptualisierungen folgen bestimmten Mustern, die in Kadares Essay immer wieder in Erscheinung treten und die durch lexikalische Referenzen netzwerkartig Konzepte miteinander verbinden. Anhand von vier Textstellen werden nachfolgend die wesentlichen Charakteristika und deren Verknüpfungen herausgearbeitet, um auf diese Weise die sprachlichen Marker des indirekten Antieuropäismus in Kadares Konzeptualisierung zu identifizieren und erkennbar zu machen.[203]

In den exemplarischen Textstellen[204] thematisiert und kontextualisiert Kadare verschiedene historische Ereignisse und Zeitabschnitte. In der zeitlichen Abfolge betrifft dies die *Osmanische Zeit*, die *Rebellion des Haxhi Qamili*, die spätere *Jugoslawische Zeit* und das direkte *Vorfeld des Kosovo-Krieges*:

(1) Osmanische Zeit

> „Und als ob es Unterdrückung und schreckliche Gemetzel nie gegeben haben sollte, würde die Tragödie des jahrhundertelangen Verbots von Schulen ausreichen, um das Ausmaß des Bösen zu erfassen. Albanien, so wie alle Länder des Balkans, wurde schwer geschädigt. Es wurde geschädigt und sein Körper aufgelöst, aber ebenso schrecklich war die Verstümmelung des Gehirns durch die lange Finsternis der Unwissenheit. Und außer dieser unglückbringenden Unterbrechung würde es reichen, an die massakrierten Schüler und Lehrer zu erinnern, Lesen und Schreiben lernend, als man sie fasste, in verborgenen Kellern, um zu verstehen, weshalb die albanische Sprache später in den Status des Opfers gehoben wurde und weshalb sie den Platz eines Tempels einnahm. Der Kampf um die Schwächung der albanischen Identität und die Ersetzung durch jene osmanische war ermüdend und alltäglich."[205]

äußere Albanien, Kosovo, mit Flugzeugen, Raketen und Bombardements." (Kadare 2006a: 10). In Bezug auf das Essay muss die jugoslawische Kriegsführung impliziert werden, um von einem direkten Gewaltakt gegen Europa sprechen zu können.

203 In diesem Kapitel wird bewusst von „indirektem Antieuropäismus" statt von „Antialbanismus" gesprochen, da eine abschließend grundsätzliche Charakterisierung von Kadares Konzeptualisierung erfolgt, die über diesen Begriff auf das am Anfang eingeführte Dimensionenmodell zurückverweist.

204 Zugunsten der Übersichtlichkeit wird an dieser Stelle auf die albanische Variante verzichtet, zumal die Zitate oben bereits überwiegend aufgeführt sind oder in ihren Schlüsselbegriffen besprochen wurden.

205 Kadare (2006a): 26 f.

(2) Rebellion des Haxhi Qamili

„Unter Trommeln und dem Ausruf ‚Wir wollen den Vater', der nicht weniger sagen sollte als ‚Wir wollen Sklaverei!' verbrannten die Banden der Haxhiqami-listen die albanische Flagge, schlossen die albanischen Schulen, massakrierten Schüler und Lehrer wie einstmals."[206]

(3) Jugoslawische Zeit

„Um ihren makabren Traum zu verwirklichen, brauchten die Jugoslawen die osmanische Erfahrung. So wie in den 50er Jahren begannen sie das Programm einer gewaltsamen Umsiedlung der Albaner in die Türkei. [...] Die Ersetzung der albanischen Sprache durch die türkische wurde noch stärker vorangetrieben und gemeinsam damit die Reduzierung der Schulen für die Albaner. Die alte osmani-sche Politik: Ihr habt genug Moscheen, ihr braucht keine Schulen, entwickelte sich wie im Fieber. Jugoslawien, so wie einst die Türkei, hatte keine Angst vor den Moscheen, aber vor den albanischen Schulen. Nach Meinung der Serben war es ausreichend, dass die Albaner die Religion hatten, aber niemals die Frei-heit."[207]

(4) Vorfeld des Kosovo-Krieges

„Während sich das 20. Jahrhundert seinem Ende näherte, geschah genau in der Mitte Europas eine der Tragödien, von denen nicht gesprochen wurde. Als ob die Inhaftierungen, die Torturen nicht gereicht hätten, in der Zeit, in der zu Beginn des Herbstes der ganze Kontinent durch die Öffnung der Schulen summte, stieg mehr als eine halbe Million kosovarischer Knirpse in die Keller hinunter wie in alten Zeiten, als die albanische Sprache geheim und unter der Klinge des orientalischen Krummschwertes gelehrt wurde."[208]

Anhand dieser Zitate können mehrere Wege der Übertragung von Kadares Konzeptualisie-rung des Antieuropäismus von der osmanischen Zeit als dessen Quelle auf nachfolgende Ereignisse und Zeitabschnitte aufgezeigt werden. Dazu werden drei Kategorien von Lexe-men und Phrasen untersucht:

    a. Schlüssellexeme und -phrasen, die die Konzeptualisierung semantisch kodieren,

---

206 Ebd.: 31 f.
207 Ebd.: 41 f.
208 Ebd.: 42.

    b. Lexeme und Phrasen mit Emotionspotenzial, die die inhärenten emotionsevozierenden Eigenschaften und Wertungen der Konzeptualisierung kodieren,

    c. Lexeme und Phrasen mit temporalem Rückverweis auf die Zeit der Osmanenherrschaft als konzeptuelle Quelle der dargestellten Dimensionen des Antieuropäismus.

2.3.5.1 Schlüssellexeme und -phrasen

Ausgehend von den oben zitierten Schlüsselstellen des Textes wird das Konzept ‚indirekter Antieuropäismus‘ bei Kadare durch zunächst drei Kernthemenbereiche unterschiedlicher Qualität bestimmt:

    1. Schwächung, Überformung und Auslöschung der albanischen Identität

    2. Dezimierung und Auslöschung der albanischen Nation

    3. Vertreibung der Albaner aus Europa

Hierbei handelt es sich ausschließlich um einen gegen Albaner gerichteten Antieuropäismus, bezugnehmend auf das oben eingeführte Modell der acht Kategorien. Die lexikalisch-semantischen Einheiten, die von Kadare immer wieder aufgegriffen werden, können auf vier miteinander korrespondierende, sich zum Teil überschneidende Themenfelder aufgeteilt werden: Bildung, Identität, Religion und Gewalt. Nicht alle Topoi treten an jeder infrage kommenden Stelle im Text in Erscheinung. Durch die thematischen, lexikalischen und semantischen Überschneidungen und Verknüpfungen wird aber stets auf einen der übergeordneten Bereiche rekurriert, so dass die Anbindung an die Gesamtkonzeptualisierung des Antieuropäismus immer gegeben ist.

    Im Bereich Bildung dominiert der Topos „Reduzierung, Schließung und Verbot albanischer Schulen" als Teil des übergeordneten Topos „albanische Schulen als Gefahr":[209]

Topos:	ALBANISCHE SCHULEN ALS GEFAHR
Lexeme/ Phrasen:	„die Tragödie des <u>Verbots der Schulen</u>" (→1)
	„<u>schlossen</u> die <u>albanischen Schulen</u>" (→2)
	„die <u>Reduzierung</u> der <u>Schulen für die Albaner</u>" (→3)
	„ihr braucht <u>keine Schulen</u>" (→3)
	„Angst […] vor den <u>albanischen Schulen</u>" (→3)
	(Kontinent:) „Öffnung der <u>Schulen</u>"; (Kosovo:) „in die Keller

---

209   Die Nummern der folgenden Verweise in Klammern entsprechen denen der oben aufgeführten Zitate, aus denen die zugeordneten Lexeme und Phrasen entnommen wurden. Die Hervorhebungen dienen der Verdeutlichung und sind im Originaltext nicht vorhanden.

> hinunter, wie in alten Zeiten, als die <u>albanische</u> Sprache <u>geheim</u> […]
> <u>gelehrt</u> wurde" (→4)

Beim letzten Beispiel werden Schließung und Verbot von Schulen impliziert, da die kosovoalbanischen Schüler (im Gegensatz zu den anderen in Europa) im Geheimen lernen müssen. Hieran knüpft der Topos „Bildung im Geheimen" an:

Topos:	BILDUNG IM GEHEIMEN
Lexeme/ Phrasen:	„in <u>verborgenen Kellern</u>" (→1)
	„in die <u>Keller</u> hinunter" (→4)
	„als die albanische Sprache <u>geheim</u> […] gelehrt wurde" (→4)

Eine Überschneidung der Felder Bildung und Gewalt liegt zum Teil beim Topos „Massakrierung von Schülern und Lehrern" vor:

Topos:	MASSAKRIERUNG VON SCHÜLERN UND LEHRERN
Lexeme/ Phrasen:	„an die <u>massakrierten Schüler</u> und <u>Lehrer</u> zu erinnern" (→1)
	„<u>massakrierten Schüler</u> und <u>Lehrer</u>" (→2)

Zum lexikalischen Feld der Gewalt gehören weiterhin Lexeme und Phrasen, die entweder einen direkten Ausdruck dessen darstellen, oder metaphorisch darauf verweisen. Gewalt meint hierbei jegliche Form der schädigenden Beeinflussung (physisch, psychisch, sozial, emotional, usw.):

Topos:	GEWALT
Lexeme/ Phrasen:	„Unterdrückung und schreckliche Gemetzel" (→1)
	„wurde schwer geschädigt" (→1)
	„wurde geschädigt und sein Körper aufgelöst" (→1)
	„Verstümmelung des Gehirns" (→1)
	„als man sie fasste" (→1)
	„Status des Opfers" (→1)
	„Kampf um die Schwächung der albanischen Identität" (→1)
	„verbrannten […] die albanische Flagge" (→2)
	„Umsiedlung der Albaner mit Gewalt" (→3)
	„die Inhaftierungen, die Torturen" (→4)
	„unter der Klinge des orientalischen Krummschwertes" (→4)

Auch das lexikalisch-semantische Feld der Identität knüpft zum Teil an das der Bildung an, wenn es um den Topos „albanische Sprache als Opfer" geht, wobei wie oben ausgeführt Sprache für Kadare ein wesentliches Kernelement von Identität darstellt und Schulen als Orte der Sprachvermittlung damit unmittelbar verknüpft sind:

Topos:	ALBANISCHE SPRACHE ALS OPFER
Lexeme/ Phrasen:	„weshalb die albanische Sprache später in den Status des Opfers gehoben wurde" (→1)
	„Die Ersetzung der albanischen Sprache durch die türkische" (→3)
	„als die albanische Sprache geheim […] gelehrt wurde" (→4)

Die zweite Belegstelle fällt auch in einen weiteren Topos, den der „Orientalisierung der albanischen Identität":

Topos:	ORIENTALISIERUNG DER ALBANISCHEN IDENTITÄT
Lexeme/ Phrasen:	„Schwächung der albanischen Identität und die Ersetzung durch jene osmanische" (→1)
	„Unter Trommeln und dem Ausruf ‚Wir wollen den Vater'"(→2)
	„Die Ersetzung der albanischen Sprache durch die türkische" (→3)

Während die erste und dritte Belegstelle durch das Lexem ‚Ersetzung' explizit auf die herbeigeführte Veränderung verweisen, geschieht dies bei der zweiten implizit: Hier ist der Wandel konzeptuell an die Forderung nach dem osmanischen Oberhaupt („Vater") geknüpft.

Zum lexikalisch-semantischen Feld der Religion findet sich der Topos „Moscheen statt Schulen", der unter „Religion statt Bildung" subsumiert werden kann, so dass auch hier eine Anknüpfung an das Feld Bildung deutlich wird:

Topos:	MOSCHEEN STATT SCHULEN
Lexeme/ Phrasen:	„Ihr <u>habt genug Moscheen</u>, ihr <u>braucht keine Schulen</u>" (→3)
	„hatte <u>keine Angst vor den Moscheen</u>, aber vor den albanischen <u>Schulen</u>" (→3)

Die Übertragung des indirekten Antieuropäismus erfolgt dabei über zwei Wege. Zum einen besteht bei Kadare eine konzeptuell geschaffene antonymische Verbindung zwischen „Moscheen" und „Schulen", so dass bei Erwähnung des letztgenannten Begriffs der erste automatisch in seinem Gegensatz mitgedacht wird. Weiterhin wird aber auch eine höhere Ebene angesprochen, wenn man die folgende Phrase hinzuzieht:

Topos:	RELIGION STATT FREIHEIT
Lexeme/ Phrasen:	„war es ausreichend, dass die Albaner <u>die Religion hatten</u>, aber <u>niemals die Freiheit</u>" (→3)

Liest man den Ausschnitt des Zitats im Zusammenhang, werden die Beziehungen zwischen den Begriffen deutlich:

> „Die alte osmanische Politik: Ihr habt genug Moscheen, ihr braucht keine Schulen, gedieh wie im Fieber. Jugoslawien, so wie einst die Türkei, hatte keine Angst vor den Moscheen, aber vor den albanischen Schulen. Gemäß den Serben war es ausreichend, dass die Albaner die Religion hatten, aber niemals die Freiheit." (→3)

Hieraus geht hervor, dass Kadare die Begriffe „Schulen" (im weiteren Sinne „Bildung") und „Freiheit" implizit gleichsetzt und beide der Religion komplementär entgegenstellt. Aus den angeführten Beispielen könnte man mutmaßen, dass nur der Islam entsprechend kontextualisiert wird. Das ist jedoch nicht der Fall, wie eine zusätzliche Belegstelle zeigt, die gleichzeitig auch den Bereich der Identität anbindet, der durch den Begriff der ‚Sprache' symbolisiert wird:

„Die Kirchen wurden belassen, aber die Schulen und die Schriftsprache wurden verboten. So wie es scheint wurde schon damals verstanden, dass die Kirchen, während sie zweierlei Art waren, katholisch und orthodox, weniger gefährlich waren als die Sprache, welche eins war."[210]

Daraus ableitend kann zunächst konstatiert werden, dass die lexikalisch-semantischen Felder *Religion* und *Gewalt* den Wortfeldern *Bildung*, *Identität* und *Freiheit*[211] gegenüberstehen. Die Berührungspunkte und Verknüpfungen untereinander können in folgender Lesart von Kadares Konzeptualisierung des indirekten Antieuropäismus dargestellt werden: Die albanische Sprache ist Teil der albanischen Identität. Die Sprachvermittlung findet in den Schulen statt, wo Lehrer die Sprache vermitteln und Schüler sie erlernen, wobei gleichzeitig über die Sprache ein Identitätstransfer stattfindet, der die albanische Identität stärkt. Antialbanische Kräfte, die das Verschwinden der albanischen Identität und damit der albanischen Nation vorantreiben wollen, setzen an zwei Stellen an, um ihr Vorhaben umzusetzen: Durch Gewalt beseitigen sie die Vermittler und (Weiter-)Träger der albanischen Identität: Lehrer und Schüler. Während sie dadurch und durch die Schließung albanischer Schulen den Bildungsstandard senken und die albanische Identität durch die Verhinderung der albanischen Sprachvermittlung schwächen, fördern sie zeitgleich die Religiosität bei den Albanern. Religiöse Gruppen erscheinen den Feinden der Albaner aufgrund der Aufsplittung in mehrere, einzelne Religionsgruppen als beherrschbar, eine albanische Nation hingegen mit einem gemeinsamen Nationalbewusstsein, das auf einer gemeinsamen Sprache beruht, ist ein zu starker Gegner, der nur schwer oder gar nicht besiegt werden kann.

In dieser Konzeptbeschreibung sind die wichtigsten lexikalisch-semantischen konzept-konstituierenden Stränge und Knotenpunkte auf thematischer Ebene enthalten. Auf der Ebene der Emotivität lassen sich diese noch erweitern.

2.3.5.2 Lexeme und Phrasen mit Emotionspotenzial

Der durch die Form der Polemik gegebene hohe emotionale Gehalt des Essays spiegelt sich in besonderer Weise beim Thema des Antieuropäismus wieder. Die textartinhärente Absicht der Emotionalisierung des Rezipienten, die unterstellt werden kann, ist auch hier aus den zitierten Belegstellen anhand emotiver Lexeme und Konnotationen gleichermaßen identifizierbar. Der Grad des Emotionspotenzials kann dabei variieren, ist für die Charakte-

---

210　Kadare (2006a): 25.
211　Anhand der aufgeführten Beispiele konnte dies nicht weiter expliziert werden. Kadare verwendet den Begriff jedoch im Essay elf Mal, jeweils auf die Freiheit der Albaner bezogen, sowohl im gedanklichen als auch reellen Sinne, so in den Phrasen ‚Idee der Freiheit' (vier Mal), ‚Kampf für Freiheit' bzw. ‚kämpften für Freiheit' (drei Mal), ‚Freiheit der Nation' und ‚Jahr der Freiheit' (jeweils ein Mal), sowie zwei Mal als Simplex. Der Freiheitsbegriff steht daher wie in der zitierten Belegstelle in allen Zusammenhängen komplementär zum Begriff des Antialbanismus und damit auch dem des Antieuropäismus.

risierung der indirekten Antieuropäisierung aber vernachlässigbar. In der Differenzierung der qualitativen Aussagen können fünf lexikalische Gruppen unterschieden werden:

1) Lexikalische Einheiten der Charakterisierung des indirekten Antieuropäismus und seiner Auswirkungen: ‚schrecklich‘, ‚Ausmaß des Bösen‘, ‚Finsternis‘, ‚unglückbringend‘, ‚makaber‘

2) Lexikalische Einheiten der Gewaltausübung (allgemeiner Art): ‚Unterdrückung‘, ‚Kampf‘, Inhaftierungen‘

3) Lexikalische Einheiten der Gewaltausübung mit körperlicher oder materieller Schädigung: ‚Gemetzel‘, ‚geschädigt‘, ‚aufgelöst‘, ‚Verstümmelung‘, ‚massakrieren‘, ‚verbrennen‘, ‚Gewalt‘, ‚Torturen‘

4) Lexikalische Einheiten der Perspektivierung der geschädigten Opfer: ‚Opfer‘, ‚Schwächung‘, ‚ermüdend‘

5) Lexikalische Einheiten der Perspektivierung der antieuropäischen Täter: ‚keine Angst‘

Aus der quantitativen Zuordnung der Lexik zu den einzelnen Gruppen wird die Dominanz des Übergewichts der äußerst expressiven Charakterisierung des indirekten Antieuropäismus und seiner Vertreter deutlich. Dem gegenüber steht die kaum vorhandene emotional gebundene Beschreibung der als Feindbild dargestellten Albaner. Die Verwendung des Lexems ‚Angst‘ ist doppelt zu bewerten: Zwar steht es in der Belegstelle auch für ein Schwächegefühl der Täter (in Bezug auf die albanischen Schulen), wird aber emotiv in der Phrase ‚keine Angst‘ durch die direkte Negation vorrangig an das Gegenteil gebunden.

2.3.5.3 *Lexeme und Phrasen mit temporalem Rückverweis*

Wie anfangs bereits darauf hingewiesen wurde, konzipiert Kadare das osmanische Vorgehen gegen die Albaner als Vorbildfunktion für alle historisch nachfolgenden antialbanisch agierenden Akteure. Infolgedessen verweist er explizit wie implizit durch Vergleichsphrasen und semantische Rekurrierung auf das Osmanische Reich. Auf diese Weise erfolgt eine Übertragung der negativen Zuschreibungen und antieuropäischen wie antialbanischen Züge vom Vergleichsobjekt auf das verglichene Subjekt:

Lexeme/	„wie einstmals" (→2)
Phrasen:	„die osmanische Erfahrung" (→3)
	„Die alte osmanische Politik" (→3)
	„wie einst die Türkei" (→3)
	„wie in alten Zeiten" (→4)
	„als […] unter der Klinge des Krummschwertes gelehrt wurde" (→4)

Mit dieser Differenzierung sprachlicher Merkmale konnte nun eine Charakterisierung des Antieuropäismus vorgenommen werden, wie er von Kadare im Essay „Die europäische Identität der Albaner" konzeptualisiert wurde. Demnach liegt der Ursprung zeitlich und kulturell im Osmanischen Reich. Zum Ausdruck kommt er über die Begriffe ‚Religion' und ‚Gewalt' als feindliche Konzepte in Opposition zu ‚Bildung', ‚Identität' und ‚Freiheit' als Konzepte auf albanischer Seite. Das beständige Wiederaufgreifen dieser Konzeptualisierung versinnbildlicht auf einer anderen Ebene Kadares offensichtliche Intention einer proeuropäisch ausgerichteten albanischen Geschichtsschreibung mit dem finalen Ziel der albanischen Mitgliedschaft in der Europäischen Union. Denn die den Albanern zugeschriebenen Konzepte entsprechen denen, die auch die EU für sich beansprucht, während die den Feinden zugeschriebenen Konzepte gleichfalls in der EU kritisch betrachtet werden: Gewalt wird verurteilt, Religion vom öffentlichen Leben getrennt. Nach dieser Konzeptualisierung stehen die Albaner klar auf europäischer Seite, ihre Gegner hingegen sind als Antieuropäer „entlarvt".

3 Konzeptualisierungen zu Europa in Rexhep Qosjas Essays
„Realiteti i shpërfillur" und *„Të vërtetat e vonuara"*

3.1 Rahmendaten und formale Analysen zu den Essays

3.1.1 Allgemeine Angaben und Anmerkungen zu den Publikationen

Rexhep Qosjas Essay „Die vernachlässigte Realität. Kritische Betrachtung über die Ansichten Ismail Kadares zur albanischen Identität" [*Realiteti i shpërfillur. Vështrim kritik mbi pikëpamjet e Ismail Kadares për identitetin shqiptar*][212] erschien als Reaktion auf Ismail Kadares Essay „Die europäische Identität der Albaner". Es wurde sowohl in der Tageszeitung SHQIP abgedruckt, als auch im Anschluss als Buch veröffentlicht.[213]

In SHQIP erschien das Essay an sechs aufeinander folgenden Tagen vom 02.-07. Mai 2006, aufgeteilt auf ebensoviele Artikel. Die Ankündigung auf dem Titelblatt unter der Rubrik ‚POLEMIK' [*POLEMIKA*] zusammen mit den ersten Zeilen der jeweiligen Textteile erfolgte täglich. Im Inneren der Tageszeitung finden sich die Artikel unter der Rubrik ‚MEINUNG & POLEMIK' [*OPINION & POLEMIKË*]. Die ersten vier Artikel nehmen im Durchschnitt eineinhalb Seiten ein, die letzten beiden jeweils eine Seite. Das zu den Texten abgedruckte Bildmaterial setzt sich aus fünf Fotos von Qosja, vier von Kadare, einer Karikatur von beiden, einem Buchcover-Ausschnitt (von Kadares Essay) und einer Europakarte zusammen. Während von Kadare drei unterschiedliche Fotos verwendet wurden, von denen eins ein zweites Mal abgedruckt wurde, existiert von Qosja nur eine Variante auf der Titelseite des ersten Artikels vom 02.05. (dem einzigen Titelseiten-Foto in Bezug auf das Essay); ansonsten wiederholt sich ein und dasselbe Foto an vier aufeinander folgenden Tagen (03.-06.05.). Die Karikatur der beiden Kontrahenten zeigt den auf einer Weltkugel stehenden Kadare, eine Akte o.ä. unter den rechten Arm geklemmt, den linken Arm mit der offenen Handfläche nach oben erhoben, wie ein Herrscher winkend; zu seinen Füßen (neben der Weltkugel) befindet sich Qosja, von unten her aufschauend, in der linken Hand einen Federhalter, mit dem er auf Europa zeigt, den Zeigefinder der rechten Hand erhoben und dabei Kadare anschauend. Während Kadare verkündet: „WIR SIND EUROPÄISCH!", entgegnet Qosja: „JA, ABER…?!" Damit kommen in dieser Zeichnung des Karikaturisten Kafexhi alle wesentlichen Elemente der Debatte zusammen: die Problematik der Europäizität, die sich gegenüberstehenden Positionen von Behauptung und Widerspruch und der wahrgenommene Status der Protagonisten in der Öffentlichkeit durch die optische Anordnung der Figuren. Aufgrund der Zuordnung zum ersten Teil des Essays (Ausgabe vom 02.05.) übernimmt die Karikatur damit quasi die Funktion der Einleitung bezüglich des

---

212 Qosja (2006a).
213 Ein Verweis auf die Veröffentlichung als eigenständige Publikation findet sich unter dem letzten abgedruckten Teil des Essays als Nachbemerkung in Qosja (2006i): 37.

übergeordneten Themas der Debatte, zu der Qosjas Essay nur als ein Text von vielen gehört.

Insgesamt erfolgte die Unterteilung und sprachliche Strukturierung des Essays mithilfe
von Schlagzeilen auf der Titelseite, den häufiger dazu variierten Artikelüberschriften im
Innern der jeweiligen Zeitungsausgabe sowie Zwischenüberschriften im Text selbst (vgl.
Tab. 4).

Tab. 4: Überschriften in *Shqip* zu Rexhep Qosjas Essay *„Realiteti i shpërfillur"*
   Quelle: eigene Darstellung

Titelblatt: Schlagzeile	*Artikel:* Überschrift und Zwischenüberschriften
Die Identität der Albaner und die vernachlässigte Realität[214] (S.1)	Kritische Betrachtung über die Ansichten Ismail Kadares zur albanischen Identität: Die vernachlässigte Realität (S.6/7) · Falsche Prämissen (S.6) · Alte Gewohnheiten (S.6)
Die rassistischen Ideen Ismail Kadares[215] (S.1)	Die rassistischen Ideen Ismail Kadares (S.34/35) · Die politische Benutzung von Mutter Teresa (S.34) · Identität und Identitäten (S.34) · Multikulturelles Europa (S.35) · Rassistische Ideen (S.35)
Die albanische Identität und die Kultur[216] (S.1)	Die albanische Identität und die Kultur (S.34/35) · Bewegliche Geographie (S.34) · Identität und Kultur (S.34)
Ismail Kadare und der Islam[217] (S.1)	Die Islamophobie Ismail Kadares (S.38/39) · Ruf nach der Rückkehr zur Religion der Alten (S.38) · Was nicht die Mission Albaniens ist (S.39)

---

214   Vgl. Qosja (2006q).
215   Vgl. Qosja (2006f).
216   Vgl. Qosja (2006e).
217   Vgl. Qosja (2006n).

Die Ausrutscher Ismail Kadares[218] (S.1)	Politische und intellektuelle Ausrutscher (S.38) · Politik der Abschottung (S.38) · Heiliges Schicksal, furchtbar bitter (S.38) · Unterbewertete Identität (S.38)
Ismail Kadare, Europa und unser Leben[219] (S.1)	Kadare, Europa und unser Leben (S.37) · Wie wir Europa in unser Leben bringen (S.37)

Als Buch erschien das Essay bei TOENA (Tirana) als 88-seitige Broschur (Format 13*20 cm) zum Preis von 520 Lek bzw. 4,50 Euro. Die Frontcoverseite des rotbraunen Glanzumschlags zeigt ein Gemälde, das an den Surrealismus erinnert. Zwischen röhrenartigen und kastenförmigen Objekten ragen zwei Fanfahren in den Himmel, wo aus einem weiteren fliegenden Objekt wallende Stoffe herrabhängen. Auf der Rückseite des Einbands findet sich zunächst ein in der Presse häufig abgedrucktes sepiafarbenes Porträtfoto des Autors, auf dem dieser das Buch „La Question albanaise" in den Händen hält. Daneben befindet sich halbseitig längs ein Zitat, das dem Essay entnommen ist. Qosja äußert sich darin zu den Beweggründen, die seinem Essay zugrunde liegen (entnommen von Seite 8 f.):

„Auf die Reaktion von Ismail Kadares Die europäische Identität der Albaner werde ich aus folgenden Hauptgründen antworten: erstens, weil es ein bekannter Schriftsteller und Publizist von besonderer Popularität geschrieben hat; zweitens, weil in dieser Reaktion ein Missbrauch und eine Verzerrung einiger meiner Ansichten enthalten sind, vor allem meiner Ansichten über den möglichen desintegrierenden Einfluss des sogenannten religiösen Selbstverständnisses in der heutigen albanischen Gesellschaft; drittens, weil diese Reaktion ein Echo unter den albanischen Lesern wie in Albanien, so auch im Kosovo verursacht hat und, viertens, auch das Entscheidenste, weil in dieser Reaktion Ideen geäußert und Bilder geschaffen werden, die die albanische Kultur nicht ehren."[220]

Im Innenumschlag finden sich eine Liste mit 34 Werken Qosjas, sowie eine kurze Aufstellung der in andere Sprachen übersetzten Veröffentlichungen.

Qosjas Essay „Die verspäteten Wahrheiten. Zweite Antwort auf die Polemiken Ismail Kadares und seiner Gesinnungsgenossen" [*Të vërtetat e vonuara. Përgjigje e dytë në polemikat e Ismail Kadaresë dhe të bashkëmendimtarëve të tij*] erschien ebenso wie sein vorheriges Essay sowohl in der Tageszeitung SHQIP als auch als Buch.

---

218   Vgl. Qosja (2006r).
219   Vgl. Qosja (2006i).
220   Qosja (2006a): hintere Umschlagseite außen.

In SHQIP wurde die Tatsache einer weiteren Veröffentlichung Qosjas stark gewichtet. Am Donnerstag, den 8. Juni 2006 erschien auf dem Titelblatt in einem farblich abgesetzten Kasten (45*70 mm) eine 9-zeilige Ankündigung in größerer Schrift (Fettdruck bzw. Kursivschrift), die in einem nochmals abgesetzten Kopfbalken mit ‚EXKLUSIV' [*EKSKLUSIVE*] überschrieben war:

„Die Debatte KADARE-QOSJA kehrt
erneut zurück
Ab Samstag in SHQIP:
Der Akademiker gibt dem Schriftsteller
und Berisha eine Gegenantwort zur
albanischen Identität"

„Rikthehet debati
KADARE-QOSJA
Nga e shtuna, në gazetën SHQIP:
Akademiku i kundërpërgjigjet
shkrimtarit dhe Berishës për
identitetin shqiptar"[221]

Das Essay selbst erschien vom 09.-15. Juni 2006, aufgeteilt auf sieben Artikel in den Rubriken ‚MEINUNG' [*OPINIONI*] oder ‚POLEMIK' [*POLEMIKA*],[222] täglich auf der Titelseite beworben. Der erste und letzte Artikel erstrecken sich jeweils über maximal eine Seite, die anderen verteilen sich jeweils auf zwei Seiten. Insgesamt 27 Fotos und Abbildungen sind beigeordnet. Auf diesen ist Kadare neun Mal als Einzelperson zu sehen, Qosja acht Mal, Berisha vier Mal und Parlamentspräsidentitn Jozefina Topalli ein Mal. Hinzu kommen zwei Fotomontagen: Eine zeigt Kadare und Qosja vor der albanischen Flagge, umringt von den Sternen der Europaflagge; auf der anderen sind die beiden Kontrahenten auf dem abgebildeten Titelblatt der Sonderbeilage „Shqip Ndryshe" zur Polemik abgebildet. Weiterhin ist Qosja auf einem Foto mit dem kosovarischen Politiker Hashim Thaçi zu sehen. Hinzu kommen drei Stadtansichten von Tirana, Prishtina und Paris. Eine Illustration schließlich zeigt einen in den Wolken schwebenden Fels mit einer katholischen Kirche darauf, auf deren Dach ein Mann mit einem Fernrohr nach etwas Ausschau hält. Die Implikation liegt nahe, es solle Kadare symbolisieren, der nach der europäischen Identität der Albaner sucht – nicht zuletzt auch, da das Bild im Zusammenhang mit dem Textabschnitt zu finden ist, der mit „Antimuslimische Haltungen" überschrieben ist.

Die Unterteilung und sprachliche Strukturierung des Essays erfolgte wieder auf Basis von Schlagzeilen auf der Titelseite, sich diesmal generell davon unterscheidenden Artikelüberschriften im Innern der jeweiligen Ausgabe sowie den obligatorischen Zwischenüberschriften im Text selbst (vgl. Tab. 5). Ins Auge sticht hierbei das Vorkommen unterschiedlicher Schreibweisen gleicher Wörter (vgl. Artikel vom 9.06.2006: ‚Gegen-Replik' versus ‚Gegenreplik') und die Variierung der Begriffe in den Überschriften der Aus-

---

221	o.V. (2006f).

222	Darin liegt ein Unterschied zum Essay „Die vernachlässigte Realität", das in der Rubrik ‚MEINUNG & POLEMIK' erschien (Hieraus resultieren auch die sprachlichen Unterschiede in der Bestimmtheit der albanischen Substantive, was bei der Übertragung ins Deutsche jedoch aufgrund der Textsorte entfällt.).

gabe vom 11.06.2006 (Sowjetisierung/Sowjetismus, Europäisierung/Europäismus). Beide Auffälligkeiten weisen auf ein grundsätzliches Problem sämtlicher albanischen Printmedien hin: Rechtschreib- und Grammatikfehler, fehlerhafte Zeichensetzung und fehlende Qualitätsprüfung sind eher die Regel denn die Ausnahme.

Tab. 5: Überschriften in *Shqip* zu Rexhep Qosjas Essay *„Të vërtetat e vonuara"*
Quelle: eigene Darstellung

Titelblatt: **Schlagzeile**	*Artikel:* **Überschrift und Zwischenüberschriften**
Warum diese Gegen-Replik auf Kadare[223] (S.1)	Warum diese Replik auf Ismail Kadare?! (S.11) · Was die Gegenreplik umfasst (S.11)
Qosja: Kadare und Enver Hoxha[224] (S.1)	Kadare, von Enver bis zum Antiislamismus (S.10/11) · So weit weg von der kommunistischen Vergangenheit (S.10) · Antimuslimische Haltungen (S.10) · Esadismus (S.10) · Reaktionen auf die Polemik (S.11)
Kadare, die Sowjetisierung und die Europäisierung[225] (S.1)	Kadare, der Sowjetismus und der Europäismus (S.10/11) · Nur die Wahrheit eint die Menschen (S.10) · Wo lassen wir Kosovo? (S.10) · Glaube und Unglaube (S.10) · Die Empfehlung des anderen Kommentators (S.10) · Unzulässige Vergleiche (S.10) · Sowjetisierung und Europäisierung (S.11) · Wie man die nationalen Fragen löst (S.11)

---

223 Vgl. Qosja (2006p).
224 Vgl. Qosja (2006j).
225 Vgl. Qosja (2006k).

Berisha, warum gegen mich und pro Kadare bei der albanischen Identität[226] (S.1)	Berisha, warum gegen mich pro Kadare?! (S.10) · Eine veränderliche Kategorie (S.10) · Schriftstellerei und Unabhängigkeit? (S.10) · Der allgegenwärtige Premierminister (S.11) · Deductio ad absurdum (1) (S.11)
Warum Berisha-Kadare wieder zusammengekommen sind[227] (S.1)	Warum dieses Duett Berisha-Kadare?! (S.10) · Deductio ad absurdum (2) (S.10) · Der lange Arm des Premierministers (S.10) · Der Typologe des Nationalismus. Und nicht nur das. (S.11)
Als Kadare die Mitglieder der UÇK „Envers Abkömmlinge" genannt hatte[228] (S.1)	Als Kadare die Mitglieder der UÇK „Envers Abkömmlinge" genannt hatte (S.10) · Auch die Parlamentsvorsitzende steigt in die Polemik ein (S.10) · Nützliche Veränderungen (S.10)
Ich antworte auf die Verächtlichkeit Kadares[229] (S.1)	Ich antworte auf die Verächtlichkeit Kadares (S.11)

Wie „Die vernachlässigte Identität" erschien auch dieses Essay bei TOENA (Tirana) als Buch zum Preis von 520 Lek bzw. 4,50 Euro. Die 110-seitige Broschur (Format 13*20 cm) ist entweder in blauem mattgehaltenen oder lila glänzendem Einband erhältlich. Bei letzterem handelt es sich eventuell um eine Neuauflage, die in diesem Fall aber als solche nicht gekennzeichnet wurde. Front- und Rückseitencover gleichen optisch in den Grundelementen – Schriftgrößen, Schriftarten, Informationseinheiten, Bildelemente, Anordnung – denen von „Die vernachlässigte Realität". Bei der Frontabbildung handelt es sich um ein weiß eingerahmtes Foto eines weißen, fast senkrecht stehenden Hühnereies vor schwarzem Hintergrund auf hölzernem Boden mit Lichtspiegelung. Über den Zusammenhang zum Text lässt sich nur spekulieren, da ein direkter sprachlicher Bezug nicht herstellbar ist. Auf Basis der Debatte um die Zugehörigkeit der Albaner zur westlichen christlichen Zivilisation könnte es sich um das Symbol der Geburt Christi handeln. Möglich wäre auch die Darstel-

---

226   Vgl. Qosja (2006c).
227   Vgl. Qosja (2006o).
228   Vgl. Qosja (2006l).
229   Vgl. Qosja (2006g).

lung der Redensart „Das Ei des Kolumbus" für die Lösung eines scheinbar unlösbaren Problems. Hier kämen zwei Bezüge infrage: entweder zur Debatte, in der es um ein solches Problem geht, oder zu Qosjas Essay, das damit als Lösung für die Fragen der Debatte verstanden werden kann. Gestützt wird die letzte These durch den Text auf der äußeren Rückseite des Einbands. Dort findet sich wiederum das erwähnte sepiafarbene Porträtfoto des Autors; daneben ist halbseitig längs besagter Textabschnitt abgedruckt, in dem sich Qosja zu dem Ziel äußert, das er mit dem Essay verfolgt (entnommen von Seite 10 f.):

> „…Das Ziel meiner Antwort unterscheidet sich grundlegend vom Ziel des Pamphlets Ismail Kadares. Während er aus Ärger schreibt, ab irato, und als Hauptziel hat, mich zu beleidigen, sogar, wie einer der Reagierenden einfach sagt, mich zu verachten, ist mein Ziel vollkommen anders: Mein Ziel ist es, die aufgeworfenen Fragen so zu erklären wie es ein Mensch tun muss, der nicht akzeptiert, dass die Vernunft durch Hass und das Argument durch Betrug ersetzt wird, das heißt mein Ziel ist es, eine Antwort zu geben, die nützlich für die Literatur, die Geschichte der Literatur, die Kultur und vielleicht für unsere Politik sein könnte…"[230]

Diese sehr persönliche Bezugnahme auf Ismail Kadare wie auch schon im Untertitel des Essays lässt bereits erkennen, dass es sich bei Qosjas Text nicht nur um eine fachliche Auseinandersetzung handeln kann, sondern die erkennbare Beeinflussung durch eine emotionale Komponente zu erwarten ist. Die durch den Autor angekündigte sachliche Kompetenz (durch auf Vernunft basierende Argumentation) wird wiederum durch die hintere innere Umschlagseite gestützt, die eine Liste von 35 Veröffentlichungen Qosjas von 1967 bis 2006 sowie eine Liste fünf übersetzter Werke enthält: Es handelt sich dabei überwiegend um Schriften zur albanischen Geschichte, Kultur und Literatur, die Kernkompetenzen Qosjas. Am Ende des Bandes befindet sich das Inhaltsverzeichnis, in dem 20 Kapitel aufgeführt sind, die sich aus den in den Artikeln der SHQIP verwendeten Zwischenüberschriften speisen, allerdings nicht vollständig und in zum Teil abgewandelter oder gekürzter Form. Entgegen der üblichen Verfahrensweise in Albanien enthält das Bändchen keine Angabe zur Auflage.

3.1.2 Inhaltsangabe

Das Essay „Die vernachlässigte Realität" besteht aus 13 Kapiteln. Wie der Untertiel „Kritische Betrachtung über die Ansichten Ismail Kadares zur albanischen Identität" besagt, steht der Begriff der ‚Identität' im Mittelpunkt.

In Kapitel 1, ‚Falsche Prämissen' [*Premisa të gabuara*], sieht Qosja Kadares Essay auf falschen Voraussetzungen aufgebaut: den Versuchen, die kulturellen Gegensätze zwischen Europa und dem islamischen Osten zu belegen und anderseits die Überlegenheit der europäischen Identität gegenüber anderen Identitäten zu beweisen. In Kapitel 2, ‚Alte Gewohnheiten' [*Shprehitë e vjetra*], nimmt Qosja Bezug auf Kadare und erklärt, dass dessen

---

230 Qosja (2006b): hintere Umschlagseite außen.

Kritik den politischen und ideologischen Schriften des Kommunismus ähnelten: Kadare zeige auf das Komplott der inneren und äußeren politischen Feinde. In Kapitel 3, ,Die politische Ausnutzung des Namens von Mutter Teresa' [*Përdorimi politik i emrit të Nënë Tereze*], setzt sich Qosja mit der Verquickung von Staat (bzw. Parteien) und Religion auseinander. Anknüpfungspunkt sind Bildnisse von Mutter Teresa als Symbol des Katholizismus in administrativen und öffentlichen Gebäuden sowie das sonstige Vorkommen ihres Namens und ihr zu Ehren aufgestellter Statuen im öffentlichen Raum. In Kapitel 4, ,Identität und Identitäten' [*Identiteti dhe identitetet*], widmet er sich dem Vorwurf Kadares, dass er (Qosja) die europäische Identität in eine muslimische und eine christliche getrennt habe. Kadare lehne den Einfluss der Religion ab und mache Verallgemeinerungen über die Identität, ohne zu beachten, dass es eine besondere und eine allgemeine Identität gibt, eine eigene und eine kollektive, eine konventionelle und eine neue, eine historische und eine kulturelle, eine politische und eine geistige, eine religiöse und eine staatliche. Kapitel 5 ,Multikulturelles Europa' [*Evropa shumëkulturore*] thematisiert Qosjas Vorstellungen einer offenen Gesellschaft. In Kapitel 6, ,Rassistische Ideen' [*Ide raciste*], setzt sich Qosja mit Kadares Konzeptionalisierung von Identität auseinander, insbesondere dessen primordialistischer Argumentation. In Kapitel 7, ,Bewegliche Geographie' [*Gjeografia lëvizëve*], formuliert Qosja ein Identitätskonzept, das er dem von Kadare (der die Geographie als grundlegend prägend und identitätsbestimmend ansieht) entgegensetzt. Jener wolle nicht sehen, welche Rolle die Geographie in der Bestimmung der Identität von Völkern und von verschiedenen Gruppen spielt. In Kapitel 8, ,Identität und Kultur' [*Identiteti dhe kultura*], greift Qosja Kadares Kritik an den Bejtexhinj auf und fragt nach, warum sich Kadare im Kommunismus nicht dagegen erhoben und sich stattdessen für die christliche (katholische) Literatur stark gemacht habe. In Kapitel 9, ,Ruf nach der Rückkehr zur Religion der Alten' [*Thirrje për kthim në fenë e të parëve*], spricht Qosja über Jugoslawien, dass nicht alle Albaner unerwünscht waren, sondern nur diejenigen, die optisch Nordafrikanern oder Asiaten ähnelten. In Kapitel 10, ,Was nicht die Mission Albaniens ist' [*Cili s'është misioni i Shqipërisë*], verteidigt Qosja sein Konzept für Albaniens Rolle als Vermittler zwischen Ost und West gegen Kadare, der dies als unrealistisch abtut und abwertet. In Kapitel 11, ,Politik der Abschottung' [*Politika e kështjellëzimit*], formuliert Qosja die zukünftige Rolle Albaniens in Europa als Vermittler zwischen Osten und Westen, da es Albanien schicksalhaft vorbestimmt sei, die Synthese aus beiden voranzutreiben und zu erreichen. Kadares Ablehnung albanischer Beziehungen zu muslimischen Ländern und zu China kritisiert er scharf. In Kapitel 12, ,Unterbewertete Identität' [*Identiteti i nënçmuar*], verteidigt Qosja gegen Kadare die muslimische Identität als gleichwertigen Bestandteil neben anderen religiösen Identitäten, die der nationalen Identität der Albaner untergeordnet seien. Kapitel 13, ,Wie wir Europa in unser Leben bringen' [*Si ta sjellim Evropën në jetën tonë*], hat die laut Qosja korrupte, mafiöse und von alten Ideologien durchdrungene politische Klasse zum Thema. Qosja prangert die Missstände in Albanien und Kosovo an und liefert Vorschläge, wie die Demokratie (West-)Europas tatsächlich implementiert werden könne. Dabei formuliert er auch, welche Rolle die albanischen Intellektuellen in diesem Prozess spielen sollten.

Das Essay „Die verspäteten Wahrheiten" besteht aus 23 Kapiteln und widmet sich ausschließlich dem Verhältnis der Akteure zueinander und deren gegenseitigen Bewertungen. Der Fokus liegt einerseits auf Qosja, der seine eigene Position reflektiert, andererseits auf Kadare und Sali Berisha, dem damaligen albanischen Staatspräsidenten, die Qosja sowohl einzeln behandelt als auch die Art ihrer Verbindung und damit die Verquickung von Intellektuellen und Politik.

Nach dem einleitenden Kapitel ‚Gegensätzliche Ziele' [*Qëllimet e kundërta*], in dem der Gegensatz von Qosja und Kadare in der Debatte zum Thema gemacht wird, folgt in Kapitel 2 ‚So weit weg wie möglich von der kommunistischen Vergangenheit' [*Sa më larg nga e kaluara komuniste*] die Auseinandersetzung mit Kadares Wirken im Kommunismus und dessen heutigem Image, verbunden mit der Kritik an kommunistischer Ideologie und Diktator Enver Hoxha. In Kapitel 3 ‚Antimuslimische Haltungen' [*Qëndrimet kundërmyslimane*] wird Kadares Selbstvermarktung bezüglich seiner Strategie und seinem Verhältnis zu den Religionen thematisiert. Hierzu gehören auch die Reaktionen auf Kadare in der Presse. In Kapitel 4 ‚Esadismus' [*Esadizmi*] wird Kadare als ideologisch-religiöser Verräter angeprangert, wobei die Post Osmanische Zeit den geschichtlichen Bezugsrahmen liefert. In Kapitel 5 ‚Reaktionen auf die Polemik' [*Reagimet ndaj polemikës*] bewertet Qosja die Stellungnahmen zur Debatte als mehrheitlich vorurteilsbelastet; er fühlt sich durch seine Gegner verunglimpft. In Kadares Verhältnis zu Berisha und dessen Demokratischer Partei sieht Qosja die Kadare entgegengebrachte Unterstützung des Staatspräsidenten. In Kapitel 6 ‚Alle meine Porträtisten' [*Të gjithë portretistet e mi*] zählt Qosja etliche Zuschreibungen zu seiner Person auf, verweist jedoch darauf, dass er nicht auf gleichem Niveau, sondern nur mit Sachthemen antworten würde. In Kapitel 7 ‚Nur die Wahrheit eint die Menschen' [*Vetë e vërteta i bashkon njerëzit*] nimmt Qosja Stellung zu Behauptungen in Reaktionen zur Debatte und inszeniert so eine Art Selbstrehabilitierung gegenüber gegnerischen Bewertungen und Diffamierungen. In Kapitel 8 ‚Wo haben wir Kosovo gelassen?' [*Ku e lamë Kosovën?*] lenkt Qosja die Aufmerksamkeit auf Kosovo, da er die Reaktionen der Kommentatoren der Debatte als überwiegend auf Albanien ausgerichtet sieht. Es steht die Frage im Mittelpunkt, ob man von mehreren albanischen Identitäten oder einer gesamtalbanischen ausgehen solle. Qosja vertritt letzteres. Kapitel 9 ‚Glaube oder Unglaube' [*Besimi dhe mosbesimi*] macht die Bedeutung des Islams für die Albaner zum Thema. Auslöser sind Kommentare in der Debatte, die gegen eine starke Gewichtung des Islams sprechen. Qosja als Vertreter einer anderen Ansicht spricht daher über Islam im Alltag und die Bedeutung von Religion. Kapitel 10 ‚Unzulässige Vergleiche' [*Krahasime që s'bëhen*] setzt die Reputation von Kadare und Qosja zueinander ins Verhältnis, wobei nach Aussagen Dritter Kadare international anerkannt sei, während Qosja nur lokale Bedeutung habe. Verglichen werden in diesem Zusammenhang auch Poesie und Wissenschaft. Schließlich wird die Wichtigkeit der Intellektuellen und deren Rolle angesprochen. In Kapitel 11 ‚Sowjetisierung und Europäisierung' [*Sovjetizimi dhe evropianizimi*] versucht Qosja, Kadare zu entlarven: Während Kommentatoren allgemein Kadare als Europäisierer sähen und Qosja als Gegner der Europäisierung, erfolgt eine Darstellung, die das Gegenteil aufzuzeigen sucht. Die Begriffe ‚Sowjetisierung' und ‚Europäisierung' werden hierbei verglichen und einbezogen. In Kapitel 12 ‚Wie die nationale Frage gelöst wird' [*Si po zgjidhet çështja kombëtare*] steht die gesamtalbanische Idee im Vordergrund. Qosja nennt Gründe für die Notwendigkeit der Vereinigung Kosovos mit Albanien. Auch wenn die Polemik national klinge, sei die Globalisierung bestimmend. In Kapitel 13 ‚Eine veränderliche Kategorie' [*Kategori e ndryshueshme*] geht es um die Unterschiede zwischen Kadare und Qosja in Bezug auf den Begriff der ‚Identität': Während Kadare diese statisch konzipiere, sähe Qosja sie als dynamisch an. In Kapitel 14 ‚Schriftstellerei und Unabhängigkeit?' [*Letrarsia dhe pavarësia?*] geht es wieder um die Bedeutung von Kadare und Qosja. Laut Kommentatoren sei QosjaS Schaffen unwichtig im Vergleich zu dem Kadares. Qosja sieht sein Werk allerdings als gegen antialbanische Politik gerichtet an, so dass er sich selbst eine größere Bedeutung zuschreibt. Kapitel 15-20 thematisieren ausführlich Berishas Verhältnis zu Kadare, nachdem dies zuvor nur angerissen wurde. Kapitel 21, ‚Auch die Parlamentsvorsitzende steigt in die Polemik ein' [*Edhe kryeparlamentarja futet në polemikë*], thematisiert Jozefina Topalli, welche die albanische Geschichte und Geographie als wichtig im proeuropäischen Diskurs erachtet und sich von der Türkei und dem turko-arabischen Osten distanziert. Qosja sieht ihre Rhetorik als Zeichen politischer Heuchelei und Schmeichelei. In Kapitel 22, ‚Nützliche Veränderungen' [*Shndërrimet e leverdishme*], bezeichnet Qosja die Rhetorik von Jozefina Topalli und Staatspräsident Sali Berisha über die albanische Identität als Wurzeln der kommunistischen Mentalität in der albanischen Politik. Der Wunsch Kadares, der kommunistischen Vergangenheit und der muslimischen Gegenwart zu entkommen, bringe ihn in extreme geistige Situationen und verursache ein logisches und moralisches Durcheinander in dessen Schriften - somit auch in seiner Polemik über die Identität der Albaner. In Kapitel 23, ‚Schlussfolgerung' [*Përfundim*] kritisiert Qosja, dass Kadare durch Berisha als „moderner Vertreter der Nationalbewegung" geadelt wird. Berisha habe die Werke aus der Zeit der Nationalbewegung (*Rilindja*) nicht gelesen oder nicht verstanden, da sich damals niemand rassistisch zum türkisch-arabischen Osten geäußert habe oder antimuslimisch eingestellt gewesen sei.

3.2 Zur Frage von ‚Europa' und ‚Europäizität'

3.2.1 Aspekte von Geographie und Geopolitik in Bezug auf ‚Europäizität'

Europa tritt bei Qosja (wie bei Kadare) in vielfältiger Bedeutung zutage. Das Lexem ‚Europa' [*Evropë*] ist in Qosjas Essays insgesamt 79 Mal vorhanden (DVR: 42, DVW: 37). Es findet Verwendung als Toponym für den europäischen Kontinent, als Nomination für den kulturell westlich geprägten Raum Europas und als Teil des westlichen Kulturkreises, der dem östlichen Kulturkreis entgegengesetzt wird, als Terminus für einen historisch geprägten Raum, als Synonym für die Europäische Union, als Verkörperung einer moralisch integer(er)en Instanz, als Ausdruck der Zugehörigkeit, als politisches Ziel bezüglich der Integration der Albaner in die EU sowie als allgemeine relationale Bezugsgröße. In dieser Hinsicht sieht Qosja im Vergleich zu Kadare Europa nicht als geschlossene Entität, die sich abschotten muss, sondern als multikulturelles, offenes Konzept.

Insgesamt betrachtet tritt der Begriff ‚Europa' in erster Linie in zwei Haupteinsatzgebieten auf: als Toponym für den europäischen Kontinent, implizit die darauf befindlichen Staaten mitgedacht, sowie als Nomination für die westliche Wertegemeinschaft des Kontinents, die im politischen Zusammenschluss der Europäischen Union ihren Ausdruck findet. Darüber hinaus existieren aber noch weitere Abstufungen, deren Qualität von der jeweiligen spezifischen thematischen und pragmatischen Verwendung abhängt. Davon ausgehend ist sowohl die explizite Thematisierung des Begriffs der ‚Geographie' als auch dessen implizite Verwendungsweise in diesem Zusammenhang als Indikator für europabezogene Konzeptualisierungen anzusehen, denen im Folgenden nachgegangen wird.

Qosja verwendet das Lexem ‚Geographie' [*gjeografi*] 38 Mal (DVR: 33, DVW: 5), das Adjektiv ‚geographisch' [*gjeografik*] sieben Mal (DVR: 5, DVW: 2), das Adverb ‚geographisch' [*gjeografikisht*] zwei Mal (DVR: 1, DVW: 1). Signifikant gehäuft treten die Lexeme in drei Kontexten auf: 1. im Zusammenhang mit Qosjas Kritik an Kadares Geographie-Konzept, gemeinsam mit den Lexemen ‚Europäizität', ‚Europa' und ‚europäisch'; 2. im Geographie-Konzept Qosjas, zusammen mit dem Begriff der ‚Identität' und 3. in der Auseinandersetzung mit einer möglichen Vermittlerrolle Albaniens in Europa, verbunden mit den Nominationen ‚Westen' und ‚Osten'. Jeder der drei Kontexte ist aus einem anderen Grund hinsichtlich europabezogener Konzeptualisierungen interessant. Qosjas Bewertung von Kadares Konzept beinhaltet explizite Kritikpunkte, durch die Vorwürfe aufs Tapet gebracht werden, die eine andere Sichtweise auf die Argumentation des einseitig nach Westen orientierten Kadares bieten. Desweiteren verdeutlichen die in diesem Zusammenhang getätigten Äußerungen Qosjas beispielhaft, wie durch polemische Sprachverwendung eine Konzeptualisierung stärker infrage gestellt werden kann als durch bloße inhaltliche Kritik. Es stellt sich die Frage, inwieweit Kadares Beweisführung durch diesen Aspekt entkräftet wird. Qosja bietet zudem ein Gegenkonzept an, das der Geographie eine veränderte Wertigkeit im Hinblick auf das Verhältnis von Identität und Europa als identitärer Bezugsgröße zuschreibt. Die Formulierung einer zukünftigen Aufgabe Albaniens innerhalb Europas und für Europa schließlich zeigt sowohl, inwieweit Qosja Albanien und Kosovo im Westen verankert sieht, als auch, wo er Grenzen zieht beziehungsweise wo für ihn der Osten eine Rolle spielt.

3.2.2 Qosjas Auseinandersetzung mit Kadares Konzeptualisierung von ‚Geographie' zur Bestimmung von ‚Europäizität'

Qosja greift Kadares Verwendung des Begriffs ‚Geographie' im Hinblick auf dessen Behauptung auf, wonach diese die erste albanische Europäizität bezeuge. Er analysiert dessen Argumentation unter Verwendung einer höchst polemischen Sprache und beginnt unter Einsatz von Ironie mit der Bloßstellung Kadares als Belehrer der albanischen Nation, indem er ein entsprechendes aus dem lexikalischen Feld der Schule entlehntes Bild formuliert:

---

231 Vom Original ausgehend heißt es am Ende wortwörtlich „bekommen die Note 10". Entsprechend dem albanischen Benotungssystem entspricht dies der Bestnote.

„Der Schriftsteller ist Geographielehrer geworden: Er zeigt uns, dass Albanien in Europa ist. Die Schüler, die richtig antworteten, bekämen die Bestnote!"[231]

„Shkrimtari është bërë mësues i gjeografisë: po na tregon se Shqipëria është në Evropë. Nxënësit që do të përgjigjeshin saktë do të merrnin notë dhjetë!"[232]

Indem er Kadare als ‚Geographielehrer‘ [mësues i gjeografisë] darstellt, weist Qosja diesem die Rolle als demjenigen zu, der mehr weiß als andere und es diesen erklärt. Da die Aussage der Verortung Albaniens in Europa wahrscheinlich von niemandem, auch nicht von Qosja, in Zweifel gezogen wird, ergibt sich daraus das Element der Ironie, da Kadare dergestalt als jemand präsentiert wird, der etwas erklärt, was alle schon wissen und akzeptieren. Kadare wirkt infolgedessen wahlweise altklug (ungeachtet seines Alters) oder wichtigtuerisch; seine gehobene Position aufgrund seines Intellektuellenstatus‘ wird dadurch infrage gestellt. Infolgedessen verlieren auch seine Äußerungen an Gewicht, was die Bereitschaft von Rezipienten zur Übernahme anderer Meinungen erhöhen dürfte. Qosja bereitet auf diese Weise mehrere grundsätzliche Kritikpunkte vor. Zunächst beanstandet er, dass Kadare lediglich für den Staat Albanien spräche, wenn es um die identitäre Zugehörigkeit zu Europa geht. In Bezug auf die Albaner im Kosovo, in Mazedonien, Montenegro und im Presheva-Tal sei dies im Gegensatz zu Albanien unklar. Schuld daran sei u.a., dass Kadare die Angelegenheiten Kosovos von denen Albaniens trenne. Dabei würde seine Argumentation zugunsten der albanischen Europäizität ebenso für alle anderen Albaner des Balkans, d.h. auch außerhalb Albaniens gelten. Weiterhin kritisiert Qosja die Thematisierung der östlichen Grenzen Europas, durch die Kadare Albanien von der europäischen Peripherie lösen und einen bewussten Abstand zwischen das staatliche Albanien und Asien bringen wolle, indem er Mazedonien, Griechenland, Bulgarien und die europäische Türkei als tatsächlich an Europas Grenzen befindliche Staaten benennt. Qosja äußert mittels Personifikation, dies seien ‚geographische Perlen‘ [margaritarë gjeografikë], mit denen Kadare ‚den Hals Albaniens schmücke‘ [e stolis qafën e Shqipërisë]:

„Nach diesen geographischen Perlen, mit welchen er den Hals Albaniens schmückt, schenkt uns unser Schriftsteller die geographische Hauptperle mit deren Preis, von welchem er hofft, dass er uns alle glücklich macht: 'Das albanische Volk, so wie der ganze europäische Kontinent, ist weiß'."

„Pas këtyre margaritarëve gjeografikë, me të cilët e stolis qafën e Shqipërisë, shkrimtari ynë na e dhuron kryemargaritarin gjeografik me çmimin e të cilit shpreson të na bëjë të lumtur të gjithëve: 'Popullsia shqiptare, ashtu si e gjithë kontinentit evropian, është e bardhë'."[233]

---

232   Qosja (2006a): 36.
233   Ebd.: 37.

Durch die Verwendung des von ihm kreierten Begriffs ‚Hauptperle' [*kryemargaritar*] ge-
wichtet Qosja als Kern von Kadares europäizitätsbezogenem Geographie-Konzept dessen
Argument der weißen Hautfarbe als primordiales Merkmal der Europäer. ‚Perle' ist aller-
dings wohl doppelt im übertragenen Sinn zu verstehen: in Bezug auf die erwähnte
Personifikation Albaniens, die Qosjas Vorwurf der Exklusion aller anderen Albaner des
Balkans durch Kadare noch einmal unterstreicht, aber auch als Ausdruck von etwas
Besonderem, Schönem, positiv Hervorgehobenem. Im vorliegenden Fall ist diese Hervor-
hebung wiederum ironisch zu verstehen, so dass Kadares Argument der Hautfarbe aus
Qosjas Sicht eher als lächerlich und nicht diskussionswürdig anzusehen ist. Der von Qosja
benutzte Begriff ‚Gewinn' im Sinne von ‚Preis' [*çmim*] ist mit Kadares Verknüpfung von
‚Europa' und ‚weiß' [*e bardhë*] hinsichtlich der Hautfarbe verbunden und derart zu
interpretieren, dass das „Glück" der Albaner, eine weiße Hautfarbe zu haben, so wie es bei
allen Europäern der Fall sei, als „Hauptgewinn" zu betrachten ist, da hierdurch die europäische Zugehörigkeit bewiesen wäre. Die hyperbolische Unterstellung, dass Kadare hoffe,
mit dieser Aussage alle Albaner glücklich zu machen, wird diesem zwar nur in den Mund
gelegt, erweckt aber den (von Qosja sicher beabsichtigten) Eindruck, Kadare wolle hiermit
vordergründig vor allem Zustimmung erheischen, statt ein ernstzunehmendes Argument
anzuführen. Darauf weist auch der vielfach geäußerte Vorwurf Qosjas hin, Kadare versuche
„konjunkturell" zu sein, sich demnach stets der Mehrheitsmeinung anzupassen. Qosja wird
allerdings noch deutlicher:

„Falls die Geographie den Albanern und anderen Europäern das Glück be-stimmt hat, weiß zu sein, hat dann nicht die Geographie den Asiaten und Afrika-nern das Unglück bestimmt, dass sie gelb, braun, schwarz sind? Ist nicht die Farbe der Grund, warum Ismail Kadare wünscht, uns so weit wie möglich von ihnen fernzuhalten?"	„Në qoftë se gjeografia u ka caktuar shqiptarëve dhe evropianëve të tjerë fatin që të jenë të bardhë, mos gjeogra-fia ua ka caktuar fatkeqësinë aziatikëve dhe afrikanëve që të jenë të verdhë, të vrugët, të zinj? Mos ngjyra është ar-syeja pse Ismail Kadare dëshiron të na mbajë sa më larg prej tyre?"[234]

An dieser Stelle wird Kadares Gedanke von Qosja gedanklich fortgeführt, so dass in der
Konsequenz zwei Assoziationsketten kodiert werden, bei deren Einzelgliedern es sich um
Determinatoren handelt, die mit Geographische Zugehörigkeit, Hautfarbe und Geographisch bestimmtes Schicksal bezeichnet werden können (vgl. Tab. 6). Qosja greift hierbei
Kadares Schlüsselwörter ‚Europäer' [*evropian*], ‚weiß' [*e bardhë*] und ‚Glück' [*fat*] auf (1)
und zieht den Umkehrschluss, wobei er als Anthroponyme der Zugehörigkeit ‚Asiaten'
[*aziatikë*] und ‚Afrikaner' [*afrikanë*], als Charakterisierung der Hautfarbe ‚gelb' [*të ver-
dhë*], ‚braun' [*të vurgët*] und schwarz [*të zinj*] sowie als zugedachtes Schicksal ‚Unglück'
[*fatkeqësi*] zuordnet (2).

---

234 Ebd.: 37.

Tab. 6: Determinatoren der Inklusion (1) und Exklusion (2) bezüglich Europas:
Qosjas Bewertung der Konzeptualisierung Kadares zur Geographie
Quelle: eigene Darstellung

	Geographische Zugehörigkeit	**Hautfarbe**	**Geographisch bestimmtes Schicksal**
(1)	Europäer	weiß	Glück
(2)	Asiaten, Afrikaner	gelb/braun/schwarz	Unglück

Qosja spricht als Schlussfolgerung aus einer so gearteten Argumentation der Inklusion und Exklusion aufgrund von kontinentaler Zugehörigkeit und Hautfarbe von Rassismus und nennt die Geographie eine ‚Haupt-Inspirationsgeberin' [*frymëzuese kryesore*] für Kadare (vgl. Abb. 16).

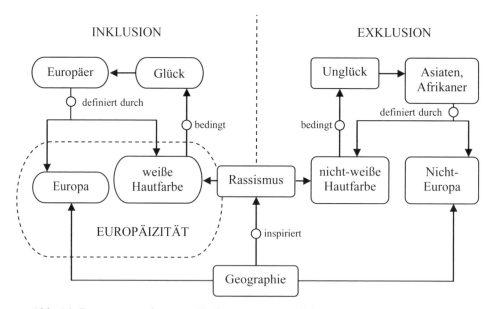

Abb. 16: Bewertungsschema zu Kadares Konzeptualisierung der Geographie als bestimmender Faktor der Identitätszuordnung
Quelle: eigene Darstellung, nach Qosja

Er vergleicht ihn mit der umstrittenen italienischen Journalistin und Publizistin Oriana Fallaci und dem laut seiner Aussage als ‚extrem' kritiserten französischen Schriftsteller

Michel Houellebecq, die beide aufgrund ihrer rassistischen Ideen bekannt geworden seien. Auch vermisst Qosja bei Kadare Antworten, wenn es um die Explikation von dessen Äußerungen geht. Die Phrase ‚Es gibt keine Antwort!' [*S'ka përgjigje!*, *Nuk ka përgjigje!*] wiederholt Qosja daher mehrfach, wenn er Kadares Aussagen hinterfragt und in dessen Text keine Klärung findet. Insgesamt 19 Mal findet sich dieser Ausruf (DVR: 13, DVW: 6), meist als Stilmittel durch formelhafte Wiederholung in einer stetig hin- und her wechselnden Frage-Antwort-Konstruktion. Im Ergebnis bleibt zu konstatieren, dass Qosja Kadares Konzeptualisierung von Geographie und Identität sowie deren Kontextualisierung als rassistisch und in den Argumenten zu vage kritisiert, da dessen Behauptungen nicht mit konkreten Daten unterlegt sind. Infolge dieser Feststellungen setzt sich Qosja daher selbst mit dem Konzept der Geographie als Faktor der Identitätsbestimmung auseinander.

3.2.3 Qosjas Konzept der ‚beweglichen Geographie' als Identitätsmodell

Qosja widmet seiner eigenen Konzeptualisierung von ‚Geographie' ein gesondertes Kapitel.[235] Der Großteil seiner Ausführungen besteht aus einer Vielzahl an beispielhaften, teils unnötig erscheinenden Aufzählungen, zwischen denen sich der Kern seiner Thesen eher gering ausnimmt. Im Folgenden werden daher im Anschluss an eine Zusammenfassung vor allem die wichtigsten Begriffsrelationen und deren Darstellung im Text thematisiert und interpretiert. Auf Belegstellen wird weitestgehend verzichtet, da die Redundanz der Äußerungen keinen Mehrwert für die bearbeitete Fragestellung bietet.

   Qosja leitet das Thema polemisch ein: Es sei verwunderlich, dass Kadare trotz der Tatsache, viel durch die Welt gereist zu sein, nicht die wahren Dimensionen der Rolle der Geographie bei der Identitätsbestimmung sehen wolle. Vor vier- bis fünfhundert Jahren habe diese noch eine übergeordnete Rolle gehabt; der Einfluss sei physisch, gesellschaftlich und kulturell dominant gewesen. Mit der Entdeckung neuer Kontinente durch Seefahrer wie Christopher Columbus, Ferdinand Magellan und Amerigo Vespucci sei die Geographie aber vom ‚Thron der Identität' [*fron i identitetit*] gefallen – und für diese ‚Entthronung der Geographie im Königreich der Identität' [*shfronësimi e gjeografisë në mbretërinë e identitetit*] gäbe es viel Beweise. Wie aus diesen Herrschaftsmetaphern hervorgeht, versteht Qosja Identität als eine übergeordnete Kategorie. Den hohen Status der Geographie als wesentlichen Einflussfaktor sieht er nur bis zum Beginn der globalen Migrationsbewegungen als gegeben an. Für die Zeit danach formuliert er:

„Jetzt ist es, als ob die Menschen die Geographie mit sich nehmen: auf dem Rücken und in der Seele."	„Tani njerëzit sikur e marrin gjeografinë me vete: në shpinë dhe në shpirt."[236]

‚Geographie' wird hier von Qosja metaphorisch zum einen als materialisierte Sache gedacht, zum anderen als emotionale Verbundenheit zur Herkunft. Die Metonymie ‚auf dem

---

235   Vgl. ebd.: 39–44.
236   Ebd.: 41.

Rücken' [*në shpinë*] verweist dabei auf das Gepäck der Migranten, das kulturell und emotional mit dem Begriff der ‚Heimat' verbunden werden kann: Es wird vom Ausgangsort mitgenommen und bildet am Zielort als Zusammenstellung werte- und kulturgebundener Artefakte eine materielle und gleichzeitig mentale wie emotionale Verbindung zum Herkunftsland. Dies ist auch bei der metonymischen Phrase ‚in der Seele' [*në shpirt*] der Fall, allerdings nur auf Nicht-Stoffliches wie beispielsweise Erziehung, Erlerntes, Erfahrungen, Erinnerungen, usw. bezogen. ‚Nationale Identität' [*identitet kombëtar*], die Qosja an anderer Stelle anführt und über die Begriffe ‚Sprache' [*gjuhë*], ‚Religion' [*fe*], ‚Kultur' [*kulturë*] und ‚Zivilisation' [*qytetërim*] definiert, wird dadurch als dauerhafte Selbstidentifikation vom Faktor der Gebundenheit an den Lebensraum abgekoppelt. ‚Europäizität' als supranationale Identität wird hierbei nicht explizit erwähnt. Für sie muss diese Bedingung implizit jedoch ebenso Geltung haben, wenngleich Qosja nur nations- und religionsbezogene Beispiele anführt, so u.a.:[237]

„Das tragische historische Schicksal hat sie [die Juden] auf einige Kontinente verteilt, auf verschiedene Länder des europäischen Kontinents, des asiatischen Kontinents und des amerikanischen Kontinents, aber dennoch, auch wenn sie sich sehr bemühen, sich den politischen, gesellschaftlichen [und] kulturellen Bedingungen der Länder, in denen sie leben, anzupassen, dennoch bewahren sie die historische Identität der Juden."	„Fati tragjik historik i ka shpërndarë [hebrenjtë] në disa kontinente, në vende të ndryshme të kontinentit evropian, të kontinentit aziatik dhe të kontinentit amerikan, por, prapë, edhe nëse përpiqen shumë që t'u përshtaten kushteve politike, shoqërore, kulturore në vendet ku jetojnë, prapë e ruajnë identitetin historik të hebrenjve."[238]

Die Darstellung umfasst unabhängig von ihrem qualitativen Gehalt drei Komponenten, die die meisten Beispiele Qosjas enthalten und die den Rahmen für sein Modell der Geographie abstecken: (1) Protagonisten einer meist ethnischen oder religiösen Gruppe, (2) die sich in räumlicher Distanz zu einem geographischen Ursprungsraum als identitäre Bezugsquelle befinden, (3) deren Identitätsverständnis jedoch nicht von ihrem physischen Aufenthalt im Bezugsraum abhängig ist. Die Distanz kann dabei zeitlich begrenzt (aufgrund eines vorübergehenden Aufenthaltswechsels) oder von Dauer sein (als Folge von Migration). Qosja verwendet in diesem Zusammenhang den Ausdruck der ‚historischen Identität'

237　Zur dieser und weiterer Verwendung von ‚Identität' bei Qosja liegen folgende quantitative Daten vor: Das Lexem ‚Identität' [*identitet*] kommt in den Essays insgesamt 223 Mal vor (DVR: 162, DVW: 61), davon 10 Mal im Plural (DVR: 9, DVW: 1). Die wichtigsten Attribute sind ‚europäisch' [*evropian*] mit 40 Erwähnungen in dieser Kombination (DVR: 24, DVW: 16), ‚national' [*kombëtar*] mit 25 (DVR: 17, DVW: 8), ‚albanisch' [*shqiptar*] mit 14 (DVR: 9, DVW: 5), ‚muslimisch' [*mysliman*] mit 14 (DVR: 14, DVW: 0) und ‚kosovarisch' [*kosovar*] mit 1 (DVR: 1, DVW: 0); in Kombination ‚national albanisch' [*kombëtar shqiptar*] mit 10 (DVR: 9, DVW: 1) und ‚national kosovarisch' [*kombëtar kosovar*] mit 6 (DVR: 2, DVW: 4).

238　Ebd.: 42 f.

[*identitet historike*] für eine rückbezügliche Verortung in der Zeit, die mit einer räumlichen, provenienziellen Verortung einhergeht und durch den Faktor der Beweglichkeit, d.h. die Möglichkeit des transterritorialen Identitätstransfers, eine Kontinuität zur Gegenwart schafft. Herkunftsraum wandelt sich so von einer lebensräumlichen zu einer historischen Bezugsgröße, die mit verschiedenen identifikatorischen Determinatoren einer „Ursprungs-heimat" verknüpft ist. ‚Geographie' wird somit gleichfalls zu einem relationalen Begriff, der als „identitärer Link" fungiert. Damit wird er als Metapher erweitert und bezieht sich nicht nur auf die nationale, sondern auch die historische Identität (vgl. Abb. 17).

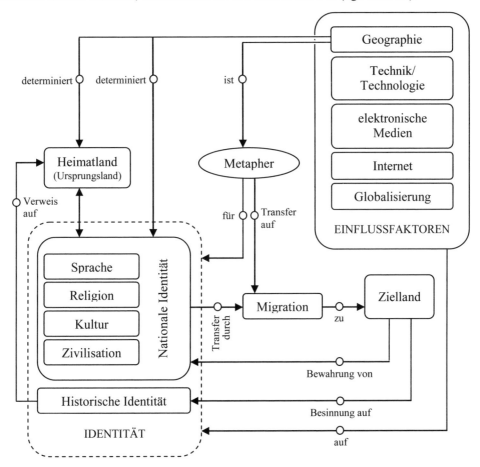

Abb. 17: Konzept der ‚beweglichen Geographie'
Quelle: eigene Darstellung, nach Qosja

Qosja relativiert allerdings noch einmal ‚Rolle' [*rol*] und ‚Einfluss' [*ndikim*] der Geogra-phie bei ‚der Bestimmung der Identität der Völker und anderen ethnischen Gruppen' [*në përcaktimin e identitetit të popujve e të grupeve të ndryshme etike*], indem er aus seiner Sicht wesentlich wichtigere Faktoren der Identitätsbeeinflussung benennt: ,Technik' [*teknikë*] und ,Technologie' [*teknologji*], ,elektronische Medien' [*medie elektronike*], ,Internet' [*internet*] und ,wilde Globalisierung' [*globalizim i egër*]. Auch sieht er sich durch Beispiele gestützt, die ethnische Gruppen geben, deren Lebensraum sich über mehrere Kontinente erstreckt, deren Identität sich aber innerhalb der Ethnie laut Qosja nicht unterscheiden würde (Russen, Türken: Europa und Asien) oder die durch Migration auf unterschiedlichen Kontinenten leben (Engländer, Schotten, Irländer: Europa, Amerika, Kanada, Australien und Südafrika). Damit sieht er gleichfalls die Identität der Albaner als in erster Linie albanisch, daraus folgernd in zweiter Linie als europäisch an, unabhängig von ihrem Geburtskontinent oder Lebensmittelpunkt. Qosja verneint damit weder den Integrationswillen der Albaner in andere Kulturen noch den Einfluss anderer Kulturen auf die individuellen albanischen Identitäten. Dennoch ordnet er alles der Nation unter. Die Ansicht Kadares, dass die Geographie eine übergeordnete Bedeutung bei der Identitätsbestimmung habe, teilt er zwar nicht, bezieht sie aber auf diese Weise implizit mit ein. Allerdings hebt er ein anderes Element hervor:

„[…] vielfach mehr als die Geographie ist die Geopolitik, also die Politik der Mächtigen und Reichen, jene, die eine 'göttliche' Rolle in der Identität der Untergeordneten jeglicher Art spielt."	„[…] shumëfish më tepër se gjeografia është gjeopolitika, pra, politika e të fuqishmëve dhe e të pasurve, ajo që luan rol të 'perëndishëm' në identitetin e vartësve të të gjitha llojeve."[239]

Er verweist damit auf den Faktor Macht, der Einzelnen dazu diene, das Leben vieler zu bestimmen und zu lenken. Die charakterisierende Hyperbel ,göttliche Rolle' [*rol i perëndishëm*] und die ebenso hyperbolische Zuweisung des Machtbereichs mittels der Phrase ,auf die Identität der Untergeordneten jeglicher Art' [*në identitetin e vartësve të të gjitha llojeve*] unterstreichen die der Geopolitik zugewiesene Bedeutung zusätzlich. Qosja führt diese Aussage zwar nicht weiter aus und lässt sie so als abschließende Schlussfolgerung stehen, führt mit dem Begriff der ,Politik' aber bereits auf die albanische Machtelite hin, der er ebenso wie Kadare die bestehenden Probleme und deren negative Auswirkungen auf das Leben der albanischen Bevölkerung(en) zuschreibt: die Politiker. Er sieht in der Geopolitik aber auch eine Chance, wenn es um Albaniens zukünftige Rolle in Europa geht. Seine geostrategischen Überlegungen positionieren die Albaner dabei im Bereich der Diplomatie.

3.2.4 *Albaniens Rolle in Europa als Vermittler zwischen Osten und Westen*

Die Frage, welche Rolle Albanien in Europa in Zukunft innehaben könnte, hatte Qosja bereits in seinem Essay „Die Ideologie der Zersetzung" [*Ideologjija e shpërbërjes*] behandelt. Wie ausgeführt wurde, sieht Kadare die Gegensätze zwischen Osten und Westen als

---

239 Ebd.: 44.

unvereinbar an und greift daher Qosja scharf an, weswegen dieser das Thema noch einmal aufgreift. Qosjas Konzeptionalisierung Albaniens als zivilisatorischer und kultureller Vermittler basiert auf zwei Grundpfeilern: der geostrategischen Position der albanisch bewohnten Gebiete sowie der drei Religionen (Katholizismus, Orthodoxie und Islam) als Bestandteile der albanischen Kultur. Aufbauend darauf formuliert und wiederholt er die These,

„[…] dass unser historisches Schicksal vorbestimmt ist, die Abmilderung der Gegensätze zwischen Osten und Westen zu verwirklichen und die Synthese ihrer Zivilisationen herzustellen."

„[…] se fati i ynë historik është i paracaktuar për të sendërtuar zbutjen e kundërshtimeve mes Lindjes e Perëndimit dhe për të bërë sintezën e qytetërimeve të tyre".[240]

Ziel ist demnach nicht nur die Verständigung zwischen westlich-christlicher und östlich-islamischer Zivilisation, sondern deren Verschmelzung, was Qosja durch die Religionen und deren kulturelle Verankerungen bereits teilweise verwirklicht sieht (vgl. Abb. 18).

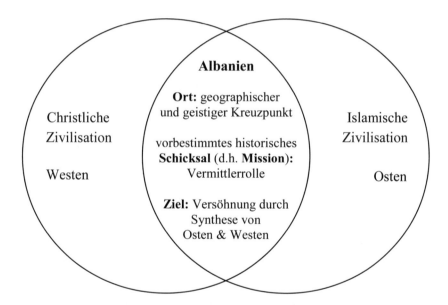

Abb. 18: Albanien als Mittlerland zur Abmilderung der Gegensätze zwischen westlich-christlicher und östlich-islamischer Zivilisation
Quelle: eigene Darstellung, nach Qosja

---

240   Qosja (2006t): 38; vgl. Qosja (2006a): 64 ff.

Das so formulierte Konzept ist Qosjas Antwort auf Fragen bezüglich der Religionen, der Religionspolitik und der nationalen Politik der Albaner, die er als noch nicht gelöst ansieht:

„[H]aben wir die Idee der Moderne als gesellschaftliche und politische Idee akzeptiert? Ist uns der Platz für die Religionen in unserem nationalen Leben klar? Haben wir die Strategie der nationalen Politik richtig festgelegt?“

„[E] kemi pranuar idenë e modernitetit si ide shoqërore dhe politike? E kemi të qartë vendin e feve në jetën tonë kombëtarë? E kemi paracaktuar mirë strategjinë e politikës kombëtare?“ [241]

Die zunehmende Bedeutung kultureller und zivilisatorischer Wurzeln bringt Qosja mit dem Prozess der Globalisierung in einen Zusammenhang. Die nationalen kulturellen Identitäten würden durch diesen Prozess der „planetaren“ Vereinheitlichung schrumpfen. Eine politische Einmischung der Politik zugunsten einer der Religionen könnte zudem einseitig die nationale Identität der Albaner und den albanischen Integrationsprozess auflösen. Die Distanzierung einiger albanischer Intellektueller und Politiker „von der eigenen Geographie“ zugunsten einer angeblich nichtbalkanischen, europäischen sei falsch. [242]

Qosjas Auseinandersetzung mit Kadares Widerspruch erfolgt auf zwei unterschiedliche Weisen: Zum einen nimmt er die Formulierungen seines Kontrahenten Satz für Satz auseinander und kommentiert diese in der Art eines Dedictum ad adsurdum, zum anderen verteidigt er noch einmal seine Idee eines interzivilisatorisch und interkulturell vermittelnden Albaniens. Die bis ins kleinste Detail reichende Zerlegung von Kadares Kommentar, die dessen Wiederlegung dient, lässt sich bezüglich der Stilmittel durch fünf Auffälligkeiten charakterisieren: 1. Qosja hat eine hohe Wiederholungsdichte von Schlüsselwörtern und –phrasen innerhalb kleiner Textabschnitte; dabei nutzt er u.a. Anaphern und Epiphern ausgiebig. Infolgedessen erwirkt er eine tiefe Eindringlichkeit seiner Aussagen, wie bei den folgenden Beispielen zu sehen ist:

„Welch politische Perle!
  Welch diplomatische Perle!
  Welch historische Perle!
  Welch sprachlich-stilistische Perle!“

„**Çfarë margaritari** politik!
  Çfarë margaritari diplomatik!
  Çfarë margaritari historik!
  Çfarë margaritari gjuhësor-
              stilistik!“[243]

„Was ist die **Aussage** Rexhep Qosjas, dass das historische Schicksal des albanischen Volkes vorbestimmt ist, um **Abmilderung der Gegensätze zwi-**

„Çka është **pohimi** i Rexhep Qosjes se fati historik i popullit shqiptar është i paracaktuar për të sendërtuar **zbutjen e kundërshtimeve midis Lindjes e**

---

241   Qosja (2006t): 37.
242   Ebd.: 35, 37.
243   Qosja (2006a): 65.

schen Osten und Westen zu verwirklichen?

Es ist ein vollkommen falsches Kli-
schee der Schaffung **von Albanien als
Mittlerland**, ein Sandwich **zwischen
Osten und Westen**.

Anders gesagt?

Anders gesagt heißt das ein Weder-
Noch-Land.

Was **macht uns** diese **Aussage** Rexhep
Qosjas **nicht**?

Sie **macht uns keinerlei Ehre**.

Warum **macht uns die Aussage zu
Albanien als Mittlerland**, das **die
Gegensätze zwischen Osten und Wes-
ten abmildern** kann, **keinerlei Ehre**?

Weil sie von vornherein nicht wahr ist."

Perëndimit?

Është një klishe krejtësisht e gabuar e
përftimit **të Shqipërisë si vend
ndërmjetës**, një sanduiç **midis Lindjes e Perëndimit**.

Thënë ndryshe?

Thënë ndryshe do të thotë një vend i
as-as-it.

Çka **s'na bën** ky **pohim** i Rexhep
Qosjes?

S'na bën kurrfarë nderi.

Pse **s'na bën kurrfarë nderi** pohimi
për Shqipërinë si vend ndërmjetës,
që mund **të zbusë kundërshtitë midis
Lindjes dhe Perëndimit**?

Sepse, kjo së pari nuk është e vërtetë."[244]

Weitere auffällige Wiederholungen finden sich bei der Phrase ‚Es gibt keine Antwort!'
[*S'ka përgjigje!*] mit 7 Mal und dem Lexem ‚Idee' [*ide*], das für das Konzept des Mittler-
landes Albanien verwendet wird und das an dieser Stelle im Text 16 Mal auftritt, neben
dem Simplex vor allem in den Phrasen ‚solche Deliriumsideen' [*ide të tilla delirante*] als
von Kadare aufgegriffene Formulierung und ‚weitverbreitete Idee' [*ide e përhapur*], gleichfalls unter Bezugnahme auf Kadare. 2. Die Phrase ‚zur Abmilderung der Gegensätze zwischen Osten und Westen' wird so oder in geringer Abwandlung durch Variierung der
Wortarten sowie in Kombination mit anderen festgelegten Phrasen formelhaft immer wieder wiederholt. Drei Formulierungen wechseln sich auf diese Weise immer wieder ab: a.
‚vorbestimmt, um die Abmilderung der Gegensätze zwischen Osten und Westen zu verwirklichen' [*i paracaktuar për të sendërtuar zbutjen e kundërshtimeve midis Lindjes e
Perëndimit*], b. ‚Albanien als Mittlerland, das die Gegensätze zwischen Osten und Westen
abmildert' [*Shqipëria si vend ndërmjetës, që mund të zbusë kundërshtitë midis Lindjes dhe
Perëndimit*] und c. ‚die Schaffung Albaniens als Mittlerland, ein Sandwich zwischen Osten
und Westen' [*përftimi i Shqipërisë si vend ndërmjetës, një sanduiç midis Lindjes e
Perëndimit*]. Während die ersten beiden Phrasen (a, b) auf Qosja zurückgehen, ist die dritte
(c) mit der Metapher ‚Sandwich' für eine solche Position Albaniens Kadares Äußerungen
entnommen. Diese feste Zuordnung ermöglicht es bei der Textrezeption, die Perspektivwechsel nachzuvollziehen, die mit den Aussagen verbunden sind. 3. Mit dem Stilmittel der
Hypophora, das in der Regel der Betonung und der Erlangung von Aufmerksamkeit dient,

---

244   Ebd.: 65. Die Hervorhebungen durch Fettdruck in diesem und dem vorherigen Zitat, die im Original-
       text nicht vorhanden sind, wurden an dieser Stelle hinzugefügt, um die angesprochenen Auffälligkei-
       ten zu kennzeichnen.

bestreitet Qosja nahezu die gesamte Auseinandersetzung mit Kadares Bewertung seiner Konzeptualisierung. Indem er Fragen stellt, die er anschließend selbst beantwortet, lenkt er den Leser in eine bestimmte Richtung und hat die Möglichkeit, den Fokus auf von ihm bestimmte Aussagen zu legen. 4. Kennzeichnend ist auch eine hypertrophe ungewöhnliche Satzzeichensetzung. Unter 55 Sätzen, in denen sich Qosja intensiv mit Kadares Äußerungen zu Albaniens Mittlerrolle beschäftigt,[245] befinden sich nur 21 Aussagesätze. Die hohe Anzahl an Fragesätzen (16 Mal) und Ausrufesätzen (18 Mal) und die damit einhergehende optische Auffälligkeit der in großer Menge vorhandenen Frage- und Ausrufezeichen vermitteln ein hohes Maß an Emotionalität. 5. Schließlich fällt auf, dass Qosja von sich in der dritten Person spricht. Damit distanziert er sich selbst ein Stück vom Text und kann seine Aussagen aus einer scheinbar (!) neutraleren Position heraus tätigen. Er vermittelt somit eine Außensicht, die keine ist.

Die Absicht hinter dieser Vorgehensweise kann ausschließlich in der Entkräftung von Kadares Aussagen über Qosja und dessen Konzeptionalisierung gesehen werden. Qosjas Methode führt den Leser auf eine finale Bewertung Kadares hin, die durch die detaillierte Kommentierung nachvollziehbar wird, sofern man bereit ist, Qosja inhaltlich zu folgen:

„Unglaublich! In der Tat delirierend! Ostphobie! Muslimphobie! Die Muslimphobie Ismail Kadares ist in der Tat delirierend! Und sie ist nützlich!"	„E pabesueshme! Vërtet delirante! Lindjefobi! Myslimanofobi! Myslimanofobia e Ismail Kadaresë, vërtet, është delirante! Dhe, është e leverdishme!"[246]

Das Fazit verdeutlicht stellvertretend für das ganze Kapitel, in welcher Art Qosja mit der Kritik Kadares umgeht. Emotionalität und Emotivität stehen im Vordergrund. Sechs Ausrufezeichen sind gesetzt, dreimal wird der Begriff der ‚Phobie‘ [fobi] genannt, das Lexem ‚unglaublich‘ [e pabesueshme] bringt Qosjas gegenteilige Meinung zu Kadare auf deutlich übersteigerte Weise zum Ausdruck, die Phrase ‚in der Tat delirierend‘ [vërtet delirante], die bereits vorher als Zitat Kadares über Qosja mehrfach verwendet wird, wird durch Wiederholung verstärkt und invers auf Kadare angewendet, der damit als nicht ernstzunehmend hingestellt wird. Der abschließende Satz „Und sie ist nützlich!" [Dhe, është e leverdishme!] weist den emotional aufgeladenen Begriffen ‚Ostphobie‘ [lindjefobi] und ‚Muslimphobie‘ [myslimanofobi] eine Funktionalität zu, die Kadare als berechnend erscheinen lässt. Hier ergibt sich ein Bogen zurück zum Anfang von Qosjas Ausführungen, wo dieser im ersten Satz gleich zweimal den schon erwähnten Vorwurf gegenüber Kadare äußert, er sei ‚konjunkturell‘.

---

245   Die Daten beziehen sich auf das Kapitel „Cili s'është misioni i Shqipërisë" [Was nicht die Mission Albaniens ist] in ebd.: 64-68.

246   Ebd.: 68.

3.2.5 *Albaniens geographisch-zivilisatorische Verortung im Vergleich der Konzepte von Qosja und Kadare*

Qosjas Darstellung der Haltung Kadares zeigt überdeutlich die Kluft zwischen beiden Kontrahenten. Dies wird im direkten Vergleich ihrer Konzeptualisierungen sowie der Bewertungen der jeweils gegnerischen Positionierung besonders deutlich. Wie oben ausgeführt vertritt Qosja den Standpunkt, dass Albanien der Kreuzpunkt der christlichen und der islamischen Zivilisation sei, von Westen und Osten, an dem Versöhnung und Synthese möglich seien, was durch die Albaner als Vermittler hergestellt werden könne. Neben der geographischen Lage sei historisch bedingt auch das Vorhandensein von Katholizismus, Orthodoxie und Islam in der albanischen Gesellschaft ein entscheidender Grund, dieses ‚Schicksal' als ‚Mission' anzunehmen und zu verfolgen (vgl. Abb. 19).

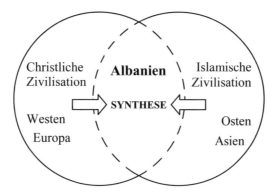

Abb. 19: Albaniens Rolle als Mittlerland zwischen Westen und Osten
(gemäß Qosja)
Quelle: eigene Darstellung

Kadare wirft Qosja hingegen vor, mit dieser Haltung Albanien in eine erneute Position der Isolation zu bringen (vgl. Abb. **20**). Zum einen gehöre es durch diese Sonderstellung weder zum Westen, noch zum Osten, werde als ‚Sandwich' zu einem ‚Weder-Noch-Land' [*vend i as-as-it*]. Dies erinnere an die „Wichtigtuerei des kommunistischen Albaniens über seine angebliche planetarische Mission zum Schutz des Marxismus-Leninismus" (womit Kadare auf die kommunistische Formel „Albanien ist weder Osten, noch Westen!" anspielt). Zum anderen bedeute eine geteilte Identität – beruhend auf der Behauptung, zur Hälfte der islamischen Zivilisation anzugehören – auch ein geteiltes Volk. Würden sich nicht alle Albaner vollständig zur europäischen Identität bekennen, führe dies unweigerlich zum Auschluss und zur Vertreibung aus Europa.[247]

---

247   Vgl. Kadare (2006a): 15 ff., 55 f.

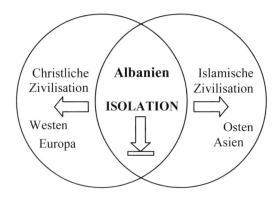

Abb. 20: Selbstisolation Albaniens durch die Sonderrolle als Mittlerland:
          Bewertung der Konzeptualisierung Qosjas durch Kadare
          Quelle: eigene Darstellung

In Kadares Konzeptionalisierung ist Albanien daher fest in Europa und damit in der west-
lich-christlichen Zivilisation verortet (vgl. Abb. **21**). Die Belege für die eindeutige
Zugehörigkeit der Albaner zum westlich-europäischen Kulturkreis sieht er nicht nur in der
geographischen Lage des Landes, die keineswegs an den Außengrenzen Europas sei, sondern auch in anderen (angeblichen) primordialen Gegebenheiten sowie historischen und
kulturellen Beweisen einer albanischen Europäizität.

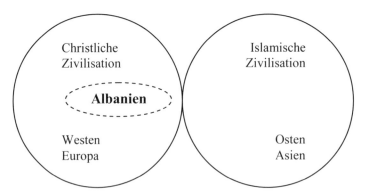

Abb. 21: Albanien als vollständiger zivilisatorischer Bestandteil
          Europas und des Westens (gemäß Kadare)
          Quelle: eigene Darstellung

Qosja wirft ihm allerdings vor, nicht nur gegen die mögliche Rolle Albaniens als Mittlerland zu sein, sondern auch gegen jene Politiker zu polemisieren,

„[…] die eine Politik der politischen, diplomatischen, wirtschaftlichen und […] kulturellen Zusammenarbeit Albaniens mit allen Ländern ohne Unterschied der Rasse, Nationalität, Religion oder Ideologie machen."

„[…] që bëjnë politikën e bashkëpunimit politik, diplomatik, ekonomik dhe […] kulturor të Shqipërisë me të gjitha vendet pa dallim race, kombësie, feje, ideologjie."[248]

Kadare wolle Albanien vom Osten isolieren, wobei gegenüber seinen vor 1990/91 getätigten Äußerungen nur das Feindbild Europa verschwunden sei (vgl. Abb. 22).

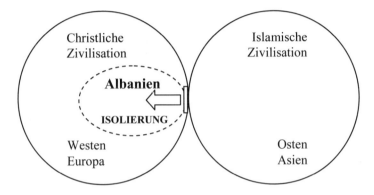

Abb. 22: Isolierung Albaniens von islamischen Ländern, Ländern mit mehrheitlich muslimischen Bevölkerungen und China: Bewertung der Konzeptualisierung Kadares durch Qosja
Quelle: eigene Darstellung, nach Qosja

Waren es im Kommunismus der westliche Imperialismus und der sowjetische Revisionismus, von denen sich Albanien abschirmen sollte, sei er nun

„[…] gegen jeden Kontakt Albaniens mit den Ländern des Nahen und Mittleren Ostens, d.h. mit den islamischen Ländern, hier sogar die ehemaligen asiatischen Sowjetrepubliken als Länder mit hauptsächlich muslimischer Bevölkerung einbeziehend",

„[…] kundër çdo kontakti të Shqipërisë me vendet e Lindjes së Afërme e të Lindjes së Mesme, domethënë me vendet islamike, duke përfshirë këtu, madje, edhe ish-republikat aziatike sovjetike, si vende me popullsi kryesisht myslimane",[249]

---

248 Qosja (2006a): 69.
249 Ebd.

sowie gegen jede Zusammenarbeit Albaniens mit China, das Kadare als nach wie vor
maoistisch bezeichne. Qosja merkt hierzu an, dass gerade Kadares 1968 erschienener Roman „Dasma" [Die Hochzeit] der „Widerhall der chinesischen Kulturrevolution in der
albanischen Literatur"[250] gewesen sei. Man solle aber nicht denken, dass der Westen die
Albaner dafür schätzen würde, wenn sie so wie Ismail Kadare Meinungen produzierten, die
sie in die Zeit des Kalten Krieges zurückversetzten.[251]

Wie insgesamt deutlich wird, werfen sich Qosja und Kadare gegenseitig vor, mit ihren
Konzeptualisierungen eine faktische Isolierung Albaniens zu fordern. Kadare bezichtigt
Qosja, die Albaner zu entzweien, indem er Albanien zur Hälfte im islamischen Kulturkreis
verortet; Qosja sieht umgekehrt die muslimischen Albaner durch Kadare ignoriert, da dieser
mit seinem die Grenzen des Rassismus überschreitenden Europäismus islamische kulturelle
und historische Einflüsse in der albanischen Kultur negiere. Die geographische Lage steht
indes nicht zur Disposition, wenngleich Kadare nur für den Staat Albanien spricht, wenn er
diesen nicht an der Peripherie des europäischen Kontinents sieht, während Qosja unter dem
Begriff ‚Albanien' auch die albanisch bewohnten Gebiete an den Außengrenzen des albanischen Staates subsumiert: in Kosovo, Mazedonien, Montenegro und Griechenland. Entsprechend versteht er die von ihm konzipierte geopolitische Rolle Albaniens als geographisch,
kulturell und historisch vorbestimmt.

3.3 ‚Nicht-Europa ' als Ausdruck undemokratischen Verhaltens

3.3.1 Albanische Politik als Ausdruck von ‚Nicht-Europa'

Das Thema ‚Politik' nimmt bei Qosja einen großen Raum ein. Das wird bereits durch die
quantitativen Daten deutlich: Das Lexem ‚Politik' [politikë] ist in den untersuchten Essays
53 Mal als Simplex (DVR: 14, DVW: 39) und ein Mal als Paralexem in ‚Geopolitik'
[gjeopolitika] (DVR) zu finden; ‚politisch' kommt als Adjektiv [politik] 118 Mal vor
(DVR: 62, DVW: 56), als Adverb [politikisht] 17 Mal (DVR: 11, DVW: 6). Hinzu kommen
das zwei Mal auftretende Partizipialadjektiv ‚politisiert' [e politizuar] (DVR: 1, DVW: 1)
sowie die ein Mal vorhandene Substantivierung ‚Politisierung' [politizimi] (DVW). Das
Lexem ‚Politiker' [politikan] ist elf Mal vorhanden (DVR: 8, DVW: 3), davon zehn Mal im
Plural und nur ein Mal im Singular. Schließlich ist noch die ein Mal im Plural auftretende
Nomination ‚Politologen' [politologë] zu nennen (DVW).

Die Auseinandersetzung mit der albanischen Politik und den albanischen Politikern ist
eine der wenigen, bei der es bei Qosja und Kadare weitgehende Übereinstimmungen in den
Charakterisierungen und der Bewertung gibt. Unterschiede sind allerdings in der Perspektivierung zu finden. Während Kadares Ausführungen mehrheitlich auf die internationale
albanische Politik ausgerichtet sind, konzentriert sich Qosja auf die Innenpolitik. Kadare
geht der Frage nach, wie Albanien in die Europäische Union gelangen kann. Qosja fragt,

---

wie man im metaphorischen Sinne Europa nach Albanien holen könne. Dazu liefert er eine Bestandsaufnahme der albanischen Politik, in der er stichpunktartig die verschiedenen Missstände anspricht, die er in Albanien und Kosovo sieht.

Hierzu gehören u.a.: der private Staat; die Politik als befehlende Herrschaft statt als demokratische Regierung des Volkes; das Stammessystem und der Regionalismus, die sich beide deutlich in Wahlen, in der Parteiorganisation, der Administration und in politischen Entscheidungen der Politiker zeigen; die Ungleichbehandlung der Religionen; eine Politik der verantwortungslosen Menschen, die von Verantwortungslosigkeit, Zügellosigkeit, Vielgesichtigkeit, moralischer Unbeständigkeit und Kriechertum geprägt sei; die Verbindung von Staatsmacht und Medien, die durch die Politik missbraucht wird; Schroffheit, Arroganz, Heuchlerei, Katzbuckligkeit und Verächtlichkeit der Behörden; eine von Lügen, Drohungen und Hass geprägte Demokratie; verbreitete Korruption; Aneignung gesellschaftlichen Eigentums durch Politiker in Machtpositionen; die Schere zwischen Reich und Arm, und dergleichen mehr.

Qosja überschreibt diese Zustände mit dem Begriff ,Nicht-Europa' [*joevropë*] und sieht darin den Ausdruck der Überreste

1. des orientalischen Despotismus,
2. des primitiven Stammessystems,
3. des kommunistischen Totalitarismus

in der heutigen albanischen Identität. Dabei handelt es sich um durchaus gängige Bewertungen, wie sie so oder so ähnlich auch schon für andere Länder der Region im Zusammenhang eigener Identitätsdiskurse formuliert worden sind. Die zahlreichen Beispiele, von denen hier nicht alle aufgeführt wurden, illustrieren nicht nur die Tatsache, dass Qosja weder für Albanien, noch für Kosovo von einer „echten" Demokratie ausgeht und auch in der Politik kein Demokratieverständnis vorfindet. Der zu Beginn angesprochene Unterschied in der Konzeptionalisierung zu Kadare zeigt sich im Vergleich der vertieften Bewertungen einzelner Phänomene. Kadares Blick nach Westen richtet sich vornehmlich auf das Image der Albaner gegenüber Europa, das durch die albanische Politik beschädigt wird. Qosjas Sicht der Dinge rückt die gesellschaftlichen und sozialen Zustände im albanischen Raum in den Mittelpunkt. Daraus sind die völlig unterschiedlichen Zielrichtungen und entsprechenden Gewichtungen ersichtlich. Erkennbar ist das unter anderen im Streit um Mutter Teresa als Symbolfigur.

3.3.2 Die politische Instrumentalisierung Mutter Teresas als Symbol des europäischen Katholizismus

Emotional aufgeladen wirkt die Diskussion um Mutter Teresa, die 1997 verstorbene bekannte katholische Ordensschwester albanischer Abstammung, die als albanisches Nationalsymbol bezeichnet werden kann und auch so gehandelt wird. Zahlreiche Statuen sind seit ihrem Tod im albanischsprachigen Raum und in albanischen Gemeinden im Ausland errichtet worden, der einzige internationale Flughafen Albaniens bei Tirana trägt seit 2003 ihren Namen, ebenso die 2010 eingeweihte katholische Kathedrale in Prishtina. Der Tag ihrer Seligsprechung (19.10.) ist in Albanien Nationalfeiertag und ihr zu Ehren wurde der Mutter-Teresa-Orden gestiftet.[252]

Qosja greift dieses Phänomen der überall im albanischsprachigen Raum zu findenden Bilder und Statuen von Mutter Teresa auf, sowie die Tatsache der außerordentlich häufigen Verwendung ihres Namens für Institutionen, Plätze, Straßen, usw. Dabei hinterfragt er vor allem zwei Dinge: 1. Welchen Bezug hat die Namensgeberin zu den mit ihr in Verbindung gebrachten Objekten? 2. Warum sind Bildnisse von ihr, einer katholischen Heiligen in säkularen staatlichen Institutionen Albaniens und Kosovos so oft zu finden? Qosja verknüpft beide Fragen vor allem vor dem Hintergrund einer seiner Meinung nach ohnehin unrechtmäßigen und darüber hinaus religionsbezogenen Bevorzugung und Instrumentalisierung des Katholizismus durch die albanische Politik.

Zunächst ist die Frage der Einstellung Qosjas zum Subjekt dieser Subdiskussion zu klären. Die Nomination ‚Mutter Teresa' [*Nënë Terezë*] verwendet Qosja 22 Mal (DVR: 22, DVW: 0).[253] Er nennt sie zudem vier Mal ‚Heilige' [*shenjtore*], drei Mal ‚Missionarin' [*misionare*] und zwei Mal ‚Humanistin' [*humaniste*]. Qosja betont wiederholt den Wert ihres Wirkens und äußert sich demzufolge in keiner Weise negativ über Mutter Teresa, sondern ausgesprochen respektvoll. Auch den Katholizismus als Religion greift er in diesem Zusammenhang nicht an. Das ist zu beachten, um die Aussage Kadares zu diesem Thema richtig einordnen zu können, die Qosja dazu bewegt, darauf näher einzugehen. So äußert sich Kadare in seinem Essay „Die europäische Identität der Albaner":

„Außer der ungerechtfertigten Nervosität gegenüber jenen kulturellen Traditionen, die mit dem frühen albanischen Katholizismus verbunden sind, Erregtheit, die nicht einmal das Vorhandensein des Porträts von Mutter Theresa in den Institutionen Kosovas unangetastet lässt, in diesen Schriften tritt etwas Dunkles und Gefährliches zutage: die Entzweiung der albanischen Identität."

„Përveç nervozizmit të papërligjur ndaj asaj tradite kulturore që ka qenë lidhur me katolicizmin e hershëm shqiptar, nervozizëm që nuk lë pa prekur mbajtjen e portretit të Nënë Terezës në institucionet e Kosovës, në këto shkrime spikat diçka e errët dhe e rrezikshme: ndarja e identitetit shqiptar".[254]

---

252 Vgl. Lalaj (2009b): 2686 ff.; Çaçi/Qirijako (2008): 12; Balili/Baholli (2008): 662; Shimani (2008): 432.

253 Die folgenden quantitativen Angaben beziehen sich ausschließlich auf DVR.

254 Kadare (2006a): 16.

Qosja wird durch dieses Zitat stark emotionalisiert, wie in seiner Reaktion leicht erkennbar wird.[255] Während er zunächst nicht auf den Vorwurf der Entzweiung eingeht, spielt die Formulierung ‚ungerechtfertigte Nervosität' [*nervozizmi i papërligjur*] für ihn offensichtlich eine große Rolle, da er sie immer wieder aufgreift: drei Mal in dieser Formel, drei Mal verkürzt, nur mit dem Nomen ‚Nervosität' (beides exklusive des Zitats). Zum einen sieht Qosja dies als Provokation, zum anderen widerspricht er der Aussage, er habe sich mit der kulturellen Tradition, die mit dem frühen albanischen Katholizismus verbunden ist, nicht beschäftigt.[256] Vielmehr sei es ihm darum gegangen, dass es nicht sein könne, dass in Institutionen von Parteien und Administration im Kosovo Porträts von Mutter Teresa und dem Papst hängen. Kadare bilde sich ein, in dieser Divergenz den ‚Tasmanischen Teufel' [*Djalli i Tasmanisë*] entdeckt zu haben, wofür er Annerkennung „von den Albanern in Kosovo und Albanien, vielleicht in Europa" und „auch in New York"[257] finden werde. Der ‚politische und ideologische Katechismus' [*katekizmi politik dhe ideologjik*] Kadares werde auf diese Weise konjunkturfähig.[258] Qosja drückt dabei durch den Begriff des ‚Katechismus' deutlich aus, wie stark er Kadares Konzeptualisierungen mit Religiösität, speziell dem Katholizismus verbunden sieht.

Qosja verteidigt sich jedoch nicht nur, sondern führt auch seine eigenen Kritikpunkte aus. Wie schon an anderen Stellen geschieht dies durch fortwährende formelhafte Wiederholungen. Schlüsselbegriffe in diesem Zusammenhang sind einerseits die Lexeme ‚Porträt' [*portret*] (18 Mal), ‚Name' [*emër*] (zehn Mal) und ‚Statue' [*shtatore*] (drei Mal), die als Bezeichnungen der im Zentrum dieser Auseinandersetzung befindlichen Objekte stehen. Andererseits ist es das Lexem ‚Institution' [*institution*] (16 Mal), expliziert durch die Attribute ‚politische' [*politik*], ‚staatliche' [*shtetëror*], ‚administrative' [*administrativ*] ‚kulturelle' [*kulturor*] und ‚Partei-‚ [*partiak*], das den zuvor genannten Begriffen im hier besprochenen Kontext als unvereinbar entgegensetzt wird. Qosja erklärt:

„[I]ch habe mich erhoben und erhebe mich ohne Erregung gegen die politische Ausnutzung des Namens, des Porträts und des Werkes der Missionarin und Humanistin Mutter Teresa durch einige religiöse Fundamentalisten und einige politische Konjunkturisten für ihre eigenen religiösen Interessen –	„[J]am ngritur dhe ngrihem pa nervozizëm kundër përdorimit politik të emrit, të portretit dhe të veprimtarisë së misionares dhe humanistes, Nëna Tereze, prej disa fundamentalistëve fetarë dhe disa koniunkturistëve politikë gjithnjë për interesat e tyre fetare – në rastin e parë dhe pushtetore – në

---

255   Vgl. Qosja (2006a): 17.
256   Qosja ist derartig erbost, dass er zahlreiche seiner Schriften aufzählt, um Kadares Behauptung zu widerlegen. Wiederholt fragt er rhetorisch, wo Kadare diese Informationen gefunden haben wolle. Hieran wird deutlich, wie persönlich sich Qosja durch Kadare angegriffen fühlt.
257   Qosja (2006a): 20.
258   Vgl. ebd.

im ersten Fall, und Machtinteressen, im   rastin e dytë."[259]
zweiten Fall."

Qosja drückt damit noch einmal aus, dass er hinter dieser Problematik ein religiöses und machtorientiertes Kalkül vermutet. Wohl um dies zu betonen verwendet er die Phrasen ‚religiöse Fundamentalisten' [*fundamentalistë fetarë*] und ‚politische Konjunkturisten' [*koniunkturiste politikë*] nicht nur hier, sondern auch an anderer Stelle. Mit der Absicht, seine These nachzuweisen, vergleicht er Mutter Teresa mit albanischen Persönlichkeiten nicht-katholischen Glaubens. In Ferid Murati, einem aus den USA stammenden Albaner, glaubt er jemanden auf Augenhöhe Mutter Teresas gefunden zu haben. Murati, der 1998 den Nobelpreis für Medizin bekam, ist Professor, klinischer Arzt und Pharmakologe. Wie Mutter Teresa ist er zudem Träger der hohen staatlichen Auszeichnung Albaniens „Ehre der Nation" [*Nderi i Kombit*]. Sich auf diese Gemeinsamkeiten beziehend fragt Qosja, weswegen von Murati keine Bilder in den verschiedenen Institutionen hingen, warum keine Statue ihm zu Ehren aufgestellt worden sei und warum nicht auch er Namensgeber für eine kulturelle Institution sei. Bei der Gegenüberstellung der Merkmale beider Persönlichkeiten kommt Qosja zu dem Schluss, dass die Tatsache den Ausschlag gebe, dass Murati kein Christ sei (vgl. Abb. 23). Die Religionszugehörigkeit wird so zum Faktor der Inklusion und Exklusion. Dies sei der Grund, dass Muratis

„[…] Name und sein Porträt nicht für die Bedürfnisse der politischen Mobilisierung des Christentums und für die karrieristischen Bedürfnisse unserer politischen und kulturellen Konjunkturisten missbraucht werden kann."

„[…] emri dhe portreti i tij nuk mund të shpërdoren për nevojat e mobilizimit politik të krishterimit dhe për nevojat karrieriste të koniunkturistëve tanë politikë dhe kulturorë."[260]

Die Formulierung ‚kulturelle Konjunkturisten' [*koniunkturistë kulturorë*] ist zweifelsohne auch gegen Kadare gerichtet. Die Phrase ‚politische Mobilisierung' [*mobilizimit politik*] impliziert ein größeres Unterfangen der Politik. Es ist offensichtlich, dass Qosja hier auf Kadares Konzeptualisierung eines ursprünglich christlichen Albaniens anspielt, das die Zugehörigkeit der Albaner zu (West-)Europa legitimieren soll. Qosja wertet dies als einseitige religiöse Mythologisierung in einem multireligiösen Land und plädiert dafür, dass Namen, Bilder und Statuen von Persönlichkeiten aus einem vorrangig religiösen Kontext auch nur in einem solchen Verwendung finden sollten. Die Heiligsprechung, wie sie nur Katholiken zukäme, würde die Betreffenden in einen solchen Kontext setzen. Das Einhalten einer solchen Regelung müsse für alle Religionen und auch in Bezug auf Mutter Teresa gelten, deren humanistisches Schaffen untrennbar von ihr als katholische Missionarin zu

259   Ebd.: 21.
260   Ebd.: 23.

sehen sei und deren Name daher nicht mit einem Flughafen, politischen und staatlichen Institutionen oder städtischen Plätzen in Verbindung gebracht werden dürfe.[261]

Zusammenfassend sind drei Dinge zu benennen, die Qosja in Verbindung mit Mutter Teresa und dem Katholizismus als westlicher Religion problematisiert:

1. **die Nicht-Einhaltung der Trennung von Staat und Religion in Albanien und Kosovo:** Bildnisse von Mutter Teresa und dem Papst in administrativen, staatlichen und Partei-Institutionen wertet er hierfür ebenso als Zeichen wie die Namensgebung für öffentliche Einrichtungen und das Aufstellen von Statuen im öffentlichen Raum;

2. **die Instrumentalisierung von Mutter Teresa aus machtpolitischen und karrieristischen Interessen:** Diese unentwegt auftretende Behauptung erklärt und belegt Qosja an dieser Stelle nicht explizit. Allerdings lassen sich Äußerungen finden, die indirekt auf die einseitig nach Europa und dem Westen orientierte albanische Politik eingehen, wodurch ein darin zu vermutender Vorteil für die Politiker impliziert wird.[262] Der Katholizismus symbolisiert hierbei die Synthese aus ‚Religion' und 'Europa'/‚Westen', seine Verbindung zu Staat und Politik erfährt durch Bilder, Statuen und Namensgebung ihren Ausdruck in der außersprachlichen Wirklichkeit.

3. **die katholische Religionszugehörigkeit als politischer Faktor der Inklusion und Exklusion:** Qosjas Vorwurf gegenüber der albanischen Politik (und auch gegenüber Kadare), dass die Muslime gegenüber den katholischen Christen benachteiligt und feindselig behandelt würden, findet sich in seinen Veröffentlichungen an mehreren Stellen.[263] Im Zusammenhang mit Mutter Teresa bemängelt er nicht nur, dass eine nicht zulässige Verquickung von Staat und Religion vorhanden ist. Er kritisiert zeitgleich (etwas doppelbödig), dass hierfür eine katholische Persönlichkeit bevorzugt instrumentalisiert wurde und nicht etwa ein Muslim. Mit anderen Worten sieht er eine Benachteiligung der Nicht-Katholiken in einem Kontext, den er selbst verurteilt.

Dem Vorwurf Kadares, Qosja wolle eine Teilung der albanischen Identität, widerspricht dieser. Er nehme lediglich eine Unterteilung der europäischen Identität der Albaner in eine muslimische und eine christliche vor. Die Diskussion um Mutter Teresa seitens Qosja kann somit weder als antialbanisch, noch als antieuropäisch interpretiert werden. Bereits die Betonung einer gemeinsamen europäischen Identität der Albaner und das Bekenntnis zu einer gleichberechtigten albanischen Multikonfessionalität schließen dies aus.

---

261 Vgl. ebd.: 22, 24.
262 Zu nennen wäre beispielsweise Qosjas Kritik an Kadares Aussage, albanische Politiker würden von Europa und vom Westen reden, aber den Verstand im Osten haben – eine Äußerung, mit der Kadare die Westorientierung gutheißt, die Verbindung zum Osten aber negativ beurteilt. Vgl. ebd.: 68.
263 Vgl. u.a. ausführlicher ebd.: 75 ff.

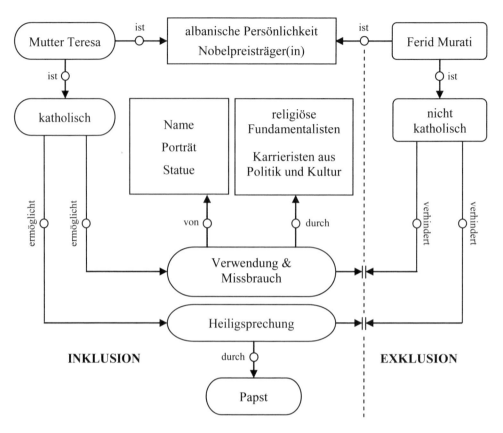

Abb. 23: Katholische Glaubenszugehörigkeit als entscheidender Faktor der
politisch motivierten Instrumentalisierung von Mutter Teresa
Quelle: eigene Darstellung, nach Qosja

4 Übersicht über die Konzeptionalisierungen anderer Debattenteilnehmer

4.1 Einführung

Nachdem die Debatte Kadare-Qosja einen großen Widerhall in der albanischen Öffentlichkeit fand, meldeten sich in der Auseinandersetzung über die Identität der Albaner und das Verhältnis Albaniens zu Europa zahlreiche Publizisten, Historiker, Journalisten und Schriftsteller, aber auch Politiker zu Wort. Die folgende Darstellung ist exemplarisch, da eine Einbeziehung aller Texte und Autoren den Rahmen dieser Arbeit sprengen würde. Aus diesem Grund erfolgt sie mehrheitlich deskriptiv. Die wichtigsten Zitate aus den Texten werden angeführt und kommentiert. Auf Basis dessen erfolgt jeweils eine kurze Wiedergabe der Konzepte mit Erläuterungen. Hinzu kommen vertiefende Einzelanalysen, um im jeweiligen Kontext als wichtig erachtete Grundgedanken zu explizieren.

Neben Texten, in denen die Verfasser analytisch und bewertend in die Tiefe gingen, ergab die Analyse des Gesamtkorpus, dass einige der Beiträge trotz der Bezugnahme auf die Debatte wenig eigene Substanz hatten und daher für die vorliegende Untersuchung weniger relevant waren. Einige andere dienten dem reinen Polemisieren und stellten lediglich eine Parteinahme für bzw. gegen Kadare oder Qosja dar. Diese erlangten nur dann Relevanz, wenn sie in Anlehnung an das zu Anfang vorgestellte Theoriemodell zur Konzept-Stützung und Konzept-Beeinflussung eng an die Thematik der Debatte geknüpft waren und so implizit auch Konzeptualisierungen zu Europa enthielten.[264]

4.2 Die Albaner, Europa und der Stellenwert der Religionen

Eines der vorherrschenden Themen in den Texten ist die Frage des Islams und dessen Bedeutung in Hinsicht auf das Verhältnis der Albaner zu Europa. Gleichzeitig steht aber auch das Christentum auf dem Prüfstand: Hat es den Stellenwert, den die Befürworter einer westlich orientierten albanischen Identität propagieren?

Luan Starova, Schriftsteller und Akademiker,[265] nennt die Situation der Albaner die komplexeste und dramatischste auf dem Balkan. Die albanische Identität habe in der Vergangenheit im Vergleich zu der der anderen Balkanvölker größeren Widerspruch erfahren, weswegen Teile der Identität zum Opfer geworden seien. Die islamischen und christlichen Bestandteile würden gemeinsam mit allen anderen die albanische nationale Identität ausmachen, zu der auch das Modell der Kooexistenz der Religionen gehöre. Starova betrachtet dies als einen Wert für die albanische Nation und wirft Kadare und Qosja vor, das nicht zu beachten.[266]

---

264   Vgl. Kap. II/6, Abb. 6)
265   Vgl. Bulo (2009): 2390 f.
266   Vgl. Berberi (2006): 23.

Piro Misha, Literaturwissenschaftler und Übersetzer, hält in seinem Artikel „Keqkuptimet e Qoses për identitetin e shqiptarëve" [Die Missverständnisse Qosjas über die Identität der Albaner][267] fest, dass das Christentum zweifellos Bestandteil der europäischen Identität sei, was aber nicht bedeute, dass die heutige Identität mit dem Christentum gleichgesetzt werden könne. Europäer zu sein, bedeute, ein System von historisch gewachsenen Werten und Institutionen anzunehmen und anzuerkennen, die sich in zwei Grundsätzen wiederspiegeln: dem der Demokratie und dem des Laizismus. Dabei müsse beachtet werden, dass Laizismus keinen Gegensatz zu Religion darstellt, sondern nur deren klare Trennung „von der öffentlichen und politischen Sphäre des kollektiven Lebens".

Ilir Hashorva, Autor und Übersetzer, vertritt in „Feja dhe ndikimi në identitet" [Die Religion und ihr Einfluss auf die Identität][268] einen anderen Standpunkt, nach dem Europas Identität und das Christentum keineswegs aneinander gebunden seien. Hashorvas Thesen zur Rolle der Religion in Europa lassen sich in fünf Punkten zusammenfassen:

- Alle Religionen kommen aus Asien. Das Christentum in Europa hat daher keinen europäischen Ursprung, sondern einen angepassten Charakter und ist deformiert.
- Die Albaner sind wie alle Europäer der Religion gegenüber intolerant, auch wenn religiöse Toleranz nach außen kommuniziert wird.
- Religion findet nur Beachtung, wenn es um materielle Interessen geht, wenn also beispielsweise ein Religionswechsel Vorteile bringt. Bei Kadares prowestlicher Darstellung Albaniens gegenüber Europa geht es um solche Interessen, nicht um die Religion an sich.
- Europa hat keine bestimmte europäische Identität. Jedes europäische Volk hat seine eigene, die durch Werte und Antiwerte bestimmt wird. Das Christentum ist jedoch nicht identitärer Bezugspunkt Europas.
- Albanien ist aus vielen Gründen mehr europäisch als asiatisch, jedoch nicht aufgrund der Religion. Religion sagt nichts über die Ausrichtung nach Westen oder Osten aus. Wäre sie ein Verweigerungsgrund für einen Beitritt zur Europäischen Union, hieße das, dass Europa das Element der religiösen Toleranz noch fehlte.

Religion, speziell das europäische Christentum, wird somit nach Hashorva unter vier verschiedenen Aspekten definiert: nach der Herkunft, dem Ist-Zustand, dem Stellenwert und der Funktion (vgl. Tab. 7).

---

267 Misha (2006): 10 f.
268 Hashorva (2006): 15.

Tab. 7: Charakterisierung des europäischen Christentums
Quelle: eigene Darstellung, nach Hashorva (2006)

Religion	Europäisches Christentum
Herkunft	Asien
Ist-Zustand	deformiert, intolerant
Stellenwert	niedrig, interessenabhängig (Religion allgemein)
Funktion	Mittel zum Verschaffen eines strategischen oder materiellen Vorteils

Während Kadare ‚Europa' mit ‚Christentum' gleichsetzt, ist bei Hashorva das Gegenteil der Fall: Er betont, dass ‚Europa' und ‚Christentum' nicht deckungsgleich seien und stellt fest, dass allgemein Desinteresse und Undifferenziertheit der Religion gegenüber vorherrsche; man sei weltlich eingestellt.

„Während er das Christentum vor Augen hatte, sagte Nietzsche: ’Heute gibt es keine Christen. Der letzte Christ starb am Kreuz.' Gandhi hingegen sagte: ’Als ich in den Westen gegangen bin, habe ich gesehen, dass das Christentum verzerrt war.' Leo Tolstoi sagte: ‚Die Religion hat dem Leben Sinn gegeben, aber ich war eine Beleidigung für die Vernunft geworden'."

„Duke pasur parasysh krishterimin evropian, Niçja ka thënë: ’Sot nu ka të krishterë. I krishteri i fundit vdiq në kryq.' Ndërsa Gandi thoshte: ’Kur vajta në Perëndim, pashë se krishterimi ishte shpërfytyruar.' Leon Tolstoi shprehej: ’Feja i dha kuptim jetës, por kisha u bë fyerje për arsyen'."[269]

Für **Pëllumb Xhufi**, Historiker und Politiker,[270] stellt in „Mjerimet e një sinodi" [Das Elend einer Synode][271] die Wahl des albanischen Franziskaners Nikolla Durrsaku im Jahre 1254 durch den byzantinischen Kaiser Michael VIII Palaiologus und Papst Urban IV zum Unterhändler einen Schlüsselmoment in der albanischen Geschichte dar. Die Bemühungen um eine Wiedervereinigung der Ost- und der Westkirche unter Vermittlung eines Albaners stuft Xhufi als „epochales Unterfangen" ein. Sowohl der des Lateinischen als auch Griechischen mächtige Franziskanermönch mit Wissen um die Dogmen beider Kirchen, als auch das „Epizentrum Albanien", „wo Katholizismus und Orthodoxie friedlich zusammengelebt hatten" zeigen für Xhufi „den wahren Status Albaniens als kultureller Katalysator".

---

269   Ebd.: 15.
270   Vgl. ASHSH (2009): 2957; Kokonozi (2005): 533.
271   Vgl. nachfolgende Zitate und Angaben bei Xhufi (2006): 10, soweit nicht anders angegeben.

Den im 15. Jahrhundert als dritte große Religion hinzugekommenen Islam hält Xhufi in der Debatte hingegen für überbetont. Dieser könne „nicht als Unterbrechung der albanischen Geschichte" beurteilt werden. Selbst die Osmanen hätten durch jahrhundertelangen Kontakt zahlreiche byzantinische Elemente übernommen, seien es systemische oder auch kulturelle. Insofern sei der Islam in Albanien von vielen nicht als neue Religion, sondern als christliche Häresie aufgefasst worden. Mit etwas „Gefühl für Geschichte" könne man den Übertritt der Albaner zum Islam ein „historisches Missverständnis" nennen, aber nicht wie Kadare in stigmatisierender Weise einen „historischen Fehler".

Der Autor und Schriftsteller **Ylli Polovina** stellt Fragen des Islams in den Vordergrund seines Artikels „Euromyslimani shqiptar" [Der albanische Euromuslim].[272] In seinen Konzeptualisierungen bewegt er sich dabei zwischen den Ideen Kadares und Qosjas. Einerseits verweist er wie Kadare auf die christlichen Wurzeln der „albanischen Euromuslime", durch welche jene untrennbar mit Europa verbunden seien – und setzt damit die Begriffe ‚europäisch' und ‚christlich' gleich. Desweiteren verweist Polovina darauf, dass während der albanischen Nationalbewegung mehrheitlich Muslime gemeinsam mit Christen um die Unabhängigkeit vom Osmanischen Reich gekämpft und sich beide Seiten für die Formierung eines albanischen Staates unter dem verbindenden Element des Albanertums zusammengeschlossen hätten. Andererseits kritisiert er ebenso wie Qosja wiederholt öffentlich formulierte Konzepte wie das der Trennung der Religionen in eine, die die Albaner mit dem europäischen Kontinent verbinde (das Christentum), und eine, die ein Hindernis darstelle (den Islam) – dies sei eine Wiederbelebung des Jahres 1913. Polovina spielt damit vermutlich auf die Folgen der Balkankriege (1912/13) an, die den Beginn eines Massenexodus der Balkanmuslime darstellten, welcher über den Ersten Weltkrieg hinaus anhielt: Bis 1923 flüchteten mehr als 1,6 Millionen Muslime aus Südosteuropa; über 600000 starben auf der Flucht oder wurden getötet.[273]

Auch wenn Polovina die albanische Geschichte für seine Argumentation heranzieht, verliert er sich nicht in langatmigen Belehrungen oder Verzerrungen, wie es bei anderen Debattenteilnehmern zu beobachten ist. Stattdessen spricht er über Werte und zeichnet dabei das Bild eines modernen albanischen Euroislams. Wie Qosja sieht er die Vorteile für Europa in der durch den „albanischen Euromuslim" verkörperten Synthese und formuliert entsprechend eine zukünftige Aufgabe, die die Albaner wahrnehmen könnten:

„Die Eurostandards haben nichts mit dem Ausfüllen religiöser Karteikarten eines Volkes zu tun, aber wissend, dass die heutigen Anstifter des islamischen Fundamentalismus gegen die europäische und jene westliche Zivilisation mit	„Eurostandartet nuk kanë të bëjnë fare me përmbushjen e kartelave fetare të një populli, por duke ditur se nxitësit e tanishëm të fondamentalizmit islamik e luftojnë qytetërimin evropian dhe atë perëndimor me mjete të dhunshme e

---

272   Vgl. nachfolgende Zitate und Angaben bei Polovina (2006): 1, 17.
273   Vgl. Kaser (2002): 85.

den gewaltsamen Mitteln des Terrors kämpfen, gewinnt in diesen Augenblicken auf diesem Kontinent, in der Europäischen Union, der Schatz, den die Albaner sei mehr als sechs Jahrhunderten im besten Modell, besser als sonst irgendwo auf dem Kontinent, herausgebildet haben, an großem Wert: der Euromuslim. Er wird als Neutralisierer, Demobilisierer und Heiler radikaler Mentalitäten der islamischen Religion dienen."

terrori, atëhere këto çaste në këtë kontinent, në Bashkimin Evropian, fiton vlera shumë të mëdha ky thesar që shqiptarët prej më shumë se gjashtë shekujsh kanë të formuar në modelin më të mirë se kudo në kontinent: euromyslimanin. Ai do të shërbejë si neutralizues, çmobilizues e kurues i mentaliteteve radikale të fesë islame."[274]

Polovina betont weiterhin, es sei notwendig, dass die Entscheider in Europa versuchten, die Albaner besser zu verstehen. Dies beträfe beispielsweise die äußerst wichtige Rolle der USA, die jedoch die tiefe Verbundenheit zu Europa nicht beeinträchtige. Die Albaner wollten und hätten demnach das Recht, der Europäischen Union beizutreten, auch wenn noch nicht alle Standards erfüllt seien – in Bezug auf ihre religiöse Identität seien sie Vorreiter. Polovina wirbt auf diese Weise für den EU-Beitrittskandidaten Albanien. Seiner Konzeptionalisierung folgend sieht er hierin offenbar eine einzigartige Chance für das politische Europa, denn:

„Wir sind gleichzeitig ein Volk, das seine Wurzeln im Christentum hat und das den europhilen Muslim besitzt."

„[J]emi njëherësh një popull që rrënjët i kemi në krishtërim dhe zotërojmë myslimanin filoevropian."[275]

Fatos Lubonja, Analyst und Publizist,[276] hält der Darstellung des Islams als Besatzerreligion entgegen, dass auch das Christentum die Religion von Okkupatoren gewesen sei – die der Römer –, gegen die die Illyrer einst gekämpft hätten, um ihre Unabhängigkeit und kulturelle Identität zu bewahren.[277] Die Frage nach einem identitären Kern (ein Konzept, das Lubonja ablehnt) sei demnach gar nicht geklärt. Auch helfe weder eine Überbetonung der christlichen gegenüber der muslimischen Identität weiter, wie das bei Kadare der Fall sei, noch die Erhebung des „Albanertums" über die verschiedenen religiösen Identitäten, wie Qosja es fordere. Vielmehr sei es notwendig, anzuerkennen, dass es viele verschiedene Identitäten gebe. Die „kulturelle Homogenisierung" hingegen, so der Autor unter Bezug auf Claude Lévi Strauss, sei „nichts anderes als kultureller Kannibalismus".

---

274 Polovina (2006): 17.
275 Ebd.
276 Vgl. Kokonozi (2005): 298 ff.
277 Vgl. hier und im Folgenden Lubonja (2006): 1, 16 f.

Lubonja identifiziert zwei postkommunistische Perioden, in denen „die Kannibalen" „aggressiv" in Erscheinung getreten seien: in der Kosovo-Frage während des allgemein auf dem Balkan auflebenden Nationalismus sowie nach dem 11. September 2001, als die Betonung der eigenen christlichen Identität als Versicherung gegenüber dem Westen, insbesondere Amerika verstanden wurde, im allgemeinen Kampf gegen den islamischen Terror nicht in Ungnade zu fallen. Solange jedoch Identitätsdebatten im Geiste des 19. Jahrhunderts und der Zeit der Totalitarismen geführt würden, so fürchtet der Autor schlussfolgernd, würden die Albaner wohl weiter auf der schwarzen Liste der „British National Party" stehen,

„[…] unter den muslimischen Schwarzen und Arabern, trotz unserer Prahlereien von der europäischen Essenz, errichtet auf der weißen Haut, der christlichen Herkunft und der Geographie."

„[…] nën zezakët e arabët muslimanë, megjithë mburrjet tona për esencën evropiane të ndërtuar mbi lëkurën e bardhë, origjinën e krishterë dhe gjeografinë."[278]

Darüber hinaus kritisiert Lubonja die „dramatische Unkenntnis" der Debattenteilnehmer im Hinblick auf moderne Identitätskonzepte. Die Konzeptualisierungen Kadares, die die Albaner als „geschichtlich gewachsene und gefestigte Volksgemeinschaft auf Basis einer gemeinsamen Sprache, des Territoriums, des wirtschaftlichen, kulturellen Lebens und einer physischen Natur" präsentieren, entsprächen dem stalinistischen Konzept der Nation. Die Suche nach einer „Essenz" der albanischen Identität – und damit die Debatte selbst – sei eine Fortführung der nationalkommunistischen Ideologie Enver Hoxhas, der ein Ursprungsmythos zugrunde liege, wie er für die nationalen Unabhängigkeitsbestrebungen und die Identitätsfindung anderer europäischer Völker zur Zeit der Romantik im 19. Jahrhundert prägend gewesen sei.

„Auch eine Reihe Verfasser von Artikeln zur letzten Debatte sieht man über diesen unveränderlichen Kern/ diese unveränderliche Seele der Albaner reden, in der Geschichte zurückgehen und, nachdem sie ihn finden, diesen Kern definieren (eine „europäische Essenz" nennt ihn der eine, „geistige, europäische Konstitution" nennt ihn der andere, auf „Geographie" reduziert ihn ein weiterer), den ganzen Rest nennen sie Erscheinung, Unfall. So werden

„Edhe një mori artikullshkruesish në debatin e fundit i sheh të flasin për këtë thelb/shpirt të pandryshueshëm të shqiptarit, të shkojnë prapa në histori, dhe, pasi e gjejnë e përcaktojnë këtë thelb, ("esencë evropiane" e quan njëri, "konstitucion shpirtëror evropian" e quan tjetri, "gjeografi" e redukton një tjetër) tërë pjesën e mbeture quajnë shfaqje, aksident. Kështu trajtohen edhe 500 vjet qënie në Perandorinë Otomane edhe koha komuniste edhe

---

278   Ebd.: 17.

auch 500 Jahre Existenz im Osmanischen Reich und sowohl die kommunistische Zeit als auch diese schwere Transition behandelt."

ky tranzicion i vështirë."[279]

4.3 Selbstverortungen und Selbstidentifikationen

Die meisten Themen der Debatte knüpfen implizit oder explizit an die Frage der
zivilisatorischen Zugehörigkeit der Albaner an, was nicht nur durch das initiiernde Essay
Kadares zur „europäischen Identität der Albaner" bedingt sein dürfte. Es entsteht beim
Lesen der Artikel und Essays auch der Eindruck, dass die meisten Topoi von vornherein als
dichotomisch aufgefasst werden und so die Einbeziehung in eine solche Fragestellung begünstigen. Aus diesem Grund lassen sich Selbstverortungen und -identifikationen in nahezu
allen Texten zur Debatte finden.

Der Historiker und Publizist **Fatos Baxhaku** gibt die albanische Selbstverortung über das
Identitätsgefühl folgendermaßen wieder: Man sei Albaner und Bewohner des Balkans, mit
dem Gefühl, in Europa heimisch zu sein. Darüber hinaus stellt er fest: Für den Osten sei
Albanien westlich, für den Westen östlich – ein ewiger Zwiespalt, der bestünde. Die Grenze
zwischen Osten und Westen verlaufe durch die albanischen Gebiete; sie sei ein „Völkerkor-
ridor", was er positiv als Bereicherung bezeichnet. Dies sei aber kein Alleinstellungsmerk-
mal, wie die Beispiele Siziliens, Maltas und Spaniens belegen würden.[280]

Auch der albanische Schriftsteller **Dritëro Agolli**[281] sieht den Balkan und damit gleichfalls
Albanien als Mitte zwischen Osten und Westen an. Gleichzeitig differenziert er als einer
der wenigen den Europa-Begriff und merkt an, dass die Albaner nicht nach Europa gehen
könnten, da Albanien bereits in Europa sei; die Europäische Union hingegen sei es, der man
beitreten solle.[282] Dabei misst er der Zeit eine wichtige Rolle bei:

„Jede Sache ändert sich, aber sie ändert
sich langsam. Wie ich es sehe bin ich
vielleicht mit dem kollektiven Denken
vertraut, aber ich glaube an die Veränderung. Das Wesen des Individuums ist
mit den nationalen Charakteristiken und
der Identität verbunden."

„Çdo gjë ndryshon, por ndryshon
ngadalë. Si e shoh unë ndoshta jam
mësuar me mendimin kolektiv, por
ndryshimit i besoj. Mënyra e individit
lidhet me karakteristikat kombëtare
dhe të identitetit."[283]

---

279   Ebd.: 16.
280   Vgl. Baxhaku (2006): 11.
281   Vgl. Sinani (2008a): 16 f.
282   Vgl. Selmani (2006): 7.
283   Ebd.

Pëllumb Xhufi setzt sich mit dem Begriff der Zivilisation auseinander und hinterfragt die so historischen Identifikationen der Albaner.[284] Mit einem Zitat des britischen Kulturtheoretikers und Geschichtsphilosophen Arnold Joseph Toynbee („Zivilisation ist eine Bewegung, kein gegebener Zustand, sie ist eine Reise und kein Hafen") leitet Xhufi zu der These über, dass in der albanischen Auseinandersetzung mit der eigenen Geschichte die Zeit der Osmanenherrschaft bislang unter einer falschen Prämisse geführt werde:

„Die fünf Jahrhunderte während osmanische Okkupation und Herrschaft wird fälschlicherweise wie eine ‚Pause' in der Geschichte unseres Volkes behandelt, wie ein Verhängnis, von dem wir uns so bald wie möglich befreien müssen, wenn wir wollen, dass unsere europäische Identität nicht in Zweifel gezogen wird."	„Pushtimi dhe sundimi 5 shekullor osman po trajtohet gabimisht si një "pauzë"" në historinë e popullit tonë, si një fatalitet, nga e cila duhet të çlirohemi një orë e më parë, nëse duam të mos na vihet në dyshim identiteti ynë evropian."[285]

Man müsse sich aber auch mit dem Erbe des Byzantinischen Reichs beschäftigen, unter dessen Herrschaft die albanischen Gebiete vom 4. bis zum 14. Jahrhundert gestanden hätten. Auch der Einfluss dieser zehn Jahrhunderte sei einzubeziehen. Bezugnehmend auf den irischen Historiker William Lecky zitiert Xhufi dessen Aussagen über das Byzantinische Reich und spricht von „der niedrigsten und widerwärtigsten Ausformung der Kultur aller Zeiten", einer „monotonen Abfolge von Intrigen durch Priester, Eunuchen und Frauen, Giftanschlägen, Komplotten und Brudermorden". Gemäß Hans Georg Maier habe das Reich zudem „ein nach den Prinzipien des Absolutismus und des Zentralismus organisiertes Regierungssystem bewahrt, kombiniert mit einem Christentum und einer hellenistischen Kultur, unter starken östlichen Einflüssen". Die italienische Wiedergeburtsbewegung, die Europa im 14. bis 16. Jahrhundert geprägt habe, sei mit ihrem Humanismus in Kultur und Kunst demnach ein „völlig antibyzantinisches Phänomen" gewesen. Xhufi, der noch weitere Vergleiche anstellt, kommt schließlich zu der Frage, ob sich die Albaner tatsächlich vollkommen mit dem Byzantinischen Reich identifiziert hätten – und verneint dies im Hinblick auf die Geschichte Albaniens als Grenzregion.

4.4 Fragen des EU-Beitritts, des albanischen Images und der Anerkennung durch den Westen

Die Mitgliedschaften in der EU und in der NATO, die 2006 noch nicht in greifbarer Nähe waren, sind ebenfalls Thema einiger Debattenbeiträge.[286] Neben dem Begriff der

---

284 Vgl. nachfolgende Zitate und Angaben bei Xhufi (2006).
285 Xhufi (2006): 10.
286 Albanien trat am 1. April 2009 der NATO bei und ist seit dem 24. Juni 2014 offizieller Beitrittskandi-

‚zivilisatorischen Identität' taucht auch der des albanischen ‚Images' auf, zusammen mit der Frage, inwieweit dies Einfluss darauf hat, im Westen als gleichwertig anerkannt zu werden.

Xhavit Shala, Direktor des Albanischen Zentrums für Studien zur Nationalen Sicherheit,[287] ist der Auffassung, dass die Integration der Albaner in die politischen Strukturen der EU und jene der Sicherheit (NATO), neben den zivilisierten westlichen Ländern ein alter Traum sei und bemüht dafür die albanische Geschichte. In seinem Artikel „Qose-Kadare dhe identiteti dinamik" [Qosja-Kadare und die dynamische Identität][288] geht er von zwei Arten von Elementen in der Identität der Albaner aus: von statischen und dynamischen. Statisch sind seiner Auffassung nach die „tiefen Wurzeln" der Albaner in der westlichen Zivilisation. Diese Wurzeln seien es gewesen, die dazu geführt hätten, dass die Türken trotz ihren Anstrengungen und Bemühungen keine Neuausrichtung der Zivilisation der Albaner nach Osten erfolgreich realisieren konnten.
Für die Zeit nach der Unabhängigkeitserklärung 1912 attestiert Shala den Albanern eine „dynamische Identität". Deren zivilisatorische Identität habe in keinem Fall statisch bleiben können, so wie es bei den Türken der Fall gewesen sei. Seitdem seien die Albaner im Prozess der identitären Neubestimmung mit Ausrichtung hin zu jener westlichen Zivilisation, aus welcher sie Jahrhunderte zuvor „gewalttätig herausgerissen" worden seien. Shala zufolge konnte auch das kommunistische Regime diesen Prozess, ungeachtet aller Propaganda, nicht aufhalten (vgl. Abb. 24).
Shalas Text bewegt sich nur in Gemeinplätzen. Aus dem Schoß des albanischen Volkes seien Persönlichkeiten hervorgegangen, die der christlich-westlichen Zivilisation wertvolle Dienste erwiesen hätten. Bereits „die Kaiser illyrischer Herkunft im Römischen Reich" hätten „eine wichtige Rolle hinsichtlich des Triumphs des Christentums gespielt." Nach dem Beginn der demokratischen Prozesse gaben die Albaner der westlichen zivilisierten Welt das Versprechen, NATO-Mitglied im Jahr 2008 zu werden. Rhetorik und Formulierungen wie „das Versprechen geben" erinnern stark an dem öffentlichen Sprachgebrauch zu Zeiten von „Onkel Enver" (Enver Hoxha). Dank der von Shala postulierten dynamischen, zivilisatorischen Identität der Albaner, ist jedoch „diese Identität in Bewegung und wird neu nach jener westlichen ausgerichtet."

Mimoza Dervishis Schlüsselbegriff zur Frage der albanischen Identität ist ‚Image' [*imazh*]. In ihrem Artikel „Identiteti, mes historisë dhe imazhit" [Die Identität zwischen Geschichte und Image][289] nimmt die Analystin eine Dreiteilung vor und differenziert zwischen

---

dat der Europäischen Union.
287   o.V. (2006p): 31.
288   Vgl. nachfolgende Zitate und Angaben bei Shala (2006).
289   Vgl. nachfolgende Angaben bei Dervishi (2006).

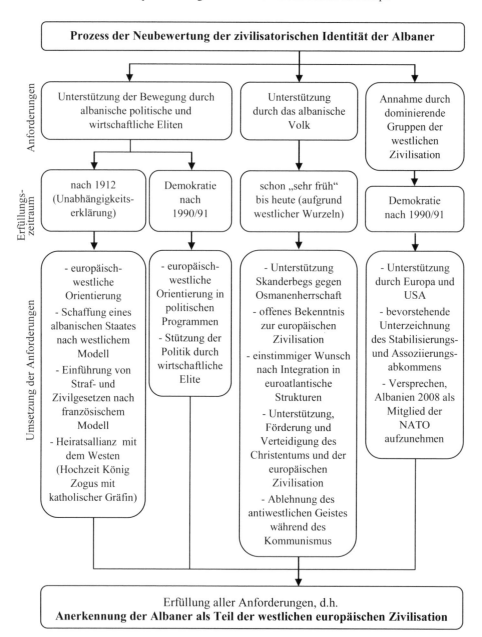

Abb. 24: Prozess der Neubewertung der zivilisatorischen Identität der Albaner zu
deren Anerkennung als Teil der westlichen europäischen Zivilisation
Quelle: eigene Darstellung, nach Shala (2006)

- dem Image, von dem die Albaner denken, dass es die Sichtweise des Westens auf sie selbst wiedergibt und das auch die Debatte bestimmt (zugeschriebenes Heteroimage),

- dem Image, das sie Dervishis Meinung nach wirklich haben (tatsächliches Heteroimage),

- und dem, das sie nach außen kommunizieren sollten (erforderliches Heteroimage) (vgl. Abb. 24).

Dervishi stellt dabei ‚Identität' und ‚Image' auf eine Stufe, wobei ‚Identifizierung' als Brückenbegriff zwischen beiden gedacht werden kann: Image bedeutet für sie in erster Linie Fremdbild im Sinne des Blicks von außen. Identität wird durch dieses zu etwas, womit man von anderen identifiziert wird und ist somit fremdbestimmt. Die Projektion der albanischen Selbstidentifikationen auf das Heteroimage der Albaner im westlichen Ausland hält Dervishi daher für weitaus weniger relevant als es in den religionsbezogenen Identitätskonzepten der Debatte zum Ausdruck kommt. So stellt sie fest:

„Die religiöse Identität ist nur ein Aspekt der Identität im Gesamten, und für Albanien hat sie sich als am unwichtigsten herausgestellt. Was geschehen ist, lag nicht in unserer Hand, was kommen wird, ist es ohne Diskussion."	„Identiteti fetar është vetëm një aspekt i identitetit si e tërë, dhe për Shqipërinë ka rezultuar si më i parëndësishmi. Çfarë shkoi nuk ishte në dorën tonë, çfarë do vijë pa diskutim është."[290]

Dervishi verneint damit die Verantwortung der Albaner für ihre Geschichte. Sie benennt aber für die Gegenwart auch Beispiele, wonach die Ursachen für das schlechte albanische Heteroimage im Westen bei ihnen zu suchen seien. Die Zukunft sieht sie schließlich vollkommen in albanischer Verantwortung („ohne Diskussion"). Die dominierende These der identitätsbestimmenden Außenwahrnehmung lässt Dervishi die Bedeutung des Images näher erläutern:

„Es ist unwichtig, woher du kommst, es ist sehr wichtig, wohin du gehst und wohin du zu gehen wünschst. Welche Anstrengungen du unternimmst, damit du dorthin gehst, wohin du willst und wie du diese Bemühungen und Wünsche präsentierst. […] Es ist sehr viel mehr als eine äußere Vorstellung, es ist	„Nuk ka rëndësi nga vjen, ka shumë rëndësi ku po shkon dhe ku ke dëshirë të shkosh. Çfarë përpjekesh bën që të shkosh atje ku dëshiron dhe si i prezanton këto përpjekje dhe dëshira. […] Është shumë më tepër se një paraqitje e jashtme, është çështje e thellë e mentalitetit dhe kulturës, arsimit dhe

---

290   Dervishi (2006): 11.

eine tiefgehende Frage der Mentalität   progresit, që bën të tërën, atë që mund
und Kultur, der Bildung und des Fort-   të quhet identiteti i sotëm yni."[291]
schritts, die das Ganze ergibt, jenes, das
unsere heutige Identität genannt werden
kann."

Das Image hat hiernach zwei Wirkrichtungen: nach außen als bestmögliche, zukunftswei-
sende Selbstdarstellung zur positiven Beeinflussung der europäischen und amerikanischen
Fremdwahrnehmung und nach innen als Orientierung für anzustrebende Entwicklungen in
der albanischen Gesellschaft. Mit anderen Worten geht es um Imagemanagement, wobei
‚Image' für Dervishi nicht mit der Vergangenheit oder Gegenwart zu verknüpfen ist, sondern in erster Linie mit der Zukunft. Das Fremdbild, das durch Europa und die USA
wahrgenommen werden soll, sollte daher die (westlich orientierten) albanischen Ziele wi-
derspiegeln.

Mit dem Thema der Identität beschäftigt sich auch **Fatos Baxhaku** und präsentiert eine
zusammenfassende Analyse von verschiedenen diesbezüglichen in der Debatte
veröffentlichten Konzeptualisierungen.[292] Baxhaku erkennt drei Arten der Identität, die
zum Tragen kämen:

>   1. die Identität, die die Albaner selbst fühlen,
>   2. die Identität, die sie gern gehabt hätten,
>   3. die Identität, die den Albanern von anderen zuerkannt wird.

Wie Dervishi es über den Begriff des Images vermittelt, sieht auch Baxhaku die den Albanern von anderen zugeschriebene Identität als die heutzutage wichtigste an. Dafür führt er
zwei (negative) Beispiele an. Den langwierigen und noch nicht abgeschlossenen Prozess für
einen EU-Beitritt der Türkei versteht er als Zeichen, dass für Staaten mit mehrheitlich
muslimischer Bevölkerung der Islam den maßgeblichen Hinderungsgrund hierfür darstellt.
Er verweist auf Bosnien-Herzegowina und Albanien, die beide säkulare Staaten seien (wie
auch die Türkei die von Kemal Atatürk geschaffene sei und keine Anhängerin eines fanati-
schen Islams) und die beide im Stabilisierungs- und Assoziierungsprozess am weitesten
zurücklägen. Mit einer Aussage des ehemaligen französischen Staatspräsidenten Valery
Giscard D'Estaing unterstreicht Baxhaku seine Auffassung: Falls die Mitgliedschaft der
Türkei je Realität werde (so Giscard), werde es kein Europa mehr geben. Baxhaku sieht
hierin den Ausdruck der Mentalität der Begründer des vereinigten Europas. Schlecht stünde
es aber auch um das allgemein vorherrschende Image der Albaner. So sei noch heute im
deutschsprachigen Raum nicht nur das Anfang des 20. Jahrhunderts von Karl May geschaffene Bild albanischer Banditen dominant, die im Namen Allahs stehlen und rauben.

---

291   Ebd.
292   Vgl. hierzu im Folgenden Baxhaku (2006).

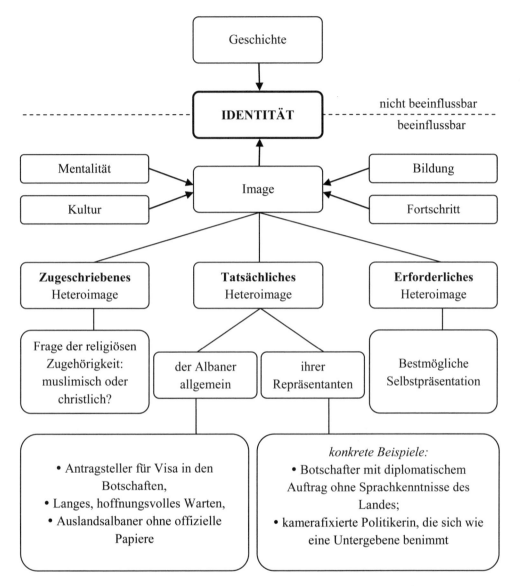

Abb. 25: Image als entscheidender Faktor der Identitätsvermittlung gegenüber
Europa und den USA
Quelle: eigene Darstellung, nach Dervishi (2006)

Es sei vor allem auch in den Köpfen der meisten Politiker präsent. Infolgedessen sei es unwichtig, was die Albaner über sich selbst dächten. Dennoch benennt Baxhaku hierzu identitäre Selbstverortungen: Neben dem Selbstverständnis als Albaner und Balkanbewohner sei man Teil einer Nation, die sich in Europa zu Hause fühle und die dem alten Europa Schutz vor den Osmanen geboten habe. Die albanische Identität sei durch die so entstandene Vielfalt im albanischen Übergangsraum zwischen Osten und Westen stark bereichert worden. Religiöse und kulturelle Bauten unterschiedlicher Richtungen repräsentierten daher die Albaner in der Welt. Den Wunsch, Teil Europas zu sein, stellt Baxhaku als für ausnahmslos alle Albaner zutreffend dar:

„Auch der rückständigste Albaner sagt aus voller Überzeugung: Ich bin Europäer."	„Me shpirt, edhe shqiptari më i prapambetur e thotë me plotëgojën: Unë jam evropian."[293]

Allerdings macht er in der Identitätsdiskussion mehrere Anzeichen für Komplexe aus: Aufgrund der geringen Größe des albanischen Staates fühle man sich nach außen hin nicht imposant genug, was sich unter anderem darin zeige, dass vergleichsweise kleine oder unwichtige Ereignisse mit irgendwie geartetem internationalem Charakter in den albanischen Medien zum Großereignis hochstilisiert werden. Auch die Identitätsdebatte selbst, deren Notwendigkeit Baxhaku infrage stellt – die albanische Identität sei die unveränderbare Folge des Geschichtsverlaufes – fasst er als Ausdruck eines Komplexes der albanischen Gesellschaft auf. Letztendlich wisse man noch nicht, woher man komme und wohin man gehe.

Kim Mehmeti, Schriftsteller, Publizist und Übersetzer, thematisiert in „Mes ëndrrës dhe zhgjëndrrës" [Zwischen Traum und Erwachen][294] das Zusammenwirken von Träumen, Versprechungen und Lügen im Zusammenhang mit der Frage des EU-Beitritts[295]. Die Diskrepanz zwischen den hoffnungsbeladenen Erwartungen der albanischen Gesellschaften an eine Herbeiführung der EU-Mitgliedschaft und dem damit nicht konform gehenden machtfokussierten Verhalten ihrer Eliten stellt dabei das Spannungsfeld dar, das der Autor aufzeigt und anprangert. Um die Relationen der von Mehmeti verwendeten Begriffe zueinander und die dadurch bedingte Strukturierung seines Konzepts verdeutlichen zu können, ist eine eingehendere Beschäftigung mit dem Text notwendig.

Im Zentrum stehen die zu klärenden Begriffe ‚Traum' und ‚Erwachen'. Die Metapher ‚Traum' kommt bei Mehmeti in der Extension als Substantiv [ëndërr] und als Verb [ëndërron] an sieben Stellen in vier Bedeutungsvarianten vor:

---

293 Ebd.
294 Vgl. nachfolgend Mehmeti (2006), soweit nicht anders angegeben.
295 Im sprachenübergreifenden Gebrauch sind zwei Verwendungsweisen für den Begriff ‚EU-Beitritt' zu finden: Zum einen für das mehrjährige Beitrittsverfahren, zum anderen für den Moment der Aufnahme als reguläres Mitglied nach Abschluss des Beitrittsverfahrens. Im Folgenden ist stets die zweite Lesart gemeint.

- als Wunschvorstellung und Ziel der albanischen Gesellschaften, Mitglied der Europäischen Union zu werden;

- als Wunschvorstellung und Ziel der albanischen Eliten, ihre Führungsrolle und Machtposition zu bewahren;

- als Wunschvorstellung und Ziel der albanischen Jugendlichen, den Balkan zu verlassen – unabhängig von einer Mitgliedschaft in der EU;

- als Wunschvorstellung der Vergangenheit, die von den albanischen Eliten als Lebensmaxime für die Gegenwart propagiert wird.

Aus der Kombination der semantischen und temporalen Aspekte lassen sich drei Problemstellungen erkennen, die im Folgenden näher betrachtet werden sollen:

1. Die primären Wunschvorstellungen von albanischen Eliten und Gesellschaften sind laut Mehmeti nicht deckungsgleich. Sie müssen sich nicht grundsätzlich ausschließen, implizieren aber durch die gesetzten Prioritäten einen Interessenkonflikt in der Umsetzung.

2. Die dichotomische Weltsicht der Eliten ist laut Mehmeti als Hindernis für die Entwicklung der albanischen Gesellschaften zu sehen, was wiederum ein Hindernis für den EU-Beitritt sei.

3. Unabhängig davon, ob der Beitritt zur Europäischen Union verwirklicht werden kann oder nicht, steht bei der albanischen Jugend die Abwanderung aus dem Balkanraum im Fokus.

Da der Begriff ‚Traum‘ [ëndërr] zusammen mit dem ihm gegenübergestellten Begriff ‚Erwachen aus dem Traum‘ [zhgjëndërr] im Titel des Textes vorkommt, strukturieren die beiden das den Ausführungen Mehmetis zugrunde liegende Konzept vor. ‚Traum‘ als Ausdruck einer Einbildung, eines Wunsches oder einer anderen nicht realen Vorstellung von Dingen und Geschehnissen erfährt durch den zweiten Begriff eine Zäsur: Die Kontinuität des Traumes (d.h. der Vorstellung) wird durch das Erwachen jäh unterbrochen. ‚Traum‘ wird hier in der synonymen Verwendung zu „Wunschvorstellung" verwendet und ist daher positiv konnotiert, während ‚Erwachen‘ negativ besetzt ist, da das Wortbedeutungsfeld von ‚zhgjëndërr‘ eine entsprechende Ausrichtung aufweist: Speziell in Bezug auf ‚ëndërr‘ kann es zwar antonymisch mit „Wirklichkeit" übersetzt werden und zielt damit auf deren Erkennen im Prozess des Aufwachens ab. Darüber hinaus ist der Begriff in der Sprachverwendung aber ausschließlich negativ konnotiert und wird u.a. mit „Enttäuschung", „Desillusion" und „Ernüchterung" wiedergegeben.[296] ‚Zhgjëndërr‘ muss daher auch klar von den Begriffen ‚realitet‘ („Realität", „Wirklichkeit", „Tatsächlichkeit"; „Wahrheit") und ‚e vërtetë‘ („Wahrheit", „Wirklichkeit") abgegrenzt werden.[297] Die Übersetzung von

---

296   Vgl. ASHSH (2002): 312, 1529 f.;
297   Vgl. ASHSH (2002): 1095, 1456; Dhrimo (2005): 1145 f., 1587.

‚zhgjëndërr' in der Überschrift mit „Wirklichkeit" wäre die lexikalisch-syntaktisch korrektere, die mit „Enttäuschung" die semantisch treffendere. Beide aber würden im Deutschen nicht alle Aspekte des albanischen Begriffs umfassen, die hier einzubeziehen sind. Es lässt sich daher die Grundintention des Begriffspaares zunächst wie folgt festsetzen:

‚Traum' [*ëndërr*]	< >	‚Erwachen aus dem Traum' [*zhgjëndërr*]
(Kontinuität, positiv)		(Abbruch, negativ)

„Vielleicht dauert es noch lange Zeit, dass die albanischen Gesellschaften in getrennten Betten schlafen, während sie vom geeinten Europa träumen."	„Mbase edhe gjat kohë shoqëritë shqiptare do të bëjnë gjumë në shtretër të ndarë në më shumë shtete të Ballkanit duke ëndërruar Evropën e bashkuar."[298]

Agens sind demnach „die albanischen Gesellschaften", Patiens ist „das geeinte Europa". Das Verb „schlafen" verweist außerdem auf den Realitätsbezug der „getrennten Betten", das Verb „träumen" hingegen auf das Nicht-Reale eines Beitritts zum geeinten Europa. ‚Traum' vertritt demnach symbolhaft das, was die albanischen Gesellschaften zu erreichen versuchen: ihr Ziel, Mitglied der EU zu werden. Dieser imaginären kollektiven Vorstellung steht die ‚Realität' im Sinne von „Wirklichkeit, Tatsache" entgegen, die als komplementärer Begriff zu ‚Traum' gesehen werden muss. Erst der Vergleich der Zuschreibungen zu ‚Realität' erlaubt im Vergleich mit denen zu ‚Traum' Rückschlüsse auf den Konflikt, der durch Mehmeti thematisiert wird. Denn jener Konflikt, der sich aus der Verbindung der beiden Konzeptionalisierungen ergibt, spiegelt den Kern der Meta-Konzepte ‚EU-Beitritt' und ‚EU-Mitgliedschaft' wieder, wie ihn der Autor versteht: als nicht erreichbares Ziel.

Mittels Verwendungsanalyse lässt sich dies gut belegen und weiter konkretisieren. Die Begriffe ‚Traum' und ‚träumen' tauchen im Text insgesamt sechs Mal auf, wovon vier explizit auf ‚EU-Beitritt'/‚EU-Mitgliedschaft' verweisen und zwei implizit damit in Verbindung stehen. Eine weitere Auffächerung des Konzeptes ergibt sich durch das Einbeziehen der zugehörigen Attribute. Als zentral sticht hier die Bezeichnung „lügnerisch" für den von Mehmeti verwendeten Begriff heraus. Der Traum vom EU-Beitritt werde von der politischen und der intellektuellen Elite forciert, deren eigennütziges Ziel der Selbsterhalt und die Reinwaschung von ihrer Vergangenheit sei:

„Und sie wollen uns nur mit den täglichen politischen Lügen füttern, die auf dem Tablett der Versprechungen serviert werden, dass wir auf dem Weg zum vereinten Europa sind. Damit wir	„Dhe duan të na ushqejnë vetëm me gënjeshtrat e politikës ditore të servuara në sofrën e premtimeve se jemi nisur rrugës së Evropës së bashkuar. Që pastaj, ne të gënjyer nga ahengu i

---

298 Mehmeti (2006): 10.

dann, angelogen von einer solchen Freudenstimmung, vergessen, unseren politischen Führern und intellektuellen Pharaonen diese wichtigste Frage zu stellen: wie sie gedenken, uns so barfüßig und hungrig mit dem anderen Teil Europas zu vereinen."

tillë, të harrojmë prijësve tanë politikë dhe Faraonëve intelektual t'ua shtrojmë pyetjen më të rëndësishme: si mendojnë të na bashkojnë me pjesën tjetër të Evropës kështu këmbëzbathur dhe të uritur."[299]

Weiterhin mutmaßt Mehmeti mit ironischem Unterton, dass weniger der Beweis einer europäischen Identität notwendig sei als vielmehr der, dass man in der Lage sei, „den lügnerischen Traum erklären zu können", dass Albanien mit Mafiosi und kooperierenden Schmugglern in die EU kommen könne. Er stellt damit die Realisierung des EU-Beitritts infrage: Nicht das Ziel allein ist für ihn entscheidend, sondern auch die Beantwortung der Frage, *wie* es zu erreichen sei. An dieser Stelle lässt sich ein toter Punkt konstatieren: Die Menschen fragen nicht nach dem *Wie*, die Eliten vermeiden es, dies anzusprechen. Mehmetis Auffassung, warum dies so ist, ergibt sich aus seiner konzeptuellen Verknüpfung der Begriffe ‚Traum', ‚Lüge' und ‚Versprechung', die in einem Satz wiedergegeben werden kann: Die Lüge nährt mittels Versprechung den Traum. Das Versprechen als Zusage, das Ziel eines EU-Beitritts sei realistisch und werde durch die Eliten herbeigeführt, ist in dieser Interpretation als Instrument der Lüge zu sehen, das den führenden Status der Eliten festigen soll. Der Traum stützt den Glauben der Belogenen (also der albanischen Gesellschaften) an die Erfüllung des gegebenen Versprechens. Die beteiligten Eliten erhalten auf diese Weise die Legitimation für ihre Führungsrolle. Das vordergründige Ziel einer EU-Mitgliedschaft wird so zum Instrument für das hintergründige Ziel: den Machterhalt der Eliten. Hier schließt sich wiederum der Kreis zur ‚Realität': Der „lärmende" (d.h. offen eingeforderte) Traum der Albaner sei

„[...] seit langer Zeit nur eine gewinnbringende Decke für jene, die zum Pharao unserer Gegenwart erklärt werden wollen. Für die, die davon träumen, ewig zu bleiben und in den staatlichen Pyramiden begraben zu werden [...]".

„[...] vetëm mbulesë fitimprurëse për ata që duan të shpallen Faraon të së sotmes tonë. Për ata që ëndërrojnë të mbeten të përjetshëm dhe të varrosen në Piramidat shtetërore [...]"[300]

Doch verhindere dieser „bunte" Traum manchmal die Sicht auf die wahren Zustände, d.h. dass auch von der Seite Europas Hindernisse für eine EU-Mitgliedschaft bestünden, die nichts mit den offiziellen Beitrittskriterien zu tun haben: noch immer vorhandene Stereotype gegenüber der östlichen Kultur, Uneinigkeit über das eigene gesamtgesellschaftliche Konzept („katholischer Klub" oder Staatengemeinschaft gleichberechtigter Bürger?) und

---

299 Mehmeti (2006): 10 f.
300 Mehmeti (2006): 11.

nicht verarbeitete Traumata aus der eigenen Geschichte. Europa sei bezüglich der Religionsfrage aber auch „eine Geisel seiner eigenen doppelten Standards und Schwankungen", während die Albaner Geiseln ihrer Unterwürfigkeit gegenüber den Eliten seien.

„Warum also haben wir nicht den Mut, zuzugeben, dass das Hindernis unserer heutigen Entwicklung nicht nur die gestrigen Politiker sind, sondern auch unsere intellektuellen Pharaonen, welche uns lehren, die Gegenwart genauso wie die gestrigen Träume zu leben: indem wir die Welt nicht als bunten Regenbogen verstehen, sondern als eine Schwarz-Weiß-Zusammensetzung, eine Ganzheit, wo die Guten und die Schlechten leben."	„Pra, pse nuk kemi guxim të pranojmë se pengesë e zhvillimit tonë të sotëm nuk janë vetëm politikanët e ardhur nga e djeshmja, por edhe Faraonët tanë intelektual të cilët na mësojnë që të sotmen ta jetojmë njësoj si ëndërrimtarët e djeshëm: duke mos e kuptuar botën si ylber shumëngjyrësh, por si përbërje bardh e zi, tërësi ku jetojnë të mirë dhe të këqij." [301]

‚Traum' wird hier als Vergleichsgröße für die Explikation des Begriffs ‚Gegenwart' herangezogen, wie er laut Mehmeti von Intellektuellen vermittelt wird. Aus den hierin enthaltenen Gegenüberstellungen „Regenbogen (Bunt) < > Schwarz-Weiß" und „die Guten < > die Schlechten" lassen sich mehrere Aussagen ableiten, die zu einer Erweiterung der konzeptuellen Dimensionen der Begriffe ‚Traum', ‚Realität' und ‚Gegenwart' führen.

Erstens erfolgt über den Zeitbegriff der ‚Gegenwart' der verbindende Brückenschlag zwischen ‚Traum' und ‚Realität': Die Gegenwart solle wie die gestrigen Träume gelebt werden – Mehmeti spricht von der Gegenwart als Wirklichkeit, nicht vom gegenwärtigen Traum! Da er weiterhin erklärt, dass für die meisten Albaner der Traum vom EU-Beitritt ein realistisches Szenario sei, zeigt sich deutlich, dass ‚Gegenwart' beides in sich vereint: Traum *und* Realität. So erfolgt durch den Transfer der Eigenschaften „gestriger Träume" ins Heute eine Gleichsetzung zwischen Vergangenheit und Gegenwart. Außerdem entsteht eine Verbindung, die dazu führt, dass alle Aussagen in Bezug auf die Gegenwart gleichfalls für ‚Traum' und ‚Realität' gelten. Dieser Zusammenhang ist insbesondere auf die Überschrift des Textes zu beziehen: Der Begriff ‚Erwachen' weist demnach nicht nur auf einen Bruch in den imaginären (Wunsch-)Vorstellungen der Menschen hin (‚Traum'), sondern auch auf eine damit einhergehende Zäsur in ihrem realen Lebensalltag (‚Realität'). ‚Erwachen' als Moment des zerplatzenden Traums und der Erkenntnis der Wahrheit als Teil der Realität (wie Mehmeti sie definiert!) wird allerdings nicht näher erläutert: Ob Mehmeti einfach einen Wandel in der Erwartungshaltung der albanischen Gesellschaften wiedergibt oder sich selbst als Aufklärer sieht, der das Erwachen nicht nur prophezeit, sondern selbst mit verursacht, bleibt offen.

---

301   Mehmeti (2006): 10.

Zweitens lässt sich aber aus seinen Ausführungen auch herauslesen, dass vorgeblich – ginge es nach tonangebenden Intellektuellen – heutige Träume und heutige Realität bei den Albanern wie die Vergangenheit strukturiert sein sollen: unverändert, in extremen gegensätzlichen Ausprägungen, als Dichotomie der Welt (Schwarz-Weiß, die Guten – die Schlechten), statt in Vielfalt (Regenbogen). Dies führe sogar so weit, dass man Feinde erfinden müsse, um eigene Misserfolge zu begründen.

Drittens wird die Kritik Mehmetis an einer solchen Kontinuität der Eingrenzung des Begriffs ‚Traum' deutlich, die auch eine Einschränkung von ‚Gegenwart' und ‚Realität' bedeutet. Er spricht von einem „Hindernis" für gegenwärtige Entwicklungen, verursacht von der politischen und intellektuellen Elite. Eine Ursache für das Drängen auf einen baldigen EU-Beitritt sieht er darin, dass nicht einmal „heutige Demokraten" und „verspätete Dissidenten des Gestern" dem albanischen Volk einen Weg aus dem „Tunnel der Hoffnungslosigkeit" aufzeigen könnten. Er spricht von zerstörten Familien und desorientierten, hoffnungslosen Generationen und äußert die Vermutung:

„Vielleicht übereilen wir uns, uns mit dem anderen Teil Europas zu vereinigen, nur damit wir uns vor der Zerstückelung des Landes retten, indem wir hoffen, dass Brüssel uns lehrt, wie wir leben sollen, ohne Feinde zu erfinden."	„Mbase ne ngutemi të bashkohemi me pjesën tjetër të Evropës vetëm që të shpëtojmë nga ky copëzim vendorë dhe duke shpresuar se Brukseli do të na mësojë se si të jetojmë pa shpikur armiq." [302]

Der Traum von einer EU-Mitgliedschaft steht demnach auch für Hoffnung. Für eine Hoffnung, der eine Realität von Hoffnungslosigkeit entgegensteht.

Eine zusammenfassende Begriffsbestimmung kann nun wie folgt vorgenommen werden (vgl. Abb. 26): [1] Das dazugehörige Meta-Konzept umfasst in Abhängigkeit von unterschiedlich motivierten Interessengruppen verschiedene Konzepte bzw. Kriterien der Zuschreibung, die teilweise einander entgegenstehen, aber dennoch konzeptuell miteinander verbunden sind. [2] Politische und intellektuelle Eliten instrumentalisieren die Option eines Beitritts zur Europäischen Union zum eigenen Machterhalt, indem sie ihre führende Position durch eine Lüge legitimieren: das Versprechen, die EU-Mitgliedschaft herbeizuführen. [3] Adressaten der Lüge sind die albanischen Gesellschaften, die im Glauben an die Aufrichtigkeit des Versprechens den Traum hegen, dass die Mitgliedschaft in absehbarer Zeit erreicht wird: Sie halten die Lüge für wahr. [4] Der Traum als Vorstellung von der Erfüllung des Versprechens ist Symbol der Hoffnung. Ihm steht die mit Hoffnungslosigkeit verbundene Realität des Lebensalltags entgegen. [5] Das Aufschrecken als Erkennen der Lüge steht den albanischen Gesellschaften aber erst noch bevor: Noch folgen sie ihren Eliten, ohne deren Versprechungen zu hinterfragen. [6] Die Wahrheit, dass eine

---

302   Mehmeti (2006): 11.

EU-Mitgliedschaft keine realistische Option darstellt, bedeutet für die albanischen Gesellschaften Hoffnungslosigkeit. Die Eliten meiden die Aufklärung darüber, da ansonsten ihre
Machtposition gefährdet wäre.

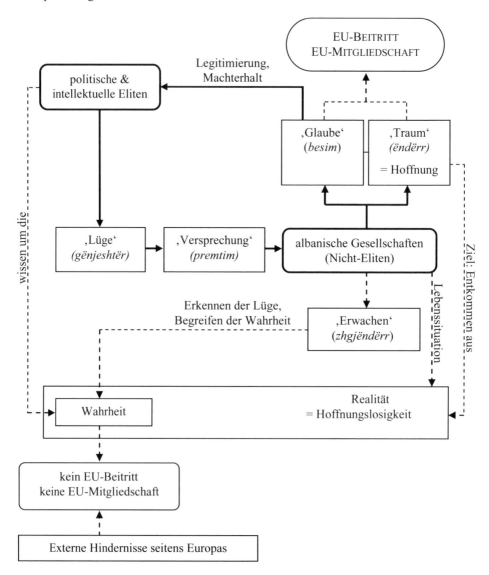

Abb. 26: Konzeptualisierung der Begriffe ‚Traum', ‚Erwachen', ‚Versprechen' und ‚Lüge'
als Teil des Meta-Konzepts ‚EU-Beitritt/EU-Mitgliedschaft'
Quelle: eigene Darstellung, nach Mehmeti (2006)

4.5 Die zivilisatorische Zugehörigkeit zwischen Polemik und Hassrede: Das Fallbeispiel Maks Velo

Die Teilnahme an der Debatte bedingte in der Regel nicht nur die kontroverse Diskussion zentraler Fragen, sondern war gleichzeitig mit der eigenen Positionierung hinsichtlich bestimmter Personen oder Themen verbunden. Neben sachlich begründeten Stellungnahmen gab es auch stark emotional gefärbte Äußerungen, die sich zwischen Aufregung, Polemik und Hassrede bewegten. Neben den Hauptprotagonisten Ismail Kadare und Rexhep Qosja wurden auch deren jeweilige Anhänger zum Ziel verbaler Angriffe. Gleiches galt für Vertreter eigener Positionen, die nicht der Mehrheitsmeinung entsprachen.

Um einen Extremfall handelt es sich bei dem Artikel „Qoseizmi ose teoria e urrejtjes" [Der Qoseismus oder die Theorie des Hasses][303] des Malers, Bildhauers, Schriftstellers und Publizisten **Maks Velo**.[304] Die große Anschaulichkeit des Textes lässt gut die Grenzen zwischen Polemik und Sachargumentation erkennen, weswegen im Folgenden beispielhaft einige Zitate einer Analyse unterzogen werden, um offene und versteckte Persuasionsstrategien zu identifizieren. Der Verfasser zeigt sich als entschiedener Gegner von Qosja. Seine Äußerungen, die sich eindeutig an eine aus Albanien stammende Leserschaft richten, strotzen förmlich vor Polemik:

„Interessant ist der Fakt, dass sich in letzter Zeit das Zentrum der Angriffe gegen Kadare nach Kosovo verlagert hat; jetzt versteht man, wer der Organisator und Inspirationsgeber ist. Qosja denkt naiverweise, dass er jetzt, da er in Prishtina ‚als der Gebildetste' gekrönt wurde, auch nach Tirana kommen würde, um uns in Erstaunen zu versetzen, und danach würde er den ganzen albanischen Raum mit seinem Allwissen erobern!!! Da irrt Qosja. Und das, weil Qosja ein typisch islamischer Gelehrter ist, gänzlich orientalisch. Das von der Art des Denkens. Von seiner Logik her. Von seiner Heimlichtuerei. Von seinem Verrat."

„Interesant është fakti se kohët e fundit qendra e sulmeve kundër Kadaresë është zhvendosur në Kosovë; tani kuptohet kush është organizatori dhe frymëzuesi. Qosja, në mënyrë naive, kujton se tani që është kurorëzuar në Prishtinë ‚si më i dituri', do të vijë të na habisë dhe në Tiranë, dhe pastaj do të pushtojë hapësirën gjithë shqiptare me gjithëditurinë e tij!!! Gabohet Qosja. Dhe kjo sepse Qosja është një dijetar tipik islamik, tërësisht lindor. Kjo nga mënyra e të menduarit. Nga logjika e tij. Nga fshehtësia e tij. Nga pabesia e tij."[305]

---

303   Vgl. Velo (2006): 15.
304   Vgl. Papagjoni (2009): 2869 f.
305   Velo (2006): 15.

Hier handelt es sich vordergründig um eine assertive Äußerung: Der Leser wird über die aktuelle Situation informiert (Angriffe gegen Ismail Kadare verlagern sich in den Kosovo), den Verursacher, dessen Eigenschaften und Ziele (Rexhep Qosja, naiv, Eroberung des albanischen Raumes), die Einschätzung der Lage durch den Autor (Qosja irrt sich) und die dazugehörige Begründung (weil Qosja ein typisch islamischer Gelehrter ist, gänzlich orientalisch von seiner Denkweise her).

Das Bild, das Velo damit unterschwellig zeichnet, führt weiter. Durch die Verwendung von Begriffen wie ‚Angriffe' [*sulme*], ‚gekrönt' [*kurorëzuar*] und ‚erobern'/ ‚besetzen' [*pushton*] stellt er Qosja als gefährlich dar, als eine Bedrohung. So wird das Verb ‚erobern' aus Sicht derjenigen, die unterworfen werden sollen, in der Regel negativ konnotiert. Qosja, dargestellt als Organisator und Inspirationsgeber der Angriffe gegen Kadare, nimmt die Quasi-Rolle des obersten „Heerführers" ein – und wird damit zum obersten Feindbild erklärt. Verstärkt wird das Bild dadurch, dass Qosja laut Velo in Prishtina „gekrönt" wurde. Gewaltanwendung und Unterwerfung (durch Eroberung) treffen damit auf Dominanz und Macht (König). Mit anderen Worten sitzt der Feind in Gestalt von „König Qosja" im Kosovo und hat bereits erklärt, den gesamten albanischen Raum erobern zu wollen. Und Kadare, Verfechter des Konzepts, die einzig wahre Religion der Albaner sei das Christentum, ist hier auch in der Funktion als dessen Vertreter zu verstehen. Das ruft zwangsläufig bei der albanischen Leserschaft Feindbilder wach, die auch nach dem Ende des Osmanischen Reiches weiter am Leben gehalten worden waren: Bilder der Gefahr aus dem (islamischen) Osten. Dass Velo tatsächlich dieses Bild erzeugen will, zeigt sich deutlich in seiner Begründung: Qosja irre sich, weil er ein „typisch islamischer Gelehrter" sei, „gänzlich orientalisch". Mehr noch: Velo bezichtigt Qosja der Heimlichtuerei und des Verrats. Mit dieser Strategie stellt Velo demnach die Formeln auf:

(1) Qosja = Organisator der Angriffe gegen das Christentum
         = Eroberer Albaniens, d.h. Albanien = christlich

(2) Qosja = typisch islamischer Gelehrter = Heimlichtuer, Verräter,
         d.h. alle islamischen Gelehrten sind Heimlichtuer und Verräter

Daraus folgt:

(3) Qosja = Islam = Gefahr für Albanien

Mit diesem Appell an die Ängste seiner Leser geht jedoch auch die Demontage Qosjas einher. Dabei bedient sich Velo der Herabsetzung und der Ironie. Er nennt Qosja naiv, verkehrt die Aussage, dass Qosja „zum Gebildetsten gekrönt" worden sei, ins Gegenteil durch die darin enthaltene ironische Überhöhung und zieht sie ins Lächerliche. Gleiches gilt für die Zuschreibung, Qosja halte sich für allwissend. Die Behauptung, Qosja irre sich aufgrund seiner islamischen Denkweise, suggeriert, dass die Denkweise Kadares und damit die des „christlichen Albaniens" die bessere und damit die überlegenere sei. „Qosja irrt sich" heißt in diesem Kontext somit auch, dass Qosja unterlegen ist und Albanien nicht erobern kann – aufgrund seiner orientalischen Denkweise.[306]

Damit sind zwei grundlegende Strategien Velos identifiziert, wie sie für Polemiken bereits theoretisch expliziert wurden.[307] Diese müssen wiederum in jeweils zwei Teilstrategien unterteilt werden:

1. **Statuszuweisung**

1.1 *Positive Statuszuweisung*: Aufbau eines starken Feindbildes, indem der Gegner als mächtig dargestellt und mit dem Islam in Verbindung gebracht wird;

1.2 *Negative Statuszuweisung*: Herabsetzung des Gegners, insbesondere in Bezug auf dessen Bildungsgrad, Intelligenz oder moralische Grundsätze;

2. **Distanzzuweisung**

2.1 *Nähe*: Schaffung einer WIR-Gruppe, bestehend aus Autor und Adressaten;

2.2 *Distanz*: Schaffung einer SIE-Gruppe, bestehend aus den „Anderen".

Die Umsetzung dieser Strategien und Teilstrategien sind in Velos Text auch an weiteren Stellen zu finden:

„Jetzt verstehe ich, woher die Inspirationen für die Aussagen des Muftinats von Shkodra kamen [...]: aus Prishtina."	„Tani i kuptoj nga vinin frymëzimet për deklaratat e Myftinisë së Shkodrës [...]: nga Prishtina."[308]

Hierbei handelt sich um die Strategie der *positiven Statuszuweisung*: Velo sagt nichts anderes, als dass die obersten islamischen Rechtsgelehrten in Shkodra (Nordalbanien) Qosja zum Impulsgeber für ihre eigenen öffentlich geäußerten Stellungnahmen machen. Bedenkt man die Hierarchie innerhalb der islamischen Behörden, muss man zu dem Schluss kom-

---

306 Die Strategie des Aufbaus eines Feindbildes bei gleichzeitiger Demontage und ihre Wirkung auf den Leser lassen sich in nachfolgende Strukturformelfolge fassen, bei der X der Autor des Artikels ist (Velo), Y der aus Albanien stammende Leser und Z Qosja. Es gelten die Bedingungen S = [er irrt sich], U = [Organisator der Angriffe], V = [naiv, ein typisch islamischer Gelehrter, gänzlich östlich, Heimlichtuer, Verräter], W = [Eroberung des ganzen albanischen Raums]: X sagt zu Y: Z = U; X sagt zu Y: Z will W; X sagt zu Y: Z tut S weil Z = V; X sagt zu Y: Z kann W nicht erreichen weil Z = V; X + Y ≠ V; X + Y will nicht W; X denkt: X + Y ≠ Z. Der Autor (X) verleitet den Leser (Y) dazu, sich in Opposition zu Qosja (Z) zu begeben. Grundlage hierfür sind Velos Behauptungen über Handlungen (U), angebliche Eigenschaften (V) und Ziele (W) Qosjas. Velo schafft ein Wir-Gefühl (X+Y), aus dem heraus die Abneigung gegen Qosja und dessen Ziele (W) mit der Abneigung gegen den Islam verbunden wird. Gleiches gilt für die Herabsetzung der Person Qosjas (Z), die Velo (X) durch die Herabsetzung des Islams bewerkstelligt. Als logische Ableitung wird indirekt die WIR-Gruppe (X+Y) als die bessere, überlegenere gegenüber einer SIE-Gruppe dargestellt, deren Vertreter an dieser Stelle Qosja (Z) ist (die aber im weiteren Text auf alle Kosovo-Albaner ausgeweitet wird).

307 Vgl. Kap. II/5.2.

308 Velo (2006): 15.

men, dass Qosja über dieses Bild der Status und die Macht eines richtungsweisenden islamischen Oberhauptes zugewiesen wird. Als Ziel muss abermals die Erzeugung eines Feindbildes unterstellt werden.

Die Strategie der *negativen Statuszuweisung* nutzt Velo, um Qosja jeglichen sittlichen Habitus abzusprechen und diesen damit eindeutig herabzusetzen:

„Wenn Qosja ein einziges Verdienst in seinen Schriften hat, ist es, weil er zum ersten Mal das schreibt, was er denkt, was er lange gedacht hat."	„Nëse Qosja ka një meritë të vetme në shkrimet e tij, është se, për herë të parë, ai shkruan ato që mendon, ato që i ka menduar gjatë."[309]

Velos Aussage macht deutlich, Qosja habe keine Tugenden. Man könne ihm nur zugute halten, dass er dies durch seine Schriften klar zum Ausdruck bringe. Hierbei liegt eine nahezu antithetische Bewertung vor, da das positiv Hervorgehobene gleichzeitig das beinhaltet, was scharf kritisiert wird – Velo nutzt damit erneut das Stilmittel der Ironie.

Mittels *Distanzzuweisung* schafft er an anderer Stelle zwei Fronten:

„[...] mit Kosovo und den Kosovo-Albanern müssen wir sehr viel vorsichtiger sein. Wenn ein Referendum zur Vereinigung mit Kosovo stattfinden würde, würde ich dagegen stimmen. Sie sind noch primitiv und würden uns Probleme ohne Ende bereiten [...]".	„[...] me Kosovën dhe kosovarët duhet të jemi shumë më të kujdesshëm. Po të zhvillohej një referendum për bashkimin me Kosovën, unë do të votoja kundër. Janë akoma primitivë dhe do të na hapin probleme pa fund [...]."[310]

Velo benutzt hier „wir" und „uns" und meint damit sich und die Adressaten, die er durch diese Formulierung einbezieht. Gleichzeitig benutzt er in Bezug auf die Kosovo-Albaner das Pronomen „sie" und schafft so eine *SIE-Gruppe*, die er damit aus seiner *WIR-Gruppe* ausschließt. Auch liegt mit dieser Äußerung eine Kombination aus Warnung, Ratschlag und Behauptung vor. Die Warnung erfolgt offen ("mit Kosovo und den Kosovo-Albanern müssen wir sehr vorsichtig sein"). Mit der Strategie der Distanzzuweisung wird die WIR-Gruppe (Albanien-Albaner) angesprochen, um vor der SIE-Gruppe (Kosovo-Albaner) zu warnen. Der eingebettete Ratschlag erfolgt indirekt („Wenn ein Referendum zur Vereinigung mit Kosovo stattfinden würde, würde ich dagegen stimmen"). Da die WIR-Gruppe bereits feststeht, suggeriert Velo hier dem Leser (durch Ich-Form und Konjunktiv), dass dieser seine Freiheit der Entscheidung behält. Tatsächlich greift aber bereits die mit der Gruppe einhergehende Solidarisierung mit dem Autor: „Die Anderen" (SIE-Gruppe) wer-

---

309   Ebd.
310   Ebd.

den durch den vorangehenden Text als fremd begriffen. Der Autor als Angehöriger der WIR-Gruppe spricht eine indirekte Empfehlung aus, die von den Adressaten, also den anderen der WIR-Gruppe, auch so verstanden werden muss. Die Folge ist ein unbewusster Gruppenzwang: die Ablehnung der SIE-Gruppe.

Eine Warnung muss nicht zwingendermaßen begründet werden. Der Ratschlag erfolgt im Text nicht direkt, so dass auch hier keine Begründung notwendig wird. Dass Velo sie dennoch bringt, dürfte auf die Adressaten positiv wirken. Die Behauptung über die Kosovo-Albaner, sie seien „noch primitiv und würden […] Probleme ohne Ende bereiten", ist jedoch reine Polemik und kein Beweis für die Sachlichkeit der Warnung und des Ratschlags. Das Attribut ‚primitiv' kann nie für eine ganze Volksgruppe verwendet werden, es sei denn, der sich Äußernde will damit zeigen, dass die SIE-Gruppe auf einer niedrigeren Stufe als er selbst und die WIR-Gruppe steht (indirekte Aussage: Wir sind nicht primitiv.). Es handelt sich somit wieder um eine Kombination aus negativer Statuszuweisung und beiden Formen der Distanzzuweisung: „wir" müssen vorsichtig sein, „sie" sind primitiv und würden „uns" Probleme ohne Ende bereiten. Infolgedessen muss konstatiert werden, dass Velo nur Scheinargumente liefert, die einer Überprüfung auf ihre Sachlichkeit hin nicht standhalten.

Es kann resümierend festgehalten werden, dass Velo in höchst polemischer Art den Versuch unternimmt, Qosja und die Kosovo-Albaner bei den Albanien-Albanern in Misskredit zu bringen,

- indem er eine WIR-Gruppe und eine SIE-Gruppe erzeugt,
- indem er das Fremdbild „SIE-Gruppe" als feindlich und gefährlich konstruiert,
- indem er der WIR-Gruppe suggeriert, dass die SIE-Gruppe einen niedrigeren Status als sie selbst besitzt,
- indem er der WIR-Gruppe empfiehlt, die SIE-Gruppe abzulehnen (auszugrenzen).

Die Absichten die dahinter zu erkennen sind, lassen sich als *islamfeindlich* zusammenfassen: Albanien soll scheinbar als ausschließlich christliches Land gegen den Islam verteidigt werden. Qosja, der in seinen Artikeln proislamische Äußerungen tätigt, wird zum Feindbild erklärt und seine Person herabgewürdigt. Ziel ist es ganz offensichtlich, dessen Argumente zu entkräften, indem er als primitiv, unglaubwürdig und gefährlich präsentiert wird. Verliert Qosja an Akzeptanz, verlieren auch dessen Argumente an Akzeptanz. Der Verlust an Einflussnahme auf den Leser geht damit einher. Velos Absicht liegt somit erkennbar darin, durch Unsachlichkeit bei Qosja einen Statusverlust herbeizuführen, anstatt durch Sachlichkeit Qosjas Argumente zu entkräften.

Velos Sprachwahl geht allerdings über Polemik hinaus und muss treffender als *Hassrede* (Hate Speech) bezeichnet werden. Entsprechend konnten Gegenreaktionen nicht ausbleiben: Velos Artikel war am 20.06.2006 in *Shekulli* erschienen. Am 21.06. veröffentlichte das „Muslimische Forum Albaniens" auf seiner Webseite eine Stellungnahme unter der Überschrift „The Muslim Forum is disturbed from the racism and islamophobia of Ismail

Kadare", worin auch auf Velos Text vom Vortag Bezug genommen wird.[311] Zeitgleich erschien in *Shekulli* ein Artikel von Virion Graçi unter dem Titel „Urrejtja e vetvetës" [Der Selbsthass], der sich ebenfalls gegen Velos Äußerungen richtete.[312] Gleiches gilt für den am 25.06. in *Shqip* publizierten Text „Velo dhe racizmi i tij" [Velo und sein Rassismus] von Hasan Nallbani.[313] In anderen Zeitungen und auf diversen Internet-Portalen folgten weitere Kommentare und Bewertungen, die überwiegend gegen Velo gerichtet sind.

Das **Muslimische Forum** bezeichnet Kadares Essay als rassistisch und Hass fördernd und wirft dem Schriftsteller vor, dass dessen Ideen andere Autoren zu ähnlichen Äußerungen inspiriert hätten, so auch Maks Velo:

> "The islamophobic ideas of Kadare which are directed even against the Muslims of ex-Yugoslavia and the Balkans at large, seem to go hand in hand with the anti-Albanian and anti-Muslim thesis, that Kadare's friend, Maks Velo has shown in the article he published on Shekulli newspaper on [20] June 2006, entitled 'Qoseizmi, ose teoria e urrejtjes'. There Maks Velo attacked the Albanians of Kosova and Macedonia because of their Islamic identity."[314]

> "The Muslim Forum of Albania, while seeing the articles that are inspired by the racist ideas of Mr. Kadare, whose poetries and prose we teach to our kids at school, is deeply shocked and appalled with the hate this person inspires against our nation. We find extremely hard to understand how can Mr. Kadare be in one mind with some Albanian haters like Maks Velo, when they attack the cultural heritage of Tirana, and its founder Suleyman Pashë Bargjini, only because this Pasha was to be a Muslim."[315]

Auch **Hasan Nallbani**, Maler, Kulturschaffender und Publizist,[316] hebt seinen Unmut deutlich hervor.[317] Er hält Velos Äußerungen ebenfalls für rassistisch. Dieser bringe keinerlei Argumente und sei überhaupt nicht polemisierend, sondern „skrupellos". Es seien wiederholt die Ansichten „eines selbsternannten, großen Malers", die dessen „Intoleranz und Ignoranz über kulturhistorische Phänomene und Entwicklungen" ausdrückten sowie von „antinationalen und spaltenden Haltungen" charakterisiert seien. Während Velo sich selbst zum Dissidenten erkläre und „sogar virtuell die Idee seines Werkes zur bedeutendsten und progressivsten auf dem Gebiet der Kunst" erhoben habe, habe er das Schaffen „aller anderen als ignorant und unkultiviert" bezeichnet und viele Werke „angegriffen und verunglimpft". Nallbani bezeichnet Velo als „Fanatiker", wirft ihm „Ignoranz und Fundamentalismus" vor und setzt sich mit zynischer Ironie und Polemik mit dessen Äußerungen zum Kosovo ausei-

---

311   The Muslim Forum of Albania (2006).
312   Graçi (2006b).
313   Nallbani (2006).
314   The Muslim Forum of Albania (2006).
315   Ebd.
316   Vgl. Nallbani (2009).
317   Vgl. nachfolgende Zitate und Angaben bei Nallbani (2006): 39.

nander. Er endet mit einem Appell an die Albaner, „patriotischer" zu sein und „Ressentiments und rückwärtsgewandten Ideen" eine Absage zu erteilen: „Die beste und glaubwürdigste Religion" sei „die Liebe und nicht der Hass".

Virion Graçi äußert sich dagegen gemäßigter und zurückhaltend.[318] Er schätze Velo, sähe in dessen Analyse aber „jene Fehler, für die er Qosja zurechtweist". Der erste Fehler beträfe Velos Behauptungen zum Muftinat in Shkodra: Dessen Stellungnahme sei keinesfalls von Qosjas Äußerungen zu Mutter Teresa beeinflusst. Die Diskussion unterschiedlicher Meinungen und Argumente sei nicht ungewöhnlich, ihre Unterbindung hingegen wäre „Totalitarismus". Zweitens seien „die Kosovaren kein anderes Volk" und auch kein Volk „zweiter Klasse". Dies sei „eine These antialbanischer Chauvinisten". Drittens sei auch Qosja kein „Akademiker zweiter Kategorie", unabhängig davon, ob man ihm zustimme oder nicht. Weiterhin sei es falsch, nicht-christliche Religionen als Verräter zu bezeichnen und den Islam für die Rückständigkeit der Albaner verantwortlich zu machen. Hierfür sei die Grenzziehung der Großmächte verantwortlich, die Kosovo und die Çamëria außerhalb der Grenzen des albanischen Staates gelassen hätten, welcher dadurch als kaum überlebens- und entwicklungsfähiger Rumpf übriggeblieben sei. Schuld an der aktuellen sozioökonomischen Lage habe außerdem der Kommunismus, nicht der Islam. Die genannten und andere Fehler Velos aber lägen in dessen Schwarz-Weiß-Einteilung der Albaner, die feindselig, ausgrenzend und konfliktreich sei. Velos Thesen und Schlussfolgerungen hätten in seriöser Presse nichts zu suchen – sie würden nur sein Ansehen schädigen.

---

318   Vgl. nachfolgende Zitate und Angaben bei Graçi (2006b): 15.

IV Das Konzept als Symptom gesellschaftlicher Entwicklungen: Zusammenfassung und Einordnungsversuche

Macht bedeutet Kommunikation. Kommunikation bedeutet Macht. Konzepte sind Bausteine zur Errichtung und Manifestierung von Macht. Die Analyse von Konzepten ermöglicht es, die inneren Strukturen von Macht zu dekonstruieren, zu interpretieren und zu hinterfragen. In der vorliegenden Untersuchung standen Konzepte im Fokus, welche Bestandteile der Deutungsmacht einer intellektuellen Elite sind, die Zugang zu Massenmedien hat (und damit auch zu einem gewissen Teil Medienmacht). Die Macht des Deutenden resultiert aus den handlungsleitenden Orientierungen, die dieser vorgibt. Werden die Deutungen von einem Teil der Gesellschaft geteilt, werden sie für diesen normativ. Das Machtpotenzial von Konzepten besteht demnach sowohl in der Vorstrukturierung (Initiierung) als auch der Wiederspiegelung gesellschaftlich akzeptierter Normen. Für den Analysten sind Konzepte daher „Baupläne" zum Verständnis von individuellen und kollektiven Wirklichkeitskonstruktionen. Tritt in kommunikativen Aushandlungsprozessen ein Konzept häufiger auf, ist es möglich, von einem Symptom zu sprechen, das Rückschlüsse auf gesellschaftliche Entwicklungen geben kann. Solchen Symptomen soll im Folgenden nachgespürt werden. Ausgangspunkt ist zunächst ein Rückblick auf die wesentlichen Grundlagen dieser Arbeit, von denen aus auf verschiedene Aspekte übergeleitet wird, die in den vorherigen Kapiteln herausgearbeiteten Konzepten zum Ausdruck kommen und nun anhand der aktuellen Forschungslage kontextualisiert werden.

Hält man sich vor Augen, dass Albanien seit dem 24. Juni 2014 nun offizieller Beitrittskandidat der Europäischen Union ist, drängen sich mehrere Fragen auf, wenn es darum geht, was das zukünftig für die Gemeinschaft bedeuten könnte. Denn wer in Europa kennt die Themen, die die aktuellen albanischen Diskurse beherrschen? Wer weiß über die innergesellschaftlichen Entwicklungen des Beitrittskandidaten Bescheid? Und wie soll sich ohne ein solches Wissen ein innereuropäisches, interkulturelles Verständnis entwickeln?

Mit dieser Studie sollte aus imagologischer Sicht ein Beitrag dazu geleistet werden, tiefere Einblicke in jene Konzepte zu gewinnen, die aktuell im albanischsprachigen Raum im Zusammenhang mit Europa diskutiert werden – und damit Auskunft über die albanische Gesellschaft geben können. Hauptquelle für die Zusammenstellung des Untersuchungskorpus waren die Tageszeitungen *Shqip*, *Shekulli* und *Korrieri*, die aufgrund ihrer Auflagenstärke, der großen Leserzahl und ihres repräsentativen Charakters ausgewählt wurden.[1] Die Grundlage bildeten Zeitungsartikel und Essays zur Debatte um „die europäische Identität der Albaner", welche durch den gleichnamigen Text[2] des international renommierten Schriftstellers und Nobelpreis-Anwärters Ismail Kadare (Albanien) ausgelöst worden war.

---

1 Vgl. Kap. III/1.2.
2 Kadare (2006a).

Dessen Konzeptionalisierungen standen ebenso im Fokus wie die des vor allem regional bekannten Akademikers Rexhep Qosja (Kosovo). Darüber hinaus wurden Texte weiterer Debattenteilnehmer hinzugezogen, um ein breiteres Spektrum an diskutierten Ideen darstellen zu können.

Für die vorliegende Arbeit wurden zwei Modelle erarbeitet. Beim ersten handelt es sich um ein Analysemodell, mit dessen Hilfe die aus dem Korpus gewonnenen Konzepte und Schlüsselbegriffe kategorisiert werden konnten (vgl. Abb. 1). Das zweite Modell dient der Darstellung expliziter und impliziter Einflussfaktoren auf die thematische Ideen- und Konzeptwerbung in der Polemik (vgl. Abb. 6). Auf diese Weise konnte gezeigt werden, dass auch die scheinbar substanzarme polemische Kommunikation als wertvolle Quelle für die Untersuchung von Denkmustern und damit von Konzepten dienen kann.

Eine grundlegende Problemstellung der Untersuchung ergab sich aus der Unschärfe des Begriffs ‚Europa‘,[3] da eine eindeutige Definition nicht immer möglich ist. Handelt es sich um den Kontinent, die Europäische Union oder etwas anderes? Ismail Kadare ordnet ‚Europa‘ mehreren Kontexten zu, die miteinander in Beziehung stehen: Der historisch-kulturelle Bezugsraum Europa wird bei ihm durch den religiös-christlich geprägten Raum determiniert. Da er den Islam nur als aufgezwungene Religion auffasst, behält die „ursprüngliche" christliche Prägung der Albaner seiner Meinung nach Gültigkeit. In dieser Lesart haben letztgenannte eine ‚europäische Identität‘, die das Recht bedingt, auch vollwertiger Teil des politischen und wirtschaftlichen Europas werden zu können – als Mitglied der Europäischen Union. Sowohl das ‚proeuropäische‘ Verhalten[4] der Albaner in der Vergangenheit als auch deren weiße Hautfarbe würden laut Kadare die legitime Zugehörigkeit bezeugen (hier klingt bereits der Essentialismus an, den er verfolgt und der ihm den Vorwurf des Rassismus eingebracht hat). Weiterhin trennt er streng zwischen Peripherie und Zentrum des europäischen Kontinents, worin er von Politikern bestärkt wird, die seine Thesen in öffentlichen Erklärungen aufgreifen. So adelte ihn Staatspräsident Sali Berisha im Zuge der Debatte als „modernen Vertreter der Wiedergeburtsbewegung" und Parlamentspräsidentin Jozefina Topalli ließ bei einem Treffen der europäischen Parlamentspräsidenten in ihrer Rede Kadares grundlegende Thesen zur zivilisatorischen Zugehörigkeit der Albaner einfließen.[5] Kulturell und räumlich wird Albanien demzufolge von Kadare im Inneren Europas verortet, da es ausschließlich an andere europäische Länder grenze. Rexhep Qosja hält entgegen, dass auch Finnland, Norwegen und Schweden im Norden, sowie Portugal, Spanien und Italien im Süden zur Peripherie gehörten – er sieht

---

3   Zu den Schwierigkeiten einer Definition des kontrovers diskutierten Europa-Begriffs vgl. Kap. II/3.
4   Zu Kadares Konstruktion der albanischen Geschichte als Teil der europäischen vgl. Kap. III/2.2.2.
5   Vgl. o.V. (2006a), Qosja (2006s): 27 ff. / Berisha war von 1992 bis 1997 Staatspräsident Albaniens.
     Von 2005 bis 2013 begleitete er das Amt des Premierministers; in dieser Zeit hatte Jozefina Topalli die
     Position der Parlamentsvorsitzenden inne. / Während Qosja 2006 noch Kritik an der Betitelung Kadares
     als „moderner Vertreter der Wiedergeburtsbewegung" übte, kam er selbst 2014 durch eine vielbeachtete
     Dokumentation mit dem Titel „Rexhep Qosja, der Vertreter der Wiedergeburtsbewegung in unserer
     Zeit" zu derselben Ehrung (vgl. TopChannelAlbania 2014).

keine Notwendigkeit, Albanien ins Zentrum zu bewegen.[6] Er vertritt die Ansicht, dass Albanien auch ohne „Selbstverleugnung" der Europäischen Union beitreten könne. Sein Konzept von ‚Europa' ist in erster Linie geographisch (Kontinent) und politisch (EU) definiert.

Im Konflikt räumlicher Zuordnungskonzepte wird erkennbar, dass sich Kadare des Image-Problems bewusst ist, das der Peripherie im Vergleich zum Zentrum anhaftet.[7] Südosteuropa repräsentiert seit langer Zeit eine ökonomisch unterentwickelte Region, die nach wie vor nicht in der Lage ist, den Abstand zum westlichen Europa aufzuholen.[8] Die Gründe liegen zweifelsohne in den historischen Bedingungen und Entwicklungen der Region. Da Kadare dem in Südosteuropa verbreiteten eurozentristischen Trend folgt und Westeuropa idealisiert, während er zugleich den Osten abwertet und größtenteils ablehnt, postuliert er dieses als Zentrum. Das Konzept ‚Albanien als Teil des Inneren Europas' kann hierfür als Symptom gesehen und als Versuch interpretiert werden, es mental näher an das Zentrum heranzurücken und den Gegensatz zwischen Peripherie und Zentrum im Falle Albaniens obsolet werden zu lassen – wohl weniger im ökonomischen als im kulturellen Sinne, historisch wie aktuell. Doch nicht jeder teilt diese Weltsicht der sogenannten „Westler". Der Schriftsteller Dritëro Agolli (Albanien) beispielsweise verweist auf den Balkan als eigenständigen Raum, der aber in Europa liege.[9] Damit drückt Agolli das aus, was auch Qosja vertritt: Die Verortung der Albaner zwischen Osten und Westen, ohne Europa abzulehnen, dafür aber in dessen Symbiose mit dem Osten den Kern der eigenen Identität zu sehen.[10] Diese kulturgeographische Definition ist aus der Fülle zahlreicher anderer eine der etabliertesten, enstanden als Konsequenz aus der Ablehnung sowohl der eurozentristischen als auch der rein islamisch-orientalischen Identitätskonstruktionen.[11] Versuche, den Balkan auf diesem Weg abschließend zu definieren, können aufgrund der oft unübersichtlichen Verflechtungen aber nicht erfolgreich sein und nur als „imaginäre Geographien" ohne eindeutige Grenzen angesehen werden.[12] Dennoch gibt es Charakteristika, die einer Klassifizierung zugrunde gelegt werden können:

> „Dabei werden für den Balkanraum folgende Unterscheidungsmerkmale zur westeuropäischen Entwicklung zitiert: 1. Die Instabilität der Siedlungsverhältnisse und ethnische Gemengelagen auf kleinstem Raum; 2. Verlust und späte Rezeption des antiken Erbes; 3. das byzantinische-orthodoxe Erbe; 4. das osmanisch-islamische Erbe und 5. die gesellschaftliche und ökonomische «Rückständigkeit» in der Neuzeit.

---

6 Ebd.: 28 f.
7 Zur Frage der Konstruktion negativer Stereotype in Bezug auf den Balkanraum vgl. Todorova (1999).
8 Vgl. Kaser (2002): 98 ff.
9 Vgl. Selmani (2006): 7.
10 Vgl. Kap. III/3.2.4 und III/3.2.5.
11 Vgl. Hösch (2004): 398 ff., Clayer (2006): 326.
12 Vgl. Hösch (2004): 400, Todorova (2003): 227.

> Damit wird postuliert, dass es «jenseits der affektiven Stereotype» Merkmale gebe, die es erlaubten, «den Balkan als Raum sui generis zu verstehen» [...]."[13]

Eine Bestätigung erfährt diese Aufstellung insofern, als dass es genau diese Faktoren sind, die in der Debatte Kadare-Qosja aufgegriffen und diskutiert werden.[14]

Bei Kadare und Qosja finden sich Konzepte wieder, die auch der Historiker Timothy Garton Ash als mögliche Definitionen für den Begriff ,europäisch' aufzählt. Die Bedeutungszuschreibungen reichen demnach von (1) ,christlich' und (2) ,weiß' über (3) ,Teil des Kontinents Europa', (4) ,europäische Werte teilend', (5) ,Mitglied/ engagiert in der EU' und (6) ,anderswo'.[15] Für viele Albaner kann dieses ,anderswo' in der Bedeutung ,Europa als Sehnsuchtsort' wiedergegeben werden, als Ort, den man erreichen möchte und wo man gern wäre. In der Debatte wird das unter anderem bei der Konzeptionalisierung des Begriffs ,Traum' durch den Schriftsteller und Publizisten Kim Mehmeti (Mazedonien) deutlich: Der Traum vom EU-Beitritt ist für die Mehrheit der Albaner nicht in erster Linie der Wunsch, Teil einer politischen Union zu werden. Er ist vielmehr ein Symbol und die Hoffnung auf ein besseres Leben, finanzielle Sicherheit und die Möglichkeit der eigenen Entfaltung. Der graduelle Unterschied zwischen den Konzepten liegt folglich im Motiv, das ihnen zugrunde liegt. Den Wunsch an sich, Mitglied der EU zu werden, bezeichnet Garton Ash als Effekt einer „Dimension, die einzigartig für die Europäische Union ist": der „Macht der Induktion".[16] Gemeint ist die Anziehungskraft, die die EU auf ihre Nachbarländer ausübe – eine Kraft, die beispielsweise die USA laut Garton Ash nicht habe.

Unter einem solchen Gesichtspunkt kann in der Debatte ein weiteres Symptom diagnostiziert werden, das als Ausdruck eines kollektiven Willens zu interpretieren ist, wenngleich es sich um kein spezifisch albanisches Phänomen handelt: das Konzept ,Europa als finales Ziel', das es *schnell* zu erreichen gilt. Tatsächlich ist der zeitliche Aspekt ein wichtiger Punkt. Die große Migrationswelle von Albanern im ersten Halbjahr 2015 dürfte sowohl an den fehlenden Perspektiven in Albanien und Kosovo liegen, als auch am schwindenden Glauben, dass ein Beitritt zur EU in absehbarer Zeit erfolgen kann: Einerseits sind von der anhaltenden Eurokrise viele Albaner betroffen, die ihr Einkommen als Arbeitsmigranten in Griechenland verdienten, dadurch ihre Familien versorgten und nun keine Arbeit mehr finden. Zudem ist es fraglich, ob und wann die EU in ihrer derzeitigen Situation neue Mitglieder aufnimmt. Andererseits ist das Vertrauen der albanischen Bevöl-

---

13 Emeliantseva/Malz/Ursprung (2008): 223; vgl. Sundhaussen (2004): 81 ff.
14 Vgl. hierzu Kap. III und IV.
15 Vgl. Garton Ash (2010): 108. Laut Garton Ash wird der letzte Punkt innerhalb Europas unterschiedlich konnotiert: „Angeblich ist es eine Besonderheit der Briten, dass sie von Europa als »anderswo« sprechen, aber das stimmt nicht. Auch in einigen anderen europäischen Ländern drücken die Leute sich so aus. Spanier, Portugiesen, Polen, Griechen und Ungarn tun das – zumindest gelegentlich. Doch der Unterschied besteht darin, dass für sie Europa zwar »anderswo« liegen mag, es aber ein Ort ist, an dem sie gern wären. Es gibt, soweit ich sehe, nur zwei Länder in Europa, die von diesem als »anderswo« sprechen, sich aber keinesfalls sicher sind, ob sie selbst gern dort wären. Das sind Großbritannien und Russland" (Ebd.: 116).
16 Ebd.: 121.

kerung in die eigenen Politiker schon seit längerer Zeit verschwunden. In dieser Hinsicht stimmen auch viele albanische Intellektuelle überein, die sonst nicht für ihre Einmütigkeit bekannt sind.

Stehen sich das ‚Ziel Europa' und die ‚albanischen Politiker' demnach entgegen? Den Konzeptverknüpfungen Kadares zufolge ist dies der Fall. Er definiert die Politiker als korrupt, gerissen, taktierend, intrigant und moralisch schlecht. Auch Qosja zielt in eine ähnliche Richtung, indem er ein undemokratisches Verhalten diagnostiziert, das Ausdruck eines ‚Nicht-Europa' sei, geprägt von Überresten des orientalischen Despotismus, des primitiven Stammessystems und des kommunistischen Totalitarismus. Kim Mehmeti geht noch einen Schritt weiter: Er versteht nicht nur die Politiker als Hindernis für die Entwicklung der albanischen Gesellschaften, sondern ebenfalls die ‚intellektuellen Pharaonen' mit Schwarz-Weiß-Denken – eine klare Anspielung in die Richtung Kadares.[17] Jener versteht sich jedoch als vorbildlicher Europäer, während er durch die albanische Politik das Image der Albaner gegenüber Europa beschädigt sieht. Um das Konzept ‚Politiker' von seinem prowestlichen Konzept Albaniens abzugrenzen, verortet er dieses daher mental im Osten. Politiker seien ‚Haxhiqamilisten'[18], die den türkischen Osmanismus fortführten und noch immer die „alten Reflexe" der kommunistischen Politbüros in sich trügen. Obwohl Qosja die negativen Zuschreibungen zum Osten nicht teilt, können die durchgängig negativen Charakterisierungen des Begriffs ‚Politiker' indes als Symptome für die albanische Politik gewertet werden, die nach wie vor von innerer Zerstrittenheit, Patronage und Klientelismus geprägt ist, unfähig, eine realistische Vision für Albanien oder Kosovo anzubieten.

In der Debatte zeigt sich klar, dass das osmanische Erbe eine wesentliche Rolle für die albanische Selbstidentifikation spielt. Dessen Anerkennung als Bestandteil der eigenen Identität kommt für Kadare einer Spaltung der albanischen Nation gleich, weswegen er dieses Konzept ablehnt. Für Kadare sind und waren die Albaner Teil der westlichen Zivilisation. Er führt das Konzept der *Rilindja*, der Wiedergeburtsbewegung des 19. Jahrhunderts, fort, demzufolge die Religion des Albaners das ‚Albanertum' sei. Die Nation und deren kulturelle Zugehörigkeit zu Europa stehen hiernach über den Religionen, was einen gewissen Wertekonflikt bedingt, der sich insbesondere zwischen Islam und ‚Europäizität'[19] ausdrückt. Entsprechend ist Kadares Konzeptionalisierung des ‚albanischen

---

17 Vgl. Kap. III/4.4.

18 Haxhi Qamili war in den Jahren 1914/15 einer der Anführer eines Bauernaufstandes albanischer Muslime. Für Kadare ist er das Symbol einer antieuropäischen Bewegung, die politisch und kulturell den Wiederanschluss an den Orient suchte. Entsprechend verwendet Kadare für alle Personen, die er verdächtigt, gegen Europa und die westliche Zivilisation zu sein, den Begriff ‚Haxhiqamilisten'. Vgl. Kap. III/2.3.3.1.

19 Wie ‚Europa' kann auch der Begriff ‚Europäizität' nicht verallgemeinernd angewendet oder als eindeutig definierbar verstanden werden. Konstruktion und Rezeption sind kontextabhängig, so vor allem von Raum, Zeit und den damit verknüpften vorherrschenden Bedingungen in der Gesellschaft, die den Begriff verwenden oder auf die der Begriff angewendet wird. Entsprechend muss die Interpretation dessen, was unter ‚Europäizität' zu verstehen ist, in den Kontext des jeweils individuellen Bezugsrahmens gesetzt werden (vgl. Müller 2006: 6 ff.).

Euroislams' einzuordnen, die Ausdruck dieses nach wie vor bestehenden Konfliktes ist. Ein Vertreter dieses Konzeptes ist auch der Schriftsteller Ylli Polovina (Albanien), der den Europa zugewandten ‚Euromuslim' mit christlichen Wurzeln gegenüber dem islamistischen Fundamentalisten abgrenzt.[20] Mit Qosja teilt er die Ansicht, dass die muslimische Komponente in der albanischen Identität ein Vorteil sei und die Rolle der Albaner als Vermittler zwischen westlicher und östlicher Zivilisation geradezu fordere. Für die europäische Identität der Albaner stellt in dieser Konzeptionalisierung der Islam demnach kein Hindernis dar. Folgt man allerdings dem Politikwissenschaftler Bassam Tibi, Schüler Max Horkheimers und Theodor W. Adornos, so müssen für einen Euroislam, der zivilisatorischer Bestandteil Europas sein soll, noch mehr Bedingungen erfüllt sein, als sie durch Kadare oder Polovina angesprochen wurden.[21] Hierzu zählt für ihn die unbedingte Abkehr von der Schari'a und vom Djihad.[22] Auch die Kollektivierung von Muslimen, die zur Ausbildung von Parallelgesellschaften beitrage, sieht er als Hinderungsgrund für eine Europäisierung des Islams:

> „Ein Euro-Islam ist die Antithese zum Ghetto-Islam vormoderner Kulturen, denen unter dem Deckmantel der Fremdenliebe und im Rahmen kultureller Kollektivrechte Geltung in Europa eingeräumt wird. [...] Undemokratische Sitten und Bräuche vormoderner Kulturen (zum Beispiel Ehrenmord) können in einer demokratischen Gesellschaft nicht zugelassen werden. Tut man dies, duldet man nicht nur eine Unterhöhlung der Demokratie, sondern betreibt auch eine falsch verstandene Toleranz. Das Gerede von ‚anderen Kulturen – andere Sitten' vertuscht den Zivilisationskonflikt, und man sollte es nicht zulassen. Das ist keine Diskriminierung von islamischen Minderheiten, wie behauptet wird. [...] Muslime können nur in der Eigenschaft als freie Individuen demokratische und europäische Bürger werden, deren Euro-Islam zum Mosaikstein des europäischen Pluralismus gehören könnte. Die Bildung von Kollektiven entlang eines Konflikts zwischen den Zivilisationen behindert die Europäisierung des Islam zu einem Euro-Islam."[23]

Eine Lösung des Zivilisationskonfliktes sei demnach nur durch die Anerkennung einer gemeinsamen zivilisatorischen Werteordnung zu erreichen.[24] Tibi sieht diese Möglichkeit, auch wenn für ihn der Ausgang einer solchen Entwicklung noch offen ist. Es kann jedoch

---

20 Vgl. Kap. III/4.2.
21 Tibi beziffert die Anzahl der Muslime in Westeuropa auf etwa 23 Millionen (2008). Er sieht drei Kräfte, die mit ihren „Ordnungsvorstellungen" und „Weltbildern" in Konkurrenz um diese Muslime stehen: Europa, den auf der Schari'a basierenden politischen Islam und den orthodoxen Wahhabismus (vgl. Tibi 2009: 8). Wie im Folgenden noch gezeigt wird, ist der Einfluss des außereuropäischen Islams auf den in Europa bestehenden groß (im Weiteren speziell für Kosovo und Mazedonien angesprochen, aber z.B. ebenso auf Bosnien zutreffend). Inwiefern man überhaupt schon von einem existierenden Euroislam sprechen kann, ist fraglich. Tibi spricht noch von einer „Vision [...], die zudem viele Feinde hat" (ebd.: 10).
22 Vgl. Tibi (2009): 10, 128 ff., 146.
23 Ebd.: 105 f.
24 Vgl. ebd.: 62.

angenommen werden, dass dies beim länger tradierten und integrierten Balkan-Islam wesentlich eher gegeben ist als beim Islam der migrantischen Parallelgesellschaften innerhalb der Europäischen Union. Allerdings besteht die Frage, ob sich bislang tatsächlich noch keine eigenständige Strömung eines europäisch ausgerichteten Islams entwickeln konnte, wie es Kadare für Albanien als Konsequenz der Europäisierungsbestrebungen[25] Ahmet Zogus behauptet.[26] Der Historikerin und Osmanistin Nathalie Clayer zufolge bestehen hier tatsächlich historische Unterschiede im Vergleich zu den anderen europäischen Ländern mit muslimischem Bevölkerungsanteil. So hätten im ausgehenden 19. Jahrhundert albanische muslimische Eliten versucht,

> „[…] eine albanische Identität zu konstruieren, die von der türkisch-osmanischen verschieden und gleichbedeutend mit europäischer Identität war. […] Statt eine Grenze zwischen dem ‚Islam‘ und ‚Europa‘ zu errichten, zogen sie es daher vor, sie zwischen dem, was als ‚türkisch‘ galt, und ‚Europa‘ zu platzieren.“[27]

Clayer zufolge verorteten sie den Bektaschismus[28] ideell in Europa und akzentuierten so deutlich seine Distanz zum sunnitischen Islam. Im neu geschaffenen albanischen Staat behielten die Muslime

> „[…] einen bedeutenden Teil der politischen und wirtschaftlichen Macht. […] Zudem verstärkte sich auch bei den Intellektuellen und Funktionären muslimischer Herkunft, die im Westen oder an den Hochschulen der osmanischen Hauptstadt studiert hatten, die prowestliche und „verweltlichende“ Tendenz.“.[29]

Schließlich hätten laut Clayer Kommunismus und Transformationszeit ein Übriges getan:

---

25 ‚Europäisierung‘ ist hier in der historischen Bedeutung gemeint, wonach sie „[…] seit dem 18. Jhd., vor allem aber im 19. Jhd. zum wichtigsten gesellschaftlichen und politischen Leitbild, zum Synonym für Modernisierung, Urbanisierung und Industrialisierung […]“ (Roth 2006: 8) wurde. Unter ‚Europa‘ ist in diesem Kontext ‚Westeuropa‘ zu verstehen, das für Ost- und Südosteuropa eine „Vorbildrolle“ darstellte (und noch darstellt), gleichzeitig aber auch für Exklusion und Inklusion steht: Das „[…] drückt sich in allen Ländern Südosteuropas auch in dem verbreiteten Gefühl aus, nicht eigentlich zu 'Europa' dazuzugehören […]“ (ebd.).

26 Vgl. Kap. III/2.2.3.

27 Clayer (2006): 321 f.

28 Die im 13. Jhd. in Anatolien gegründete synkretistische, heterodoxe Derwisch-Sekte der Bektaschi fasste mit Ausdehnung des Osmanischen Reichs u.a. auf dem Balkan Fuß. Für Albanien ist sie seit dem 17. Jhd. nachweisbar. Die nicht unwesentliche Rolle der Bektaschi zur Zeit der albanischen Nationalbewegung im 19. Jhd. trug zu ihrer Popularität bei und führte zu so zahlreichen Übertritten, dass sie zur „vierten Religion“ in Albanien avancierte. 1925 wurde der Hauptsitz der Bektaschi nach Tirana verlegt, nachdem zuvor in der Türkei alle Sekten verboten worden waren. Die Religionsgemeinschaft, deren Philosophie dem westlichen Konzept des Humanismus ähnelt, gilt aufgrund der Ablehnung der fünf Säulen des orthodoxen Islams und der „Einbeziehung christlicher und sogar vorchristlicher Elemente“ als tolerant, pragmatisch und aufgeschlossen (vgl. Elsie 2002: 22 ff.; 2004: 3 ff.).

29 Clayer (2006): 322.

„In der Tat ist es frappierend zu sehen, dass die politischen und gesellschaftlichen Entwicklungen der 45 Jahre kommunistischer Herrschaft sowie die überstürzten Veränderungen der neunziger Jahre einen Teil der Albaner – vor allem den Großteil der Eliten, die Christen, die städtische Jugend muslimischer Herkunft sowie Angehörige der muslimischen Landbevölkerung im Süden Albaniens – dazu gebracht haben, den Islam im Namen der Zugehörigkeit zu Europa abzulehnen und unter Umständen auch eine mit einer europäischen Identität zu vereinbarende christliche Identität zu fördern."[30]

Schon die Säkularisierung während der Herrschaft Ahmet Zogus, aber auch die radikale Atheisierung im Nationalkommunismus unter Diktator Enver Hoxha waren hierbei wesentliche Faktoren, durch die sich Albanien dem mittel- und westeuropäischen Kultur- und Wertesystem annäherte. Die Ablehnung des Islams zugunsten einer westlichen Identität kann allerdings schwerlich als Entwicklung hin zu einem Euroislam gedeutet werden, höchstens als Fehlentwicklung. Insofern mag Tibi Recht haben, dass man noch immer von einer Vision sprechen muss, die erst durch eine gelungene Integrationspolitik seitens der europäischen Eliten und das Bekenntnis der Muslime in Europa zu grundlegenden europäischen Werten gelingen kann. Die oben angesprochene Trennung zwischen tradiertem Balkan-Islam und in jüngerer Zeit importiertem migrantischen Islam ist indes notwendig, um die unterschiedlichen Entwicklungen muslimischer Strömungen in Südosteuropa verstehen zu können. Solange aber der generelle Vorwurf besteht, dass Islam gleichbedeutend mit antieuropäischen Bestrebungen sei, ist an eine gesamteuropäische Verwirklichung der Vision Tibis nicht zu denken.

Entsprechende Ressentiments werden auch in der Analyse sichtbar. Wie gezeigt wurde, konzeptualisiert Kadare den Begriff des ‚Antieuropäismus' sprachlich über die Begriffe (nichteuropäische islamische) ‚Religion' und ‚Gewalt' als feindliche Konzepte in Opposition zu (westlicher) ‚Bildung', ‚Identität' und ‚Freiheit' als Konzepte auf albanischer Seite.[31] Das beständige Referieren auf diese dichotomische Konzeptualisierung versinnbildlicht auf einer anderen Ebene Kadares offensichtliche Intention einer proeuropäisch ausgerichteten albanischen Geschichtsschreibung mit dem bereits identifizierten finalen Ziel der albanischen Mitgliedschaft in der Europäischen Union.

Während Kadare das osmanische Erbe ablehnt und Qosja es anerkennt, beide aber für eine geeinte Nation eintreten, formuliert der Künstler und Publizist Maks Velo (Albanien) einen dritten Weg: Er zieht eine Trennlinie und definiert Albanien als westlich und christlich, Kosovo und Mazedonien hingegen als muslimisch, orientalisch und gefährlich.[32] Aufgrund dieser Konzeptionalisierung erntete Velo in der Debatte viel Widerspruch. Dies mag zu einem Teil seiner Wortwahl geschuldet sein, die sich zwischen Polemik und Hassrede bewegt, betrifft aber vornehmlich das Konzept. Es besteht jedoch die Frage, was der von

---

30 Ebd.: 323.
31 Vgl. Kap. III/2.3.5.
32 Vgl. Velo (2006); Kap. III/4.5.

ihm angesprochenen Problematik zugrunde liegt. Geht es nur um antimuslimische Rhetorik zugunsten einer prowestlichen Darstellung Albaniens oder kommen hier Symptome gesellschaftlicher Veränderungen zum Vorschein? Dem Historiker Robert Pichler zufolge lassen sich in Mazedonien und Kosovo sichtbare Zeichen einer Erstarkung des Islams im Alltagsleben der Menschen beobachten: Neue Moscheen, orientalische Kleidung, verstärkte Religiosität, Geschlechtertrennung und die religiös bedingte Veränderung der Sprache durch arabische Floskeln sind ihm zufolge einige der wahrnehmbaren Veränderungen.[33] Damit bestätigt Pichler, was auch Kadare in seinem Essay anspricht und als Einflüsse aus dem arabischen Raum benennt. Aber auch von Seiten der Türkei ist seit Jahren ein verstärkter „Religionsexport" auf den Balkan zu verzeichnen.[34] Pichler sieht in diesen Entwicklungen nicht einfach eine „Rückkehr" der Gläubigen zur „Welt ihrer Großeltern".[35] Neben dem mehrheitlich gelebten Islam der religiösen Toleranz identifiziert er auch strenggläubige Gruppen und radikal-islamistische Tendenzen. Es herrscht demnach keinesfalls Homogenität, was sich auch in der unterschiedlichen Bewertung des Verhältnisses von Nation und Islam zeigt – „die Fronten zwischen den Fraktionen unter den Albanern werden härter".[36] Velos Behauptung, in Prishtina und Skopje säßen „muslimisch-fundamentalistische Kreise", die ihr „ethnisches und kulturelles Epizentrum in der arabischen Ethnizität und der islamischen Kultur" sähen,[37] scheint also nicht aus der Luft gegriffen, wenn auch die kollektive Zuweisung einer ausschließlich ‚orientalischen', ‚nichteuropäischen' Identität als zu undifferenziert und stereotypisierend zu bewerten ist.[38] Pichler fasst die aktuelle Situation wie folgt zusammen:

> „Die vorherrschende Doktrin unter makedonischen Albanern weist dem Islam eine bewahrende und verteidigende Funktion zu. In den aktuellen politischen Kämpfen, die eine gefestigte nationale Identität erfordern, passen sich die etablierten religiösen Akteure den nationalen Bedürfnissen an und sind bestrebt, die Religion als integralen Bestandteil des Nationalen auszuweisen. […] Eine Infragestellung der nationalen Dominanz erfolgt durch die Gruppe der Strenggläubigen, die eine Erneuerung der Gesellschaft im Geiste eines orthodoxen Islams anstreben. Diese Gesellschaftsutopie […] erhält vor allem dort verstärkten Zulauf, wo soziale und ökonomische Differenzen zunehmen und sich Frustration über ausbleibenden Wandel breitmacht. Entscheidend für Entstehung und Ausbreitung dieser reaktionären Ausrichtung des Islam war zweifellos der rege *Grassroot*-Aktivismus zahlreicher Hilfsorganisationen

---

33 Vgl. Pichler (2015): 85.
34 Vgl. Schmitt (2014): 259.
35 Vgl. Pichler (2015): 85.
36 Vgl. ebd.: 86, 93 ff., 100.
37 Vgl. Velo (2006).
38 Vgl. ebd.: 15.

aus dem arabischen Raum, die unmittelbar nach dem Krieg in Kosova und Makedonien Fuß fassten und die verbreitete Armut abfederten."[39]

Spielen also der schleppende politische Transformationsprozess, die katastrophalen ökonomischen und sozialen Zustände sowie die lange Wartezeit auf eine EU-Mitgliedschaft islamistischen Kräften in die Hände? Längst ist von einer Re-Osmanisierung Südosteuropas die Rede, die die Türkei vorantreibe, wirtschaftlich, politisch und kulturell. Deren Einflussnahme und die von Seiten der arabischen Staaten, wie oben angesprochen, ist schon seit den 1990er Jahren zu beobachten. Bewegen sich die albanischen Gebiete Südosteuropas auf einen erneuten Umbruch zu? Welche Richtung wird das im Moment noch westlich orientierte „albanische Europa" mittelfristig nehmen? Europa-Rhetorik und der politische Wille eines EU-Beitritts scheinen nach und nach ihre Motivationskraft innerhalb der albanischen Bevölkerung zu verlieren. Viele verlassen ihre Heimat in Richtung der EU. Der Politikwissenschaftler Dušan Reljić verweist im Fall von Kosovo auf Daten, die stellvertretend für einen großen Teil der Region die derzeitigen Migrationsströme nach Westeuropa erklären, wenn auch die Verhältnisse in Kosovo den Extremfall darstellen:

> „Nach Angaben der Vereinten Nationen leben etwa 17 Prozent der Bevölkerung in extremer Armut […] und 45 Prozent in absoluter Armut […]. Die Weltbank schätzte zuletzt, dass mehr als 35 Prozent aller Jugendlichen im Alter zwischen 15 und 24 weder eine Bildungseinrichtung besuchen noch einer Ausbildung oder Beschäftigung nachgehen. Die Arbeitslosigkeit wird auf über 40 Prozent, bei Jugendlichen auf über 70 Prozent geschätzt. […] Um die Zahl der Armen bis 2020 zu halbieren, wären nach Schätzungen der internationalen Finanzinstitute ein Wachstum des Bruttoinlandsproduktes von jährlich über sieben Prozent und Direktinvestitionen aus dem Ausland in Höhe von 1,5 Mrd. Euro pro Jahr erforderlich. Tatsächlich weist Kosovo derzeit nur ein Wirtschaftswachstum von 2,5 Prozent (2014) auf, Investitionen aus dem Ausland gibt es kaum."[40]

Die aktuellen Entwicklungen könnten somit als Vorstufe einer größeren Umwälzung betrachtet werden, die – sollte die Europäische Union nicht deutlicher gegensteuern – eine gesellschaftliche Werteverschiebung im Südosten mit sich bringen wird. Das Vorhaben, Albanien, Kosovo und Montenegro noch 2015 zu sicheren Herkunftsstaaten zu erklären, nachdem dies 2014 bereits für Mazedonien, Serbien und Bosnien-Herzegowina geschehen ist, wird den Balkan im schlimmsten Falle erneut in das sprichwörtliche „Pulverfass" verwandeln, als das er bereits vor 100 Jahren bezeichnet wurde. Die Rückführung zehntausender albanischer Flüchtlinge in eine wirtschaftlich am Boden liegende Region, in der die politischen Eliten vielerorts nicht in der Lage sind, die Voraussetzungen für notwendige Veränderungen zu schaffen, ist katastrophal. Diejenigen Albaner, die keine weiteren Versuche wagen, in Staaten der EU legal oder illegal einzureisen, werden sich regionalen Führern und Gruppierungen anschließen, von denen sie glauben, dass jene für eine Verbesserung

---

39 Pichler (2015): 99.
40 Reljić (2015).

hinsichtlich der primären Bedürfnisse ihres Lebensalltags eintreten. Das wird auch dann geschehen, wenn diese Kräfte europakritisch oder europafeindlich sind. Zieht man die Enttäuschung gegenüber der EU als Faktor in Betracht, kann es sogar als auslösendes Moment angesehen werden, sich vom Westen abzuwenden. Es hat sich in der Vergangenheit oft genug gezeigt, dass von derartigen Zuständen politisch extreme oder religiös radikale Strömungen profitieren. Reljić bestätigt die Notwendigkeit, einem solchen Szenario entgegenzuwirken:

> „Die Anhebung des Lebensstandards in Kosovo würde in einem gewissen Ausmaß auch zur Immunisierung gegen den grassierenden Nationalismus beitragen […]. Je realistischer die EU-Beitrittsperspektive ist, desto weniger Anreize gibt es, ethnische Konflikte weiter anzuheizen und desto konsequenter müssen die von der EU verlangten Reformen weitergeführt werden.“[41]

Es muss jedoch konstatiert werden, dass seit Jahren beobachtet werden kann, dass neben einer Symbiose aus Nationalismus und Islamismus die Relevanz und der gesellschaftliche Stellenwert des Nationalismus zunehmend zugunsten des Islamismus in den Hintergrund rücken. In diesem Kontext schließt Pichler größere Veränderungen, initiiert durch Kräfte des „reaktionären Islams“, nicht explizit aus und setzt die aktuellen Tendenzen in einen historischen Zusammenhang gesellschaftlicher Umbrüche, angefangen bei den Nationalbewegungen bis hin zum Sozialismus.[42] Er konstatiert:

> „All die genannten Ideologien kreierten eine neue Ordnung, diskreditierten das Vorangegangene und beanspruchten ihre eigene Zeit und Geschichte.“[43]

Dass der Islam mit Ende des Osmanischen Reichs in Kosovo und Mazedonien weitaus stärker als in Albanien verankert blieb, erklärt der Historiker Oliver Jens Schmitt über folgende Punkte: (1) das weniger starke Vorgehen der Jugoslawen gegen die Religionen nach 1948 (dem Jahr von Titos Abkehr von Stalin), (2) dem damaligen Wirken muslimischer Gelehrter im Kosovo, (3) der dortigen Gleichsetzung von religiöser und nationaler Identität, und (4) den engen Beziehungen zur Türkei nach 1912.[44] Die „Verdammung des osmanischen Reiches und des Islams“ sei hier nicht einfach hingenommen worden, während in

---

41 Ebd.

42 Unabhängig davon könnte solchen Entwicklungen auch die vergleichsweise hohe Geburtenrate bei den Albanern in den Gebieten des ehemaligen Jugoslawiens Vorschub leisten. Der Stellenwert dieses Themas wird schon seit längerer Zeit kontrovers diskutiert. Vgl. hierzu Zhelyazkova (2006): 142; Brunnbauer (2006): 182.

43 Pichler (2015): 100.

44 Vgl. Schmitt (2014): 246 f. Eine ausführliche Darstellung der historischen Bedingungen kann hier nicht vorgenommen werden, ist aber bei Schmitt (2008; 2014) umfassend nachzulesen. Schmitt geht auch auf die These des Orientalisten Hasan Kaleshi ein, derzufolge die Islamisierung die Albaner vor „der Assimilierung [durch] die orthodoxen Griechen und Serben bewahrt habe“ und damit positiv zu bewerten sei (ebd.: 247).

Albanien „der Islam als Symbol der Zugehörigkeit zum rückschrittlichen und barbarischen Orient empfunden" wurde, „von dem sich Albanien lösen müsse".[45]

Hierin spiegeln sich letzten Endes auch die Positonen Kadares und Qosjas wider. Kadare, der durch die Verhältnisse in Albanien geprägt ist, überhöht alles Westliche und Europäische, während er alles Östliche (Orientalische) und Islamische (mit Ausnahme des Euroislams) ablehnt. Nach dem Motto: „Wer nicht für uns ist, ist gegen uns, und wer gegen uns ist, ist gegen Europa", setzt er die Begriffe ‚antialbanisch' und ‚antieuropäisch' gleich. Dadurch werden Assimilierungsbestrebungen und nationale Politiken der orthodoxen Nachbarländer, die gegen die Albaner gerichtet sind, zu Strategien gegen Europa uminterpretiert, wodurch ein kollektives Feindbild Europas konstruiert wird.[46] Dies ist vor dem Hintergrund zu verstehen, dass Kadare das Orthodoxe Christentum ebenso wie den Islam mit dem Osten gleichsetzt, und damit mit ‚Antieuropäismus'. Dem gegenüber konzeptionalisiert er den Katholizismus als gleichbedeutend mit Europa und dem Westen, also proeuropäisch (womit auch sein Argument korrespondiert, die mittelalterliche lateinisch-albanische Literatur bezeuge die Europäizität der Albaner)[47]. In seinen Argumentationssträngen fokussiert er sich allerdings überwiegend auf Feindbilder. Durch wiederholte Bezugnahmen auf die „osmanische Erfahrung" verknüpft Kadare neben den Muslimen und orthodoxen Christen auch Kommunisten und zeitgenössische Politiker mit seiner negativen Konzeption des Osmanischen Reiches.[48] Zu den Topoi dieses Konzepts, das auch mit ‚Ausmerzung der albanischen Identität' umschrieben werden kann, gehören u.a.

- ‚Reduzierung, Schließung und Verbot albanischer Schulen'
- ‚Gewalt' (physisch, psychisch, sozial, emotional, usw.)
- ‚Albanische Sprache als Opfer'
- ‚Orientalisierung der albanischen Identität'
- ‚Moscheen statt Schulen'
- ‚Religion statt Bildung/ Freiheit'.[49]

In Bezug auf die *Bejtexhinj*, muslimische Volksdichter der Osmanenzeit, führt Kadare noch das Topos ‚Unmoral' ein und brandmarkt diese und deren Poesie als Ausdruck „moralischer Perversion" einer „nichtbalkanischen Antikultur".[50] Mit derartigen Teilkonzepten des Metakonzepts ‚Antieuropäismus' argumentiert Kadare nahezu durchgängig. Qosja hingegen verurteilt diese Sichtweise und sieht den Islam als Wert für die albanische Nation, der den Albanern die Chance biete, eine zivilisatorische Vermittlerrolle zwischen Osten und Westen einzunehmen. Qosja sieht die Leistungen albanischer Muslime durch Kadare herabgesetzt und problematisiert im Gegenzug die Überhöhung des Katholizismus im poli-

---

45 Ebd.: 245 f.
46 Vgl. Kap. III/2.3.
47 Vgl. Kap. III/2.2.1. Die einseitig nach Westeuropa ausgerichtete Haltung Kadares brachte diesem u.a. den ironischen Vorwurf ein, er leide an ‚Okzidentosis'.Vgl. Baleta (2006a): 6 f.; (2006b): 7; (2006c): 6.
48 Vgl. Kap. III/2.3.5.
49 Vgl. ebd.
50 Vgl. Kap. III/2.3.2.2.

tischen Rahmen. So kritisiert er die Nicht-Einhaltung der Trennung von Staat und Religion im heutigen Albanien und Kosovo, die Instrumentalisierung der zum nationalen Symbol erhobenen Mutter Teresa aus machtpolitischen und karrieristischen Interessen sowie die Benachteiligung der Muslime im Vergleich zu den katholischen Christen.[51] Kadares essentialistischem Begriff der ‚Geographie‘ setzt Qosja sein Konzept der ‚beweglichen Geographie‘ entgegen.[52] Bei beiden steht ‚Geographie‘ als Metapher für ‚Identität‘. Während Kadares Modell rassistische Elemente aufweist, da es aufgrund von Herkunft und Hautfarbe inkludiert und exkludiert, ist für Qosja die nationale Identität der unwiderruflich bestimmende Faktor zur Identitätsbestimmung, der auch in Zeiten von globaler Migration mit dem Menschen verbunden und daher für diesen unveränderlich bleibt.[53] In der gegenseitigen Rezeption werfen sich beide vor, Albanien mit ihren Konzepten zu isolieren: Kadare, da er das Land in Europa verortet, aber gegen jegliche Zusammenarbeit mit islamischen Ländern, Ländern mit mehrheitlich muslimischen Bevölkerungen und China sei, und Qosja, da er Albanien mit seinem Konzept eines Vermittlers zwischen Westen und Osten zum „Weder-Noch-Land" verdamme, das dann wieder wie schon zu kommunistischen Zeiten nirgendwo dazugehöre.[54] Definitorische Unterschiede treten aber schon bei der Frage auf, was unter ‚Albanien‘ zu verstehen sei. Während Kadare damit den Staat bezeichnet, subsumiert Qosja als bekannter Befürworter eines ethnischen Albaniens alle albanisch bewohnten Gebiete des Balkans unter diesem Begriff. Ähnliche Schwierigkeiten ergeben sich auch mit anderen Intellektuellen, beispielsweise im Hinblick darauf, ob man auf dem Balkan von einer gesamtalbanischen Gesellschaft sprechen solle oder von mehreren albanischen Gesellschaften, was wiederum direkt mit dem Begriff der ‚Nation‘ in Zusammenhang steht, der gleichfalls unterschiedlich aufgefasst und kontrovers diskutiert wird.

Die ganze Debatte ist durchdrungen von unzureichend abgegrenzten Begrifflichkeiten, fehlendem Verständnis für historische Zusammenhänge (hauptsächlich aufgrund verhärteter ideologischer Interpretationsmuster aus Zeiten der Nationalbewegung und des Kommunismus) und mangelndem Willen vieler Debattenteilnehmer, neben den eigenen auch andere Konzepte gelten zu lassen, wie es für Angehörige einer pluralistischen, demokratischen Gesellschaft selbstverständlich sein sollte. Von „Verständigungsproblemen in der albanischen Kommunikationsgemeinschaft"[55] spricht ebenfalls der Politikwissenschaftler Egin Ceka. Auch er führt die Probleme zurück auf

> „[d]ie nationalistischen Deutungsmuster Hoxha-Albaniens, die auch die Albaner des Kosovo geprägt haben. Der Kommunismus vermochte nicht, die tatsächliche Vielfalt einer nationalen Identität mit all ihren Zusammenhängen und Widersprüchen auszuradieren, obwohl er sich des Leitspruchs aus der *Rilindja*-Zeit *'Die Religion*

---

51 Vgl. Kap. III/3.3.2.
52 Qosja (2006h): 23.
53 Vgl. Kap. III/3.2.2 und III/3.2.3.
54 Vgl. Kap. III/3.2.5.
55 Ceka (2006): 455.

des Albaners ist das Albanertum' bedient hat. Da freilich die *Rilindja* keine einheit-liche Bewegung mit deutlich formulierten Zielen war, sondern ein durchaus auch widersprüchlicher Komplex politischer, gesellschaftlicher und historischer Prozesse, war es während des Kommunismus einfach, ein nationales Narrativ mit marxisti-scher Begrifflichkeit zu entwerfen, um es dann auf nach Maßgabe der herrschenden Ideologie 'auserwählte' historische Persönlichkeiten zurückzuprojizieren."[56]

Ceka schlussfolgert daraus:

> „Im Grunde setzen Kadare wie Qosja ihre eigenen Versionen des albanischen Natio-nalkommunismus fort: Kadare, indem er die dialektischen Unvereinbarkeiten zwi-schen Ost und West weiterkonstruiert; und Qosja, indem er der Nation alles unter-ordnet."[57]

Der Historiker Artan Puto kritisiert die insbesondere durch Kadare verbreitete „national-romantische und ideologische Mentalität", die in der albanischen Bevölkerung nach wie vor „auf fruchtbaren Boden" falle und fortbestehe.[58] Positiv sei jedoch, dass „ein wichtiges Thema wie das der 'nationalen Identität'" zur Diskussion gekommen sei und dass „kritische Stimmen gegenüber der offiziellen Kulturlinie der 'albanischen europäischen Identität'" zeigen könnten, „wie unnütz es ist, die albanische Geschichte mit den feurigen Farben eines romantischen und exklusivistischen Nationalismus nachzuzeichnen."[59] „Der Weg nach Europa" würde „zunehmend multikultureller".[60]

Puto gehört wie andere einer jüngeren Generation von Wissenschaftlern und Intellektu-ellen an, die in der Lage sind, sich von alten Denkmustern zu lösen, nicht zuletzt durch die Möglichkeit, im europäischen wie außereuropäischen Ausland Erfahrungen zu sammeln. So bietet sich die Chance, eine offenere pluralistische Kommunikationskultur in Albanien zu schaffen. Die folgende Äußerung des Soziologen Enis Sulstarova zur Debatte lässt zumindest darauf schließen, dass auf diesem Weg bereits ein Anfang gemacht ist:

> „Es ist nicht gesagt, dass jene Albaner, die anders als Kadare über Europa denken, Antieuropäer oder ‚Haxhiqamilisten' sind, […] doch sie haben einfach keine starre Vorstellung von Europa. Unter ihnen gibt es welche, die nicht glauben, dass es ir-gendein natürliches Privileg ist, Europäer zu sein, eine europäische Sprache zu spre-chen, sich geographisch in Europa zu befinden oder eine weiße Haut zu haben. […] Für jene ist Europa mehr eine Idee, eine Utopie, als ein Fakt. Die Idee Europas ist keine Idee der Ausgrenzung, sondern der Integration, keine Idee des Sich-Verschlie-ßens gegenüber der Veränderung, aber des Dialogs und der Akzeptanz."[61]

---

56 Ebd.
57 Ebd.
58 Puto (2006): 32.
59 Ebd.: 33.
60 Ebd.
61 Sulstarova (2006b): 49.

V Quellen- und Literaturverzeichnis

1 Primärliteratur

1.1 Monographien (Essays)

Kadare, I. (2006a): *Identiteti evropian i shqiptarëve* [Die europäische Identität der Albaner]. Onufri, Tiranë.

Qosja, R. (2006a): *Realiteti i shpërfillur. Vështrim kritik mbi pikëpamjet e Ismail Kadares për identitetin shqiptar* [Die vernachlässigte Realität. Kritische Betrachtung über die Ansichten Ismail Kadares zur albanischen Identität]. Toena, Tiranë.
— (2006b): *Të vërtetat e vonuara. Përgjigje e dytë në polemikat e Ismail Kadaresë dhe të bashkëmendimtarëve të tij* [Die verspäteten Wahrheiten. Zweite Antwort auf die Polemiken Ismail Kadares und seiner Gesinnungsgenossen]. Toena, Tiranë.

1.2 Zeitungsartikel

Bardhyli, A. (2006a): *Aurel Plasari: "Shqipëria të sqarojë praninë e saj në Konferencën Islamike"* [Aurel Plasari: "Albanien soll seine Teilnahme an der Islamischen Konferenz aufklären"]. In: SHQIP, Nr. 102, Jg. I, 23.06.2006: 5.
— (2006b): *"Debati për identitetin në shtratin e gabuar"* ["Die Debatte zur Identität in der falschen Richtung"]. In: SHQIP, Nr. 100, Jg. I, 21.06.2006: 1, 38-39.
— (2006c): *"Identiteti ynë nuk është i copëzuar". Intervistë me profesorin e Universitetit të Urbanianës, Adrian Ndreca* ["Unsere Identität ist nicht geteilt". Interview mit dem Professor der Universität Urbaniana, Adrian Ndreca]. In: SHQIP, Nr. 102, Jg. I, 23.06.2006: 4-5.
— (2006d): *Jo dyshimeve për identitetin e shqiptarëve* [Nein zu Zweifeln an der Identität der Albaner]. In: SHQIP, Nr. 102, Jg. I, 23.06.2006: 4.
— (2006e): *Kadare: Nuk jam antimysliman* [Kadare: Ich bin nicht antimuslimisch]. In: SHQIP, Nr. 102, Jg. I, 23.06.2006: 5.
Baxhaku, F. (2006): *Ferra nëpër këmbë* [Dornengestrüpp um die Beine]. In: SHQIP, Nr. 79, Jg. I, 31.05.2006: 11.
Bejko, S. (2006): *Disa pyetje për Qosen* [Einige Fragen an Qosja]. In: SHEKULLI, Nr. 194 (3006), Jg. 10, 16.07.2006: 14.
Beka, A. (2006): *Kasëm Trebeshina: Disidenca dhe debati Kadare-Qosja* [Kasëm Trebeshina: Die Dissidenz und die Debatte Kadare-Qosja]. In: SHQIP, Nr. 73, Jg. I, 24.05.2006: 1, 11.
Berberi, B. (2006): *Luan Starova: Koha konsumon jetën, jo shpresën* [Luan Starova: Die Zeit raubt das Leben, nicht die Hoffnung]. In: SHEKULLI, Nr. 224 (3036), Jg. X, 16.08.2006: 23.

Demo, E. (2006): *Deliri i panagjerikut* [Delirium des Lobredners]. In: SHEKULLI, Nr. 119 (2932), Jg. X, 02.05.2006: 18.
Dervishi, M. (2006): *Identiteti, mes historisë dhe imazhit* [Die Identität, zwischen Geschichte und Image]. In: SHQIP, Nr. 81, Jg. I, 2.06.2006: 11.

Fevziu, B. (2006): *Ismail Kadare: Pse më sulmojnë* [Ismail Kadare: Warum sie mich angreifen]. In: KORRIERI, Nr. 303 (1795), Jg. VI, 03.11.2006: 1, 5-10.

Graçi, V. (2006a): *Spiralet e Identitetit* [Die Spiralen der Identität]. In: SHEKULLI, Nr. 162 (2974), Jg. 10, 14.06.2006: 15.
— (2006b): *Urrejtja e vetvetes* [Der Selbsthass]. In: SHEKULLI, Nr. 169 (2981), Jg. 10, 21.06.2006: 1, 15.

Hashorva, I. (2006): *Feja dhe ndikimi në identitet* [Die Religion und ihr Einfluss auf die Identität]. In: SHEKULLI, Nr. 175 (2987), Jg X, 27.06.2006: 15.

Ikonomi, I. (2006): *Ismail Kadare: Dy shtete shqiptare, një gjë e mirë për shqiptarët* [Ismail Kadare: Zwei albanische Staaten, eine gute Sache für die Albaner]. In: KORRIERI, Nr. 109 (1601), Jg. VI, 23.04.2006: 1, 18.
Isaku, A. (2006): *Tentativë për kontribut rreth polemikës për identitetin shqiptar* [Ein Versuch, zur Polemik über die albanische Identität beizutragen]. In: SHQIP, Nr. 75, Jg. I, 26.05.2006: 1, 10-11.

Kadare, I. (2006b): *Ballkani në kërkim të Evropës* [Der Balkan auf der Suche nach Europa]. In SHQIP, Nr. 153, Jg. I, 13.08.2006: 1, 4.
— (2006c): *E keqja prapa një abuzimi të madh* [Das Übel hinter einem großen Missbrauch]. In: SHEKULLI, Nr. 171 (2983), Jg. 10, 23.06.2006: 1, 15.
— (2006d): *Në sprovë ka çdo gjë, veç jo kundër myslimanizëm* [Im Essay gibt es alles, nur nichts gegen den Islam]. In: KORRIERI, Nr. 171 (1663), Jg. VI, 23.06.2006: 17.
Kallço, Ll. (2006): *Agolli: Qose-Kadare, feja e shqiptarit është shqiptarizmi* [Agolli: Qosja-Kadare, die Religion des Albaners ist das Albanertum]. In: SHEKULLI, Nr. 143 (2955), Jg. 10, 25.05.2006: 1, 7.
Kazhani, E. (2006): *Në "akademinë" Frashëri* [In der Frashëri-"Akademie"]. In SHQIP, Nr. 271, Jg. I, 10.12.2006: 41.
Kelmendi, A. (2006a): *Ismail Kadare: Për debatin, fajtorë edhe unë edhe Qosja* [Ismail Kadare: Sowohl ich als auch Qosja haben Schuld an der Debatte]. In: SHQIP, Nr. 245, Jg. I, 14.11.2006: 1, 10-11.
— (2006b): *Kadare: Dy gabimet e mia* [Kadare: Meine zwei Fehler]. In: SHQIP, Nr. 246, Jg. I, 15.11.2006: 1, 10.
— (2006c): *Kadare: Marrëdhëniet e mia me Rugovën* [Kadare: Meine Beziehungen zu Rugova]. In: SHEKULLI, Nr. 316 (3128), Jg. 10, 15.11.2006: 1, 5.
— (2006c): *Kadare: Shqipëria vetëm e krishterë?ˆKam gabuar* [Kadare: Albanien nur christlich? Ich habe einen Fehler gemacht]. In: SHEKULLI, Nr. 315 (3127), Jg. 10, 14.11.2006: 1, 4-5.
Klosi, A. (2006): *Mbi punëmëdhenjtë dhe bjerraditësit* [Über die Aufschneider und Tagediebe]. In: SHEKULLI, Nr. 177 (2989), Jg. 10, 29.06.2006: 1, 15.
Koçollari, I. (2006a): *Kadare-Qosja ose barra e fatit të keq* [Kadare-Qosja oder die Bürde des missgünstigen Schicksals]. In: SHQIP, Nr. 82, Jg. I, 3.06.2006: 1, 10-11.
— (2006b): *Të njohim të vërtetat qofshin edhe kundër nesh* [Wir sollten die Wahrheit kennen, sei sie auch gegen uns]. In: SHQIP, Nr. 81, Jg. I, 2.06.2006: 1, 10-11.

Lama, A. (2006): *Rexhep Qosja: Keqardhja për debatin me Kadarenë* [Rexhep Qosja: Bedauern über die Debatte mit Kadare]. In: SHQIP, Nr. 159, Jg. I, 19.08.2006: 1, 5.
Lame, A. (2006a): *Identiteti me zor* [Aufgezwungene Identität]. In: SHQIP, Nr. 168, Jg. I, 28.08.2006: 1, 10.
— (2006b): *Shhhttt..., po gjuhen gjigandet* [Psssttt…, die Giganten schlagen sich]. In: SHQIP, Nr. 61, Jg. I, 12.05.2006: 1, 36.
Latifi, B. (2006): *Iluzioni iluminist i Qosjes* [Qosjas aufklärerische Illusion]. In: SHEKULLI, Nr. 176 (2988), Jg. 10, 28.06.2006: 1, 15.

Lubonja, F. (2006a): *"Esenca" jonë identitare dhe "kanibalizmi kulturor"* [Unsere identitäre „Essenz" und der „kulturelle Kanibalismus"]. In: KORRIERI, NR. 140 (1632), Jg. VI, 23.05.2006: 1, 16-17.
— (2006b): *Shqiptarizimi i perëndimorëve ose globalizim alla shqiptarçe* [Das Albanertum der Westler oder Globalisierung nach albanischer Art]. In: KORRIERI, NR. 197 (1689), Jg. VI, 19.07.2006: 1, 11.

Marku, M. (2006): *Mandala: Analiza e Qoses është e cekët* [Mandala: Qosjas Analyse ist trivial]. In: SHEKULLI, Nr. 166 (2978), Jg. 10, 20.05.2006: 1, 18-19.
Mehmeti, K. (2006): *Mes ëndrrës e zhgjëndrrës* [Zwischen Traum und Erwachen]. In: SHQIP, Nr. 74, Jg.I, 25.05.2006: 1, 10-11.
Misha, P. (2006): *Keqkuptimet e Qoses për identitetin e shqiptarëve* [Die Missverständnisse Qosjas über die Identität der Albaner]. In: SHQIP, Nr. 72, Jg. I, 23.05.2006: 1, 10-11.
Myftari, B. (2006a): *Ismail Kadare: Myslimanizmi dhe integrimi i shqiptarëve* [Ismail Kadare: Der Islam und die Integration der Albaner]. In: SHQIP, Nr. 179, Jg. I, 08.09.2006: 1, 4-5.
— (2006b): *Ismail Kadare: Shqipëria, të mos tundohet nga dyfytyrësia* [Ismail Kadare: Albanien sollte nicht in die Versuchung der Zweigesichtigkeit geraten]. In: SHQIP, Nr. 180, Jg. I, 09.09.2006: 1, 4-5.
— (2006c): *Ismail Kadare: Shqiptarët, në gjendje vetëkritike të paparë* [Ismail Kadare: Die Albaner in einem noch nie dagewesenen selbstkritischen Zustand]. In: SHQIP, Nr. 177, Jg. I, 06.09.2006: 1, 4-5.
— (2006d): *Ismail Kadare: "Thelbi i identitetit të shqiptarëve"* [Ismail Kadare: "Der Kern der Identität der Albaner"]. In: SHQIP, Nr. 178, Jg. I, 07.09.2006: 1, 4-5.
— (2006e): *Shqiptarët vetëkritike të paparë. Ismail Kadare flet për letërsinë dhe thelbin i identitetit të shqiptarëve* [Die wie nie zuvor selbstkritischen Albaner. Ismail Kadare spricht über die Literatur und den Kern der Identität der Albaner]. In: SHQIP, Nr. 181, Jg. I, 10.09.2006: 17, 21-23.

Nallbani, H. (2006): *Velo dhe racizmi i tij* [Velo und sein Rasissmus]. In: SHQIP, Nr. 104, Jg. I, 25.06.2006: 1, 39.
Nallbani, H. (2009): *Biography.* ‹http://hasannallbani.webs.com/aboutme.htm› (letzter Abruf: 14.09.2015).
Nano, M. (2006): *Kultura përendimore dhe qytetërimi lindor i shqiptarëve* [Die westliche Kultur und die östliche Zivilisation der Albaner]. In: SHQIP, Nr. 71, Jg. I, 22.05.2006: 1, 36-37.
Nazarko, M. (2006): *Mbi polemikën Qose-Kadare* [Über die Polemik Qosja-Kadare]. In: SHEKULLI, Nr. 127 (2939), Jg., 09.05.2006: 1, 15.
Nikolla, A. P. (2006a): *Doni apo s'doni, Kadareja është* [Ob ihr wollt oder nicht: Kadare ist]. In: SHQIP, Nr. 106, Jg. I, 27.06.2006: 28-29.
— (2006b): *Keqbërësit kulturore* [Die kulturellen Übeltäter]. In: SHEKULLI, Nr. 325 (3137), Jg. X, 24.11.2006: 1, 17.
— (2006c): *Perestrojka kulturore e Qoses* [Qosjas Kultur-Perestrojka]. In: SHEKULLI, Nr. 140 (2952), Jg. X, 22.05.2006: 1, 15.

o.V. (2006a): *Berisha: Kadare, një rilindas modern* [Berisha: Kadare, ein moderner Vertreter der Rilindja]. In: SHQIP, Nr. 69, Jg. I, 20.05.2006: 1.
— (2006b): *Eksklusive: Ismail Kadare, së shpejti, intervista për gazetën "Shqip"* [Exklusiv: Ismail Kadare, demnächst, Interview für "Shqip"]. In: SHQIP, Nr. 174, Jg. I, 03.09.2006: 1.
— (2006c): *Eksklusive: Ismail Kadare, së shpejti, intervista për gazetën "Shqip"* [Exklusiv: Ismail Kadare, demnächst, Interview für "Shqip"]. In: SHQIP, Nr. 175, Jg. I, 04.09.2006: 1.
— (2006d): *Eksklusive: Ismail Kadare, sot ribotohet e plotë intervista dhënë për "Shqip"* [Exklusiv: Ismail Kadare, heute wird das vollständige für "Shqip" gegebene Interview erneut veröffentlicht]. In: SHQIP, Nr. 181, Jg. I, 10.09.2006: 1.

— (2006e): *Eksklusive: Nga nesër, pjesë nga vepra më e re dhe intervista me Ismail Kadarenë* [Eksklusiv: Ab morgen, ein Auszug des neuesten Werkes und ein Interview mit Ismail Kadare]. In: SHQIP, Nr. 176, Jg. I, 05.09.2006: 1.

— (2006f): *Eksklusive: Rikthehet debati KADARE-QOSJA* [Exklusiv: Die Debatte KADARE-QOSJA kehrt zurück]. In: SHQIP, Nr. 87, Jg. I, 08.06.2006: 1.

— (2006g): *Ismail Kadare: Biseda për Evropën* [Ismail Kadare: Das Gespräch über Europa]. In: SHEKULLI, Nr. 181 (2993), Jg. 10, 03.07.2006: 1, 4-5.

— (2006h): *Kadare: Akuzat, tipike të një përçarësi fetar* [Kadare: Die Anschuldigungen, typisch für einen religiösen Spalter]. In: SHEKULLI, Nr. 119 (2932), Jg X, 02.05.2006: 1, 18.

— (2006i): *Kadare: Shpejt dy shtete shqiptare në Ballkan* [Kadare: Bald zwei albanische Staaten auf dem Balkan]. In: SHEKULLI, Nr. 110 (2923), Jg. 10, 23.04.2006: 6.

— (2006j): *Klosi: Polemika e Qoses është një logoré pa fund* [Klosi: Qosjas Polemik ist eine Logorrhö ohne Ende]. In: SHEKULLI, Nr. 138 (2950), Jg. 10, 20.05.2006: 1, 19.

— (2006k): *Nesër në "Korrieri": Intervista e plotë e Ismail Kadaresë me gazetarin Blendi Fevziu* [Morgen in "Korrieri": Das vollständige Interview Ismail Kadares mit dem Journalisten Blendi Fevziu]. In: KORRIERI, Nr. 302 (1794), Jg. VI, 02.11.2006: 1.

— (2006l): *Nesër në "Shqip": Arbën Xhaferri: Analizoj debatin Kadare-Qosja* [Morgen in "Shqip": Arbën Xhaferri: Ich analysiere die Debatte Qosja-Kadare]. In: SHQIP, Nr. 68, Jg. I, 19.05.2006: 1.

— (2006m): *Nesër në "Shqip": Debati Kadare-Qosja* [Morgen in "Shqip": Die Debatte Qosja-Kadare]. In: SHQIP, Nr. 75, Jg. I, 26.05.2006: 1.

— (2006n): *Njoftim* [Ankündigung]. In: SHQIP, Nr. 95, Jg. I, 16.06.2006: 1.

— (2006o): *Pabesia e një polemisti* [Die Hinterlist eines Polemisten]. In: SHEKULLI, Nr. 135 (2947), Jg., 17.05.2006: 1, 4-5.

— (2006p): *Përmbledhje e opinioneve dhe intervistave rreth debatit për identitetin shqiptar, botuar në 'Shqip'* [Zusammenfassung der Meinungen und Interviews zur Debatte über die albanische Identität, veröffentlicht in "Shqip"]. In: SHQIP, Nr. 76, Jg. I, 27.05.2006: 1, 17-32.

Papleka, F. (2006): *70-vjetori: Rexhep Qosja ose rishpikja e shqiptarizmit* [70. Jahrestag: Rexhep Qosja oder die Wiedererfindung des Albanertums]. In: SHQIP, Nr. 104, Jg. I, 25.06.2006: 1, 38-39.

Pata, Y. (2006): *Arbën Xhaferri: "Unë, mes Kadaresë, Qoses dhe Agollit"* [Arbën Xhaferri: "Ich, zwischen Kadare, Qosja und Agolli"]. In: SHQIP, Nr. 241, Jg. I, 10.11.2006: 1, 5.

Plasari, A. (2006): *Aurel Plasari: A ka miq të vërtetë të mendimit të Kadaresë?* [Aurel Plasari: Gibt es wahre Freunde der Auffassung Kadares?] In: KORRIERI, Nr. 171 (1663), Jg. VI, 23.06.2006: 17.

Polovina, Y. (2006): *Euromyslimani shqiptar* [Der albanische Euromuslim]. In KORRIERI, Nr. 133 (1625), Jg. VI, 16.05.2006: 1, 17.

Popoci, A. (2006): *Mbi debatin "Kadare-Qosja"* [Über die Debatte "Kadare-Qosja"]. In: SHQIP, Nr. 69, Jg. I, 20.05.2006: 1, 38-39.

Qosja, R. (2006c): *Berisha, pse kundër meje pro Kadaresë?!* [Berisha, warum gegen mich pro Kadare?!] In: In: SHQIP, Nr. 91, Jg. I, 12.06.2006: 1, 10-11.

— (2006d): *Identiteti: Pse ishte e nevojshme polemika me Kadarenë* [Identität: Warum die Polemik mit Kadare notwendig war]. In: SHQIP, Nr. 111, Jg. I, 02.07.2006: 1, 10.

— (2006e): *Identiteti shqiptar dhe kultura* [Die albanische Identität und die Kultur]. In: SHQIP, Nr. 53, Jg. I, 4.05.2006: 1, 34-35.

— (2006f): *Idetë raciste të Ismail Kadaresë* [Die rassistischen Ideen Ismail Kadares]. In: SHQIP, Nr. 52, Jg. I, 3.05.2006: 1, 34-35.

— (2006g): *I përgjigjem përbuzjes së Kadaresë* [Ich antworte auf die Verächtlichkeit Kadares]. In: SHQIP, Nr. 94, Jg. I, 15.06.2006: 1, 11.

— (2006h): *Ismail Kadare dhe identiteti shqiptar* [Ismail Kadare und die albanische Identität]. In: SHQIP, Nr. 62, Jg. I, 13.05.2006: 1, 17-29.

— (2006i): *Kadare, Evropa dhe jeta jonë* [Kadare, Europa und unser Leben]. In: SHQIP, Nr. 56, Jg. I, 7.05.2006: 1, 37.

— (2006j): *Kadare, nga Enveri tek antimyslimanizmi* [Kadare, von Enver zum Antiislamismus]. In: SHQIP, Nr. 89, Jg. I, 10.06.2006: 1, 10-11.

— (2006k): *Kadare, sovjetizmi dhe evropianizmi* [Kadare, der Sowjetismus und der Europäismus]. In: SHQIP, Nr. 90, Jg. I, 11.06.2006: 1, 10-11.

— (2006l): *Kur Kadare i quajti pjesëtarët e UÇK "këlyshë të Enverit"* [Als Kadare die Angehörigen der UÇK "Envers Abkömmlinge" genannt hatte]. In: SHQIP, Nr. 93, Jg. I, 14.06.2006: 1, 10-11.

— (2006m): *Mashtrimi i madh* [Der große Betrug]. In: SHQIP, Nr. 110, Jg. I, 01.07.2006: 1, 11.

— (2006n): *Myslimanofobia e Ismail Kadaresë* [Die Islamophobie Ismail Kadares]. In: SHQIP, Nr. 54, Jg. I, 5.05.2006: 1, 38-39.

— (2006o): *Përse ky duet Berisha-Kadare?!* [Wozu dieses Duett Berisha-Kadare?!]. In: SHQIP, Nr. 92, Jg. I, 13.06.2006: 1, 10-11.

— (2006p): *Pse kjo replikë me Ismail Kadarenë?!* [Warum diese Replik auf Ismail Kadare?!]. In: SHQIP, Nr. 88, Jg. I, 09.06.2006: 1, 11.

— (2006q): *Realiteti i shpërfillur* [Die vernachlässigte Realität]. In: SHQIP, Nr. 51, Jg. I, 2.05.2006: 1, 6-7.

— (2006r). *Rreshqitje politike dhe intelektuale* [Politische und intellektuelle Ausrutscher]. In: SHQIP, Nr. 55, Jg. I, 6.05.2006: 1, 38.

— (2006s): *Të vërtetat e vonuara* [Die verspäteten Wahrheiten]. In: SHQIP, Nr. 96, Jg. I, 17.06.2006: 1, 17-31.

Selmani, N. (2006): *Agolli: Jam me Qosen kundër Ismail Kadaresë.* [Agolli: Ich bin mit Qosja gegen Ismail Kadare]. In: SHQIP, Nr. 65, Jg. I, 16.08.2006: 1, 7.

Sinani, Sh. (2006): *Sinani: Të shmangim kundërvënien ndaj Evropës* [Sinani: Wir müssen den Widerspruch zu Europa vermeiden]. In: SHEKULLI, Nr. 187 (2999), Jg. X, 9.07.2006: 1, 10-11.

Syla, G. (2006): *Kadare: Qosja të shkojë në psikiatri* [Kadare: Qosja soll in die Psychiatrie gehen]. In: SHEKULLI, Nr. 310 (3122), Jg. X, 09.11.2006: 15.

Shala, Xh. (2006): *Qose-Kadare dhe identiteti dinamik* [Qosja-Kadare und die dynamische Identität]. In: SHQIP, Nr. 58, Jg. I, 9.05.2006: 1, 38.

Shkupi, S. (2006): *Barazpeshat e brishta ndërshqiptare* [Das empfindliche inneralbanische Gleichgewicht]. In: SHEKULLI, Nr. 172 (2984), Jg. X, 24.06.2006: 1, 15.

Tozaj, N. (2006): *Polemika si shkak* [Die Polemik als Grund]. In: SHQIP, Nr. 79, Jg. I, 31.05.2006: 1, 10-11.

Thano, A. (2006): *Xhaferri: Padurimi për ta hequr duvakun* [Xhaferri: Die Ungeduld, den Brautschleier zu lüften]. In: SHEKULLI, Nr. 327 (3139), Jg. X, 26.11.2006: 1, 4-5.

Vehbiu, A. (2006): *Lehtësia e papërballueshme e mistifikimit. Ismail Kadareja në tregun global të maskave* [Die unerträgliche Leichtigkeit der Mystifizierung. Ismail Kadare auf dem globalen Markt der Masken]. In: SHQIP, Nr. 67, Jg. I, 18.05.2006: 1, 38-39.

— (2006a): *Poshtërim në identitet* [Erniedrigung in der Identität]. In: SHEKULLI, Nr. 147 (2959), Jg. 10, 29.05.2006: 1, 15.

— (2006b): *Pylli apo drurët?* [Der Wald oder die Bäume?]. In: SHEKULLI, Nr. 190 (3002), Jg. 10, 12.07.2006: 1, 15.

Velo, M. (2006): *Qoseizmi ose teoria e urrejtjes* [Der Qoseismus oder die Theorie des Hasses]. In: SHEKULLI, Nr. 168, Jg. X, 20.06.2006: 1, 15.

Vinca, A. (2006): *Kadareja, Qosja dhe ne të tjerët* [Kadare, Qosja und wir, die anderen]. In: SHQIP, Nr. 245, Jg. I, 14.11.2006: 1, 10-11.

Xhaferri, A. (2006): *"Urtësia politike e rilindasve tane nuk ka alternativë"* [„Die Weisheit unserer Rilindja-Vertreter hat keine Alternative"]. In: SHQIP, Nr. 76, Jg. I, 27.05.2006: 17-18.

Xhufi, P. (2006): *Mjerimet e një sinodi* [Das Elend einer Synode]. In: SHEKULLI, Nr. 201 (3013), Jg. X, 24.07.2006: 1, 10.

Xhunga, R. (2006a): *Qosja: Ende s'kemi një elitë politike* [Qosja: Wir haben noch keine politische Elite]. In: SHQIP, Nr. 253, Jg. I, 22.11.2006: 1-2.

— (2006b): *Qosja: E vërteta e luftës në Kosovë* [Qosja: Die Wahrheit über den Krieg im Kosovo]. In: SHQIP, Nr. 254, Jg. I, 23.11.2006: 10.

— (2006c): *Qosja: Ku ndryshojmë unë dhe Kadare* [Qosja: Wo Kadare und ich uns unterscheiden]. In: SHQIP, Nr. 252, Jg. I, 21.11.2006: 1, 2.

2 Sekundärliteratur

2.1 Monographien und Aufsätze

Arapi, L. (2005): *Wie Albanien albanisch wurde. Rekonstruktion eines Albanienbildes*. Tectum, Marburg.

Asmuth, B./Berg-Ehlers, L. (1976): *Stilistik*. 2. Aufl. Westdeutscher Verlag, Opladen.

ASHSH (Akademia e Shkencave e Shqipërisë) (2007): *Historia e popullit shqiptar. Vëllimi i tretë: Periudha e pavarësisë, 28 Nëntor 1912 – 7 Prill 1939* [Geschichte des albanischen Volkes. Band 3: Periode der Unabhängigkeit, 28. November 1912 – 7. April 1939]. Toena, Tiranë.

— (2008a): *Historia e popullit shqiptar. Vëllimi i katërt: Shqiptarët gjatë luftës së dytë botërore dhe pas saj, 1939-1990* [Geschichte des albanischen Volkes. Band 4: Die Albaner während des Zweiten Weltkrieges und danach, 1939-1990]. Toena, Tiranë.

Baleta, A. (2006a): *Kadareja vuan nga "Oksidentosis" (1)* [Kadare leidet an "Okzidentosis" (1)]. In: Gazeta Besa, 14.06.2006: 6-7.

— (2006b): *Kadareja vuan nga "Oksidentosis" (2)* [Kadare leidet an "Okzidentosis" (2)]. In: Gazeta Besa, 21.06.2006: 7.

— (2006c): *Kadareja vuan nga "Oksidentosis" (3)* [Kadare leidet an "Okzidentosis" (3)]. In: Gazeta Besa, 28.06.2006: 6.

Balili, A./ Baholli, S. (2008): *FESTAT ZYRTARE* [Gesetzliche Feiertage]. In: ASHSH (2008b): 662.

Barić, H. (1955): *Hŷmje në historín e gjuhës shqipe* [Einführung in die Geschichte der albanischen Sprache]. Mustafa Bakija, Prishtinë.

Bartl, P. (1995): *Albanien. Vom Mittelalter bis zur Gegenwart*. Friedrich Pustet, Regensburg.

Bartsch, T.-C./Hoppmann, M./Rex, B. (2005): *Was ist Debatte? Ein internationaler Überblick*. Cuvillier, Göttingen.

Beck[1], K. (2007): *Kommunikationswissenschaft*. UTB, Konstanz.

Beck[2], U. (2007): *Was ist Globalisierung? Irrtümer des Globalismus – Antworten auf Globalisierung*. Suhrkamp, Frankfurt a.M.

Beller, M. (2004): *Studi sui pregiudizi e sugli stereotipi* [Studien über Vorurteile und Stereotype]. In: Cometa, M.: Dizionario degli studi culturali. Hg. v. R. Coglitore & F. Mazzara. Roma: 449-454.

— (2006a): *Eingebildete Nationalcharaktere. Vorträge und Aufsätze zur literarischen Imagologie*. Hrsg. v. Elena Agazzi in Zusammenarbeit mit Raul Calzoni. V&R unipress, Göttingen.

— (2006b): *Vorurteils- und Stereotypenforschung: Interferenzen zwischen Literaturwissenschaft und Sozialpsychologie*. In: Ebd.: Eingebildete Nationalcharaktere. Vorträge und Aufsätze zur literarischen Imagologie. Hrsg. v. Elena Agazzi in Zusammenarbeit mit Raul Calzoni. V&R unipress, Göttingen.

Bering, D. (2010): *Die Epoche der Intellektuellen 1898-2001. Geburt – Begriff – Grabmal.* University Press, Berlin.

Brun,G./ Hirsch Hadorn, G. (2009): *Textanalyse in den Wissenschaften. Inhalte und Argumente analysieren und verstehen.* Vdf Hochschulverlag, Zürich.

Brunnbauer, U. (2003): *Vom Selbst und den Eigenen. Kollektive Identität.* In: Kaser, K./ Gruber, S./ Pichler, R. (Hrsg.): Historische Anthropologie im südöstlichen Europa. Eine Einführung. Böhlau, Wien/Köln/Weimar: 377-402.

— (2006): *Getrennte Wege: Das demographische Verhalten von Makedoniern und Albanern in Makedonien.* In: Kahl, Th./ Maksuti, I./ Ramaj, A. (Hrsg.): Die Albaner in der Republik Makedonien. Fakten, Analysen, Meinungen zur interethnischen Koexistenz. Wiener Osteuropastudien, Bd. 23. Lit, Wien/Berlin: 167-184.

Bulo, J. (2009): *STAROVA Luan (1941–).* In: ASHSH (2009): 2390-2391.

Burger, H. (1998): *Metapher und Metonymie als Mittel der Personalisierung des Politischen.* In: Imhof, K./Schulz, P. (Hrsg.): Die Veröffentlichung des Privaten – Die Privatisierung des Öffentlichen. Westdeutscher Verlag, Opladen/Wiesbaden: 295-311.

Burkhardt, A:/Pape, K. (Hrsg.) (2003). *Politik, Sprache und Glaubwürdigkeit. Linguistik des politischen Skandals.* Westdeutscher Verlag, Wiesbaden.

Büscher, H. (1996): *Emotionalität in Schlagzeilen der Boulevardpresse. Theoretische und empirische Studien zum emotionalen Wirkungspotenial von Schlagzeilen der Bild-Zeitung im Assoziationsbereich „Tod".* Peter Lang, Frankfurt a.M. [u.a.].

Ceka, E. (2006): *Die Debatte zwischen Ismail Kadare und Rexhep Qosja um die nationale Identität der Albaner.* Dokumentation. In: Südosteuropa, 54. Jg., 3/2006: 451-460.

Cela, A. (2010): *Orientalism in Service of Contemporary National Identity Building in Albania: The literary work of Ismail Kadare.* VDM, Saarbrücken.

Cika-Kelmendi, M. (2009): *Kadare ndryshe* [Kadare anders].Naimi, Tiranë.

Clayer, N. (2006): *Der Balkan, Europa und der Islam.* In: Kaser, K./ Gramshammer-Hohl, D./ Pichler, R. (Hrsg.) (2003): 303-328.

— (2007a): *Aux origines du nationalisme albanais. La naissance d'une nation majoritairement musulmane en Europe.* Karthala, Paris.

— (2007b): *Në fillimet e nacionalizmit shqiptar. Lindja e një kombi me shumicë myslimane në Evropë* [An den Anfängen des albanischen Nationalismus. Die Geburt einer mehrheitlich muslimischen Nation in Europa]. Përpjekja, Tiranë.

Clewing, K. (2001): *Albanischsprachige und Albaner in Griechenland sowie Griechen in Albanien.* In: Pogrom – bedrohte Völker, 2.

— (2005): *An den Grenzen der Geschichtswissenschaft: Albaner, Thraker und Illyrer.* In: Genesin, M. (Hrsg.): Albanologische und balkanologische Studien. Festschrift für Wilfried Fiedler. Kovač, Hamburg: 215-225.

Cohen, D. (1994): *Law, sexuality and society. The enforcement of morals in classical Athens.* Cambridge Univercity Press, New York.

Çabej, E. (1962): *Vendbanimi i hershëm i shqiptarëve në Gadishullin ballkanik në dritën e gjuhës e të emrave të vendeve* [Das frühe Siedlungsgebiet der Albaner auf der Balkanhalbinsel im Lichte der Sprache und der Toponymie]. In: Buletin i Universitetit Shtetëror të Tiranës. Bd. 16. Tiranë: 219-227.

— (1975): *Hyrje në historinë e gjuhës shqipe* [Einführung in die Geschichte der albanischen Sprache]. Tiranë.

Çaçi, P./ Qirijako, Q. (2008): *AEROPORTI NDËRKOMBËTAR "NËNË TEREZA"*. In: ASHSH (2008b): 12.

Deger, P./ Hettlage, R. (2007): *Europäischer Raum und Grenzen – Eine Einleitung*. In: Ebd. (Hrsg.): Der europäische Raum. Die Konstruktion europäischer Grenzen. VS Verlag für Sozialwissenschaften, Wiesbaden: 7-24.

Degner, J./ Wentura, D. (2008): *Messung von Vorurteilen*. In: Petersen, L.-E./Six, B. (Hrsg.) (2008): Stereotype, Vorurteile und soziale Diskriminierung. Theorien, Befunde und Interventionen. Beltz, Weinheim/Basel: 149-158.

Demiraj, Sh. (1991): *Das Problem des Ursprungs der albanischen Sprache*. In: Breu, W. (Hrsg.): Aspekte der Albanologie. Harrassowitz, Wiesbaden: 111-120.

Demirovic, A. (2000): *Intellektuelle und Politik*. In: Kreisky, E. (Hrsg.): Von der Macht der Köpfe: Intellektuelle zwischen Moderne und Spätmoderne. WUV-Univ.-Verl., Wien: 88-98.

De Moor, P. (2006): *Eine Maske für die Macht. Ismail Kadare – Schriftsteller in einer Diktatur*. Ammann, Zürich.

Dickens, Ch. (1898): *A Tale of Two Cities*. The Works of Charles Dickens in Thirty-Four Volumes, Vol. XXI, Gadshill Edition. Chapman & Hall, London.

Dieckmann, W. (2005): *Streiten über das Streiten. Normative Grundlagen polemischer Metakommunikation*. Max Niemeyer, Tübingen.

Dizdari, T. N. (2005): *Fjalor i roentalizmave në gjuhën shqipe*. AIITC, Tiranë.

Dulinski, U. (2003): *Sensationsjournalismus in Deutschland*. UVK, Konstanz.

Dyserinck, H. (1966): *Zum Problem der "images" und "mirages" und ihrer Untersuchung im Rahmen der Vergleichenden Literaturwissenschaft*. In: Arcadia, 1: 107-120.

Ebel, M. (2009): *Leben und Schreiben unter den Augen des Diktators*. In: Tages-Anzeiger, 19. 02. 2009. Zürich. ‹http://www.tagesanzeiger.ch/kultur/buecher/Leben-und-Schreiben-unter-den-Augen-desDiktators/story/30462048› (letzter Abruf: 25.02.2009).

Eisenegger, M. (2005): *Reputationskonstitution, Issues Monitoring und Issues Management in der Mediengesellschaft*. VS Verlag für Sozialwissenschaften, Zürich.

Elsie, R. (2001a): *Der Kanun. Das albanische Gewohnheitsrecht nach dem sogenannten Kanun des Lekë Dukagjini, kodifiziert von Shtjefën Gjeçovi, ins Deutsche übersetzt von Marie Amelie Freiin von Godin*. Dukagjini, Pejë.

— (2001b): *Histori e Letërsisë shqiptare* [Eine Geschichte der albanischen Literatur]. Dukagjini, Pejë.

— (2002): *Handbuch zur albanischen Volkskultur. Mythologie, Religion, Volksglaube, Sitten, Gebräuche und kulturelle Besonderheiten*. Balkanologische Veröffentlichungen, Bd. 36. Harrassowitz, Wiesbaden.

— (2004): *Der Islam und die Derwisch-Sekten Albaniens. Anmerkungen zu ihrer Geschichte, zur Verbreitung und zu ihrer derzeitigen Lage*. In: Kakanien revisited. ‹http://www.kakanien-revisited.at/beitr/fallstudie/RElsie2.pdf› (letzter Abruf: 14.09.2015).

— (2005): *Albanian Literature. A Short History*. The Center For Albanian Studies, I.B.Tauris, New York.

Emeliantseva, E./ Malz, A./ Ursprung, D. (2008): *Einführung in die Osteuropäische Geschichte*. Orell Füssli, Zürich.

Endresen, C. (2013): *Is the Albanian's religion really "Albanianism"? Religion and nation according to Muslim and Christian leaders in Albania*. Harrassowitz, Wiesbaden.

Fauser, M. (2008): *Einführung in die Kulturwissenschaft*. 4. Aufl. WBG, Darmstadt.

Fellmann, F. (1995): *Innere Bilder im Lichte des imagic turn*. In: Sachs-Hombach, K. (Hrsg.): Bilder im Geiste. Zur kognitiven und erkenntnistheoretischen Funktion piktorialer Repräsentationen. Rodopi, Amsterdam: 21-38.

Felser, G. (2001): *Werbe- und Konsumentenpsychologie*. 2. Aufl. Spektrum, Akademischer Verlag, Heidelberg/Berlin.

Feraj, H. (2006): *Skicë e mendimit politik shqiptar* [Skizze des politischen albanischen Denkens]. 3. Aufl. Pegi, Tiranë.

Fetiu, S. (2007): *Fjala e hapjes së sesionit shkencor kushtuar 70-vjetorit të lindjes së Akad. Rexhep Qosjes* [Eröffnungsrede zur wissenschaftlichen Tagung zu Ehren des 70. Geburtstages des Akademikers Rexhep Qosja]. In: Instituti Albanologjik i Prishtinës (Hrsg.): Krijimtaria shkencore dhe letrare e Rexhep Qosjes [Das wissenschaftliche und literarische Schaffen Rexhep Qosjas]. Prishtinë: 13-20.

Fiedler, W. (2003): *Die albanische Sprache und ihre Standardisierung*. In: Jordan, P. u.a. (Hrsg.): Albanien. Geographie – Historische Anthropologie – Geschichte – Kultur – Postkommunistische Transformation. Peter Lang, Frankfurt a.M. 2003: 227-241.

Fischer, B. J. (2004): *Shqipëria gjatë Luftës, 1939-1945* [Albanien während des Krieges, 1939-1945]. Botimi i dytë. Çabej, Tiranë.

Franck, N./ Stary, J. (Hrsg.) (2006): *Gekonnt visualisieren. Medien wirksam einsetzen*. Schöningh, Paderborn.

Galica, Sh. (2008): *„Jeta e re" (1949-)* [„Das Neue Leben" (1949-)]. In: ASHSH (2008c): 1066.

Garton Ash, T. (2010): *Jahrhundertwende. Weltpolitische Betrachtungen 2000-2010*. Carl Hanser, München.

Georgiev, V. I. (1981): *Introduction to the History of the Indo-European Languages*. Publ. House of the Bulg. Acad. of Sciences, Sofia.

Gerdsen, P. (2013): *Das moralische Kostüm geistiger Herrschaft. Wie unter dem Deckmantel der Moral Macht ausgeübt wird*. 2. Aufl. Bautz, Nordhausen.

Gerhards, J./ Neidhardt, F. (1993): *Strukturen und Funktionen moderner Öffentlichkeit*. In: Langenbucher, W. R. (Hrsg.): Politische Kommunikation. Grundlagen, Strukturen, Prozesse. Braumüller, Wien: 52-89.

Godole, J. (2014): *Gazetaria shqiptare në tranzicion. Struktura, aktorët dhe tipologjia profesionale* [Der albanische Journalismus in Transition. Strukturen, Akteure und Berufstypologie]. Papirus, Tiranë.

Gramsci, A. (1992): *Gefängnishefte*. Bd. 4. Argument-Verlag, Hamburg/Berlin.

— (1996): *Gefängnishefte*. Bd. 7. Argument-Verlag, Hamburg/Berlin.

Greitemeyer, T. (2008): *Sich selbst erfüllende Prophezeiungen*. In: Petersen, L.-E./Six, B. (Hrsg.) (2008): Stereotype, Vorurteile und soziale Diskriminierung. Theorien, Befunde und Interventionen. Beltz, Weinheim/Basel: 80-87.

Gruber, H. (1996): *Streitgespräche. Zur Pragmatik einer Diskursform*. Westdeutscher Verlag, Opladen.

Gjergji, B. (2008): *"Korrieri" (2001-)*. In: ASHSH (2008c): 1292.

— (2009): *"Shekulli" (1997-)*. In: ASHSH (2009): 2438.

Habermas, J. (1996): *Strukturwandel der Öffentlichkeit*. 5. Aufl. Suhrkamp, Frankfurt a.M.

Habibi, A. (2001): *Das autoritäre Regime Ahmed Zogus und die Gesellschaft Albaniens 1925-1939*. In: Oberländer, E. (Hrsg.): Autoritäre Regime in Ostmittel- und Südosteuropa 1919-1944. Schöningh, Paderborn/München/Wien/Zürich: 349-378.

Hahn, G. v. (1853): *Albanesische Studien*. Bd. 1. Kaiserlich-königliche Hof- und Staatsdruckerei, Wien.

Haller, D. (1995): *dtv-Atlas Ethnologie*. DTV, München.

Han, B.-Ch. (2005): *Was ist Macht?* Reclam, Stuttgart.

Hansen, G. (1995): *Vorurteil*. In: Schmalz-Jacobsen, C./Hansen, G. (Hrsg.): Ethnische Minderheiten in der Bundesrepublik Deutschland. Ein Lexikon. C.H. Beck, München: 546-549.

Haßlauer, S. (2010): *Polemik und Argumentation in der Wissenschaft des 19. Jahrhunderts: Eine pragmalinguistische Untersuchung der Auseinandersetzung zwischen Carl Vogt und Rudolph Wagner um die 'Seele'.* De Gruyter, Berlin/ New York.

Häusel, H.-G. (2010): *Think Limbic! Die Emotionsstrukturen im Gehirn kennen und für die Markenführung nutzen.* In: Bruhn, M./Köhler, R. (Hrsg.): Wie Marken wirken. Impulse aus der Neuroökonomie für die Markenführung. Franz Vahlen, München: 233-250.

Haxhihasani, Q. (2008): *Bilbilenjtë* [Die Bilbils]. In: ASHSH (2008b): 246.

Heidemann, F. (2011): *Ethnologie. Eine Einführung.* UTB basics. Vandenhoeck & Ruprecht, Göttingen/Oakville.

Henkel, H.-O. (2010): *Rettet unser Geld! Deutschland wird ausverkauft - Wie der Euro-Betrug unseren Wohlstand gefährdet.* Heyne, München.

Herscht, I. (2006): *Albanische Identitäten und ihre europäische Dimension. Auswirkungen auf die EU-Integration Albaniens.* Interdisziplinäre Balkanstudien Wien. ‹http://www.zukunftsforum.info/ uploads/Infothek/Iris%20Herscht%20Albanische%20Identit%E4ten.pdf› (letzter Abruf: 14.09.2015).

Hettlage, R. (2007): *Europas vielfältiger Raum als Gegenstand von Identitätsmanagement.* In: Deger, P./ Hettlage, R. (Hrsg.): Der europäische Raum. Die Konstruktion europäischer Grenzen. VS Verlag für Sozialwissenschaften, Wiesbaden: 273-305.

Hösch, E. (2004): *Kulturgeographische Zonen.* In: Hösch, E./ Nehring, K./ Sundhaussen, H. (Hrsg.) (2004): 398-400.

INSTAT (Instituti i Statistikave) (2015) (Hrsg.): *Popullsia e Shqipërisë* [Die Bevölkerung von Albanien]. Press release, 13.02.2015. ‹http://www.instat.gov.al/media/282024/pop_1_janar_2015__ press_release.pdf› (letzter Abruf: 14.09.2015).

Instituti i Kërkimeve Politike Alcide De Gasperi (2006) (Hrsg.): *Ismail Kadare: Identiteti evropian i shqiptarëve* [Ismail Kadare: Die europäische Identität der Albaner]. Konferenca shkencore, 22 qershor 2006. Tirana.

Janssens, S./ Morrens, M./ Sabbe, B.G.C. (2008): *Pseudologia fantastica: definiëring en situering ten aanzien van as i- en as ii-stoornissen* [Pseudologia fantastica: Definition und Positionierung in Bezug auf Achse I und Achse II-Störungen]. In: Tijdschrift voor psychiatrie 50 (2008) 10: 679-683.

Jarren, O./ Weßler, H. (Hrsg.) (2002): *Journalismus – Medien – Öffentlichkeit: Eine Einführung.* Westdeutscher Verlag, Wiesbaden.

Joas, H./ Wiegandt, K. (Hrsg.) (2006): *Die kulturellen Werte Europas.* Fischer, Frankfurt a.M.

Jokl, N. (1934/35): *Slaven und Albaner (Besprechung zu A. Seliscev, Sofija 1931).* In: Slavia - Časopis pro slovanskou filologii. Band XIII. Euroslavica, Praha: 281-325.

Kaleshi, H. (1976): *Haxhi Qamili.* In: Biographisches Lexikon zur Geschichte Südosteuropas. Bd. 2. Hg. v. Mathias Bernath u. Karl Nehring. Oldenbourg, München: 131-133.

Kaser, K. (2002): *Südosteuropäische Geschichte und Geschichtswissenschaft.* 2. Aufl. Böhlau, Wien/Köln/Weimar.

Kaser, K./Pichler, R./Schwandner-Sievers, S. (Hrsg.) (2002): *Die weite Welt und das Dorf. Albanische Emigration am Ende des 20. Jahrhunderts.* Böhlau, Wien.

Keller, J. (2008): *Stereotype als Bedrohung.* In: Petersen, L.-E./Six, B. (Hrsg.) (2008): Stereotype, Vorurteile und soziale Diskriminierung. Theorien, Befunde und Interventionen. Beltz, Weinheim/Basel: 88-96.

Kramer, H. (2000): *Wissenschaftler als Intellektuelle. Von der Kunst und der Notwendigkeit der Provokation.* In: Kreisky, E. (Hrsg.): Von der Macht der Köpfe: Intellektuelle zwischen Moderne und Spätmoderne. WUV-Univ.-Verl., Wien: 69-77.

Kreisky, E. (2000): *Intellektuelle als historisches Modell*. In: Ebd. (Hrsg.): Von der Macht der Köpfe: Intellektuelle zwischen Moderne und Spätmoderne. WUV-Univ.-Verl., Wien: 11-65.

Kretsi G. (2007): *Verfolgung und Gedächtnis in Albanien: eine Analyse postsozialistischer Erinnerungsstrategien*. Balkanologische Veröffentlichungen, Bd. 44, Harrassowitz, Wiesbaden.

Kryeziu, R. (2008): *Nga lindja në perëndim. Aspekte të mendimit kritik shqiptar 1913-1944* [Vom Osten in den Westen. Aspekte des kritischen albanischen Denkens 1913-1944]. Instituti Albanologjik i Prishtinës, Prishtinë.

Kulla, N. (2003): *Antologji e mendimit shqiptar 1870–1945* [Antologie des albanischen Denkens 1870–1945]. Plejad, Tiranë.

Kurz, G. (2009): *Metapher, Allegorie, Symbol*. 6. Aufl. Vandenhoeck & Ruprecht, Göttingen.

Lakoff, G./Johnson, M. (2007): *Leben in Metaphern. Konstruktion und Gebrauch von Sprachbildern*. Carl-Auer-Verlag, Heidelberg.

Langemeyer, I. (2009): *Antonio Gramsci: Hegemonie, Politik des Kulturellen, geschichtlicher Block*. In: Hepp, A./Krotz, F./Thomas, T. (Hrsg.): Schlüsselwerke der Cultural Studies. VS Verlag für Sozialwissenschaften, Wiesbaden: 72-82.

Lalaj, A. (2009a): *QAMILI Haxhi (Qamil Zyber Xhameta, 1876-1915)*. In: ASHSH (2009): 2139.

— (2009b): *TEREZA Nënë (Agnes Gonxhe Bojaxhiu, 1910-1997)*. In: ASHSH (2009): 2686-2687.

Lati, P. (2009): *"Shqip" (2006-)*. In: ASHSH (2009): 2537.

L'Etang, J. (2010): *Public Relations. Concepts, Practice and Critique*. Sage, Los Angeles.

Londo, I. (2004): *Albania*. In: SEENPM (Hrsg.): Media Ownership and its Impact on Media Independence and Pluralism. Peace Institute, Lubljana: 39-60.

Luhmann, N. (1989): *Gesellschaftsstruktur und Semantik. Studien zur Wissenssoziologie der modernen Gesellschaft*. Bd. 3. Suhrkamp, Frankfurt a.M.

— (2008): *Die Moral der Gesellschaft*. Suhrkamp, Frankfurt a.M.

Mai, N. (2002): *Jugend und italienische Medien*. In: Kaser, K./Pichler, R./Schwandner-Sievers, S. (Hrsg.): Die weite Welt und das Dorf. Albanische Emigration am Ende des 20. Jahrhunderts. Böhlau, Wien.

Malcolm, N. (1998): *Kosovo. A Short History*. Macmillan, London.

Mandy, Ch. (2009): *Europa als Wertegemeinschaft. Eine theologisch-ethische Studie zum politischen Selbstverständnis der Europäischen Union*. Nomos, Baden-Baden.

Merkens, A. (2000): *Stereotype und Personenwahrnehmung*. Psychologie, Bd. 37. Verlag Empirische Pädagogik, Landau.

Metzger, W. (1976): *Vom Vorurteil zur Toleranz*. 2. Aufl. Steinkopff, Darmstadt.

Mikolajczyk, B. (2004): *Sprachliche Mechanismen der Persuasion in der politischen Kommunikation*. Posener Beiträge zur Germanistik, Bd. 3. Peter Lang, Frankfurt a.M.

Minga, Gj. (2008): *MURATI Ferid (1936-)*. In: ASHSH (2008c): 1777.

Möhring-Hesse, M. (2013): *,Moralisieren' und die Grenzen der Moral*. In: Großmaß, R./Anhorn, R. (Hrsg.): Kritik der Moralisierung. Theoretische Grundlagen – Diskurskritik – Klärungsvorschläge für die berufliche Praxis. Springer VS, Wiesbaden: 151-165.

Morgan, P. (2011): *Ismail Kadare: Shkrimtari dhe diktatura 1957-1990* [Ismail Kadare: Der Schriftsteller und die Diktatur 1957-1990]. Shtëpia Botuese 55, Tiranë.

Müller, M. G. (2006): *Europäische Geschichte - Nur eine Sprachkonvention?* in: H-Soz-Kult, 31.05.2006. ⟨http://hsozkult.geschichte.hu-berlin.de/forum/2006-05-005⟩ (letzter Abruf: 14.09.2015).

Muschg, A. (2005): *Was ist europäisch? Reden für einen gastlichen Erdteil*. Bundeszentrale für politische Bildung, Bonn.

Nerb, M. (2002): *Reputation – Begriffsbestimmung und Möglichkeiten der Operationalisierung*. FGM, München.

Nezaj, S. (2013): *Pronësia, shkak i rëndësishëm për krizën e gazetave në Shqipëri* [Eigentümerschaft, eine wesentliche Ursache für die Krise der Zeitungen in Albanien]. In: Thesis, Revistë Kërkimore Ndërkombëtare, 1: 109-126.

Niegelhell, A./ Ponisch, G. (2001): *Wir sind immer im Feuer. Berichte ehemaliger politischer Gefangener im kommunistischen Albanien*. Böhlau, Wien.

Nünning, A./ Nünning, V. (2008): *Einführung in die Kulturwissenschaften*. J. B. Metzler, Stuttgart/Weimar.

o.V. (2008): *Edhe 100!* [Noch 100!]. In: ShqiperiaCom (Hrsg.): Info Arkiva – Arkiva Mediatike Shqiptare [Info-Archiv – Albanisches Medien-Archiv]. ‹http://www.arkivalajmeve.com/Edhe-100.25482/› (letzter Abruf: 14.09.2015).

Pageaux, D.-H. (1983): *L'imagerie culturelle: de la littérature compare à l'anthropologie culturelle*. In: Synthesis X: 79-88.

Pani, P. (2004): *„Wir tanzen sogar vor dem Maul des Wolfes". Das kommunistische Albanien und seine kapitalistischen und revisionistischen Feinde*. In: Satjukow, S./Gries, R. (Hrsg.): Unsere Feinde. Konstruktionen des Anderen im Sozialismus. Leipziger Universitätsverlag, Leipzig.

Papagjoni, J. (2009): *VELO Maks (1935-)*. In: ASHSH (2009): 2869-2870.

Peters, B. (1994): *„Öffentlichkeitselite" – Bedingungen und Bedeutungen von Prominenz*. In: Neidhardt, F. (Hrsg.): Öffentlichkeit, Öffentliche Meinung, Soziale Bewegungen. Kölner Zeitschrift für Soziologie und Sozialpsychologie. Westdeutscher Verlag, Opladen: 191-213.

Petersen, L.-E./ Six, B. (Hrsg.) (2008): *Stereotype, Vorurteile und soziale Diskriminierung. Theorien, Befunde und Interventionen*. Beltz, Weinheim/Basel.

Petritsch, W./ Kaser, K./ Pichler, R. (1999): *Kosovo/ Kosova. Mythen, Daten, Fakten*. Wieser, Klagenfurt/Celovec.

Pichler, R. (2015): *Makedoniens muslimische Albaner im Spannungsfeld von nationaler Emanzipation und islam(ist)ischer Erneuerung*. In: Südosteuropa Mitteilungen, Jg. 55, Bd. 03-04: 84-101.

Popović, I. (1960): *Die Geschichte der serbokroatischen Sprache*. Harrassowitz, Wiesbaden.

Posner, R. (1994): *Texte und Kultur*. In: Boehm, A.; Mengel, A.; Muhr, T. (Hrsg.): Texte verstehen. Konzepte, Methoden, Werkzeuge. Gesellschaft für Angewandte Informationswissenschaft (GAIK) e.V., Univ.-Verl. Konstanz, Konstanz: 13-31.

Prokop, D. (2005): *Der kulturindustrielle Machtkomplex. Neue kritische Kommunikationsforschung über Medien, Werbung und Politik*. Herbert von Harlem, Köln.

Puto, A. (2006): *Fryma romantike dhe nacionaliste në debatin për "identitetin shqiptar"* [Der romantische und nationalistische Geist in der Debatte über die "albanische Identität". In: Përpjekja, 23: Identiteti ndryshe [Die Identität anders]. 12. Jg., 3/2006: 13-33.

Qosja, R. (1995): *In solchen Augen liegt der Tod. Dreizehn Erzählungen, die auch ein Roman sein können*. Haymon, Innsbruck.

— (2006t): *Ideologjija e shpërbërjes. Trajtesë mbi idetë çintegruese në shoqërinë e sotme shqiptare* [Die Ideologie der Zersetzung. Abhandlung über die desintegrierenden Ideen in der heutigen albanischen Gesellschaft]. Toena, Tiranë.

Rademacher, L. (2009): *Public Relations und Kommunikationsmanagement. Eine medienwissenschaftliche Grundlegung*. VS Verlag für Sozialwissenschaften, Wiesbaden.

Reinsberg, C. (1993): *Ehe, Hetärentum und Knabenliebe im antiken Griechenland*. 2., unv. Aufl. Beck, München.

Reljić, D. (2015): *Kosovo braucht einen Beschäftigungspakt mit der EU.* Stiftung Wissenschaft und Politik, Deutsches Institut für Internationale Politik und Sicherheit, 12.02.2015. ⟨http://www.swp-berlin.org/publikationen/kurz-gesagt/kosovo-braucht-einen-beschaeftigungspakt-mit-der-eu.html⟩ (letzter Abruf: 14.09.2015).

Roth, K. (2006): *'Europäisierung'. Zur Problematik eines Begriffs.* In: Schubert, H. (Hrsg.): 'Europäisierung' – Begriff, Idee und Verwendung im interdisziplinären Diskurs. forost Arbeitspapier Nr. 38, Dezember 2006. forost, München: 7-10.

Röttger, U./ Preusse, J./ Schmidt, J. (2011): *Grundlagen der Public Relations. Eine kommunikationswissenschaftliche Einführung.* VS Verlag für Sozialwissenschaften, Wiesbaden.

Said, E. (1979): *Orientalism.* Vintage Books, New York.

Scheier, Ch./ Bayas-Linke, D./ Schneider, J. (2010): *Codes. Die geheime Sprache der Produkte.* Haufe, Freiburg.

Schelsky, H. (1975): *Die Arbeit tun die anderen. Klassenkampf und Priesterherrschaft der Intellektuellen.* Westdeutscher Verlag, Opladen.

Schicha, Ch. (2004): *Die Theatralität der Politikvermittlung. Medieninszenierungen am Beispiel der Wahlkampfkommunikation.* In: Kreyher, V. J. (Hrsg.): Handbuch Politisches Marketing. Impulse und Strategien für Politik, Wirtschaft und Gesellschaft. Nomos, Baden-Baden: 113-128.

Schmal, W. (2010): *Geschichte und Zukunft der Europäischen Identität.* Bundeszentrale für politische Bildung, Bonn.

Schmetkamp, S. (2008): *Achtung oder Anerkennung? Über die Verbindung zweier vermeintlich unversöhnlicher Begriffe.* Konferenz-Paper zu: Lebenswelt und Wissenschaft, XXI. Deutscher Kongress für Philosophie, 15.-19. September 2008: ⟨http://www.dgphil2008.de/fileadmin/download/ Sektionsbeitraege/14-4_Schmetkamp.pdf⟩ (letzter Abruf: 14.09.2015).

Schmidt-Neke, M. (1987): *Entstehung und Ausbau der Königsdiktatur in Albanien (1912-1939). Regierungsbildungen, Herrschaftsweise und Machteliten in einem jungen Balkanstaat.* Oldenbourg, München.

— (1994): *Von Arnauten und Skipetaren. Albanien und die Albaner bei Karl May.* In: Roxin, C./Schmiedt, H./Wollschläger, H. (Hrsg.): Jahrbuch der Karl-May-Gesellschaft. Hansa, Husum: 247-284.

— (2009): *Zwischen Kaltem Krieg und Teleologie: Das kommunistische Albanien als Objekt der Zeitgeschichtsforschung.* In: Schmitt, O. J./ Frantz, A. (Hrsg.) (2009): 131-147.

Schmidt, R. (2004): *Qualities of Albanian Daily Newspapers.* In: Spassov, O. (Hrsg.): Quality Press in Southeast Europe. SOEMZ, Sofia.

Schmitt, O. J. (2008): *Kosovo. Kurze Geschichte einer zentralbalkanischen Landschaft.* Böhlau, Wien/Köln/Weimar

— (2014): *Islamisierung bei den Albanern – zwischen Forschungsfrage und Diskurs.* In: Lauer, R./ Majer, H. G. (Hrsg.): Osmanen und Islam in Südosteuropa. De Gruyter, Berlin/Boston.

Schmitt, O. J./ Frantz, A. (Hrsg.) (2009): *Albanische Geschichte. Stand und Perspektive der Forschungen.* Oldenbourg/München.

Schöl, Ch./ Stahlberg, D./ Maass, A. (2008): *Sprachverzerrungen im Intergruppenkontext.* In: Petersen, L.-E./Six, B. [Hrsg.] (2008): Stereotype, Vorurteile und soziale Diskriminierung. Theorien, Befunde und Interventionen. Beltz, Weinheim/Basel: 62-70.

Schönbach, K. (2013): *Verkaufen, Flirten, Führen. Persuasive Kommunikation – ein Überblick.* 2. Aufl. Springer VS, Wiesbaden.

Schramm, G. (1994): *Die Anfänge des albanischen Christentums. Die frühe Bekehrung der Bessen und ihre langen Folgen.* Rombach, Freiburg im Breisgau.

— (2006): *Liegengelassene Probleme, Acht neue Thesen zur Lokalisierung der lateinischen und albanischen Kontinuität in Südosteuropa.* In: Zeitschrift für Balkanologie 42. Band 1/2. Harrassowitz, Wiesbaden: 199-205.

Schubert, G. (2006): *Imaginäre Geografien der Peripherie. Der ‚Balkan' im Spannungsfeld europäischer Paradigmen.* In: Müller-Funk, W./ Ruthner, C. (Hrsg.): Zentren und Peripherien und kollektive Identitäten in Österreich-Ungarn. Kultur – Herrschaft – Differenz 9. Francke, Tübingen/Basel: 41-54.

— (Hrsg.) (2009): *Europa, das ich meine ... Stellungnahmen zu den Werten Europas.* IKS Garamond, Jena.

Schubert, P. (2005): *Albanische Identitätssuche im Spannungsfeld zwischen nationaler Eigenstaatlichkeit und europäischer Integration.* Strategische Kultur Europas, Bd. 4. Peter Lang, Frankfurt a.M.

Schwandner-Sievers, S. (2009): *Zur internationalen Herausforderung der Ethnologie.* In: Schmitt, O. J./ Frantz, A. (Hrsg.) (2009): 187-214.

— (2003): *Imagologie und „Albanismus" – zu den Identifikationen der Albaner.* In: Jordan, P. (et. al.) (Hrsg.): Albanien. Geographie – Historische Anthropologie – Geschichte – Kultur – Postkommunistische Transformation. Österreichische Osthefte, Sbd. 17. Peter Lang, Wien [u.a.]: 195-226.

Schwandner-Sievers, S./Fischer, B. J. (Hrsg.) (2002): *Albanian Identities. Myth and History.* Indiana University Press, Bloomington.

Schwarz, M./ Chur, J. (2004): *Semantik. Ein Arbeitsbuch.* Gunter Narr, Tübingen.

Schwarz-Friesel, M. (2007): *Sprache und Emotion.* Francke, Tübingen/Basel.

Sinani, Sh. (2008a): *AGOLLI Dritëro (1931–).* In: ASHSH (2008b): 16-17.

— (2008b): *KADARE Ismail (1936–).* In: ASHSH (2008c): 1087-1089.

Stary, J./ Kretschmer, H. (2003): *Umgang mit wissenschaftlicher Literatur. Eine Arbeitshilfe.* Cornelsen, Berlin.

Stenzel, J. (1986): *Rhetorischer Manichäismus. Vorschläge zu einer Theorie der Polemik.* In: Worstbrock, F. J./ Koopmann, H. (Hrsg.): Formen und Formgeschichte des Streitens. Der Literaturstreit. Niemeyer Max, Tübingen: 3-11.

Sterbling, A. (1993): *Die Rolle der Intelligenz als Schlüsselproblem.* In: Ebd.: Strukturfragen und Modernisierungsprobleme südosteuropäischer Gesellschaften. Krämer, Hamburg: 139-213.

— (2001): *Intellektuelle, Eliten, Institutionenwandel. Untersuchungen zu Rumänien und Südosteuropa.* Krämer, Hamburg

Stöckl, H. (2004): *Die Sprache im Bild – Das Bild in der Sprache. Zur Verknüpfung von Sprache und Bild im massenmedialen Text.* De Gruyter, Berlin/New York.

Sulstarova, E. (2006a): Arratisje nga lindja. Orientalizmi shqiptar nga Naimi te Kadareja [Flucht aus dem Osten. Der albanische Orientalismus von Naim bis Kadare]. Dudaj, Tiranë.

— (2006b): *Evropa e ngurtë e Kadaresë* [Das starre Europa Kadares]. In: Përpjekja, 23: Identiteti ndryshe [Die Identität anders]. 12. Jg., 3/2006: 34-51.

Sundhaussen, H. (2004): *Balkan, Balkanländer.* In: Hösch, E./ Nehring, K./ Sundhaussen, H. (Hrsg.) (2004): 79-83.

Shimani, L. (2008): *DEKORATAT.* In: ASHSH (2008b): 432

Tibi, B. (2009): *Euro-Islam. Die Lösung eines Zivilisationskonfliktes.* WBG, Darmstadt.

The Muslim Forum of Albania (2006) (Hrsg.): *The Muslim Forum is disturbed from the racism and islamophobia of Ismail Kadare.* 21.06.2006. ‹http://www.forumimusliman.org/english/kadare.html› (letzter Abruf: 14.09.2015).

Todorova, M. (1999): *Die Erfindung des Balkans. Europas bequemes Vorurteil.* Primus, Darmstadt.

— (2003): *Historische Vermächtnisse als Analysekategorie. Der Fall Südosteuropa.* In: Kaser, K./ Gramshammer-Hohl, D./ Pichler, R. (Hrsg.) (2003): 227-252.

Tönnes, B. (1980): *Sonderfall Albanien. Enver Hoxhas „eigener Weg" und die historischen Ursprünge seiner Ideologie.* Südost-Institut München. Oldenbourg, München.

TopChannelAlbania (Hrsg.) (2014): *Rexhep Qosja, rilindësi i kohës sonë – Top Channel Albania – News – Lajme* [Rexhep Qosja, der Vertreter der Wiedergeburtsbewegung in unserer Zeit – Top Channel Albania – News – Nachrichten]. ‹https://www.youtube.com/watch?v=ncSDSDKc24k› (letzter Abruf: 14.09.2015).

UNDP/ University of Sussex (2006) (Hrsg.): *From Brain Drain to Brain Gain: Mobilising Albania's Skilled Diaspora*. Tirana.

Vinca, A. (2007): *Rexhep Qosja dhe kultura shqiptare* [Rexhep Qosja und die albanische Kultur]. In: Instituti Albanologjik i Prishtinës (Hrsg.): Krijimtaria shkencore dhe letrare e Rexhep Qosjes [Das wissenschaftliche und literarische Schaffen Rexhep Qosjas]. Prishtinë: 27-36.
— (2009): *QOSJA Rexhep (1936-)*. In: ASHSH (2009): 2187-2188.
Volli, U. (2002): *Semiotik. Eine Einführung in ihre Grundbegriffe*. UTB, Francke, Tübingen und Basel.

Weigand, G. (1927): *Sind die Albaner Nachkommen der Illyrer oder Thraker?* In: Balkan-Archiv. Band 3. Barth, Leipzig: 227-251.
Wienand, J./ Wienand, Ch. (Hrsg.) (2010): *Die kulturelle Integration Europas*. VS Verlag für Sozialwissenschaften, Wiesbaden.

Zhelyazkova, A. (2006): *Macedonia in April 2003 – Diagnosis: 'Cancer with galloping metastases'*. In: Kahl, Th./ Maksuti, I./ Ramaj, A. (Hrsg.): Die Albaner in der Republik Makedonien. Fakten, Analysen, Meinungen zur interethnischen Koexistenz. Wiener Osteuropastudien, Bd. 23. Lit, Wien/Berlin: 125-142.

2.2 Lexika und Wörterbücher

ASHSH (Akademia e Shkencave e Shqipërisë) (1980): *Fjalor i Gjuhës së Sotme Shqipe* [Wörterbuch der albanischen Gegenwartssprache]. Instituti i Gjuhësisë dhe Letërsisë, Tiranë.
— (2002): *Fjalor i Shqipes së Sotme* [Wörterbuch des Gegenwartsalbanischen]. Instituti i Gjuhësisë dhe Letërsisë. Toena, Tiranë.
— (2008b): *Fjalor Enciklopedik Shqiptar. Vëllimi i parë: A-GJ* [Enziklopädisches albanisches Wörterbuch. Band 1: A-GJ]. Botimi i ri. Tiranë.
— (2008c): *Fjalor Enciklopedik Shqiptar. Vëllimi i dytë: H-M* [Enziklopädisches albanisches Wörterbuch. Band 2: H-M]. Botimi i ri. Tiranë.
— (2009): *Fjalor Enciklopedik Shqiptar. Vëllimi i tretë: N-ZH dhe një shtojcë* [Enziklopädisches albanisches Wörterbuch. Band 3: N-ZH und Anhang]. Botimi i ri. Tiranë.

Bernath, M./ Nehring, K. (Hrsg.) (1976): *Biographisches Lexikon zur Geschichte Südosteuropas*. Bd. 2. Oldenbourg, München.
Boretzky, N. (1976): *Der türkische Einfluss auf das Albanische. T.2. Wörterbuch der albanischen Turzismen*. Harrassowitz, Wiesbaden.

Dhrimo, A. (2005): *Fjalor Shqip-Gjermanisht/ Albanisch-Deutsches Wörterbuch*. Infbotues, Tiranë.
— (2007): *Fjalor Gjermanisht-Shqip/ Deutsch-Albanisches Wörterbuch*. Infbotues, Tiranë.
Duden (1997): *Sinn- und Sachverwandte Wörter: Synonymwörterbuch*. Bd. 8, 2. Aufl. Dudenverlag, Mannheim.
— (2001): *Das Fremdwörterbuch*. Bibliographisches Institut & F.A. Brockhaus, Mannheim.
— (2002): *Das Bedeutungswörterbuch*. 3. Aufl. Bibliographisches Institut & F.A. Brockhaus, Mannheim.

— (2011): *Die deutsche Rechtschreibung*. Bd. 1. 25. Aufl. Dudenverlag, Mannheim/Zürich.

Hösch, E./ Nehring, K./ Sundhaussen, H. (Hrsg.) (2004): *Lexikon zur Geschichte Europas*. Böhlau, Wien/Köln/Weimar.

Kaser, K./ Gramshammer-Hohl, D./ Pichler, R. (Hrsg.) (2003): *Europa und die Grenzen im Kopf*. Wieser Enzyklopädie des europäischen Ostens, Bd. 11. Wieser, Klagenfurt.

Kokonozi, D. (2005): *Fjalor enciklopedik i politikës* [Enzyklopädisches Wörterbuch der Politik]. Logoreci, Tiranë.

Tupja, E. (2004): *Fjalori erotik i gjuhës shqipe* [Erotisches Wörterbuch der albanischen Sprache]. ORA, Tiranë.

Wahrig, G. (1997): *Deutsches Wörterbuch*. Bertelsmann, Gütersloh.

2.3 Zeitungen und Zeitschriften

Spiegel Special (2010): *Die enthüllte Supermacht. Amerikas Geheim-Depeschen*, Nr. 1. SPIEGEL-Verlag, Hamburg.

2.4 Allgemeine Internetquellen

Duden Verlag (Hrsg.): *Duden online*. ‹www.duden.de›.

ShqiperiaCom (Hrsg.): *Info Arkiva - Arkiva Mediatike Shqiptare* [Info-Archiv - Albanisches Medien-Archiv]. ‹www.arkivalajmeve.com›.

Springer Gabler Verlag (Hrsg.): *Gabler Wirtschaftslexikon*. ‹wirtschaftslexikon.gabler.de›.

Wikileaks ‹www.wikileaks.org›.

VI Anhang

Orts-, Personen und Sachregister